国家级教学团队

东北财经大学财务管理专业系列教材·资产评估方向

◀张先治 池国华 主编

企业价值评估 第5版

Business Valuation

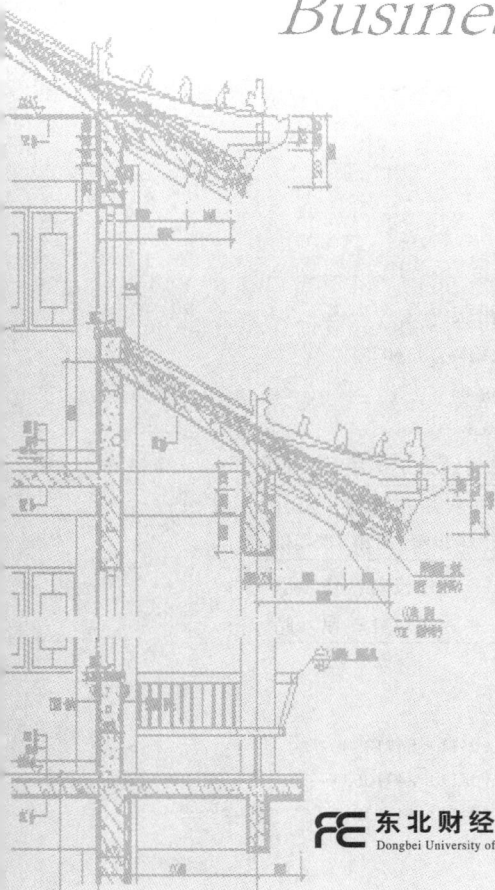

东北财经大学出版社
Dongbei University of Finance & Economics Press

大连

图书在版编目（CIP）数据

企业价值评估 / 张先治，池国华主编. —5 版. —大连：东北财经大学出版社，2023.8（2025.7重印）

（东北财务大学财务管理专业系列教材·资产评估方向）

ISBN 978-7-5654-4931-4

Ⅰ．企…　Ⅱ．①张…②池…　Ⅲ．企业-价值论-高等学校-教材　Ⅳ．F270

中国国家版本馆 CIP 数据核字（2023）第 144198 号

东北财经大学出版社出版

（大连市黑石礁尖山街 217 号　邮政编码　116025）

网　　址：http://www.dufep.cn

读者信箱：dufep@dufe.edu.cn

大连雪莲彩印有限公司印刷　　　东北财经大学出版社发行

幅面尺寸：170mm×240mm　　　字数：419 千字　　　印张：20.75

2023 年 8 月第 5 版　　　　　　2025 年 7 月第 4 次印刷

责任编辑：高　铭　　　　　　　责任校对：佟　欣

封面设计：原　皓　　　　　　　版式设计：原　皓

定价：48.00 元

教学支持　售后服务　　联系电话：（0411）84710309

版权所有　侵权必究　　举报电话：（0411）84710523

如有印装质量问题，请联系营销部：（0411）84710711

东北财经大学财务管理专业系列教材编委会

主 任

张先治　教授　博士　博士生导师

委 员 （以姓氏笔画为序）

万寿义　教授　博士　博士生导师

王景升　教授　博士　硕士生导师

牛彦秀　教授　硕士生导师

方红星　教授　博士　博士生导师

乔世震　教授　硕士生导师

刘永泽　教授　博士　博士生导师

刘明辉　教授　博士　博士生导师

刘淑莲　教授　博士　博士生导师

池国华　教授　博士　博士生导师

吴大军　教授　博士　硕士生导师

陈友邦　教授　硕士生导师

陈国辉　教授　博士　博士生导师

姜　楠　教授　硕士生导师

秦志敏　教授　博士　硕士生导师

总　序

随着知识经济和信息经济时代的到来，加之经济全球化趋势的日益凸显，社会对财务管理理论、财务管理实践和财务管理人才培养都提出了更高的要求。因此，高等院校必须为社会培养更多符合其特定要求的财务管理人才。教育部于1998年设立"财务管理"本科专业以来，越来越多的普通高等院校设立了这一专业。在这种背景下，编写一系列理论融合实际、符合中国国情的优秀的财务管理专业教材，对于培养财务管理人才的重要性是不言而喻的。为此，国家级教学团队——东北财经大学会计学院财务管理系于2005年组织骨干师资力量，由本团队资深教授担纲，编写并出版了本院第一套财务管理专业系列教材，包括《财务管理基础》《企业财务管理》《高级财务管理》《投资管理》《资产评估》等五部教材。

第一套财务管理专业系列教材一经推出，就得到了广大读者的厚爱，为许多高等院校所广泛选用，并针对本套教材的体系结构、知识组合和内容界定提出了许多富有建设性的意见。这也坚定了我们进一步完善财务管理专业系列教材的信心与决心。2006年以来，国内外的环境发生了显著的变化，尤其是新企业会计准则、新《企业财务通则》以及《企业内部控制基本规范》的颁布，使得原有教材的部分内容需要修改与更新。美国金融危机的爆发，也促使社会公众认识到风险管理尤其是金融衍生投资风险管理的重要性，财务管理教材需要与时俱进，及时反映这一时代背景的深刻变化。另外，东北财经大学2005年被列为首批资产评估全国学科建设基地院校，并于2006年在财务管理专业下设置了"资产评估专门化"方向，因此，原有的财务管理专业系列教材已经无法满足本科教学的需要，针对"资产评估专门化"方向的人才培养特点，非常有必要增加一些专业教材。

基于此，我们对原有的财务管理专业系列教材进行了全面修订，并以新版的形式呈现在读者面前，分别是《财务管理基础》《公司理财》《高级财务管理》《证券投资》《资产评估》等五部教材；同时，新编了《财务学》《资产评估原理》《企业价值评估》《房地产评估》等四部教材。

与第一套财务管理专业系列教材相比，本套教材呈现以下几个特点：

1. 体系更加完整。本套教材中，《财务管理基础》《公司理财》《资产评估》《企业价值评估》为财务管理专业（含"资产评估专门化"方向）通用专业教材；《资产评估原理》《房地产评估》是"资产评估专门化"方向所特有的专业教材；《高级财务管理》则作为非"资产评估专门化"方向的财务管理专业学生的选用教材；《财务学》是除财务管理专业之外的其他专业学生学习财务学相关知识的教材。这样的体系安排可满足不同方向、不同层次、不同专业学习财务管理相关知识的教学需要。

2. 内容更加全面。依据企业会计准则、《企业财务通则》和《企业内部控制基本规范》等一系列最新规范制度，结合国内外实务的最新动态，吸收读者反馈的合理建议，在保持原系列教材基本体系、特色与优点的基础上，我们在新系列教材中尽可能地反映了财务管理、资产评估理论和实务的最新进展。

3. 更加突出实务。鉴于目前我国高等院校的大部分财务管理专业本科毕业生均走向社会从事实务工作，因此，在教材中除了强调基本概念和基本原理以外，更重要的是培养学生的操作能力。本套教材更加强调理论结合实际，更加强调基本方法的运用和基本技能的掌握，穿插了大量真实的案例，突出案例教学。

4. 体例更加合理。每一部教材不仅列出了本章学习目标、学习要点和主要概念，归纳和总结了主要知识点之间的相互联系，还配有大量的习题与案例，供教师教学和学生自学使用。

东北财经大学财务管理专业系列教材是国家级教学团队——东北财经大学会计学院财务管理系全体教师共同劳动的结晶，尤其凝聚了众多资深教授和专家多年的经验和心血。当然，由于我们的经验与人力有限，教材中难免存在不足乃至缺陷，恳请广大读者批评指正。

我们的工作尚处于一个开端处，本次再版修订推出的教材仅仅是一个新的起点，而不是终点。随着社会的进步、经济的发展和环境的变化，我们将适时修订，使东北财经大学财务管理专业系列教材不断地与时俱进，及时跟踪反映学科的最新进展。

东北财经大学财务管理专业系列教材编委会

第5版前言

本书是东北财经大学财务管理专业系列教材之一，自2009年由东北财经大学出版社出版以来，历经14年多次再版，被国内许多院校所选用。本书第5版是在保持前4版特色与优点的基础上，为适应国内外企业价值评估理论与实务最新发展以及我国高等院校教学改革的不断变化而进行的再次修订。

本次修订的特点主要体现在以下三个方面：

第一，与时俱进，以反映企业价值评估相关法规制度的发展变化。为反映国内外关于企业价值评估理论与实务发展的前沿动态，本书对企业价值评估主要方法的基本原理、基本程序与具体应用等相关内容进行了修订和完善，特别是宣传和反映了我国2020年以来有关企业价值评估最新法规制度的主要精神，包括中国资产评估协会印发的《资产评估专家指引第12号——收益法评估企业价值中折现率的测算》（2020）、《资产评估专家指引第13号——境外并购资产评估》（2021）、《资产评估专家指引第14号——科创企业资产评估》（2021）、《体育无形资产评估指导意见》（2022）等。

第二，融入思政，以促进专业知识传授与思政育人的有机结合。为深入地贯彻落实《中共中央关于认真学习宣传贯彻党的二十大精神的决定》，践行党的二十大精神进高校教材，本书结合教育部《高等学校课程思政建设指导纲要》（2020）、国家教材委员会《习近平新时代中国特色社会主义思想进课程教材指南》（2021）等文件的要求，以社会主义核心价值观为引领，以贯彻党的二十大精神为指导，通过在章前增加思政教学目标、正文增设"课堂拓展"栏目、章后引入"政策思考"等多种形式，融合思政要求，体现思政元素，以实现知识传授、能力培养与价值塑造等新时代高等学校人才培养三大目标一体化。

第三，突出实操，以促进学生提升企业价值评估的实际技能。"企业价值评估"是一门与实务紧密结合的课程。为了进一步拓宽同学们企业价值评估的职业视野，掌握企业价值评估的方法应用，塑造企业价值评估的专业思维，本次修订在总结我国改革开放以来企业价值评估实践成功经验和失败教训的基础上，一方面增设了"知识链接"小栏目；另一方面替换和增加了许多更具有时效性和操作性的案例、例题与习题，同时还采用二维码形式引入了不同资产评估机构从事不同类型企业价值评估的实际报告。

本书以国家级教学团队——东北财经大学会计学院财务管理专业教学团队的部分教师为主体编写而成，张先治教授和池国华教授担任主编。各章执笔人如下：第1章、第2章，张先治教授、池国华教授；第3章，熊伟副教授、池国华教授；第4章，熊伟副教授；第5章、第11章，池国华教授；第6章、第7章，胡景涛副教授；第8章，朱荣副教授；第9章、第10章，陈艳利教授。

本书适合财务管理、资产评估、会计学等专业的本科生学习，同时也可作为这些专业的研究生教学参考教材。在本科教学阶段可侧重于企业价值评估概论和方法的学习，同时，鉴于基于EVA估值法和期权估值法的难度，可不将这两章作为本科教学内容。而在研究生教学阶段，可采用专题探讨的形式，以企业价值评估的应用为重点，同时可兼顾一些前沿的企业价值评估方法的学习，如EVA估值法、期权估值法。

在本书的编写过程中，我们尽可能地指出了案例的原始出处，材料大都来源于相关书籍、报纸、杂志和公告信息。在编入本书的过程中，我们根据需要对部分材料进行了不同程度的改编或删节，在此，对全部案例材料原始版本的所有编写、整理者表示衷心的感谢！

由于作者水平有限，书中难免还存在一些缺点、错误，恳请读者批评指正，以便我们在下一次修订时加以完善。

张先治　池国华

2023年6月于大连

目 录

第1篇　企业价值评估概论

第2篇 企业价值评估方法

第3篇　企业价值评估应用

第 1 篇
企业价值评估概论

第1章 企业价值评估导论

学习目标

1.了解企业价值评估的产生和发展，理解企业价值评估的基本概念；理解企业价值评估的内涵、目的和作用。

2.理解并掌握企业价值评估类型的划分和企业价值评估方法的分类。

3.了解我国企业价值评估的现状和发展，增强成为资产评估师的职业责任感，助力中国特色估值体系的构建，推动中国式现代化的实现。

1.1 企业价值评估的产生与发展

企业的根本目标是追求价值最大化，这也是企业管理的核心。但是，究竟是什么原因使价值成为企业管理核心的呢？在管理的实践中应该怎样实现企业价值最大化呢？如何知道在管理过程中是否实现了这个目标呢？企业价值评估的存在可以让我们解决这些问题。

【知识链接1-1】 企业价值评估助力医疗卫生行业企业估值①

耐甲氧西林金黄色葡萄球菌（以下简称"MRSA"）是医院获得性感染的主要来源之一，因其传播途径广泛、易暴发流行、致病性强，且呈多重耐药性而成为临床上治疗的难点，被WHO认定为对人类构成致命威胁的"超级细菌"之一。

针对金葡菌流行感染的严峻形势，国际各大生物医药公司已经加紧开展针对重组金葡菌疫苗的研究，已有多个"超级细菌"疫苗进入临床试验阶段。成都欧林生物科技股份有限公司（以下简称"欧林生物"）与陆军军医大学合作研发的重组金

---

① 田文韬.rNPV模型在疫苗研发管线价值评估中的应用研究——以欧林生物重组金葡菌疫苗为例[J].中国资产评估，2022（5）：73-81.

葡菌疫苗（rFSAV）属于1类创新疫苗，是目前国内唯一进入临床试验的重组金葡菌疫苗。欧林生物吸取海外研发失败的经验教训，有望实现重大突破。

由于疫苗研发具有周期长、成本高的特点，研发投入与产业化之间往往表现出明显的弱对应性。疫苗在研管线可能包括相关设备、专利、实验室和研发人员等。即使构成管线的各个要素资产的个体功能良好，如果它们不能服务于企业的特定目标，它们之间的功能也可能无法发挥最大的作用，因此疫苗管线具有整体性的特点。综上所述，疫苗在研管线应视为企业内部某些相关活动或由一组单项资产组成的具有整体获利能力的业务资产组并采用收益法评估，不适宜采用市场法或成本法评估。

收益法的三个主要参数中最难预测的当属未来收益。疫苗研发的最终目标是商业化，但因疫苗研发项目本身具有较高的技术风险，并且由于疫苗研发中各个阶段具有严格的时间继起性，任何一个阶段的停顿或中止都将使疫苗研发中断，所以疫苗能否上市并获得收益是与其研发各阶段成功率"绑定"在一起的。在普通的净现值模型中，技术风险已通过折现率体现出来，但预期收益实现的可能性却未充分展现，进而可能高估了在研管线的价值。

rNPV模型是Stewart et al.利用技术风险在项目开发特定阶段发生的概率来修正生物技术开发各阶段的现金流，提出的经技术风险调整的净现值模型。通过结合rNPV模型分析，成功计算出评估基准日欧林生物重组金葡菌疫苗在研管线市场价值约为19 194.72万元。

随着新冠肺炎疫情防控常态化、我国医疗卫生条件的发展与民众预防意识的增强，疫苗这种公共产品的种类和数量将会"愈发繁茂"，相应地，市场对疫苗研发管线的评估要求也会与日俱增。企业价值评估对这种要求具有积极的帮助作用。

那么，何为企业价值评估呢？它为何有如此神奇的力量？了解它的历史以及发展概况是认识其本质的关键。

1）企业价值评估的产生

企业价值评估是评估行业的一个独立分支，因此其产生要追溯到评估行业。评估行业的发展在国际上已有近200年的历史，其萌芽是对非正式的民间不动产的估价，随后因为个体之间不动产转让事项的日益频繁和多样化，自发的经验评估已经不再能够满足社会的需求，这就促使了资产评估行业的产生。起初，资产评估主要局限于房地产、机器设备等单项不动产领域。但是，随着产权交易的产生和快速发展，尤其是国外并购热潮的出现，无形资产评估、企业价值评估等新领域也相继出现。

总体而言，企业价值评估是因评估企业整体价值的动机而产生的，它所评估的内容当然离不开企业整体，其产生初期主要涉足的三个方面更能体现它的特点[①]：

---

① 王少豪. 企业价值评估 [M]. 北京：中国水利水电出版社，2005.

第一，评估一个整体企业的价值。它不仅仅与企业购并问题密切相关，还与新证券的合理定价有关。

第二，评估企业股权（所有者权益）的价值。由于部分股权的转让和交易的情况比企业整体转让或交易的情况要多得多，因此主要部分是股权的价值评估。但是，由于部分股权的价值难以与具体资产相对应，所以仍需评估企业价值。

第三，评估企业无形资产的价值。无形资产不可能离开企业而独立产生作用，只有依附于企业其他有形资产并与它们共同作用才能产生经济效益。因此，无形资产的评估总是与企业价值评估紧密联系的。

由以上三个方面可以看出，企业价值评估与企业的整体息息相关，同以往的单项资产评估截然不同，更加体现了组织资本的价值。

2）企业价值评估的发展

在巨大的市场需求推动和资本市场日益重视企业价值创造的背景下，企业价值评估得到了迅速发展，尤其是在美国、英国等西方发达国家，其不仅在应用领域得到极大拓展，企业价值评估理论也因实践的推动而日益完善。

（1）企业价值评估因资本市场的发展而日益受到重视

我投资的原则是，先评估公司的内在价值，再使之与市场价值对比，如果内在价值高于市场价值，则买入该公司的股票，甚至买入整个公司。

——沃伦·巴菲特

股东财富的增加不是靠短期盈利实现的，资本市场的短期膨胀也不可能为股东创造实实在在的财富。无论对于企业管理者，还是投资者、分析师和投资银行家等资本市场参与者而言，只有采用科学的估值模型对企业进行价值评估，才能制定合理的经营和投资决策，致力于企业的长期价值创造或投资于能创造长期价值的企业。如果市场参与者忘记了这些简单的原理，后果可能是灾难性的，如20世纪70年代大型企业集团的兴衰、80年代美国的恶意收购案、90年代日本泡沫经济的破灭、1998年的东南亚金融危机、21世纪初的网络经济泡沫、2007年爆发的经济危机等都是例证。

（2）企业价值评估应用领域的拓展

长期以来，人们关注企业价值的大小，主要是由于企业并购活动的存在。企业价值评估服务于企业的产权转让和产权交易。但是，随着企业价值评估理论与方法的不断发展，企业价值评估的业务范围已经由传统的企业并购领域拓展到其他领域，如科创企业评估、境外并购评估、公募REITs底层资产价值评估以及涉及ESG的企业价值评估等服务领域。

尤其需要指出的是，随着证券市场的不断完善，投资者越来越清醒地认识到，投资获利水平不取决于企业过去的业绩，而取决于未来的预期收益。企业价值评估正是着眼于企业未来的收益来判断其当前的价值。同时，企业管理者为提升企业价值，也需要实施以价值为基础的管理。通过专业人员对企业价值进行评估，以企业价值为依据，才能科学地进行投融资决策和股利分配决策，实现企业价值最大化。因此，企业价值评估咨询的服务领域也逐渐由传统的交易拓展到企业理财。

（3）企业价值评估方法的不断创新

20世纪40年代开始的信息技术革命，特别是20世纪80年代兴起的高科技革命，导致知识经济的全面崛起，从而也对企业价值评估技术提出了新要求。

传统企业价值评估方法是对已经实施或者正在规划的投资项目进行预测，但却对未来的投资机会束手无策，因此无法解释高科技企业为何在发展初期的微利状态下仍能获得超乎寻常的高股价。于是，如何对高科技企业进行合理的估价就成为企业价值评估的难点。

【案例1-1】　　　　　　海康威视数字资产评估①

海康威视是业内领先的智能物联产品及行业解决方案提供商。在数字经济发展过程中，海康威视率先进行数字化转型，2006年开始组建算法团队，2013年开始布局深度学习，开始人工智能研究，从2018年开始发布AI开放平台，2021年构建了相对完整的智能物联AIoT技术体系，与合作伙伴助力各行各业的数字化转型。其物联网业务以感知层为主赛道，以视频技术为起点，以技术创新为驱动，持续布局和拓展可见光、红外、毫米波、X光等领域，打造多维、全面的感知技术平台，实现智能物联在感知层的技术支持。海康威视致力于将物联感知、人工智能、大数据技术服务于智能家居、数字化企业、智慧行业和智慧城市，通过构建开放合作生态，为客户企业进行问题诊断、原因追溯、规律分析和未来预测，服务客户企业优化资产管理、创新业务模式。在推动各行各业数字化转型的过程中，海康威视积累了大量数字资产，亟须选择更加准确的估值方法衡量数字资产的价值。

对于数字资产的评估，原有的方法均存在一定的局限性，例如：①市场法受限于当前数字资产的交易环境——对于数字资产来说，其交易市场不够成熟完善，相关市场价值有失公允，且难以找到相似的参照资产。②企业的数字资产可能依附于其他资产而存在，其具体成本数据较难获得，且数字资产的价值具有迭代累积性，因此成本法同样不适用。③传统的收益法也同样存在不足。一方面，数字资产具有数字化属性，其收益额难以直接确定和预测。另一方面，数字资产的价值具有迭代累积性，其收益期限难以估计，面临的风险难以预测，导致折现率也存在更大的不确定性。

因此，对于海康威视大量数字资产的估值，需要在传统收益法的基础上进行改进。考虑到数字资产价值的迭代累计和收益性，以及企业发展面临的不确定性因素和风险，要构建改进的多期超额收益模型，主要思路为运用皮尔曲线模型定量划分企业生命周期，确定收益期和对应的折现率，并采用GM（1，1）灰色预测模型预测企业的未来超额收益，然后运用剩余法确定归属于数字资产的超额收益，根据多

① 刘惠萍，赵悦，赵月华.基于改进多期超额收益法的物联网企业数字资产价值评估研究——以海康威视为例［J］.中国资产评估，2022（8）：69-80.

期超额收益法确定企业数字资产的价值。

具体应用到海康威视股份有限公司当中，通过对其生命周期的模型构建、确定其收益期和折现率、预测其数字资产超额收益，评估其2021年数字资产价值总额为10 386 454.31万元。

1972年，布莱克-斯考尔斯（Black-Scholes）期权定价模型的提出，使期权定价理论获得了飞速发展，同时给企业价值评估提供了一种新思路。高新技术企业的特点是要么不成功，丧失掉初始投资，要么取得巨大成功，获得极高水平的报酬率。这种状况与期权定价所适用的条件非常吻合，于是期权定价的方法被广泛引入高新技术企业价值评估中，成为企业价值评估方法的一大创新。

3）我国企业价值评估的现状

虽然资产评估行业在我国起源于20世纪80年代末期，但得益于引进资产评估的初衷就是满足企业价值评估的需要，企业价值评估这个独立分支得到了迅猛发展。改革开放时期，在对国有企业进行战略性重组和规范化股份制改革的背景下，资产评估机构的主要业务来源于国有资产评估。随着改革开放的深入进行，企业价值评估行业作为一种独立的社会中介服务行业，在短短十几年的时间里得到了长足的发展，行业的从业人员已经达到了数十万人，评估机构也达到3 000多家，累计评估项目20多万项，被评估资产价值多达40 000多亿元。企业价值评估在促进国有企业的现代企业制度建立等方面发挥了重要的作用，在资本市场产权交易的中介服务中已具有不可替代的地位。①

2016年7月2日，全国人民代表大会常务委员会发布《中华人民共和国资产评估法》（以下简称《资产评估法》），自2016年12月1日起实施。《资产评估法》首次确立了资产评估行业的法律地位，对资产评估行业的发展具有里程碑式的重要意义。《资产评估法》的颁布有助于建立与现代市场体系相适应的资产评估法律制度，是完善市场经济体制、促进市场经济健康发展的迫切需要。同时，随着国有企业改革的深化和混合所有制经济的发展，国有企业和非公有制企业之间的资产转让、并购、重组、股权交易较为频繁，为防止国有资产流失、维护公共利益、保护各种所有制资本的合法权益，我们也需要依法有序、客观公正的资产评估。

然而，时至今日，我国评估行业对企业价值评估的认识还远远不够，至少赶不上世界飞速发展的形势，其实质内容和丰富内涵还有待我们进一步了解、学习和熟练掌握。这种不容乐观的现状与企业价值评估最初偏重采用资产基础法（成本法）对企业进行评估是有关系的（成本法在当时经验和技术匮乏的情况下还是能较为客观地反映资产和企业的价值的）。基于资产基础法的认识使我们对企业价值评估的理解产生了误区：企业价值评估就是账面资产的重新计价，评估师只不过是会计师、土建工程师与设备工程师的组合，评估工作是会计和审计业务的一种变换和延

---

① 王少豪. 企业价值评估［M］. 北京：中国水利水电出版社，2005.

伸。因此，现在很多客户认为评估只是审计的一种附属业务，会计师都会做评估，甚至有人认为评估根本没有实际意义，会计师的清产核资足以达到目的。这种局面与当前的经济形势和市场对企业价值评估的要求是极不相符的。

　　我国加入世界贸易组织以后，无论是中国企业走向国际市场，还是国际财团进入中国的资本市场，都要求中国的企业价值评估走上与国际同步的道路。这意味着企业价值评估将会遇到更多的涉外业务。中国外向并购自2010年以来已连续6年实现增长。2015年，中国外向并购总额为1 069亿美元。2016年第一季度，中国已公布的外向并购总额达922亿美元，中国成为第一季度全球跨境并购中的最大收购国。2018年10月11日，贝恩公司发布的《中国企业境外并购报告》显示，2015—2017年，中国企业的境外并购交易总额占亚太地区的比例连续三年超过40%。中国资产评估协会2022年发布的《中国资产评估行业发展报告（2021年度）》指出，在共建"一带一路"倡议的推动下，在构建以国内大循环为主体、国内国际双循环相互促进的新发展格局过程中，境外并购已经成为我国企业扩大规模、提高竞争力、获取市场和资源的重要途径。这就要求我们的资产评估机构和人员必须熟悉国际通用和公允的评估原理与方法，积极参与行业的国际竞争，进而有效开展境外评估业务。

　　目前，市场经济正在我国如火如荼地发展，它的国际发展进程扩展了中国企业价值评估市场的吸引力，表现为企业价值评估业务多元化。评估业务呈现的多样化不仅仅是因为资本权益主体的多元化，除了国有资产外，更有大量的民营资本、外商投资等。同时，随着以信息产业为主导、以高新技术为推动力的新经济时代的到来，新的产业类型、大量高新技术企业的出现以及崭新的经济运行模式等都给资本的运行带来了更多的风险和变数，这是以往以资产为基础的成本途径评估思路所无法胜任的，必然对企业价值评估行业提出新的挑战。

　　在机遇与挑战并存的关键时刻，中国资产评估协会2004年发布的《企业价值评估指导意见（试行）》明确了企业价值评估的对象，肯定了收益法在企业价值评估中的合理性，打破了成本法在企业价值评估中一统天下的局面。这是我国企业价值评估发展过程中一个十分重要的转折点。

　　2011年12月30日，为规范注册资产评估师执行企业价值评估业务的行为，维护社会公共利益和资产评估各方当事人的合法权益，中国资产评估协会在总结《企业价值评估指导意见（试行）》实施经验的基础上，结合评估理论和实践的发展，制定并颁布了《资产评估准则——企业价值》。该准则自2012年7月1日起开始施行，同时废止2004年发布的《企业价值评估指导意见（试行）》。这意味着我国的企业价值评估发展又进入了一个新的阶段。此后，中国资产评估协会多次修订完善准则。2017年，中国资产评估协会对《资产评估准则——企业价值》进行了修订，制定了《资产评估执业准则——企业价值》，规定自2017年10月1日起施行，同时废止了2011年发布的《资产评估准则——企业价值》。2018年，中国资产评估协会对《资产评估执业准则——企业价值》进行了修订，并规定自2019年1月1日起实施。2020年，中国资产评估协会在财政部指导下，为规范和指导资产评估机构及其资产评估专业人员执行企业并购投资价值评估业务行为，制定了《企业并购投资价值评估指导意见》，有助于推动资产评估服务于企业并购决策和监管；为指导资产评估机构及其资产评估专业人员在使用收益法评估企业价值时合理测算预期收益的折现率，中国资产评估协会制定了《资产评估专家指引第12号——收益法评估企业价值中折现率的测算》。2021年，中国资产评估协会为落实国家创新驱动发展战略，制定了《资产评估专家指引第14号——科创企业资产评估》；为指导评估机构开展境外并购业务，制定了《资产评估专家指引第13号——境外并购资产评估》。2022年，中国资产评估协会印发《体育无形资产评估指导意见》，对体育无形资产的识别、不同类别价值影响因素、评估资料收集、方法选用和参数确定等进行规范，从而有助于推动资产评估机构更好地服务体育产业高质量发展。

总而言之，伴随着市场经济的发展，我国的企业价值评估业务不再仅围绕改革开放初期的企业改制，评估方法也不再局限于以往不论实际情况如何、拿来即用的资产基础法。可以预见的是，资本市场的收购兼并，企业的剥离重组，金融企业的抵押担保、保险业务，交易咨询，课税评估，员工期权评估，租赁资产转让，特别是网络公司、高新技术企业、新型传媒企业、文化体育产业等新的评估业务领域将促进企业价值评估行业从理论到实践有一个更大的发展。

二维码1-1：《中国资产评估行业发展报告（2021年度）》

1.2 企业价值评估的内涵与目标

【案例1-2】　　　　　"宝能系"耗资逾400亿元围猎万科①

2015年下半年开始，"宝能系"通过旗下子公司前海人寿、钜盛华耗资逾400亿元重金收购万科，这场沸沸扬扬的"宝万之争"持续年余而不得平息。2015年7月10日，前海人寿买入万科5%的股份。若以当时披露的中间价14.375元/股估算，动用资金约80亿元。7月24日，前海人寿、钜盛华分别买入万科0.93%、0.26%的股份，以当天万科A15.58元/股的股票均价计算，这两部分股份总计耗费自有资金约20亿元。在7月21日至7月24日之间，前海人寿还通过收益互换产品买入总计占万科3.81%的股份。这部分股份耗资约60亿元。8月26日，前海人寿、钜盛华分别买入万科0.73%、4.31%的股份，以当天13.25元/股的收盘价计算，这部分股份耗费自有资金10.6亿元、杠杆资金63亿元。12月7日，宝能第四次举牌万科，耗资96.52亿元，买入5.49亿股万科A，将宝能持有的万科股份提升至20.08%。据新华社报道，截至万科A12月18日停牌，宝能通过自有资金62亿元，杠杆撬动资金262亿元，杠杆倍数4.19，总耗资约430亿元，取得万科24.27%的股份。加上复牌

① 根据相关媒体报道整理。

后动用的资金，目前宝能举牌万科累计耗资约440亿元，平均每股成本约16元。当"宝万之争"正酣时，万科A紧急停牌谋求重组，王石四处寻找援手。经历了长达3个月的谈判，万科率先祭出了反抗招数：发行股份购买深圳地铁集团部分资产，交易对价介于400亿元至600亿元。这也意味着，万科A将继续停牌重组。2017年7月7日，深圳地铁集团通过受让股份，直接持有3 242 810 791股万科A股股份，占万科总股本的29.38%，成为第一大股东，"宝万之争"也宣告结束。

"宝万之争"促使人们思考一个问题：万科到底应该值多少钱？

企业价值评估就是这样一种活动，以企业整体为对象，对企业未来产生收益的可持续能力做出估算，能够为投资者和管理层等相关利益主体提供决策相关信息。企业价值评估的重要性如此可见一斑。要全面理解企业价值评估，首先需要明确一些与企业价值评估相关的基本概念。

1）企业价值评估的基本概念

企业价值评估的对象是什么？是企业总资产价值，还是企业整体价值？是企业投资价值，还是企业股东全部权益价值或企业股东部分权益价值？

（1）企业价值与股东价值

企业价值是指企业全部资产的价值。这里还需要提及：企业的总资产价值是企业流动资产价值与非流动资产价值之和。企业整体价值是企业总资产价值减去企业负债中的非付息债务价值后的余值，或用企业所有者权益价值加上企业的全部付息债务价值表示。企业投资资本价值是企业总资产价值减去企业流动负债价值后的余值，或用企业所有者权益价值加上企业的长期付息债务价值表示。

股东价值，亦称资本价值，是指企业净资产价值。由于"资产=负债+所有者权益"，因此，企业价值和股东价值是相互关联的，但评估过程所需的信息是不同的。在实务中，资产评估专业人员应当根据评估对象的不同，谨慎区分企业整体价值、股东全部权益价值和股东部分权益价值，并在评估报告中明确说明。

（2）持续经营价值与清算价值

企业的持续经营价值是假设企业永续存在条件下的价值，根据企业在评估基准日正在使用的地点、自身的经营方式和经营管理水平等条件继续经营下去所表现出的市场交换价值估计，可能大于或小于企业的市场价值。清算价值是企业破产被迫清算时的价值。这里可能包含快速变现的因素，即一项或多项资产以尽可能快的速度出售，比如拍卖。

进行价值评估时应根据评估对象的具体情况，考虑应选择的价值类型。比如，在对经济损失的评估中，由于经济损失的持久期不是无限的，因此不能对经济损失的评估进行持续经营的假设。企业的持续经营价值和清算价值也是不同的，因此资产评估专业人员应该选择持续经营价值和清算价值中较高的一个作为企业公允的市场价值。

（3）少数股权价值与控股权价值

在实践中，大多数企业产权交易并非企业整体产权转让，交易的对象只是企业的部分股权。如果拥有这部分股权从而对公司产生控制力，则其单位价值通常要高于对企业无控制力的少数股权单位价值。如果是通过先评估整体权益价值，从而计算单位股权价值得出待交易的部分股权价值，没有考虑不同股权拥有的控制力影响，就需要进行溢价或折价调整。

为此，在实务中，资产评估专业人员应当知晓股东部分权益价值并不必然等于股东全部权益价值与股权比例的乘积。资产评估专业人员评估股东部分权益价值，应当在适当及切实可行的情况下考虑由于控股权和少数股权等因素产生的溢价或折价对股权价值的影响，并在评估报告中披露是否考虑了控股权和少数股权等因素产生的溢价或折价。

2）企业价值评估的内涵

按照2018年中国资产评估协会修订并发布的《资产评估执业准则——企业价值》的规定，企业价值评估是指资产评估机构及其资产评估专业人员遵守法律、行政法规和资产评估准则，根据委托对评估基准日特定目的下的企业整体价值、股东全部权益价值或者股东部分权益价值等进行评定和估算，并出具资产评估报告的专业服务行为。

因此，企业价值评估是为企业创造价值服务的，按照特定目的，采用特定方法对企业全部或部分价值进行估价的过程，评估的是企业创造价值的能力，即持续获利能力。

3）企业价值评估的目的

企业价值评估由于评估主体不同而具有不同的评估目的。企业价值评估的目的主要有以下四种类型：

（1）投资者基于投资决策的评估目的

股票的内在价值何在？上市公司是否具有继续创造价值的潜力？企业经营业绩优良会给有效率的股票市场传递好的信息，促使股价上扬；相反，则会致使股价下跌。基于这样的信号传递机制，理性投资者认识到，要想使自己的投资得到实实在在的增值，还是要看投资对象的内在价值。这样，企业价值评估就应投资者的需求而以评估企业的内在价值为目的在投资领域展开。在这个过程中，企业价值评估技术事实上处在一个极为核心的位置上。投资者进行企业价值评估并据此做出买卖决策的结果，不断使股票市场价格达到新的均衡状态。

（2）管理者基于价值管理的评估目的

一个企业的财务管理目标是企业价值最大化。企业的所有财务活动都是围绕着这一目标进行的，所有财务决策的最终目的都是增加企业价值。那么，在进行一项决策之前，管理者就需要明确企业的现时价值是多少，该项决策对企业价值的影响有多大，什么样的决策结果可以使现有的价值增加。这些不是管理者凭空就可以知道的。他们需要对企业价值进行评估，针对一个决策对企业价值的影响进行评估。通过了解企业价值在决策前后的增减变动进行各种投资决策、融资决策、经营决策和分配决策是企业价值评估的根本目的。

（3）交易双方基于并购的评估目的

20世纪80年代初，在美国出现了以企业控制权交易为目的的市场，并购事项层出不穷，起初市场的主体主要是企业或有能力的投资者。随着市场参与者日益增多，交易的审慎性开始削弱，市场的交易价格根本无法真实反映被并购企业的价值，导致大量的资本流向许多没有价值的空壳企业，给经济的发展带来了极大的不利影响。为了使交易价格尽量与其价值吻合，企业价值评估开始被应用于并购领域，目的就是要对被购并企业价值以公允的市场价值进行评估，使得交易双方实现公平交易。

（4）清算企业基于清算的评估目的

每个企业都有自己的生命周期，在企业的成长期与成熟期，企业的经营者应该以价值最大化为目标努力经营，但如果企业出现衰退情况甚至被市场淘汰以至于被迫清算，也需要利用企业价值评估在破产清算的前提下对企业价值进行合理评估，目的是尽可能以合理的最高价格清算资产。

二维码 1-2：中联资产评估集团有限公司《关于对中原环保股份有限公司的重组问询函》资产评估相关问题答复的核查意见

1.3　企业价值评估的地位与作用

企业价值评估无论是在企业理财还是在资产评估中都处于重要的地位，且发挥着越来越重要的作用。

1）企业价值评估的地位

纵观公司理财发展史，"价值评估"一直是贯穿财务管理整个发展历程的主线。从莫迪格利尼-米勒的资本结构与股利无关论，到布莱克-斯考尔斯的期权估价理论，无不折射出价值衡量与价值管理在财务管理理论体系中的核心作用。

现代企业的目标是追求企业价值最大化。只有持续不断地创造价值，企业才能基业长青。要实现价值创造的目标，就需要做出合理的财务管理决策，而要实现这一点，首先需要掌握科学合理的企业价值评估理论与方法体系。企业价值既是价值创造的结果，又需要仰仗价值评估工具的衡量。对不同时点的同一企业进行价值评估，可以确定企业经营是创造价值还是消耗价值，从而进行正确的投资决策、融资决策、经营决策和股利分配决策。因此，价值创造是目标，价值评估是基础，两者密不可分。

随着知识化、信息化、经济全球化的趋势日益加快，企业面临的环境更加复杂。这意味着企业经营面临着更多、更大的风险，企业价值评估的应用领域也越来越广泛。投资者通过进行不同时点企业价值评估，可以正确分析企业价值的变化，合理预测发展前景，从而做出收购、兼并、出售等有关资本运营的重要决策。企业管理者运用价值评估，可以把价值提升作为管理行动的标杆，增强企业价值管理意识，从而提升企业市场价值。

由此可以看出，企业价值评估已经成为财务管理专业及资产评估方向的学生必须掌握的基本技能之一，是求职者进入商业银行、投资银行、证券公司、基金公司、会计师事务所、资产评估事务所等单位应满足的基本要求。

二维码 1-3：
资产评估师的
"含金量"越
来越高

2）企业价值评估的作用

时至今日，企业价值评估被广泛应用于不同的领域，在对外开放和企业改革中的作用越来越突出。

（1）企业价值评估与投资组合管理

成功投资的重要因素，取决于企业的实质价值和支付一个合理划算的交易价格。我不在意最近或未来一般股市将会如何运作。

——沃伦·巴菲特

在投资组合管理中，企业价值评估的作用在很大程度上取决于投资者的投资哲学。对于消极的投资者来说，他们进行投资选择完全凭直觉，基本不进行价值分析与评价。积极的投资者又可分为市场趋势型和证券筛选型两种类型。对于市场趋势型投资者而言，估价并不具有很强的实际意义。他们通过预测整个资本市场和个股价格的未来变化趋势来做出投资决策。对于证券筛选型投资者而言，企业价值评估在投资组合管理中扮演着核心角色。他们在进行投资决策时会通过分析企业的成长预期、风险预测和现金流量等财务指标，利用企业价值评估的模型来确定企业的真实价值，并认为任何偏离这个真实价值的价值都是低估或高估的表现，这样就可以在其投资组合中选择大量"被低估"的股票，从而提高他们的投资回报。例如，巴菲特就是这样一种类型的投资者。以其投资中石油为例，2002—2003 年间，巴菲特执掌的伯克希尔公司投资 4.88 亿美元购入中石油 1.3% 的股份，源自他认为中石油价值被低估了。而自 2007 年 7 月开始，巴菲特连续 7 次减持中石油 H 股，并在 11 月 5 日中石油登陆 A 股市场的前一个月将所持的 23.4 亿股中石油 H 股全部清空，收获 40 亿美元，获利 7 倍多，主要的原因就在于他认为中石油此时的股价被高估了。

【课堂拓展 1-1】　构建中国特色估值体系，实现中国式现代化

中国证监会召开的 2023 年系统工作会议指出，推动提升估值定价科学性、有效性。深刻把握我国的产业发展特征、体制机制特色、上市公司可持续发展能力等因素，推动各相关方加强研究和成果运用，逐步完善适应不同类型企业的估值定价逻辑和具有中国特色的估值体系，更好地发挥资本市场的资源配置功能。

监管部门之所以提出构建中国特色估值体系，是因为长期以来我国的估值体系一直是参考借鉴甚至直接套用海外成熟资本市场的估值体系。但从现实情况来看，当前中国 GDP 体量稳居全球第二，上市公司总市值亦仅次于美国，中国资本市场已发展为全球资本市场的重要组成部分，这就要求中国的价值评估体系必须从模仿套用的阶段向追赶超越的阶段转变。更为关键的是，我国的经济发展阶段、经济体制以及资本市场生态都与国外不同，直接套用并不能完全和真实反映中国企业的实际情况。例如，从当前A股估值体系来看，各板块间的估值并不均衡，尤其是上市银行及央企的估值长期偏低。因此，结合中国国情，探索建立中国特色的估值体系，是当前及今后一段时间我国资本市场的一项重要任务。

现时期构建中国特色估值体系，不仅可以推动中国企业高质量发展，持续提升整体价值，而且可以引导投资者的估值与投资判断，真正重视价值投资，还可以促进我国资本市场的健康发展和功能发挥，从而为实现中国式现代化，全面推进中华民族伟大复兴添砖加瓦。

（2）企业价值评估与并购决策

企业价值评估在公司并购决策中具有核心作用。企业的收购、兼并、剥离，以及企业应该扩张或收缩哪些领域，都属于战略性方案。而战略性方案的实施一般都是出于经济性的原因，因此决策应该着眼于使企业的价值最大化。所以，在企业并购活动中，对目标公司价值的评估是非常重要的。

对企业价值的评估，有助于产权交易者对企业的前景与存在的风险有一个清醒的认识，并奠定交易价格形成的基础。只有充分分析了企业的价值状况之后，才能准确地把握住交易机会，掌握交易主动权，尽可能地降低由此带来的风险。

例如，2010年3月28日，浙江吉利控股集团和福特汽车公司签署了股权收购协议，吉利以18亿美元的价格收购沃尔沃100%的股权。吉利成功收购沃尔沃，成为中国汽车业迄今为止最大规模的海外汽车并购案，改写了中国汽车业无独立豪华车品牌与核心技术的历史。吉利不仅得到了沃尔沃轿车品牌的使用权，还得到了沃尔沃全部的技术专利，这对于缺乏核心技术的自主品牌来说意义重大。从2016年沃尔沃汽车财务报表来看，其营业利润大涨66%，达到110亿克朗（约合12.4亿美元），利润率已经达到6.1%。沃尔沃首席执行官哈坎·萨缪尔森（Hakan Samuelsson）表示，沃尔沃2020年的目标是年销80万辆，利润率达到8%。吉利集团能够成功收购沃尔沃，企业价值评估技术无疑在这一收购过程中发挥了重要作用。

（3）企业价值评估与财务决策

企业价值最大化的管理目标日益为管理界所推崇，企业价值与财务决策密切相关。通过科学合理的企业价值评估，管理者可以将企业经营的环境因素和自己对企业价值的预期结合在一起。环境因素是企业价值赖以形成和增长的外在条件，而管理者预期则是企业价值的内在推动力量。

在企业价值管理中，企业价值与企业的重大决策——投资决策、融资决策、经营决策与股利分配决策是密切相关的。实践中，企业经营者要知道企业价值是进行财务决策的基础，增加企业价值是进行财务决策的结果，从而树立以价值为取向的企业活动观，并且在整个组织内发展一种价值管理的观念，并使之制度化。企业的管理人员，尤其是高层管理人员要全过程参与企业价值评估，深刻了解现金流动、权益资本成本、加权平均资本成本、经营风险、财务风险等因素对企业价值的影响，理解价值变动对所有的企业所有权要求者的影响及其程度。

（4）企业价值评估与绩效管理

企业价值是衡量企业绩效的最佳标准。一是因为它是要求完整信息的唯一标准，为进行价值评估，需要企业长期的利润表、资产负债表和现金流量表的信息。没有这些完整的信息，就无法准确评估企业价值，而其他业绩衡量标准，都不需要完整信息。二是因为价值评估是面向未来的评估，它考虑长期利益，而不是短期利益。因此，企业价值评估在企业绩效管理中具有重要的作用。

对企业进行价值评估，有利于对企业绩效进行管理，从而提高管理效率。以开发企业潜在价值为目的的绩效管理正在成为现代企业经营管理的新方向，企业绩效管理更加注重对企业整体获利能力的分析和评估，从而制订和实施合适的经营发展计划，以确保企业的经营决策有利于增加企业价值。在这一趋势下，企业管理人员将不再满足于反映企业历史的财务数据，而是更多地运用企业价值评估的信息展望企业的未来，提高企业的未来盈利能力。绩效管理以提高企业价值为目标，从战略高度对企业各项资源进行整合、优化与开发，推动企业整体价值的持续增长。为满足绩效管理的需要，管理者需要评估企业价值、评价管理效果并推行激励计划，最终实现企业价值增值。

1.4 企业价值评估的内容与方法

【案例1-3】　　　　　　　同济堂并购标的评估相差6亿元[①]

2017年6月6日，同济堂公告称其全资子公司同济堂医药拟出资2.52亿元、2.22亿元收购南京同济堂17%与15%的股份，收购完成后同济堂医药的出资比例增至83.01%。这一价码正是基于由中铭国际出具的南京同济堂股东全部权益价值的评估报告。该报告确定南京同济堂公司的评估值为14.8亿元。

该次评估，中铭国际分别采取了收益法和资产基础法进行了市场价值评估。前者得出的评估值为14.8亿元，增值率为74.42%。后者则得出8.7亿元左右的评估值，增值率为2.02%。两种方法的评估结果相差6.1亿元，差异率为70.96%。

中铭国际在出具报告时还闹出了"乌龙"，其在该报告中指出资产基础法的评估结论更加合理与可靠，但最终给出的估值为14.8亿元，即收益法评估结果。经上交所问询后，在6月23日同济堂所披露的评估报告中已"改口"："本评估报告选用收益法的评估结果作为评估结论。"

对"乌龙"事件，中铭国际给出了解释，但业内人士对收益法与资产基础法间高达70.96%的差异率的合理性仍有疑虑。

---

① 陈星.同济堂并购标的评估相差6亿元 机构说"闹乌龙"但坚持高估值［EB/OL］.［2017-06-26］. http：//www.nbd.com.cn/articles/2017-06-26/1120905.html.案例经过改编。

估值方法的不同究竟是否真的会导致估值结果的巨大差异？差异是如何产生的？是否合理？

下面在了解企业价值评估内涵与地位的基础上，对本书所构建的企业价值评估内容体系与方法体系做简要介绍。

1）企业价值评估的内容

本书以公司理财和资产评估的基础理论为前提，专门系统地论述了企业价值评估的基本概念、基本程序与基本方法。全书共11章，分为企业价值评估理论、企业价值评估方法和企业价值评估应用三大部分，如图1-1所示。

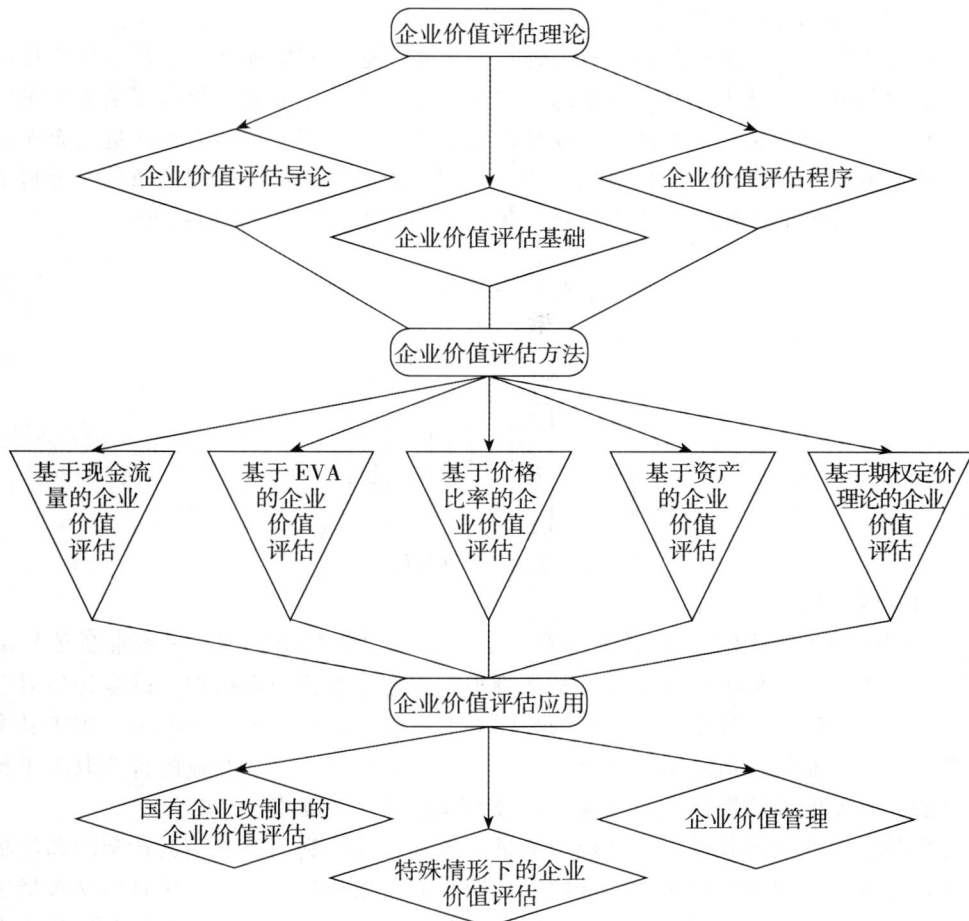

图1-1　企业价值评估内容体系

第一部分为企业价值评估理论，主要阐述企业价值评估的基本理论，包括第1章企业价值评估导论、第2章企业价值评估基础、第3章企业价值评估程序等三章。

第二部分为企业价值评估方法，是本书的核心，着重研究的是企业价值评估操作实务，主要包括第4章基于现金流量的企业价值评估、第5章基于EVA的企业价值评估、第6章基于价格比率的企业价值评估、第7章基于资产的企业价值评估、第8章基于期权定价理论的企业价值评估等五章。

第三部分为企业价值评估应用。本部分是对以上企业价值评估理论和技术的拓展应用，主要围绕我国企业价值评估实务中的热点问题，探索了国有企业改制中的企业价值评估、特殊情形下的企业价值评估、企业价值管理等三个专题，分别对应第9章国有企业改制中的企业价值评估、第10章特殊情形下的企业价值评估和第11章企业价值管理。

2）企业价值评估的方法

企业价值评估的方法是企业价值评估的中心问题。不同评估方法的选择直接影响价值评估的结果及市场交易的实施。本书认为，从总体上看，价值评估方法可以分为收益法、市场法、成本法和期权估价法四种基本类型。评估人员在进行企业价值评估业务时，应当根据评估对象、价值类型、资料收集情况等相关条件，分析上述基本方法类型的适用性，恰当选择一种或多种基本方法，如图1-2所示。

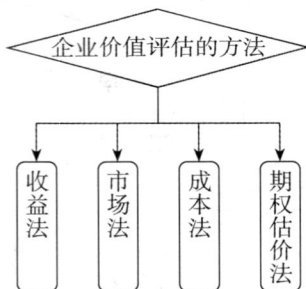

图1-2　企业价值评估的方法

（1）收益法

根据2018年中国资产评估协会修订的《资产评估执业准则——企业价值》的规定，企业价值评估中的收益法，是指将预期收益资本化或者折现，确定评估对象价值的评估方法。该评估方法遵循的是"现值"规律，即任何资产的价值等于其预期未来全部收益的现值总和。从收益法的基本思路出发，可知企业的价值取决于预期收益、收益的预测期以及与收益相对应的风险等三个要素。

收益法中的预期收益可以用现金流量、各种形式的利润（包括会计利润和经济利润）或现金红利等口径表示。这样以预期收益为划分标准，收益法具体又包括现金流量折现法、EVA折现法、股利折现法等类型。选择以何种形式作为收益法中的企业收益，直接影响企业价值的最终分析结果。为此，评估人员应当根据评估项目的具体情况选择恰当的收益口径。在对收益进行预测的同时，评估人员还应当根据被评估企业的经营状况和发展前景以及被评估企业所在行业现状及发展前景，合理确定收益预测期间，并恰当考虑预测期后的收益情况及相关终值的计算。在对企业的收益进行合理的预测后，还需要选择合适的折现率。由于不确定性的客观存在，对企业未来收益的风险进行判断至关重要。能否对企业未来收益的风险做出恰当的判断，从而选择合适的折现率，对企业价值的最终评估结果同样具有较大影响。

收益法能客观地反映投资者的投资观念，充分地体现企业价值评估的评价功能，但是难以合理反映经营效益较差或业绩不稳定企业的价值。由于收益法的参数值预测难度较大，并且目前评估人员的专业水平难以适应收益法的要求，所以相应的评估机构和评估人员承担的风险也较大。

（2）市场法

根据2018年中国资产评估协会修订的《资产评估执业准则——企业价值》的规定，企业价值评估中的市场法，是指将评估对象与可比上市公司或者可比交易案例进行比较，确定评估对象价值的评估方法。市场法常用的两种具体方法是上市公司比较法和交易案例比较法。

从理论上说，价格是价值的货币表现。企业股票价格的高低与企业的收益、销售额和资产账面价值等都直接相关，企业价值或股东价值往往可通过企业股票价格来体现。因此，企业价值可表现为价格比（也可以叫价值比率、价格乘数）与相关因素的乘积，可用公式表示为：

企业价值=价格比×相关价格比基数

因此，市场法也通常被称为基于价格比率的企业价值评估方法。

然而，在实践中，由于企业之间存在个体差异和交易案例的差异，而且该种方法需要一个较为完善、发达的证券交易市场和产权交易市场，要有足够数量的上市公司或者足够数量的并购案例，因此，市场法在我国企业价值评估实务中的使用受到了一定的限制。

（3）成本法

根据2018年中国资产评估协会修订的《资产评估执业准则——企业价值》的规定，企业价值评估中的成本法，也叫资产基础法，是指以被评估单位评估基准日的资产负债表为基础，合理评估企业表内及可识别的表外各项资产、负债价值，确定评估对象价值的评估方法。

成本法的理论基础是"替代原则"，即任何一个精明的潜在投资者在购置一项资产时所愿意支付的价格不会超过建造一项与所购资产具有相同用途的替代品所需的成本。其具体做法就是分别求出企业各项资产的评估值并累加求和，再扣减负债评估值，最终得出企业净资产评估值。

由于成本法应用简便，与我国国有企业的现实情况相适应，各项资产的评估结果易于及时验证，对评估人员财务分析能力的要求不高，评估机构和评估人员承担的风险相对较小，所以成为我国企业价值评估实践中最主要的评估方法，被大量用于企业改制和股份制改造实务。但是，成本法在企业价值评估中的着眼点是成本，很少考虑企业的收益和支出，这就导致人们忽视了企业的持续获利能力，无法充分体现企业价值评估的评价功能，从而不利于企业价值评估方法的改进和完善。

（4）期权估价法

企业在发展过程中由于其拥有一定的人力、物力、财力、技术等资源，从而会面临很多投资机会或选择。这些投资机会或选择权是有价值的，其对于准确、完整地估算某一时点企业的价值具有重要意义。然而，众多的价值评估方法都无法反映这些投资机会或选择权的价值，即忽略了企业拥有的期权价值，导致企业价值的低估，但是我们可以利用期权思想进行识别，找出其中存在的期权，并且用期权方法进行评估，从而弥补这一不足。

20世纪70年代以后发展起来的期权估价法是在期权定价理论的基础上，充分考虑了企业在未来经营中存在的投资机会或拥有的选择权的价值，进而评估企业价值的一种方法。其实，期权是一个来自金融学的概念，是指其持有人在规定的时间内有按约定的价格买卖某项财产或物品的权利。按照期权定价理论的观点，期权是有价值的，因此期权价值的确定是期权估价法的难点，也是其核心。

成本法、市场法和收益法不仅得到国际的公认，而且在我国也得到了普遍认可。而期权估价法充分考虑了企业在未来经营中存在的投资机会或拥有的选择权的价值，能够有效弥补传统评估方法的不足，因此也成为传统评估方法以外的一种重要补充。

3）企业价值评估的类型

企业价值评估是一个宽泛的概念，按照不同的分类标准，有不同的分类结果。从目前及发展趋势来看，企业价值评估主要有以下几种划分类型，如图1-3所示：

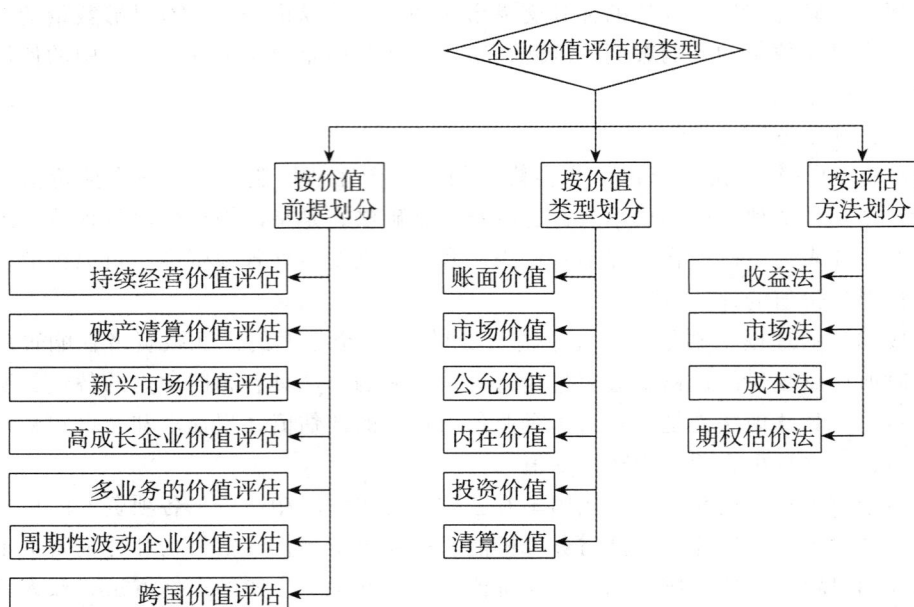

图1-3　企业价值评估的类型

（1）按价值前提划分

企业价值评估不是纯粹的客观过程，例如评估人员的专业判断会影响价值评估的最终结果，所以我们在进行评估之前要确定企业价值评估的前提条件，也就是评估环境。在整个评估过程所做的每个估价都与本次评估的前提条件保持一致，从而得出相对合理的评估结果。按照评估的价值前提划分，企业价值评估可以划分为以下类型：

持续经营价值评估是在企业持续经营的环境下进行的；破产清算价值评估是企业破产强制处置企业时的价值；新兴市场价值评估是在考虑汇率、通货膨胀和利率变动的前提下的价值评估；高成长企业价值评估是指评估时要考虑该类企业未来现金流的高风险和高不确定性对企业价值的影响；多业务的价值评估是指对大型的多元化公司或企业集团进行评估时要考虑其内部独立的业务单元和内部环境；周期性波动企业价值评估是指对有此类特征的公司进行价值评估时要将周期性波动的环境考虑在内；跨国价值评估是指评估过程中要注意国际差异。

（2）按价值类型划分

按照2018年中国资产评估协会修订的《资产评估执业准则——企业价值》，资产评估专业人员执行企业价值评估业务，应当充分考虑评估目的、市场条件、评估对象自身条件等因素，恰当选择价值类型。价值类型也就是企业价值评估过程中所需要遵循的价值标准。具体而言，按照价值类型划分，企业价值评估可以分为以下类型：

账面价值是企业在一定时点，资产负债表上所显示的资产总额，是包括债权人和所有者在内的企业所有资金提供者对公司资产要求权的价值加总；市场价值是企业股票的价格与企业债务的市场价值之和，是指被评估企业在评估基准日公开市场上最有可能实现的交易价格的估计值；公允价值是交易双方在完全了解有关信息的基础上，自愿进行交易的价格；内在价值是指企业未来产生的现金流量的折现值，强调的是企业的持续盈利能力；投资价值是指被评估企业对于具有明确投资目标的特定投资者或某一类投资者所具有的价值，是特定的战略投资者通过收购目标企业取得的协同效应和综合收益，又称为战略价值；清算价值是指企业破产被迫清算时的价值，是指企业在非持续经营条件下的各要素资产的变现价值。

因为企业价值评估的价值标准因评估目的的不同而变化，所以我们在评估之前一定要明确本次评估的目的，比如为了进行投资而进行价值评估，就要考虑以投资价值为本次评估的价值类型。

（3）按评估方法划分

总体而言，价值评估方法可以分为收益法、市场法、成本法和期权估价法四种基本类型。

在价值评估之前我们预先设置好了价值前提和价值标准，然后据此选择评估方法，比如评估企业的账面价值就可以采用成本法即资产基础途径进行评估。

以上分别根据三个标准对企业价值评估进行了分类。这三个标准也是我们做好价值评估的重要指标。基于一个评估目的，我们要选择适当的方法与设置好的价值前提和价值标准相匹配。它们三者之间的匹配可以说既是一种技术也是一种艺术。

企业的市场价值不能反映企业的真实价值，因为股票价格受到多种因素的影响，而不仅仅是企业本身的经营业绩。

——本杰明·格雷厄姆

【政策思考1-1】

2021年9月27日，中国资产评估协会发布《"十四五"时期资产评估行业发展规划》（以下简称《规划》）。

《规划》明确提出了"十四五"时期行业发展的指导思想，即：在以习近平同志为核心的党中央领导下，高举中国特色社会主义伟大旗帜，深入贯彻党的十九大和十九届二中、三中、四中、五中全会精神，坚持以习近平新时代中国特色社会主义思想为指导，全面贯彻党的基本理论、基本路线、基本方略，统筹推进"五位一体"总体布局，协调推进"四个全面"战略布局，坚定不移贯彻创新、协调、绿色、开放、共享的新发展理念，坚持稳中求进的工作总基调，以推动高质量发展为主题，以深化供给侧结构性改革为主线，以改革创新为根本动力，服务构建新发展格局，推动实现资产评估行业转型升级，不断提升资产评估行业专业化、标准化、信息化、品牌化、国际化水平，不断提升专业服务能力，不断提升专业服务质量，为全面建设社会主义现代化国家、更好服务经济社会发展和现代财税体制改革做出贡献。

《规划》勾勒出"十四五"时期资产评估行业的发展蓝图：党对资产评估行业的领导进一步加强，体制机制有效运行；资产评估行业法律法规制度体系基本健全、依法依规治理有效实施；资产评估机构品牌战略层次分明、布局科学；资产评估行业专业理论体系完善、体现新时代中国特色；资产评估行业人才队伍层次合理、素质提升；资产评估专业定位巩固深化、服务领域创新拓展；资产评估执业信息化体系基本构建、执业效能提升。力争到2025年，鼓励建成10家具有国际品牌优势、30家具有国内品牌优势、60家具有区域品牌优势的资产评估机构；培养200名具有创新能力、能够提供综合性服务的高端人才，培养500名行业和机构高级管理人才，培养5 000名精通传统业务、胜任新兴业务的骨干人才；在资产评估机构工作的资产评估师超过5万人，从业人员超过12.5万人；行业收入年均增长10%左右，收入总额达到350亿元左右。

请阅读相关材料并思考：资产评估行业传统业务一般是指哪些业务？有哪些新兴业务？企业价值评估在资产评估专业中处于何种地位？如何认识企业价值评估的作用？

本章小结

　　企业价值评估是评估行业的一个独立分支，是传统评估领域的延伸，既具有与传统不动产评估的相似之处，又具有自身的特点，是评估领域的一个新亮点。总体而言，企业价值评估是因评估企业整体价值的动机而产生的，它所评估的内容离不开企业整体。企业价值评估具有以下三个特点：第一，评估一个整体企业的价值。第二，评估企业股权（所有者权益）的价值。第三，评估企业无形资产的价值。

　　随着企业价值评估理论与方法的不断发展，企业价值评估的业务范围已经由传统的企业并购领域拓展到其他领域，如科创企业评估、境外并购评估、公募 RE-ITs 底层资产价值评估以及涉及 ESG 的企业价值评估等服务领域。

　　2018年，中国资产评估协会对《资产评估执业准则——企业价值》进行了修订，并规定自 2019 年 1 月 1 日起实施。2020 年，中国资产评估协会在财政部指导下，为规范和指导资产评估机构及其资产评估专业人员执行企业并购投资价值评估业务行为，制定了《企业并购投资价值评估指导意见》，有助于推动资产评估服务于企业并购决策和监管；为指导资产评估机构及其资产评估专业人员在使用收益法评估企业价值时合理测算预期收益的折现率，制定了《资产评估专家指引第 12号——收益法评估企业价值中折现率的测算》。

　　可以预见的是，资本市场的收购兼并，企业的剥离重组，金融企业的抵押担保、保险业务，交易咨询，课税评估，员工期权评估，租赁资产转让，特别是网络公司、高新技术企业、新型传媒企业、文化体育产业等新的评估业务领域将促进企业价值评估行业从理论到实践有一个更大的发展。

　　企业价值评估首先需要明确对企业的什么价值进行评估，为此需要搞清楚以下价值类型的内涵：①企业价值与股东价值；②持续经营价值与清算价值；③少数股权价值与控股权价值。

　　企业价值评估是指资产评估机构及其资产评估专业人员遵守法律、行政法规和资产评估准则，根据委托对评估基准日特定目的下的企业整体价值、股东全部权益价值或者股东部分权益价值等进行评定和估算，并出具资产评估报告的专业服务行为。

　　企业价值评估由于评估主体不同而具有不同的评估目的。企业价值评估的目的主要有以下四种类型：①投资者基于投资决策的评估目的；②管理者基于价值管理的评估目的；③交易双方基于并购的评估目的；④清算企业基于清算的评估目的。

　　企业价值评估无论在企业理财还是在资产评估中都处于重要的地位，且发挥着越来越多的作用，主要包括：①投资组合管理；②并购决策；③财务决策；④绩效管理。

　　企业价值评估的评估方法是企业价值评估的中心问题，直接影响价值评估的结果及市场交易的实施。从总体上看，价值评估方法可以分为收益法、市场法、成本法和期权估价法四种基本类型。评估人员在进行企业价值评估业务时，应当根据评估对象、价值类型、资料收集情况等相关条件，分析上述基本方法类型的适用性，恰当选择一种或多种基本方法。

　　企业价值评估是一个宽泛的概念，按照不同的分类标准，有不同的分类结果。从目前及发展趋势来看，企业价值评估主要有以下几种划分类型：①按价值前提划分；②按价值类型划分；③按评估方法划分。

主要概念

　　企业价值评估　企业价值　股东价值　持续经营价值　清算价值　少数股权价值　控股权价值　收益法　市场法　成本法　期权估价法　账面价值　市场价值　公允价值　内在价值　投资价值　战略价值　清算价值

基本训练

　　1.简答题

　　（1）通过企业价值评估可以达到哪些目的？

　　（2）企业价值评估可以应用于哪些领域？

　　（3）企业价值评估的方法包括哪些类型？

　　（4）按照价值类型划分，企业价值评估可以划分为哪些类型？

　　2.思考题

　　（1）企业价值评估的本质是什么？企业价值评估的对象究竟是什么？

　　（2）总结企业价值评估与公司理财、资产评估的关系。

　　（3）试比较收益法、市场法、成本法和期权估价法四种基本方法之间的共同点与不同点。

第2章

企业价值评估基础

学习目标

1. 了解企业的性质，并理解企业价值最大化目标和企业价值评估的关系；理解企业收益及其增长、风险与企业价值之间的关系。

2. 理解并掌握会计报告、财务分析和财务预测在企业价值评估中的应用。

3. 领会企业价值评估的意义，助力推进文化自信自强，铸就社会主义文化新辉煌。

2.1 企业目标与企业价值评估

要了解企业价值评估的本质，需要明确企业本质、企业目标及其与企业价值评估之间的关系。现代企业制度的本质决定了资本增值既是资本所有者投资的根本目标，也是企业经营的目标所在。要衡量资本增值目标实现与否，就需要引入并运用价值评估技术。

1）企业的性质

天下熙熙，皆为利来；天下攘攘，皆为利往。

——司马迁

关于企业的性质，主流的观点倾向于认为企业是一个契约关系的集合体，这种契约是由不同类型的利益相关者形成的。与企业有关的利益相关者的利益交织在一起，促成企业的运行：股东和债权人期望投资收益，管理者期望对企业家才能的报酬，员工期望工资和良好的工作条件，供应商期望销售收入，客户期望物美价廉的产品，政府期望税收，而社会团体期望企业履行社会责任。站在企业价值评估的角度，可以把企业看作以营利为目的，按照法律程序建立起来的经济实体，其特点主要表现在以下方面[①]：

（1）合法性。企业首先是依法建立起来的经济组织，必须接受法律法规的约束。

（2）盈利性。企业存在的最终目的就是获利。为了达到获利的目的，企业需具备相应的功能。

（3）整体性。企业强调它的整体性，构成企业的各个要素资产虽然性能不同，但在服从特定系统目标的前提下，它们可以综合在一起成为具有良好整体功能的资产综合体。

（4）持续经营与环境适应性。企业要实现其盈利目的，就必须实现持续经营。企业要在持续经营中保证实现盈利，其要素资产不仅要有良好的匹配和整体性，还必须能够适应不断变化的外部环境及市场结构，并适时地做出调整，包括生产经营方向、生产经营规模等。

（5）权益的可分性。企业是由若干要素资产组成的，企业的要素资产是不能随意拆分的，而与企业经营能力和获利能力载体相关的权益却是可分的。企业的权益可划分为股东（投资者）全部权益和股东（投资者）部分权益。进行企业价值评估时应考虑由于控股权和少数股权等因素产生的溢折价，并在可行的情况下，考虑流动性对企业价值的影响。

2）企业目标与企业价值最大化

作为一个市场参与者，我关心的是市场价值，即追求利润的最大化；作为一个公民，我关心的是社会价值，即人类和平、思想自由和社会正义。

——索罗斯

鉴于资本所有者是企业的所有者，企业的目标应与企业资本所有者目标相一致，即资本的保值与增值。对于企业目标的表述有两种流行观点：一种是股东财富最大化，另一种是企业价值最大化。现对这两种广泛应用的观点加以评述。

（1）股东财富最大化

一个公司的首要目标就是为其所有者创造经济上的收益。主张董事会必须在一定程度上将股东的利益对应于其他利益相关者的利益而进行平衡的观点，从根本上曲解了董事的职责。此外，这也是一种不切实可行的观点，因为它将使董事会失去解决股东与其他利益相关者之间或不同的利益团体之间的利益冲突的标准。

——大通曼哈顿银行前任首席执行官托马斯·G.拉布雷克

股东财富最大化目标是指企业通过合理经营，并采取合理的财务政策，最大限度地为股东谋取财富。股东作为资本提供者，享有企业最终的财产权和收益权，同时承担最终的风险。所谓股东财富，是指企业中的净资产在资本市场中的市值，而

---

① 姜楠，王景升. 资产评估［M］. 6版.大连：东北财经大学出版社，2023.

股票的市场价格就是股东财富的体现。因而，股东财富最大化又演变为股票价格最大化。该观点较之利润最大化目标有如下积极方面：

① 反映了资本和利润的关系，即在一定程度上体现了企业对经济效益的追求。

② 考虑了风险因素，因为风险的高低会对股票价格产生直接的影响。

③ 股票市场价格包含投资者对企业未来获利的预期，因而能够在一定程度上克服企业"竭泽而渔"的短期行为。

④ 股票市场价格反映了投资大众对企业经营状况和发展前景所做的评价，具有客观性。

但应该看到，这种观点也存在一定的缺陷：

① 股东财富最大化目标以股票的市场价格来计量，隐含着资本市场充分有效的前提，并非所有的资本市场都是充分有效的。

② 对上市公司来说，可以用上市公司的股票价格衡量股东财富，但非上市公司则很难有一个比较客观公允的股票价格来衡量股东财富。

③ 股票市场价格受多种因素的影响，除了受公司内部经营状况影响外，还受到社会环境、政治环境、经济环境、公众投资心理等许多不可控因素的影响。

④ 该目标只是站在股东的角度说明企业财务活动的目标，只强调股东的利益，而忽略了政府、债权人、企业员工等其他利益相关者的利益，会影响股东财富最大化目标的实现。

（2）企业价值最大化

企业价值，从理论上来讲，是利用与风险对应的折现率对企业未来收益进行折现所获得的现值。企业价值最大化的观点认为，企业是多种契约关系的总和。只有兼顾和协调各方面的利益，才能实现企业长期稳定的发展。它的目标是在关心企业所有关键利益者利益的前提下，充分考虑资金的时间价值以及风险与报酬的关系，在保证企业长期稳定发展的基础上追求企业整体价值的最大化。以企业价值最大化为目标的优点主要有：

① 相对于利润最大化目标而言，考虑了资金时间价值。

② 在计算企业价值时运用了折现法，而折现率考虑了报酬取得的风险因素。

③ 符合企业可持续增长的需要。因为不仅当前的利润能够影响企业的价值，而且预期未来的利润对企业价值的影响也十分重要。

④ 与利润最大化相比，企业价值最大化不仅全面反映企业的经营状况而且充分体现企业利益相关者的利益。

企业价值最大化目标从理论上看虽然很全面，但仍然存在难以克服的缺陷：

① 企业价值是一个比较抽象而且很难具体确定的概念，不易被人们理解和接受。

② 在计算企业价值时，理论上需要知道企业未来各年的收益和对应的折现率，而这两个基本要素是很难预计的，预计中也可能出现较大的误差。

③ 在现有的经济模式下，各种利益相关者存在难以解决的各种利益冲突，难以实现各方利益的统一。

价格是你所付出的，价值是你所得到的，评估一家企业的价值部分是艺术，部分是科学。

——沃伦·巴菲特

由于股东价值是企业价值减去债务价值后的净值，因此尽管存在对这两种观点的争议，但当负债市值不发生变化时，股东价值最大化与企业价值最大化在内涵上是一致的。现代企业理财的目标是资本增值，从狭义上讲就是所有者权益的增加或股东财富的增加，因此两种价值最大化的目标是一致的。一旦两者发生矛盾，企业价值最大化应服从于股东价值最大化。

（3）企业价值最大化目标与价值评估

在确定了企业的目标是企业价值最大化之后，就涉及如何衡量企业价值的问题，此时就用到了企业价值评估这一工具。它实际上是对企业全部或部分价值进行估价的过程，而且越来越多的人将它作为企业业绩评价的方法和手段。原因主要在于：

第一，现代企业目标决定了企业价值评估的重要性。对于资本雇佣劳动制的现代企业制度而言，资本增值是资本所有者投资的根本目的，也是企业经营的目标所在，而资本增值的衡量又离不开价值评估。

第二，价值是衡量业绩的最佳标准。因为进行价值评估需要企业长期的利润表、资产负债表和现金流量表等完整的信息，而且面向未来，那么业绩评价就会使人们思虑长远利益，从而更有效地解决"代理问题"。

第三，价值评估是企业各种重要财务活动的基本行为准则。例如，企业合并和杠杆收购，证券分析师寻找被低估价值的股票，证券商为原始股定价，潜在投资者选择新的投资机会，公司选择股票回购的最佳时机，信用分析师了解贷款风险等，都需要进行价值评估。

总之，价值评估是对企业全部或部分价值进行估价的过程。现代企业的价值增值目标决定了价值评估的重要性。

【课堂拓展2-1】　助力推进文化自信自强，铸就社会主义文化新辉煌

党的二十大报告强调推进文化自信自强，铸就社会主义文化新辉煌，为此需要繁荣发展文化事业和文化产业，并指出要健全现代文化产业体系和市场体系，实施重大文化产业项目带动战略。可以说，没有社会主义文化繁荣发展，就没有社会主义现代化。

文化企业是推动文化产业高质量发展的主力军。当前，企业价值评估作为市场经济活动中不可缺少的一种服务支持手段，在文化产业发展中发挥着越来越重要的作用。2015年，中共中央办公厅、国务院办公厅在印发的《关于推动国有文化企业把社会效益放在首位、实现社会效益和经济效益相统一的指导意见》中指出，要对国有文化企业推进以资本为纽带进行联合、重组，一方面鼓励符合条件的国有文化企业上市融资，另一方面推动出版、发行、影视、演艺集团交叉持股或进行跨地区跨行业跨所有制并购重组等。因此，如何科学合理地对文化企业进行价值评估，就成为了推动文化企业做强做优做大的关键所在。在实际当中，由于文化企业多数采用轻资产经营模式，具有"低固定资产，高无形资产"的特点，以新闻出版发行服务企业为例，其生产要素主要是人力资本、知识产权、创意等非物质资源，其产品多以版权、著作权等无形资产形式体现，所以要对文化企业进行科学合理的价值评估，就需要解决正确辨识并评估文化企业的无形资产、合理预测文化企业的未来收益和风险等一系列重点和难点问题。

总之，做好文化企业价值评估工作，不仅可以有效促进市场经济中文化产业资源优化配置，为文化企业融资、IPO、并购重组、股权激励等环节提供合理的价值尺度，保障文化企业资产良性运行，而且能够推动文化企业在产权交易市场、资本市场、"一带一路"建设中发挥积极作用，促进繁荣发展文化事业和文化产业，助力我国从文化大国走向文化强国，从而实现党的二十大报告中提出的"推进文化自信自强，铸就社会主义文化新辉煌"目标。

2.2 企业价值评估：收益与风险

企业价值不同于利润，企业价值不仅包括新创造的价值，还包含企业潜在的或预期的获利能力。它是企业全部资产的市场价值，即企业资产未来预期收益的现值。对企业价值进行评估，首先需要考虑对企业价值产生影响的因素：收益、增长（收益的增长趋势）、风险等三个方面，如图2-1所示。因此，预测企业未来收益及其增长趋势，确定与收益相对应的风险，是科学合理地进行企业价值评估的基础。这也决定了收益法是企业价值评估方法体系的核心，是最为重要的方法。

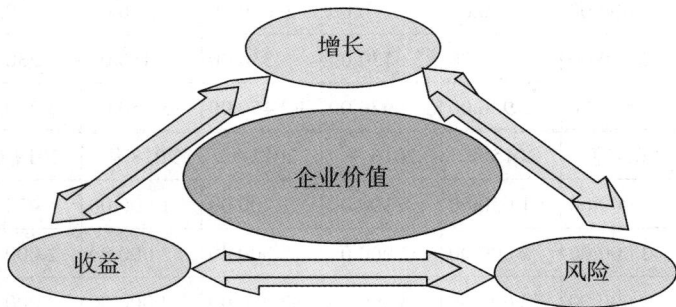

图2-1 企业价值的决定因素：收益、增长与风险

（1）企业价值评估与收益

一般财务理论认为，企业价值应该与企业未来资本收益的现值相等。企业未来资本收益的选择主要有利润和现金流量两大类型，具体而言，包括股利、净利润、

息税前利润、经济利润、净现金流量等形式。不同的表示方法反映的企业价值内涵是不同的。将净现金流量作为资本收益进行折现，被认为是较理想的价值评估方法，因为净现金流量与以会计为基础计算的股利及利润指标相比，更能全面、精确地反映所有价值因素。

【案例2-1】 为何以现金净流量为基础的评估方法更科学

为何以现金净流量为基础的评估方法要比以会计利润为基础的评估方法更科学。下面以表2-1和表2-2为例加以说明。

表2-1　　　　　　　　　　　A公司与B公司的预计净收益　　　　　　　　　单位：万元

A公司	2014年	2015年	2016年	2017年	2018年	2019年
销售额	10 000.00	10 500.00	11 000.00	12 000.00	13 000.00	14 500.00
现金支出	−7 000.00	−7 450.00	−7 900.00	−8 800.00	−9 700.00	−11 050.00
折旧	−2 000.00	−2 000.00	−2 000.00	−2 000.00	−2 000.00	−2 000.00
净收益	1 000.00	1 050.00	1 100.00	1 200.00	1 300.00	1 450.00
B公司	2014年	2015年	2016年	2017年	2018年	2019年
销售额	10 000.00	10 500.00	11 000.00	12 000.00	13 000.00	14 500.00
现金支出	−7 000.00	−7 450.00	−7 900.00	−8 800.00	−9 700.00	−11 050.00
折旧	−2 000.00	−2 000.00	−2 000.00	−2 000.00	−2 000.00	−2 000.00
净收益	1 000.00	1 050.00	1 100.00	1 200.00	1 300.00	1 450.00

表2-2　　　　　　　　　　A公司与B公司的预计净现金流量　　　　　　　　单位：万元

A公司	2014年	2015年	2016年	2017年	2018年	2019年	累计
净利润	1 000.00	1 050.00	1 100.00	1 200.00	1 300.00	1 450.00	7 100.00
折旧	2 000.00	2 000.00	2 000.00	2 000.00	2 000.00	2 000.00	12 000.00
资本支出	−6 000.00	0.00	0.00	−6 000.00	0.00	0.00	−12 000.00
应收款增加	−2 500.00	−130.00	−130.00	350.00	450.00	−230.00	−2 190.00
净现金流量	−5 500.00	2 920.00	2 970.00	−2 450.00	3 750.00	3 220.00	4 910.00
B公司	2014年	2015年	2016年	2017年	2018年	2019年	累计
净利润	1 000.00	1 050.00	1 100.00	1 200.00	1 300.00	1 450.00	7 100.00
折旧	2 000.00	2 000.00	2 000.00	2 000.00	2 000.00	2 000.00	12 000.00
资本支出	−2 000.00	−2 000.00	−2 000.00	−2 000.00	−2 000.00	−2 000.00	−12 000.00
应收款增加	−1 500.00	−80.00	−80.00	−150.00	−150.00	−230.00	−2 190.00
净现金流量	−500.00	970.00	1 020.00	1 050.00	1 150.00	1 220.00	4 910.00

从表2-1可看出，两家公司各年度无论是销售额还是净利润都完全相等。如果

以此资料为基础评估企业股东价值，可得出两家公司股东价值完全相同的结论。但从表2-2看，虽然两家公司各年度利润和销售额完全相等，累计资本支出和应收款增加额也相同，但其各年现金净流量及变动趋势却不同。因此，以现金净流量折现法评估的两家公司股东价值就可能不同。显然，以现金净流量为基础的评估方法更科学，它考虑了资本支出时间不同对资本收益的影响。

以现金流量为基础的价值评估的基本思路是"现值"规律。任何资产的价值等于其预期未来全部现金流量的现值总和。现金流量贴现法具体又分为两种：①仅对公司股东资本价值进行估价；②对公司全部资本价值进行估价。

如果将企业未来现金流量定义为企业所有者的现金流量，则现金流量的现值实际上反映的是企业股东价值。如果将企业未来现金流量定义为企业所有资本提供者（包括股东和债权者）的现金流量，则现金流量现值反映的是企业价值。因此，资本经营价值评估，既可评估企业价值，又可评估股东权益价值即股权价值。由于资本经营的根本目标是股东资本增值，所以资本经营价值评估通常评估股东权益价值。为了全面说明股东价值的来源或创造过程，通常在评估企业价值的基础上，减去债务价值，得到股东权益价值。

企业价值、债务价值及股本价值的关系及评估可通过图2-2体现。

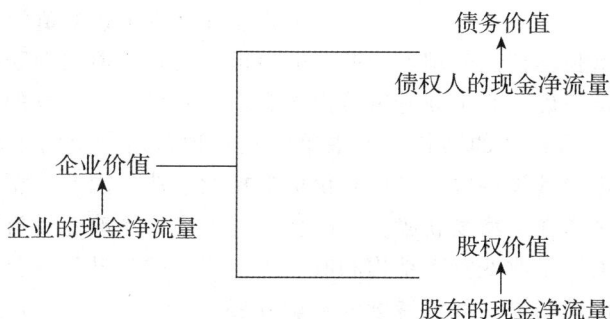

图2-2 企业价值、债权价值及股权价值的关系及评估示意图

除了现金流量以外，另一个比较常用的收益形式是经济利润，其典型代表是经济增加值（economic value added，EVA）。EVA是指投入到企业中的资本获得的收益扣除资本成本后的差额，它弥补了账面利润指标不能完全反映资本经营效率和价值创造程度的不足。其中，资本成本指的是资本投入到风险程度相似的项目上可以获得的收益，是一种机会成本。EVA最重要的特点就是考虑了资本的机会成本，从股东的角度反映了资本的净收益。

可见，存在多种形式的收益可供选择，而选择以何种形式的收益作为收益法中的企业收益又直接影响对企业价值的最终判断，因此，资产评估专业人员应当根据评估项目的具体情况选择恰当的收益口径。

二维码2-1：中国物流集团有限公司拟以非公开协议方式转让股权涉及的国铁供应链管理有限公司股东全部权益价值评估项目资产评估报告

例如，2008年国际金融危机的发生，给各个国家、各个行业都造成了巨大的损失。以房地产、钢铁、航运为代表的周期性行业更是不能在这场危机中幸免，纷纷生产萎缩、产品积压、市场需求不足，进而导致其股价大幅下跌。市场不看好周期性行业。以航运业为例，在经济危机爆发前，航运业极度繁荣，作为航运业的晴雨表，波罗的海干散货运价指数（baltic dry index，BDI）由2008年5月的最高11 793点，暴跌至11月的715点。之后由于各国的经济刺激政策导致宏观经济反弹，航运业有所反弹，但由于世界经济复苏缓慢，航运业持续衰退萧条。因此，对周期性的企业进行价值评估时，就不能以当前年份的收益作为基准收益，因为当前年份的收益可能太低（若处在衰退期）或太高（若处在高涨期），极易导致价值评估的严重错误。要避免周期性的影响，就需要将另一种收益作为评估基准年的收益，比如时间跨度长达一个经济周期的平均年收益。这在一定程度上可以避免经济周期变化对价值评估的影响。

（2）企业价值评估与增长

从财务角度看，快速增长会使一个企业的资金变得相当紧张，因此，除非管理层意识到这一结果并采取积极措施加以控制，否则，快速增长可能导致公司破产。

——美国资深财务学家罗伯特·C.希金斯教授

企业收益的增长不仅是管理者和股东的追求，也是政府的期盼，但一味地追求增长的做法不一定正确，为了规避风险而放弃增长同样是不正确的。企业追求的应该是合适的增长，可持续的增长。如果单纯从管理营运资金的角度看待可持续增长，容易矫枉过正，其深层次含义应是价值的持续创造。因此，企业应追求一种可持续增长率。它是指在不增发新股，不改变经营效率（不改变销售净利率和资产周转率）和财务政策（不改变资本结构和股利支付率）的条件下，公司销售所能达到的最大增长率，体现的是一种可持续的平衡发展。

我们不能仅从营运资金管理的角度防止财务风险和资金流断裂，更应从价值增值的角度建立价值与增长的联系，使增长为价值服务，追求一种可持续增长。可持续增长提出的意义就在于要避免盲目增长和扩张带来的现金流量紧张，从而引发增长性破产。

【案例2-2】　　　　　不是所有"鸟"，都能一路高飞[①]

2019年，对鞋服行业而言，格外冷，其中的一些品牌与企业在这一年折断了翅膀，有的飞不过2019，有的还在等待曙光。

贵人鸟：致命的"多元化"

12月25日，贵人鸟发布一封"风险提示公告"。公告显示，贵人鸟2018年营收28亿元，亏损6.8亿元；2019年1月至9月，营收11.7亿元，同比下降49.2%，

---

① 章航英.折翅2019：富贵鸟破产退市，贵人鸟无人接盘，报喜鸟一曲悲歌［EB/OL］.［2019-12-31］.https://baijiahao.baidu.com/s？id=1654443506728002878&wfr=spider&for=pc.有删减。

净利润亏损 1.6 亿元。若 2019 年继续亏损，贵人鸟股票将被实施退市风险警示。业绩持续低迷的同时，由于资金流动性紧张，贵人鸟还陷入大额债务违约风险和控股股东股权质押、冻结及拍卖风险。

上市后，贵人鸟野心大涨，意图建立"体育产业化集团"，患上了"买买买"综合征，加深体育产业布局，一度还踏入保险领域。但事与愿违，花了巨资布局的多元化产业，非但没有对主力产生增益，反倒严重拉了后腿。收购业务成烫手山芋，主业也岌岌可危。2018 年，贵人鸟业绩首度亏损 6.88 亿，危机全面爆发。贵人鸟紧急刹车，"断臂求生"，出售包括康湃思、虎扑、杰之行等资产，试图"回归主业"。然而，鞋服市场早已是此一时，彼一时。2019 年年末，贵人鸟股价在 5.82元，市值 36.58 亿，不及巅峰时期十分之一。

富贵鸟：P2P 惹祸上身

贵人鸟还在股市挣扎，富贵鸟退市已成定局。

停牌前，富贵鸟股价为 3.88 港元/股，总市值 51.89 亿港元，投资人手中"股票"都变了废纸。

2013 年上市至 2019 年，富贵鸟上市 6 年停牌 3 年。因连年巨额亏损，2016 年遭遇股市停牌。在此期间，富贵鸟经历债务违约、违规担保、信披违规一系列雷区，一度欠债超过 40 亿元。

1995 年，富贵鸟在福建石狮市正式起飞。巅峰时期拥有近万名员工，超 3 000家门店，中国国家队女排主教练陈忠和、陆毅曾是它的代言人。随着市场环境下行，鞋类市场受冲击，鞋企经营状况每况愈下。富贵鸟则选择通过金融杠杆穿越市场低潮。2015 年至 2017 年期间，富贵鸟旗下冒出了矿业公司、P2P 公司、小额贷款公司等多家企业。这些操作引起的资金潜亏和断裂，为富贵鸟之后的悲剧埋下伏笔。最终，由于无法兑付债券，富贵鸟的危机爆发。随着破产重组方案的流产，2019 年 8 月 26 日，富贵鸟正式破产。

最后的话

潮水退去的时候，才会知道是谁在裸泳。

A 股上这些"鸟"的境遇，实则反映的是当时中国鞋服市场的困境。无独有偶，2019 年，拉夏贝尔爆仓亏损，达芙妮迎来关店潮……

当市场处于拓荒期时，企业的增长就像坐上加速器；当企业进入存量市场，比拼的就是硬实力，盲目多元化往往带来覆灭。因此，"回归主业"成为越来越多鞋服企业 2019 年的关键词。

因此，全面衡量一个企业的价值，就不应该仅仅从静态的角度分析其经营能力，更应该着眼于从动态的角度分析和预测企业的增长能力。增长能力通常是指企业未来生产经营活动的发展趋势和发展潜能，也可以称为发展能力。

在可持续增长的前提下，收益增长也存在不同的趋势。在运用收益法进行企业价值评估时存在以下收益增长模型可供选择：①零增长模型，假设企业未来收益增长率为零，即企业每期收益相等，均为固定值。②固定增长模型，假设增长率为一常数。③两阶段增长模型，将增长划分为两个阶段：一个阶段为调整阶段，此时公司的增长比率很不稳定，可能是超额增长，也可能是平稳增长，或者增长比率处于严重的波动状态；另一个阶段为稳定增长阶段，公司的经营发展情况比较稳定。④三阶段增长模型，假设所有公司都经历三个阶段，即收益高速增长的初始阶段、增长率下降的过渡阶段和永续低增长率的稳定阶段。不同增长情况的企业要采取不同的收益模型。

例如，燕京啤酒 2010 年实现了 6.28% 的增长，随着国内三大啤酒厂商鼎立的局面形成，其生产、分销模式已经非常成熟甚至稳固。若选择三大啤酒巨头之一的燕京啤酒作为估值对象，应选用相适应的固定增长模型。而对于雀巢公司这样一家糖类和食品制造商而言，根据其全球业务情况，从 1994 年到 1998 年，公司收益预期按 11.54% 的速度增长，而 1998 年之后，增长率下降到 5% 并保持基本稳定，那么雀巢就适合采用两阶段增长模型来评估企业价值。相对而言，微软的预期就分为三个阶段，其预计 1993 年到 1997 年是一个高速增长的阶段，增长率保持在 32.62%；在 1997 年之后的 5 年，增长率逐渐下降到 6%，这是第二个阶段；随后增长率基本保持在 6% 的水平，这是第三个阶段——稳定增长的阶段。由此可见，微软最适合采用三阶段增长模型。①

（3）企业价值评估与风险

风险是指资产未来收益相对预期收益变动的可能性和变动幅度，或者说，风险是衡量资产未来收益不确定性的量的标准。从风险与收益的关系来看，风险表现为未来可能的收益水平围绕预期收益率变化的区间大小，通常采用方差和标准差来衡量。从企业价值评估的角度来看，风险代表了企业未来收益的不确定性。衡量风险的指标有多种形式，但在企业价值评估中，衡量风险的指标主要是折现率。

二维码 2-2：东方证券对燕京啤酒的财务预测与估值分析报告

合适折现率的选择直接关系到对企业未来收益风险的判断。由于不确定性的客观存在，对企业未来收益的风险做出判断至关重要。折现率是将未来有限期收益还原或转换为现值的比率，属于投资报酬率，即投资者在投资风险一定的情形下，对投资所期望的回报率。因此，确定折现率的基本原则实质上是确定一个合理的期望投资报酬率，通常通过估算企业的资本成本来确定。当然，也可以直接确定期望投资报酬率。其实，两者的本质是一样的，属于"一个硬币的两面"。企业投资者（资金供给方）要求的是投入资本的投资报酬率，而管理者（资金使用方）支付的是投入资本的代价，即资本成本。

如果通过计算投资报酬率来确定折现率，那么首先需要明确投资报酬率通常由两部分组成：一是无风险报酬率（正常投资报酬率）；二是风险投资报酬率。正常

① 罗春华，李曦华. 公司估价中股权自由现金流折现模型分析［J］. 商业经济，2011（7）.

报酬率亦称为无风险报酬率，它取决于资金的机会成本，即正常的投资报酬率不能低于该投资的机会成本。这个机会成本通常以政府发行的国库券利率和银行储蓄利率为参照依据。风险报酬率的高低主要取决于投资风险的大小。风险大的投资，要求的风险报酬率就高。

在折现率的测算过程中，无风险报酬率的选择相对容易一些，通常以政府债券利率和银行储蓄利率为参考依据。而风险报酬率的测度相对比较困难。它因评估对象、评估时点的不同而不同。企业在未来的经营过程中要面临经营风险、财务风险、行业风险、通货膨胀风险等。从投资者的角度来看，要投资者承担一定的风险，就要给予对应的风险补偿。风险越大，要求补偿的数额也就越大。风险补偿额相对于风险投资额的比率就叫作风险报酬率。

进一步，为指导资产评估专业人员在运用收益法评估企业价值时合理测算预期收益的折现率，中国资产评估协会组织于2020年制定了《资产评估专家指引第12号——收益法评估企业价值中折现率的测算》，中国证监会于2021年印发了《监管规则适用指引——评估类第1号》。以上两项指引，主要针对收益法中运用资本资产定价模型（CAPM）、加权平均资本成本（WACC）计算折现率所涉及的无风险利率、市场风险溢价、贝塔系数、特定风险报酬率、债权期望报酬率等参数的确定做出了明确的规定，并指出采用风险累加法等其他方法计算折现率，涉及相同参数的测算时也可以参照这两项指引。

总而言之，评估人员应当综合考虑评估基准日的利率水平、市场投资收益率等资本市场相关信息和所在行业、被评估企业的特定风险等相关因素，合理确定折现率，且应确保折现率与预期收益的口径一致。如果采用的是股东权益现金流量，就应采用股东权益成本对其折现，得到的是股东权益价值即股权价值；如果采用企业的现金流量，就应使用企业的加权平均资本成本折现，得到企业价值，然后减去企业债权价值，得到股权价值。

二维码 2-3:《资产评估专家指引第 12号——收益法评估企业价值中折现率的测算》

【例2-1】 Q公司折现率的计算与选择

某深圳证券交易所上市公司Q公司，根据Q公司2002年的资产负债表，可得出公司的税后债务成本为3.41%，负债占资本总额的比例为54.77%，所有者权益占资本总额的比例为45.23%，此后仍维持该目标结构。选取1998—2002年的年收益率与同期的深证指数的年收益率进行线性回归，得到β值为0.66；以2002年11月10日发行的10年期凭证式国债利率作为无风险利率（3.22%），以2000—2002年深证指数收盘点数为基础计算市场预期收益率（9.83%），通过多因素回归分析方法计算得到该公司的特定风险报酬率为4.56%。企业所得税税率为25%。

首先，可以根据资本资产定价模型（CAPM）的计算公式计算出股权期望报酬率。

$$R_e = R_f + \beta \times (R_m - R_f) + \varepsilon$$

$R_e=3.22\%+0.66\times（9.83\%-3.22\%）+4.56\%$

$=12.14\%$

其次，根据WACC模型计算出加权平均资本成本。

$$WACC=R_d\times（1-T）\times\frac{D}{D+E}+R_e\times\frac{E}{D+E}$$

$WACC=3.41\%\times（1-25\%）\times54.77\%+12.14\%\times45.23\%$

$=1.4\%+5.49\%=6.89\%$

最后，如果计算Q公司的股权价值，就可以采用股权期望报酬率作为折现率对股东权益现金流量进行折现，计算出股权价值；如果计算Q公司的企业价值，就可以采用企业的加权平均资本成本作为折现率，对企业的现金流量进行折现，计算出企业价值。

2.3 企业价值评估：会计报告与分析预测

前已述及，对企业未来收益及其增长趋势的预测和对与收益相对应的风险测算构成了企业价值评估的基础。由此，需要评估人员利用会计报告进行财务分析和预测。这些都属于企业价值评估的基础性工作。

（1）会计报告在企业价值评估中的作用

企业价值评估涉及企业未来的收益，而对企业未来的预测，包括对风险、收益及其增长的预测，都需要利用历史信息。会计报告是反映历史信息的主要形式，包括资产负债表、利润表、现金流量表、所有者权益变动表等。

资产负债表通过揭示企业的资产、负债与所有者权益及其结构来反映企业资产规模与资本结构，展现了企业"规模"和财务"风险"。资产负债表在企业价值评估中的主要作用是作为成本法应用的主要依据。

利润表给出了企业在一段时间里经营成果的信息，同时反映收入"规模"和"盈利"水平。利润表是应用市场法和收益法评估企业价值的主要依据。

现金流量表验证了利润表中盈利的含金量，考察了企业获得和配置现金资源的能力和状态，既显示了"盈利"的内在质量和持续能力，又显示了现金流的"风险"。因此，现金流量表是测算自由现金流最基础的报表。

总之，会计报告是企业价值评估的基础和不可分割的组成部分。它对保证企业价值评估工作的顺利进行、提高企业价值评估的质量与效果都具有重要的作用，具体表现在以下三个方面：

第一，收集和分析会计报告是企业价值评估的重要步骤和方法之一。从一定意义上讲，会计报告收集与整理过程就是企业价值评估的过程。企业价值评估所用的信息并不是"取之即来，来之可用"的，还需要经过分析和调整。2018年中国资产评估协会修订的《资产评估执业准则——企业价值》也做出规定，无论财务报表是否经过审计，资产评估专业人员都应当对其进行必要的分析和专业判断。该准则特别强调资产评估专业人员运用收益法和市场法进行企业价值评估时，应当根据评估对象、价值类型等相关条件，在与委托方和相关当事方协商并获得有关信息的基础上，对被评估企业和可比企业财务报表进行必要的分析和调整，以使评估中采用的财务数据以及相关参数适用、可比。因此，财务信息的收集与分析是企业价值评估的基础环节。

第二，会计报告是企业价值评估的根本依据。没有会计报告，企业价值评估就如"无米之炊"。企业价值评估实际上就是对财务信息的分析。如在使用成本评估法时，评估人员主要通过调整企业资产负债表的所有资产和负债来反映它们的现时市场价值；在运用市场法计算价格比及其基数（如市盈率和每股收益）时，需要利用利润表的信息；在运用收益法预测未来收益及其增长时，既需要了解企业历史和目前的盈利状况，又需要了解企业历史和目前的现金流量，这就需要同时有利润表和现金流量表的信息。

第三，会计报告的数量和质量，决定着企业价值评估的质量与效果。因为会计报告是企业价值评估的基本依据和基础环节，所以会计报告的可靠性、完整性、及时性对提高企业价值评估的质量和效果是至关重要的。

（2）财务分析在企业价值评估中的作用

对企业价值评估而言，财务分析是一种非常有用的工具。通过对企业的基本财务信息进行分析，可以从中提炼出有价值的信息，特别是与企业价值评估相关的信息，比如企业资产和负债的价值、企业未来收益及其增长比率、投资者要求的报酬率等。由此可以看出，财务分析在企业价值评估过程中具有很重要的作用。

第一，财务分析可正确评价企业的过去。正确评价过去是说明现在和揭示未来的基础。比如，在运用收益法对企业进行价值评估时，需要预测企业未来的收益及其增长，此时需要计算一些财务比率，包括销售毛利率、销售净利率、百元收入销售费用、百元收入管理费用等。

第二，财务分析可全面反映企业的现状。这种分析对全面反映和评价企业的现状具有重要作用。比如，在运用市场法进行企业价值评估时，评估人员需要计算可比企业评估时点的价格比，如市盈率、市净率等指标，同时还需要计算被评估企业评估时点的每股收益、每股净资产等。

第三，财务分析可用于评估企业的未来。财务分析不仅可用于评价过去和反映现状，更重要的是，它可通过对过去与现状的分析与评价，评估企业的未来发展状况与趋势。比如，在运用收益法对企业价值进行评估时，需要对未来收益的增长趋势做出判断。

总之，企业价值评估的内涵与方法决定了财务分析在价值评估中的重要性。进行价值评估，无论是对未来利润的预测还是对未来现金流量等的预测，都必须以历史和现在的财务状况与经营成果状况为依据，而历史的或现在的财务状况及经营成果状况的可靠性、相关性程度又与财务分析质量紧密联系。可见，财务分析是企业价值评估必不可少的重要步骤。

（3）财务预测在企业价值评估中的作用

企业的价值评估不应只是对历史数据的分析和评价。历史数据只是评估企业价值的基础。企业价值评估更关注企业未来的收益能力。在评估过程中，需要运用财务预测技术预测未来的收益及其增长。因此，财务预测也是企业价值评估的一个重要步骤。

财务预测包括以下三方面的内容：

第一，利润表预测。利润表预测是对企业未来收益状况的预测，也是整个财务预测的起点。由于利润表预测的重心是对企业利润的预测，而利润的多少又与企业实现的收入、成本费用密切相关，因此利润表预测实质上是对企业未来一定时期发生的收入、成本费用的预测。

第二，资产负债表预测。资产负债表预测是对企业未来财务状况的预测，即对企业在未来某一时点所拥有的资产、承担的债务、拥有的所有者权益的预测。上述三类项目内部又按照一定的标准细分为具有不同特点的细目，因此预测时应注意结合企业的投资、筹资计划以及各项目的具体特点分别进行预测。

第三，现金流量表预测。基于现金流量在企业价值评估中的重要地位，对经营活动、投资活动和筹资活动分别产生的现金流量进行预测是财务预测的核心和终点。现金流量表预测以利润表预测和资产负债表预测为基础。在预测经营活动产生的现金流量时，需要利用预测出来的利润表项目和资产负债表项目的有关数据，对企业的净利润进行非付现和非收现项目的调整。在预测投资活动和筹资活动产生的现金流量时，主要依据的是企业制订的投资计划和筹资计划。

二维码 2-4：
基于剩余收益模型的专精特新医疗企业价值评估——以北陆药业为例

【政策思考2-1】

为规范收益法评估中折现率的测算，督促资产评估机构勤勉尽责执业，中国资产评估协会于2020年发布了《资产评估专家指引第12号——收益法评估企业价值中折现率的测算》（以下简称《专家指引》）。中国证监会结合证券评估业务特点及执业要求，也于2021年发布了《监管规则适用指引——评估类第1号》，对折现率测算涉及的关键参数做出了相应的监管规范。中国证监会规定，资产评估机构从事证券服务业务时，应当按照《专家指引》和《监管规则适用指引——评估类第1号》的要求测算折现率；如存在特殊情形未按要求或优先方法测算的，应当在资产评估报告中充分说明理由。

请阅读相关材料并思考：中国资产评估协会为何对收益法评估企业价值中折现率的测算做出统一的规范要求？《专家指引》内容中在哪些方面体现了中国国情？

本章小结

要了解企业价值评估的本质，需要明确企业目标与企业价值之间的关系。站在企业价值评估的角度，可以把企业看作以营利为目的，按照法律程序建立起来的经济实体，它具有合法性、盈利性、整体性、持续经营与环境适应性、权益的可分性等特点。可见，企业是一种由各种契约关系结合在一起的，以追求盈利为目标的组织，其中最重要的关系是与所有者的关系。现代企业制度属于资本雇佣劳动制。因此，企业所有者是资本所有者，而资本所有者是企业最重要的利益相关者。

企业目标是企业从事一切财务活动的出发点和归宿。既然企业所有者是资本所有者，即股东，企业的目标应与企业资本所有者目标相一致，即资本的保值与增值。现代企业财务目标存在股东价值最大化与企业价值最大化的争论。其实二者并不一定矛盾。既然企业的目标是企业价值最大化，那么在实践中如何判定企业是否达到其目标呢？这又涉及如何衡量企业价值的问题，即如何对企业价值进行量化。企业价值评估可以作为衡量企业价值最大化目标实现与否的一种工具。

企业价值不同于利润。利润只是新创造价值的一部分，而企业价值不仅包括新创造的价值，还包含企业潜在的或预期的获利能力。它是企业全部资产的市场价值，即企业资产未来预期收益的现值。对企业价值进行评估，首先需要考虑哪些因素会对企业价值产生影响。决定企业价值的因素主要包括收益、增长（收益的增长趋势）、风险等三个方面。

一般财务理论认为，企业价值应该与企业未来资本收益的现值相等。企业未来资本收益的选择主要有利润和现金流量两大类型，包括股利、净利润、息税前利润、经济利润、净现金流量等形式。不同的表示方法反映的企业价值内涵是不同的。由于存在多种形式的收益可供选择，而选择以何种形式的收益作为收益法中的企业收益又直接影响对企业价值的最终判断，因此，评估人员应当根据评估项目的具体情况选择恰当的收益口径。

增长指的是收益增长，因此增长对企业价值也具有影响。增长无疑是企业拥有竞争优势的体现，理应为企业带来利润，创造价值。企业应该追求的是合适的增长，可持续的增长。在可持续增长的前提下，收益增长也存在不同的趋势，因此，在运用收益法进行企业价值评估时存在多种收益增长模型可供选择。

风险是指资产未来收益相对预期收益变动的可能性和变动幅度。或者说，风险是衡量资产未来收益不确定性的量的标准。衡量风险的指标具有多种形式，但在企业价值评估中，衡量风险的指标主要是折现率。合适的折现率的选择直接关系到对企业未来收益风险的判断。能否对企业未来收益的风险做出恰当的判断，从而选择合适的折现率，对企业的最终评估价值具有较大的影响。

会计报告是企业价值评估的基础和不可分割的组成部分。它对保证企业价值评估工作的顺利进行、提高企业价值评估的质量与效果都具有重要的作用，具体表现在以下三个方面：第一，收集和分析会计报告是企业价值评估的重要步骤和方法之一。第二，会计报告是企业价值评估的根本依据。第三，会计报告的数量和质量决定着企业价值评估的质量与效果。

对企业价值评估而言，财务分析是一种非常有用的工具。对企业的基本财务信息进行分析之后，可以从中提炼出有价值的信息，特别是与企业价值评估相关的信息，比如企业资产和负债的价值、企业未来收益及其增长比率、投资者要求的报酬率等。

企业的价值不应只是对历史数据的分析和评价。历史数据只是评估企业价值的基础。企业价值评估更关注企业未来的收益能力。因此，在企业价值评估过程中需要利用会计报告收集基本信息，也需要利用财务分析对收集的信息进行分析，同时，在评估过程中，需要运用财务预测技术预测未来的收益及其增长。与收集会计报告、财务分析一样，财务预测也是企业价值评估的一个重要步骤。

主要概念

企业性质　股东财富最大化　企业价值最大化　收益　增长　风险　现金流量　经济利润　可持续增长　折现率　贴现率　期望投资报酬率　会计报告　财务分析　财务预测

基本训练

1.简答题

（1）为什么说企业价值评估是评价企业价值最大化目标实现与否的一种工具？

（2）试解释决定企业价值的主要因素。

（3）在进行企业价值评估时为什么需要利用会计报告？

（4）财务分析在企业价值评估中起到了什么作用？

（5）试分析财务预测在企业价值评估中的作用。

2.思考题

（1）如何认识企业的本质？为什么说资本所有者是企业最重要的利益相关者？

（2）如何理解股东财富最大化与企业价值最大化这两种目标并不一定矛盾？

3.计算题

（1）A公司长期资金共有10 000万元，其中债务资本为4 000万元，权益资本为6 000万元。企业借入债务年利率为5%，β值为1.4，企业所得税税率为25%，且无风险报酬率为3%，市场平均的预期报酬率为10%。求该企业的加权平均资本成本。

（2）B公司股票总价值为1 000万元，债券总价值为500万元，企业所得税税率为25%，股票资本的预期收益率为10%，债券的预期收益率为8%，则该公司的加权平均资本成本为多少？

第3章

企业价值评估程序

学习目标

1. 了解信息资料收集的类型、来源与过程；理解现场勘察的作用、范围与技术；了解企业价值评估报告的形式、内容及其要求。

2. 理解与掌握企业价值评估的基本程序；掌握信息资料整理与分析的方法；掌握企业价值评估结果调整的类型与方式。

3. 理解企业价值评估的独立性原则，塑造资产评估人员的基本职业道德，维护资产评估行业的社会公信力。

3.1 信息资料的收集

在企业价值评估中，信息资料的收集、分析和处理是一项基础且重要的工作。在某种意义上，企业价值评估的过程就是评估人员对与企业价值相关的数据资料的收集、整理、归纳和分析的过程。不论评估人员采用什么样的技术途径与方法，都要有充分的数据资料作保证：评估人员从什么地方收集什么信息资料？对收集来的信息资料如何分类整理？怎样归纳和分析？这些都将决定企业价值评估的质量，甚至评估结果的可用性，因此评估人员在选择待评估企业的数据资料时要付出更多的精力，采取一切必要措施和程序收集尽可能可靠和适当的信息资料。

1）需要收集的信息资料

在信息资料收集的开始阶段，评估人员首先根据自己的专业知识及本次评估的价值前提和标准、被评估企业的规模，初步判断评估中可能用到的评估方法，然后开始收集对本次评估有意义的所有信息资料。

《资产评估执业准则——企业价值》（2019年1月1日起施行）第十一条规定：执行企业价值评估业务，应当根据评估业务的具体情况，确定所需资料的清单并收集相关资料，通常包括：评估对象权益状况相关的协议、章程、股权证明等有关法律文件、评估对象涉及的主要资产权属证明资料；被评估单位历史沿革、控股股东及股东持股比例、经营管理结构和产权架构资料；被评估单位的业务、资产、财务、人员及经营状况资料；被评估单位经营计划、发展规划和收益预测资料；评估对象、被评估单位以往的评估及交易资料；影响被评估单位经营的宏观、区域经济因素资料；被评估单位所在行业现状与发展前景资料；证券市场、产权交易市场等市场的有关资料；可比企业的经营情况、财务信息、股票价格或者股权交易价格等资料。

该准则十分全面地列出了企业价值评估中应该收集的信息资料，但在具体的评估中，评估人员可能会因所选评估途径和方法需求不同，选取其中部分或全部数据资料收集，大体有两个方面：

二维码 3-1：
《资产评估执业准则——企业价值》

（1）企业内部信息①

企业内部信息包括企业的财务信息、法律文件和经营信息。

①财务信息

A.企业的财务报表

这里所指的财务报表是企业需要根据会计准则规定编制的四个主要报表：资产负债表、利润表、现金流量表及股东权益变动表。

评估人员所要收集的财务报表一般是评估基准日之前3至5个会计期间的财务报表，即了解在评估基准日以前的最近5年的经营状况。如果企业在评估基准日之前几年内的经营情况有很大变化，则可采用最近3年或更短时期作为相关时期。当然，如果企业经营历史很长，而且又在近年内相对平稳，或有一个相对固定的经营周期，此时我们可以选取7年、10年或更长时期作为历史参考。这样分析和统计出来的数据就更加可靠。

这些报表都是企业的管理层遵照公允会计准则编制的，但评估人员要清楚，会计政策选择的灵活性让企业的管理层在其中加入了自己的主观意愿，比如选择利息支出的资本化或费用化、存货计价的方法、固定资产折旧的方法等。因此，在收集企业的财务报表时要注意报表的附注。这些内容可以帮助评估人员更好地了解企业管理层对会计项目的处理方法是否符合企业的状况。此外，企业的法律结构，即企业经营类型对所获得的财务信息也有较大的影响。不同的企业类型其最后的评估价值结论可能不同。

B.企业纳税记录

评估人员需要专门了解企业以前、现在和未来的税务政策，是否享受优惠，地

---

① 王少豪．企业价值评估［M］．北京：中国水利水电出版社，2005.案例经过改编。

区政策、行业政策是否优惠等。这些信息一般可以在企业的年度报告上获得。很多小企业根本就没有财务报告，但这些企业也纳税。它们的纳税记录是企业唯一的经营财务信息。评估人员可以根据纳税记录遵循会计准则编制出企业的财务报表，并由此对企业的价值进行评估。

C.过渡期的报表

过渡期的报表是指不以财务年度最后一天为报表日的财务报表。从上一个年度的年底到评估基准日的这一段时间属于过渡期，在这个过渡期编制的财务报表为过渡期的报表。过渡期财务报表的重要性在于，它反映最接近于评估基准日的这一段时期的企业财务状况，它应该是评估人员不可舍去的重要信息。当然，它的重要性也受到很多因素的影响。比如，评估基准日距财务年度日的长短。如果很短则影响不会很大。另外，企业的发展速度快慢也是一个重要因素。如果企业处于稳定阶段，短期内变化不大，那么这一个短时期的报表和原来的差别不会很大。当然，还有很多其他影响因素。在评估中考虑过渡期财务报表就是要充分利用最近一段时间的财务信息。

D.关联交易信息

如果企业有关联交易，评估人员应该尽可能多地收集这方面的资料并了解其实际情况，因为关联交易有可能完全被某一方所控制，从而与公平交易不同，这将可能影响企业的价值。我国上市公司由于存在一股独大的现象，所以也经常出现关联交易。因此，评估人员在收集资料时一定不要忘记这一主题，要详细记录各个关联交易的时间、地点、交易种类、交易内容、交易性质、交易价格和关联方等。

【案例3-1】　三年半关联交易超110亿，"亲兄弟"赚走牧原股份猪圈钱？[①]

一家不到60个人的建筑公司，却承接了上市公司金额数百亿元的猪圈建设工程。这家建筑公司恰恰又与上市公司一起，由同一个实际控制人控制。A股第一大养猪企业牧原股份（002714.SZ）正在面临一场财务真实性的巨大考验，金额多达几百亿的巨额关联交易，也一同被放到聚光灯下检视。

公开披露的数据显示，2017年到2020年9月底，仅仅三年多的时间里，牧原股份在建工程增量巨大。在同一期间，牧原股份的关联方河南牧原建筑工程有限公司（以下简称"牧原建筑"）承接的工程累计已经超过110亿元。牧原建筑是牧原集团的全资子公司，后者又是牧原股份实际控制人秦英林、钱瑛夫妻全额出资的企业。牧原建筑的大部分营业收入都来自牧原股份。然而，从不差钱的牧原股份承接大量工程的该公司，利润却低得出奇，远低于建筑行业平均利润水平。

从2017年开始，特别是自非洲猪瘟暴发后，随着猪肉价格节节攀升，牧原股份的生猪销售量也连年跃进，四年累计增长接近5倍。与卖猪数量增长同步，牧原股份投建了大量的养猪场，在建工程规模也因此一路激增。根据2020年三季报，

① 杨佼.三年半关联交易超110亿，"亲兄弟"赚走牧原股份猪圈钱？[EB/OL].[2021-03-17].https://baijiahao.baidu.com/s?id=1694417819926518676&wfr=spider&for=pc.案例经过改编。

截至当年9月底，牧原股份的在建工程余额为140.8亿元，比年初增加近51亿元，增幅为63.83%，余额已经接近过去四年同类资产的总和。合并现金流量表显示，2017年至2020年9月底，牧原股份为购建固定资产、无形资产和其他长期资产，支付的现金总额分别为62.76亿元、50.47亿元、131.2亿元、316.8亿元，合计金额已经超过560亿元。2020年前三个季度的此类投资规模，就达到上年的2.4倍以上。

公开信息显示，2017年，牧原股份与牧原建筑的关联交易实际金额仅为1.33亿元；2018年实际发生额为10.2亿元；到了2019年，实际发生额已经猛增至47.38亿元；2020年上半年，双方的实际关联交易额已超过110亿元。

从披露数据来看，2017年、2018年，牧原建筑营业收入分别为2.73亿元、13.3亿元，与牧原股份的关联交易占比接近50%、80%。2019年前三个季度营业收入则为11亿元，但与牧原股份的关联交易额却已达32亿元。2017年至2019年9月底，牧原建筑的净利润只有138.13万元、678.72万元、737.42万元，净利润率最高时也不过1%，而2018年还不到0.5%。对比A股上市公司，建筑业龙头中国建筑2018年、2019年的净利润率分别为4.62%、4.45%，同期，龙元建设同期的净利润率也在3.7%以上，宁波建工、上海建工的利润率虽低，但也都在1.3%以上。利润如此之低，牧原建筑的资产规模却在大幅攀升。2017年年底，牧原建筑总资产只有4.86亿元左右，至2019年9月底已经猛增到64.2亿元。

对上市公司而言，关联交易中上市公司及其控股子公司与关联方发生的交易，往往成为控股股东操纵上市公司利润的重要手段。要么虚增利润，要么抽走利润。通过关联交易，上市公司的业绩有可能被人为打压或者抬高。有鉴于此，监管部门要求上市公司在年报中将关联交易作为重大事项进行详细披露（在年报"重大事项"及"会计报表附注"部分披露）。评估人员应对这些信息高度重视，在关联交易无法避免的情况下，要特别注意关联交易在上市公司采购和销售环节所占的比例。这是判断上市公司业绩可信度的重要参考依据。

E.表外资产与负债

有许多可以影响企业价值的资产与负债没有出现在企业的资产负债表上。主要原因是它们多半处于一种不确定的状况，同时又受限于目前企业会计准则的不完善。最常见的表外资产与负债就是在经济案件诉讼中尚未判决的事项，可能会得到赔偿，也可能付出赔偿。因此，评估人员在进行企业价值评估的时候，必不可少的步骤是询问企业这种尚未判决的经济诉讼案件及其详细情况。另外，由于环保问题，可能因政府部门的质疑而提出新的要求。这也可能成为一种或有负债。

其实，在资产负债表上没有列出的资产多半是企业的无形资产，特别是企业自己创造而非外购的无形资产。表外无形资产之所以存在，一方面是由于现行会计准则体系对于无形资产的确认具有严格的限制条件，另一方面是由于知识经济、信息经济和经济全球化大环境的影响。目前，对无形资产价值创造的认识和判断有其局限性。《企业会计准则第6号——无形资产》规定，"无形资产是指企业拥有或者控制的没有实物形态的可辨认非货币性资产"。按照这一规定，专利、版权、商标以及计算机软件等还有可能出现在企业的资产负债表上，而人力资产就无法被确认为一项无形资产，因为尽管人力资产能够给企业创造价值是客观事实，但是从会计的角度，通过专业教育获得的知识和技能与接受教育拥有知识和技能的员工具有不可分割性，而且即使企业不同意，员工也可以辞职。这样的人力资产显然无法为企业所拥有或者控制。此外，拥有了知识和技能究竟能够为企业带来多大的未来经济利益也难以计量。这样一来，人力资产自然也就无法在财务报表上列示。除此以外，品牌、客户名单以及商誉等这些不可确指的无形资产也不会出现在资产负债表上。

但不可否认的是，目前无形资产在企业中的作用已经得到了社会的共识，企业价值中肯定不可或缺的是无形资产的价值。新经济时代的到来，使各类无形资产在价值创造中的地位凸显，无形资产价值创造的方式得到了进一步的扩展和延伸。目前在财务报表上列示的无形资产已不能反映无形资产价值创造的完整内容，无法真实体现企业所拥有的全部无形资产价值，特别是不能反映新经济时代的发展对无形资产的要求。事实上，人力资本、客户资本同样在创造企业价值和实现企业价值方面发挥重要作用，甚至与表内无形资产相比，对企业的盈利能力和竞争能力贡献更大。因此，在收集企业资料时，必须详细地收集各种无形资产的资料，包括它们的法律保护、期限和到期日。

F.其他财务信息

其他财务信息主要包括流动资产与流动负债、厂房设备及其他固定资产、高管人员的薪金报酬、股权的分配、股东红利或合伙人分成以及企业核心管理人员的人身保险等方面。这些信息可以通过翻阅文字材料收集，也可以从对企业的现场访谈中获得。这些信息很容易被评估人员忽略，但它们却是准确评估企业价值所不可或缺的。

②法律文件

企业的法律文件是企业内部信息中重要的一个组成部分。传统的观点认为这部分文件主要有证明企业合法地位的营业执照、公司章程和其他法律文件，但是根据指导意见，还需收集被评估企业类型、评估对象相关权益状况及有关法律文件。这恰恰是我们以往比较容易忽视的一些方面，在评估报告中也往往忽略披露这些方面的信息。随着企业价值评估业务逐步多元化，被评估企业的类型和股权状况也将千差万别。以下几个方面的法律文件一定要注意收集：

一是公司或合伙企业的正式法律记录。这些正式的法律文件能够反映公司或合伙企业中影响企业价值或企业股权价值的重要事实。二是股权变动方面的信息。有关这方面信息的法律文件主要是股东与股东之间或股东与公司之间的股权买卖协议或回购协议。这些协议里面可能包含某些条款，而这些条款也许会强烈地影响这部分被交易股权的价值，因为这些协议里往往限制了被交易股权的流动性。这不仅直接影响这部分股权的价值，而且也影响其他权益的价值。三是公司和核心管理人员的聘用合同。这也会成为影响公司价值的因素。这种影响可能是正面的，也可能是负面的。它取决于聘用此人的成本与他对公司做出的贡献之间的关系。

③经营信息

A.企业概况

企业概况一般可以在企业的宣传资料或企业简介上获得。这有助于评估人员了解企业的总体经营状况。

B.企业核心管理人员

企业核心管理人员是企业经营成功的关键。无论是董事长还是总经理，甚至包括各个部门的部门经理，他们的相关信息都可以在分析中作为依据。

C.客户与原料供应商的信息

对经营有直接影响的是企业经营链的上下两个环节，即企业的客户端和供应商端。客户端对那些只有少数几个主要客户的企业尤为重要。实际上，许多企业都陷入了一个叫作"80/20规则"的怪圈，即它们80%的销售收入都来源于20%的客户。所以，分析客户的信息非常重要。收集资料时不仅需要一份客户名单，而且需要列出最近几个年度或时期按销售收入或利润大小排序的客户列表，并由此分析其对企业价值的贡献以及客户变化的趋势。当然，我们还可以从历史年份客户订单数量比较看出未来的发展趋势。供货商端，与客户端一样，也是影响企业价值的重要因素。特别是如果未来的原料供应情况存在不确定的因素，无疑会大大增加企业的风险。收集资料时同样需要和客户信息一样设计相关表格或列出清单，并要求被评估企业提供详细信息。

D.关于未来经营的预算或预测信息

企业的价值最终不取决于现在的经营情况，而取决于企业未来的经营情况。价值评估的原理就是对未来的期望。所以，如果有可能，最好能够收集到企业自己或委托其他机构所做的关于未来的预算或可行性研究报告。但是，小企业很有可能没有这种资料，评估人员要通过现场访谈了解企业自身对未来经营的看法。这些信息的获得可以作为评估人员对企业未来经营判断的一个参考。评估人员还需要从其他渠道（包括宏观经济以及行业信息）得到有用的信息，从而结合企业自身的情况做出预测。

（2）企业外部信息

①宏观经济信息

宏观经济的分析需要收集当前宏观经济的形势、政策法律法规、经济增长速度、全球经济发展趋势等。这些信息在后续企业价值评估环节中可以作为确定风险程度和增长速度的重要依据。

②行业经济信息

行业经济信息主要包括行业的特点、准入制度、市场分割状况以及行业整体发展的情况。一般这些信息可以从行业协会或资本市场对行业发展的预测等有关资料里面获取。有时，某些行业里有专门进行行业经济分析的咨询机构，它们详尽而专业的分析资料具有一定的权威性。评估人员可以向企业所属贸易协会或行业协会咨询，或查询相关行业出版物及政府出版物。

③产品市场信息

产品市场信息是指被评估企业生产产品或提供服务的市场情况，特别是同行业企业之间的竞争市场。企业的未来获利能力和持续经营时间最终由企业之间以及产品之间的竞争来决定。一般来说，产品之间的竞争越是不充分，企业对价格的控制能力就越强，就越有可能获得高额的利润，竞争优势的持续时间也就越长；反之，则向相反方向发展。

2）信息资料的来源

在企业价值评估中，评估人员所需要的信息资料主要来自于企业内部和外部，具体而言，包括以下渠道：

（1）企业内部

企业内部是提供企业价值评估相关信息的重要来源。评估人员需要事先编制企业评估资料需求清单，由企业价值评估的委托方根据清单提供相关信息。当然，评估项目的委托方可能并不具有完整和合适的信息资料，评估人员应在有关人员的协助下进行调查取证，包括走访企业核心管理人员、现场勘查等。

（2）企业外部

在企业价值评估过程中，对于外部信息同样需要重视并充分利用。外部信息资料一般来源于：

①政府部门

许多有关企业的信息可通过查看各级政府部门的资料获取，比如国资委掌握大中型国有企业的信息资料、商务部掌握外资企业的信息资料、市场监督管理部门掌握公司的基本登记信息、税务部门掌握企业税收缴纳的信息资料、统计部门掌握有关产业的统计数据等。

②证券市场交易机构

证券市场交易机构包括证监会、证券交易所、证券公司、基金公司等。它们可以提供上市公司的许多相关资料，包括年报、股票价格、行业投资价值分析报告、个股投资价值分析报告等。

③媒体

媒体包括杂志社（有一般杂志与专业杂志之分）、出版社（有一般出版物与专业出版物之分）、网站等。它们可以提供有关宏观经济形势分析、产业分析、企业分析等方面的信息资料。

④行业协会或管理机构

行业协会或管理机构是企业价值评估中的一个很好的信息来源。它们能够提供有关产业结构与发展情况、市场竞争情况等信息资料。

3）信息资料的收集过程

（1）制订收集计划

评估人员应该制订收集计划，其主要内容包括：首先，依据评估目的列出要收集的信息资料清单；其次，选择信息资料来源，即所需的信息要从何处收集、获取；最后，明确信息收集的方法。

（2）收集信息资料

评估人员可以通过以下渠道收集信息资料：采用被评估企业申报、评估人员实地考察等方法收集企业内部信息；采用网页查询、数据查询等方法收集企业外部信息。较大的项目可以聘请专业的调查机构帮助做出调查分析。收集过程中一定要结合自身的专业知识保证所收集信息的可靠性和真实性。

（3）核对信息资料

在信息收集过程中，由于被评估企业的有关信息在不断变化，信息清单难免会出现遗漏或多余的情况，因此，按清单要求收集完之后评估人员要将所收集到的信息资料同评估目的核对，删掉不需要的信息，追加收集新需要的信息。

（4）鉴定信息资料

将通过不同渠道收集到的信息资料结合起来，相互印证，可以保证信息的完整性和系统性。另外，评估人员可以利用自身专业知识或通过专家咨询鉴定信息的真实性和有效性。

（5）信息资料归类

评估人员通过分析将所收集到的信息资料分类汇总，并以文字、数据的形式整理出来，如调查报告、资料汇编、统计报表等，以便更好地服务于评估的各个环节。

3.2 现场勘察

现场勘察对于整个评估过程极有意义。它不仅可以帮助评估人员获得更加可靠的信息，而且有助于被评估企业的管理者了解评估的预期目标。当然，最主要的是，现场勘察能够提高企业价值评估的效率。

1）现场勘察在评估过程中的作用

（1）帮助评估人员了解企业历史

现场勘查可以使评估人员了解企业是如何创立与发展的。企业的历史应包括企业及其前身是何时成立，在企业发展过程中是否有任何并购或分立，组织基本形式是否有任何改变，企业经营的方向是否有任何改变，以及服务地域是否有任何改变，当然，也包括企业所有权的主要变化。

一个企业的历史可能比较悠久，但与价值评估分析最相关的部分通常是最近的历史。公司主要事件年表会有助于评估人员决定多少年的公司财务数据将会同目前的评估工作相关，并在分析财务报表的时候辨别企业或具体经营环境的主要变化。

（2）帮助评估人员了解企业现状

评估人员在评估中通过访谈提出问题：企业是做什么的？为什么要选择做这个产品或服务？是什么使这个企业有资格做这个产品或服务？企业所从事业务在经济领域的前景如何？企业的优势和劣势何在？企业的价值驱动因素是什么？得到解答后，评估人员可以更多地了解企业现状。除了这些问题外，评估人员通过访谈还可以了解被评估企业现有产品的进一步开发、新产品和新市场的开拓情况、资本性支出情况、收购兼并情况、设立分支机构情况、公司的研发项目和研发进展、企业的无形资产情况等。

评估人员对企业无形资产的了解非常重要。企业为什么能够在激烈的竞争中保持相对优势？针对这个问题，评估人员要询问企业的管理层，他们是否能够定量地分析自己企业的品牌、商标、版权和专利对企业获利的贡献，或者企业是否由于所处地理位置优越、优惠的供货合同或很好的客户关系而获得经济利益呢？通过这些询问，评估人员将对企业的无形资产价值有一个深刻的认识。

（3）帮助评估人员了解管理层的收入状况

国内许多公司的高管人员有大量的灰色收入。评估人员只有通过现场访谈才有可能了解这方面的信息。评估人员可以通过询问公司高级管理人员的年龄、健康状况、受教育程度、职业资格证书、工作经验、其他背景以及到本公司工作的时间，判断核心管理人员的红利以及补助是否太多或不足，从而影响企业的正常经营和未来发展。

（4）帮助评估人员了解企业的经营状况

企业的经营状况是否确实如书面材料中所说，评估人员会通过现场勘察鉴定并进一步了解企业是如何经营的，效率如何，结果怎样，企业的前景是会越来越好还是日薄西山。了解企业经营状况大概要了解以下四个方面：第一，企业的原材料与供应商；第二，企业与雇员或与政府之间的关系；第三，企业的存货情况；第四，企业的土地、厂房和设备。

（5）帮助评估人员了解企业的市场及其开拓情况

评估人员需要了解企业的市场及其开拓的有关情况，包括：企业的客户是谁？为什么客户要买这个企业的产品或服务而不买其他同类企业的？企业的目标市场是在继续增长还是在萎缩？哪些力量决定企业产品或服务的需求以及需求的改变？市场是否有季节性、周期性或长期性特点？是否存在某些技术进步而导致市场份额的变化？若真如此，企业想在竞争中保住原有的市场份额，下一步该怎么办？如何应对？如何有效行动？一般情况下，企业的市场部经理对自己企业的竞争能力总是说得保守一点，而对定义的市场潜力总是说得夸张一些。评估人员在了解这一方面的情况进行现场访谈时要注意提问技巧，避免有盘问被访者的嫌疑而难以获得对问题答案的深入理解。当然，在市场开拓方面最重要的问题就是，企业是如何参与竞争的？其核心竞争力在哪里？评估人员应该让企业尽量列出其每一项产品或服务在每一个局部的市场上所有竞争对手的名单和市场份额。这样可以粗略估算现有的市场份额以及今后的发展趋势。

（6）帮助评估人员了解企业的商业模式

商业模式是一种商业运作的方法。通过这样的运作方法，企业能够生存，即产生收入。管理学大师彼得·德鲁克曾经说过："当今企业之间的竞争，不是产品之间的竞争，而是商业模式之间的竞争。"互联网和金融时代的到来，使得企业家乐于尝试各种商业模式。商业模式、市场空间和管理团队成为信息时代评估企业的三大标准。评估人员通过了解企业的商业模式来判断企业未来的盈利空间。

（7）帮助评估人员鉴定企业的财务状况

评估人员为了鉴定书面资料所反映财务信息的真实性、合理合法性，可以同企业的财务负责人、控股股东、企业的外聘会计师以及律师进行访谈。访谈的内容包括：流动资产、固定资产、无形资产、流动负债、资本结构、账外的资产与负债、盈利能力与利润、企业保险状况以及股东分红的情况。通过这样一系列的访谈可以使评估人员更清晰地认识到企业会计政策和会计估计运用是否公允，财务报表是否真实地反映企业的财务现状。

2）现场勘察的范围

评估人员现场勘察的范围取决于很多因素，包括评估的目的、企业经营的性质和评估项目的大小及复杂程度、评估人员能否完整收集到前面所述的书面资料以及阅读和理解它们的程度。

（1）实地访谈对象

评估人员现场访谈和谁见面，取决于从哪些人那里能够获得影响公司价值最重要的信息。在实务中，通常需要访谈的对象包括：

①企业法人代表

评估人员访谈企业法人代表，可以从总体上了解企业自身的定位和开办经营的初衷、企业未来使命、企业的战略目标。这些对企业的价值都具有决定性的作用。

②核心管理人员

通过对企业的核心管理人员（如生产总监、市场总监和财务总监）进行访谈，评估人员可以了解更加本质的影响企业价值的信息。比如，对市场总监进行访谈，可以了解他的年龄、性格特征、对企业的忠诚度、风险观念、销售经验等因素。了解这些信息对企业未来销售量的预测是非常有用的。

③其他关键人员

比如，评估人员对企业的存货信息有较大疑问，就可以访谈仓库保管人员来了解收货、存货的记录是如何进行的。

④企业外部人员

要访谈的企业外部人员虽不是企业本身的雇员，但与企业具有密切的联系。对必要的外部人员进行访谈有时候是非常有助于价值评估工作的。它不仅能够给评估人员提供必要的技术信息，而且可以从他们那里获得一些对公司的独立看法和观点。一般与公司业务有关的专业人士主要是律师、会计师和银行家，当然最重要的外部人员有企业的供应商和客户。通过对他们进行访谈可以得到更重要的影响企业价值的因素，比如供应商改变价格政策提高原材料的价格从而增加了企业产品的生产成本，企业主要客户改变发展战略减少对企业产品的需求。这些对于企业价值评估都是至关重要的。

（2）现场勘察范围

现场勘察范围主要是针对被评估企业的资产展开的，一般包括企业的存货、厂房与设备、土地等实物资产。

①企业的存货

存货包括原材料、在产品和产成品等。评估人员需要通过企业有关人员的协助了解存货中有多少已经报废，有多少受到损坏，有多少是存放多年或根本不能使用的，有哪些存货已经毫无价值却仍然记在账面上，又有哪些存货有剩余价值却已经冲销以及存货的周转情况如何。

②企业的厂房与设备

企业厂房的规模大小、结构类型等，设备维修状况如何，使用率是否很高，是否还有闲置的厂房和设备以备以后的生产发展等，对企业的价值有极大的影响。

③企业的土地

在我国，土地所有权归属于国家，企业对土地只拥有使用权，在会计上可以将其单独作为无形资产入账，也可以与地上建筑物一起作为房地产入账。由于土地属于稀缺资源，总体而言具有升值的趋势，而在会计上一般不对土地的价值增加进行调整，就可能造成土地的账实不符。为此，评估人员需要通过现场勘察，掌握企业土地的相关信息，从而对企业土地对企业价值的影响进行初步的判断。

3）现场勘察的技术

评估人员进行现场勘察可采用的技术包括：

（1）现场访谈

评估人员在访谈相关人员之前依据明确要了解的信息设置适当的问题，在访谈时有技巧地一一提出，尽可能获得准确、可靠的信息。需要指出的是，通过对企业相关人员的采访，评估人员还可以了解企业管理者，尤其是企业核心领导人的经营理念与管理哲学。

（2）现场检查

一方面，评估人员可以通过观察固定资产、监盘存货等手段来确定历史财务报表是否真实反映企业的财务状况；另一方面，评估人员可以通过现场检查企业的业务流程，进一步了解企业的经营效率与效果。

（3）借助专家的工作

企业价值评估人员可以借助房地产评估人员、机器设备评估人员以及个人动产评估的工作，对企业不动产和动产的价值有一个评估和判断，借助会计师、审计师、银行家、律师等了解企业经营的合法合理性以及风险的可控性。

3.3 信息资料的整理与分析

信息资料主要包括非财务信息与财务信息两大类型。非财务信息资料的整理与分析方法主要采用行业分析的方法和竞争战略分析的方法，而财务信息资料的整理与分析主要利用企业财务历史数据进行会计分析和财务分析，可采取水平分析法、结构分析法、趋势分析法、比率分析法、因素分析法和综合分析法等。

1）行业分析和竞争战略分析

（1）行业分析

行业分析是指对某一行业的特征、生命周期、盈利能力进行分析的过程。它是围绕行业内部价值创造能力展开的，通过行业分析可以辨认影响企业盈利状况的主要因素和风险，从而对评估企业当前经营业绩及其可持续性（发展前景）具有显著作用。

①行业特征分析

行业特征是指特定行业在某一时期的基本属性，它综合反映了该行业的基本状况和发展趋势。评价行业的特征是对财务报表进行有效分析的一个基本前提。评价行业的特征，主要评价行业的竞争特征、需求特征、技术特征、增长特征、盈利特征等五方面。影响行业特征的一般因素见表3-1。

表3-1　　　　　　　　　　　行业特征的影响因素

竞争特征	需求特征	技术特征	增长特征	盈利特征
竞争企业数	需求增长率	技术成熟度	生产能力增长率	平均利润率
竞争企业战略	顾客稳定性	技术复杂性	企业规模经济程度	平均贡献率
行业竞争热点	产品生命周期阶段	相关技术影响	新投资总额	平均收益率
资源的可得性	替代品可接受性	技术的可保护性	一体化、多元化发展速度	
潜在进入者	需求弹性	研究与开发费用		
竞争结构	互补性	增长率		
产品差异化程度		技术进步		

不同的行业创造价值的方式不同，评估人员通过行业特征分析可以了解被评估企业所在的行业特征，正确评估企业价值。

②行业生命周期分析

行业生命周期主要由市场对该行业产品的需求状况决定。一般分为四个阶段：投入期、成长期、成熟期和衰退期。不同的阶段，企业的盈利能力也不同。

在投入期阶段，新行业刚刚兴起，投资于这个行业的公司可能不多，相关产品的研发费用投入比较高，市场需求未得到开拓，从而销售收入较低，财务可能会出现亏损，在此阶段的公司其经营风险比较大。

在成长期阶段，新行业的产品经过宣传和试用，已经得到消费者的认可和偏好，产品的销售量开始增加。由于市场有发展前景，厂商便会逐渐增加，产品向多样化、优质化方向发展。由于市场需求扩大，厂商间的竞争也日益加剧。为了保持利润空间，厂商趋于积极提高生产技术、降低成本来打败对手，在市场上取得一席之地。

在成熟期阶段，行业的发展速度保持在一个适中的水平。此阶段相对较长，经过激烈竞争，少数大厂商垄断了整个行业的市场。厂商的竞争手段不再是价格战，而转向质量的提高、服务的完善等。行业的产出增长缓慢，甚至下降。

在衰退期阶段，由于替代品或新产品的出现，就像手机替换掉"大哥大"、传呼机等，原行业的市场需求开始下滑，整个行业萧条。厂商为了寻求利润最大化，会慢慢把资金转移到更有利可图的行业。当正常利润都无法实现的时候，该行业便退出了市场。企业处在不同阶段对企业的价值创造会有不同的影响。评估人员通过了解被评估企业所在阶段，根据相关的信息，判断被评估企业所处行业的发展阶段，从而判断其价值创造的能力和潜力。

【知识链接3-1】 **核电行业生命周期分析**

从竞争角度看，目前中国正在进行的电力市场改革已经取得了阶段性的成果，厂网分开进行得比较彻底，竞价上网已经开展多处试点，主辅分离和输配分离正在紧张地开展。预计到2030年前后，中国将形成一个比较完善的电力市场体系。通过破除垄断、充分竞争，电力行业的成本将大幅下降，行业利润也会逐渐下降。到2030年以后，行业运作更加成熟，利润率继续下降。2060年以后，中国电力行业利润情况将在各主要工业行业中排名靠后。因此，2060年以后，我国电源结构将会有明显的变化，水电、核电、风电、太阳能发电等会占据大多数份额，同时未来新能源技术的出现和发展将逐渐代替核电成为新的能源结构。核电行业生命周期见表3-2。

表3-2 **核电行业生命周期**

阶段	时间	判断依据
投入期	1949—2006年	国家初步建立起核电行业产业链
成长期	2006—2030年	城镇化基本完成，核电站项目基本完成，能源结构优化完成
成熟期	2030—2060年	技术成熟，工业也相对成熟，需求转向民生
衰退期	2060年—	新清洁能源技术的出现和发展

③行业盈利能力分析

不同的行业其盈利能力有很大差异。这是评估人员在进行企业价值评估时不能忽视的客观事实。1982年，迈克尔·波特提出了分析行业平均盈利能力的"五大力量理论"，包括：第一，现有企业间的竞争；第二，新进入企业的威胁；第三，替代产品的威胁；第四，客户的议价能力；第五，供应商的议价能力。也就是说，这五种因素是行业盈利能力的重要影响因素。财务报表使用者在对行业的获利能力进行分析的时候可以从这五个因素着手，如图3-1所示。

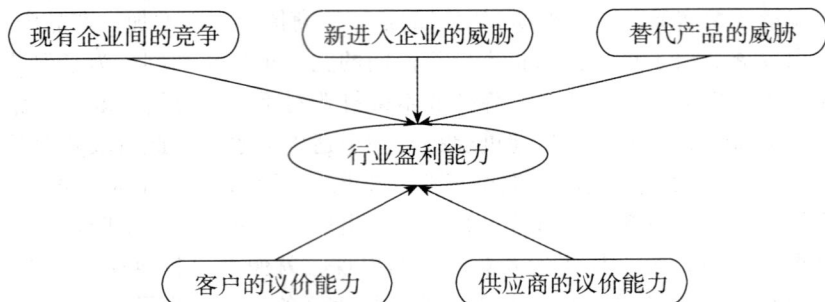

图3-1 行业盈利能力的影响因素

一般来说，现有企业间的竞争程度越高，行业平均盈利能力越低，新进入企业的威胁越大，行业中的竞争者就越多，从而提高了同行业的竞争程度，降低了行业的平均盈利能力。当行业存在许多替代产品或替代服务时，其竞争程度加剧，同样也会导致行业平均盈利能力降低。客户的议价能力强，则会制约产品价格提高的可能性，甚至导致产品价格降低，就会降低行业的平均盈利能力。供应商的议价能力强，则有可能提升原材料的价格，从而增加企业产品的成本，也会降低行业的平均盈利能力。

通过对被评估企业所处行业的上述五种因素进行分析，可以对企业的未来盈利能力做出准确的预测。

（2）竞争战略分析

企业价值评估首先需要预测和分析未来的盈利能力。企业的盈利能力不仅受所处行业的影响，还与企业所选的竞争战略有关。竞争战略分析的关键在于根据行业分析的结果判断企业选择竞争战略的合理性。只有选择了合理的竞争战略，才有可能使企业保持竞争能力和高盈利能力。一般而言，给企业带来竞争优势的战略有两种：成本优势战略和产品差异战略。

成本优势战略是指以较低的成本提供产品和服务。企业可能通过规模经济、学习曲线、提高生产率、简化产品设计、降低投入成本和提高组织效率等方式来获得成本优势。成本优势战略适用于对产品或服务价格弹性较为敏感的顾客。

产品差异战略是指面对不同收入水平、不同年龄层次、不同性别的顾客，对产品的服务、外观、广告等进行差异化，以满足顾客的不同需求。产品差异化可以凭借产品质量、产品多样性、产品捆绑销售等方式实现，也可以通过产品外观、产品信誉实现。

【案例3-2】　　　　　　　　　　　**比亚迪的增长逻辑**①

　　要说比亚迪最近几年的增长逻辑，总结下来，除了创新，垂直一体化整合无疑发挥了重要作用。所谓垂直一体化，简单理解就是整合上下游，自己做。这种模式的好处是，可以节约大量资源成本和时间成本。成本越低，和对手进行价格博弈就越从容。此外，由于汽车是固定成本占比较高的行业，比亚迪凭借高销量可以利用规模优势，将高额的固定成本分摊，以降低每辆车的单车成本，取得成本优势。垂直一体化还能防止关键部件被卡脖子。比如疫情期间，不少车厂的交付量被芯片紧缺限制交付，而比亚迪能安然度过。比亚迪的电池、电机、电控的"三电系统"IGBT芯片等核心部件，都是自己设计制造的。这确实为其当下增长打下了基础。

　　回看全球豪车高端品牌差异化发展之路，我们会发现，如今的电动车市场何其相似。目前，无论是已经入局的特斯拉、华为、"蔚小理"、国内外各大传统车厂，还是未来将入局的小米、苹果，都以各种差异化定位已经或即将入场。特斯拉的操控加智能化，蔚来的换电服务，理想用"增程式+人性设计"卡位奶爸群体，都说明了电动汽车行业虽有进入壁垒，但也没那么高。入局者通过差异化都能抢到份额，同时行业可能被切分得非常细碎。这也意味着，当下的比亚迪虽然通过低成本战略已经卡住了诸多细分价格领域，但在每个领域大概率会遇到依靠差异化进行竞争的对手，所以，比亚迪未来的增长逻辑一定少不了产品差异化。

　　除此以外，公司的竞争战略还可以按照内容划分为快速扩张型、稳健发展型和防御收缩型三种类型。

　　企业可以根据具体情况制定出适合企业自身的发展战略。只有所制定的战略适合企业的实际情况，企业才能创造超额的价值。

　　①SWOT矩阵分析法

　　SWOT矩阵分析法源自SWOT矩阵。SWOT矩阵是优势-弱点-机会-威胁矩阵（strengths-weaknesses-opportunities-threats matrix）的缩写。它是帮助公司制定竞争战略的重要工具。对评估人员而言，SWOT矩阵分析法为分析企业内部和外部的特征提供了一个基本的分析框架，有助于评估人员对被评估企业在市场中的地位及发展前景做出判断。

　　利用SWOT矩阵表（见表3-3）形成战略的过程包括以下步骤：

---

① 李鑫.比亚迪一年要卖500万台车，特斯拉慌不慌？［EB/OL］.［2023-01-20］.https://t.cj.sina.com.cn/articles/view/1649252577/624d98e101901bs5d.案例经过改编。

表3-3   SWOT矩阵表

	优势——S 列出优势	弱点——W 列出弱点
机会——O 列出机会	**SO战略** 发挥优势，利用机会	**WO战略** 利用机会，克服弱点
威胁——T 列出威胁	**ST战略** 利用优势，回避威胁	**WT战略** 克服弱点，回避威胁

A. 列出公司的关键内部优势和关键内部弱点；

B. 列出公司的重大外部机会和重大外部威胁；

C. 将内部优势和外部机会相匹配，形成SO战略；

D. 将内部弱点和外部机会相匹配，形成WO战略；

E. 将内部优势和外部威胁相匹配，形成ST战略；

F. 将内部弱点与外部威胁相匹配，形成WT战略。

利用这一工具可以形成SO战略、WO战略、ST战略和WT战略四种类型的战略。优势-机会（SO）战略是一种充分发挥公司内部优势并利用公司外部机会的战略。所有公司都希望自己处于这样一种状态，即可以利用自己的内部优势去抓住和利用外部所提供的机会。弱点-机会（WO）战略的目标是通过利用外部机会来弥补内部弱点。优势-威胁（ST）战略是用一种利用本公司的优势回避或减轻威胁的影响的战略。弱点-威胁（WT）战略是一种旨在减少内部弱点同时回避外部环境威胁的防御性技术。一个面对大量外部威胁和具有众多内部弱点的公司总是处于不安全和不确定的境地。实际上，这样的公司正面临着被兼并、收购、破产或清算的危险，因而不得不为自己的生存而奋斗。

需要指出的是，SWOT分析的目的在于产生可行的备选战略，而不是选择或确定最佳战略。公司需要根据自身实际情况从备选战略中选择或确定适合公司的某一战略类型。

在SWOT分析的基础上可以形成公司特定战略：

A. 在存在良好外部机会和显著内部优势的情况下，公司可以通过增加投资实施横向并购，并实施激进型战略。

B. 在存在巨大外部威胁和明显内部弱点的情况下，公司通过撤出资本、转让股权等方式实行防御收缩型战略是明智的选择。

C. 在存在显著内部优势但又面临巨大外部威胁的情况下，公司可以将已有的优势转移到其他相关行业中，即实施相关多元化投资战略，既发挥了公司优势又规避了风险。

D. 在面临良好外部机会但又存在明显内部弱点的情况下，公司可以通过合作、合资或纵向一体化等方式增强优势，或实施无关多元化投资战略，从而寻找新的利润增长点。

②生命周期矩阵分析法

从企业生命周期角度划分，一个公司的战略可分为初创期战略、成长期战略、成熟期战略和衰退期战略。处于不同生命周期阶段的企业所面临的风险类型和风险水平不同，同时具有不同的财务特征和价值驱动因素，因此需要有所侧重，采取不同类型的战略，与公司不同阶段的不同环境特征相适应，从而尽可能地给予公司价值创造活动以最合适的支持。不同生命周期阶段的公司战略见表3-4。

表3-4　　　　　　　　　　不同生命周期阶段的公司战略

发展阶段 表现特征	初创期	成长期	成熟期	衰退期
竞争对手	少数	增多	开始达到稳定	数量继续减少
风险特征	经营风险较大，表现为：生产规模较小，产品需要市场认可，管理无序，基础薄弱，要求降低财务风险与之相适应	经营风险程度降低，财务风险增大，表现为：生产和销售规模不断扩大，引发强烈投资冲动，资本不足的矛盾尤其突出，负债节税效应较差	经营风险和财务风险都较以前有降低，表现为：市场增长趋缓，产品价格难以提升，市场机会相对缺乏，可利用融资渠道增加，负债杠杆效应明显	经营风险和财务风险进一步降低，表现为：市场开始萎缩，原有行业已成夕阳，需要进行结构调整，而新进行业竞争加剧，财务实力提高
销售收入	较少	高增长	开始饱和	增长有限甚至出现负增长
收益情况	负数	较低	增长	较高
投资回报	无	较低	较高	较多
资金需求	较小	较大	较小	很小
现金流量	有现金流入，但较少且不稳定，不足以提供足够的现金流量	销售导致的现金流入增加，但需要大量投资支出，净现金流量为负数	销售提供的现金流量大且稳定，投资支出减少，净现金流量为正数	现金进一步剩余，净现金流量为正数，现金较为充裕
竞争战略	稳健型战略，采取权益资本型筹资战略，实施一体化投资战略，实行零分配政策	适中型战略，采取相对稳健的筹资战略，实施适度分权投资战略，实行低股利或股票股利政策	激进型战略，采取负债资本型筹资战略，实施尝试型投资战略，实行高股利、现金股利政策	调整型战略，采取高负债型筹资战略，建立进退结合的投资战略，实行现金股利分配政策

③波士顿矩阵分析法

波士顿矩阵是美国波士顿咨询集团（BCG）提出的一种产品结构分析的方法，也是一种用于评估公司投资组合的有效模式。这种方法把企业生产经营的全部产品或业务的组合作为一个整体进行分析，常常用来分析企业相关经营业务之间现金流量的平衡问题。在企业价值评估中，评估人员可以采用波士顿矩阵分析法对被评估企业的业务进行分析，从而了解和认识企业在行业中的地位、业务组合状况及发展前景，预测其未来的收益情况。

公司若要取得成功，就必须拥有增长率和市场份额各不相同的产品组合。组合的构成取决于现金流量的平衡。

——波士顿矩阵的发明者、波士顿公司的创立者布鲁斯

波士顿矩阵也称为"市场增长率-相对市场份额矩阵"，如图3-2所示。矩阵横轴表示企业在行业中的相对市场份额地位（与其最大竞争对手比较），用数字0.1至1.0表示，并以相对市场份额1.0为分界线。纵轴表示市场增长率，是指企业所在的行业某项业务最近两年的销售增长率，通常用8%的增长率作为增长高低的界限。

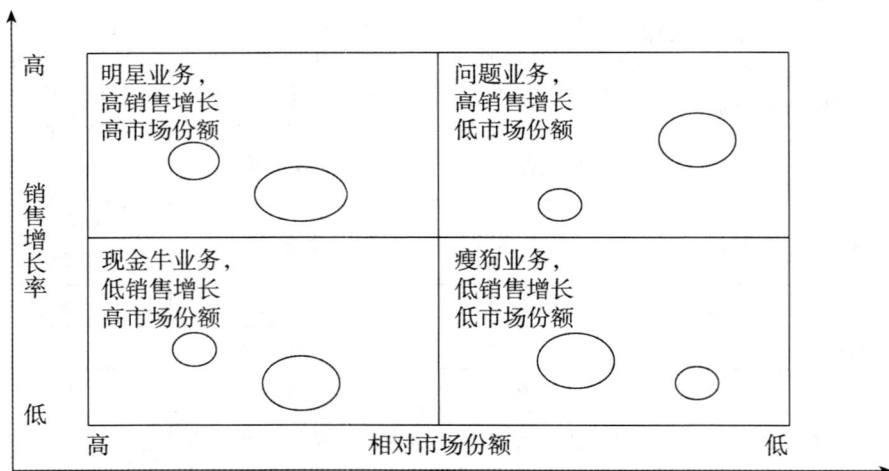

图3-2　波士顿矩阵图

由此，矩阵分为四个方格，每个方格代表不同类型的业务。也就是说，通过波士顿矩阵法可将一个公司的业务分成以下四种类型：

A.问题业务

问题业务是指高销售增长率、低市场份额的公司业务。大多数业务都是从问题业务开始的，即公司力图进入一个已有市场领先者占据的高速增长的市场。这类业务通常处于最差的现金流状态。一方面由于公司必须增加工厂、设备和人员，以跟上迅速发展的市场，因此需要大量的投资支持其生产经营活动；另一方面，该业务市场份额较低，能够产生的现金较少。

B.明星业务

如果问题业务成功了，它就变成了一项明星业务。明星业务是高速增长市场中的市场领导者，但这并不必然意味着明星业务一定会给公司带来滚滚财源。为了保护或拓展明星业务在增长的市场中占主导地位，公司必须花费大量资金以跟上高速增长的市场，并击退竞争者。明星业务常常是有利可图的，并且是公司未来的现金牛业务。

C.现金牛业务

市场的年增长率下降到一定比率以下，但继续保持较大的市场份额，那么前面的明星业务就成了现金牛业务。现金牛业务会为公司带来大量财源。由于市场增长率下降，公司不必大量投资以扩展市场规模，同时也因为该业务是市场领先者，它还享有规模经济和高边际利润的优势。公司用现金牛业务支付所需要的资金支出并支持明星类、问题类和瘦狗类业务，因为这些业务常常需要大量的资金支持。

D.瘦狗业务

瘦狗业务是指市场增长率低、市场份额也低的公司业务。一般来说，这类业务处于饱和的市场当中，竞争激烈，可获利润极小，不能成为公司主要资金的来源。如果这类业务还能自我维持，则应缩小经营范围，加强内部管理；如果这类业务已彻底失败，公司应当及时采取措施，清理业务或退出经营领域。

企业可以根据具体情况制定适合企业自身的发展战略。只有所制定的战略符合企业的实际情况，企业才能创造超额的价值。

2）会计分析与财务分析

（1）会计分析

会计分析是财务报表分析的基础，同时也是企业价值评估的基础。会计分析一方面通过对会计政策、会计方法、会计披露的评价，揭示被评估企业所提供会计信息的质量；另一方面通过对会计灵活性、会计估价的调整，修正会计数据，为后续财务分析奠定基础，并保证财务分析结论的可靠性，最终保证企业价值评估结果的可靠性。会计分析的目的在于，评价被评估企业会计所反映的财务状况与经营成果的真实程度。一般来说，会计分析可以分为以下四个步骤：

①阅读会计报告

会计报告是会计分析的出发点，分析前要仔细阅读，着重注意企业的财务报表附注和财务情况说明书，了解企业会计政策和会计估计及其变更的情况，同时也要注意注册会计师的审计意见。

②评估会计策略

在评估会计策略（包括会计政策和会计估计）中，要分析企业所采取的关键会计政策是刚性的还是弹性的。如果企业选择具有较大弹性的会计政策，评估人员需要予以重点关注，并且对企业采用该政策的目的进行深入分析。因为会计政策的选择及其变更可能会对财务报表产生重大影响。企业选择会计政策必然是考虑有利于自身的因素，也可能利用会计政策的弹性来隐瞒真实的财务状况和经营成果。

在企业价值评估过程中，评估人员通常需要关注的会计策略主要包括但不限于以下类型：

A.存货计价方法

按照《企业会计准则第1号——存货》，企业在确定发出存货的成本时，可以采用先进先出法、加权平均法和个别计价法等方法。不同的存货计价方法对企业价值评估肯定会有一定的影响，因为它会直接影响企业的损益计算、资产负债表中某些科目的数值及企业的税费支出。因此，评估人员在进行企业价值评估时需要关注存货计价方法的合理性。

B.固定资产折旧方法

根据《企业会计准则第4号——固定资产》，企业应当根据与固定资产有关的经济利益的预期实现方式合理选择折旧方法。可选用的折旧方法包括年限平均法、工作量法、双倍余额递减法和年数总和法等。企业选用不同的固定资产折旧方法，将影响固定资产使用寿命期间内不同时期的折旧费用，因此，评估人员需要对被评估企业固定资产折旧方法选择的合理性进行判断。

C.研究与开发费用的处理

对于企业自行进行的研究开发项目，无形资产准则要求区分研究阶段与开发阶段两个部分分别进行核算。其中，研究阶段是指为获取新的知识等进行的有计划的调查。研究阶段的有关支出在发生时应当费用化，计入当期损益。开发阶段是指在商业性生产和使用之前，将研究成果或其他知识应用于某项计划或设计，以生产出新的或具有实质性改进的材料、装置、产品等。开发阶段所发生的开发支出可资本化，确认为无形资产的成本。此外，企业还存在许多表外的无形资产需要评估人员去分析和发现，以便在评估中能够真正反映企业的价值。

D.收入的确认

根据《企业会计准则第14号——收入》，收入是指企业在日常活动中形成的、会导致所有者权益增加的、与所有者投入资本无关的经济利益的总流入。一直以来，收入在企业价值评估中的地位和作用都是举足轻重的。作为利润表的首行项目，营业收入的重要性一点也不逊色于净利润这一末行项目，因为营业收入的规模及其成长性是评价企业经营业绩的关键所在。营业收入主要包括销售商品收入、提供劳务收入和让渡资产使用权收入三种形式。尽管企业会计准则对三种形式收入的确认条件和计量标准做了详细的规定，但收入在实务中仍被企业管理层广泛操纵。我国上市公司近年来曝光的财务丑闻中，利用收入确认操纵利润的案例屡见不鲜，银广夏、黎明股份、东方电子等就是典型的例证。所有这些均表明，收入操纵是一种普遍现象。基于此，评估人员在分析收入时，应当充分关注企业是否存在收入操纵行为，以免被误导或上当受骗。

E.非正常性、偶然性项目的调整

在企业价值评估中，我们往往将企业的历史盈利数据作为企业盈利能力的一个基础或起点，此时评估人员肯定要分清哪些是使企业能够持续经营、反映真正盈利能力的数字，而哪些是非正常、偶然的数据，以免影响对现在的判断和对未来的预测。

③分析财务报表变动

评估人员需要了解企业提供的财务报表有哪些项目出现了变动。显著的变动往往意味着不正常的原因。因此，评估人员要采用水平分析法、垂直分析法、趋势分析法等专门方法，对财务报表项目的变动额度、变动幅度和变动趋势等进行分析，寻找显著的变动，结合第一步，同时利用会计报表附注，判断企业对项目的显著变动是否具有充分的、合理的解释，从而排除正常变动，锁定异常变动。实践证明，不具有合理解释的异常变动项目往往存在财务舞弊的嫌疑。面对出现的潜在危险信号，财务报表使用者需要进一步收集相关信息，寻找异常变动的真正原因，获取证实财务舞弊的直接证据。

④调整财务报表数据

如果通过以上步骤和方法确实发现了公司的财务舞弊现象，评估人员要利用财务报表以及其他相关资料，对财务报表相关项目的数据进行调整，以恢复该项目的本来面目。调整财务报表存在水分的项目数据有许多方法，如虚拟资产剔除法、异常利润剔除法、关联交易分析法等。虚拟资产剔除法就是将财务报表中那些故意隐藏费用的"虚拟资产"项目剔除；异常利润剔除法就是将财务报表中那些导致利润虚增的非正常利润项目剔除；关联交易分析法就是对财务报表中那些具有操纵利润事实的关联交易相关项目进行调整。

【案例 3-3】　　证监会发布瑞幸咖啡财务造假调查处置工作情况①

2020 年 4 月，瑞幸咖啡（Luckin Coffee Inc.）自曝财务造假，受到广泛关注。根据国务院金融委关于对资本市场财务造假行为"零容忍"的精神要求，证监会会同财政部、市场监管总局等部门，依法对瑞幸咖啡境内运营主体、关联方及相关第三方公司涉嫌违法违规行为进行了立案调查，同时根据国际证监会组织（IOSCO）跨境监管合作机制安排，配合美国证券监管部门开展跨境协查。

依据《中华人民共和国会计法》，财政部组织力量，对瑞幸咖啡公司境内 2 家主要运营主体瑞幸咖啡（中国）有限公司和瑞幸咖啡（北京）有限公司成立以来的会计信息质量开展检查，并延伸检查关联企业、金融机构 23 家。检查发现，瑞幸咖啡境内运营主体及相关管理人员、相关第三方公司存在大规模虚构交易，虚增收入、成本、费用，虚假宣传等行为。自 2019 年 4 月至 2019 年年末，瑞幸咖啡公司

---

① 证监会.关于瑞幸咖啡财务造假调查处置工作情况的通报［EB/OL］.［2020-07-31］.http://www.csrc.gov.cn/csrc/c100028/c1000725/content.shtml；财政部.财政部完成对瑞幸咖啡公司境内运营主体会计信息质量检查［EB/OL］.［2020-07-31］.http://jdjc.mof.gov.cn/gongzuodongtai/202007/t20200731_3560072.htm.案例经过改编。

二维码 3-2：上市公司财务舞弊特征分析——基于 2007 年至 2018 年 6 月期间的财务舞弊样本

通过虚构商品券业务增加交易额22.46亿元（人民币，下同），虚增收入21.19亿元（占对外披露收入51.5亿元的41.16%），虚增成本费用12.11亿元，虚增利润9.08亿元。违反了我国《会计法》《反不正当竞争法》的相关规定。

（2）财务分析

财务分析的主要目的是对企业的盈利能力、偿债能力、营运能力和增长能力等方面进行分析，从而评价该企业的财务状况、经营成果和现金流量等情况，具体包括盈利能力分析、偿债能力分析、营运能力分析和增长能力分析等四个方面。因此，财务分析是评估人员了解被评估企业财务状况、经营成果和现金流量的主要手段，有助于评估人员判断被评估企业的盈利能力、财务风险与发展前景。财务分析的基本方法是比率分析法、因素分析法，其中比率分析法又是其中最重要的方法。

比率分析法是利用两个或若干个与财务报表相关的项目之间的某种关联关系，运用相对数来考察、计量和评价，借以评价企业财务状况、经营业绩和资金情况的一种财务分析方法。比率分析法是财务分析中最基本、最常用的一种方法。

财务比率按照反映的内容可以分为：盈利能力比率、营运能力比率、偿债能力比率、增长能力比率。2006年，国务院国有资产监督管理委员会颁布的企业综合绩效评价指标体系，将财务绩效定量评价指标划分为这四种类型（只是有些类型的叫法有所区别而已），具体见表3-5。

表3-5　　　　　　　　　　　　　企业综合绩效评价指标体系

评价指标类别	财务绩效定量评价指标	
	基本指标	修正指标
一、盈利能力状况	净资产收益率 总资产报酬率	销售（营业）利润率 盈余现金保障倍数 成本费用利润率 资本收益率
二、资产质量状况	总资产周转率 应收账款周转率	不良资产比率 流动资产周转率 资产现金回收率
三、债务风险状况	资产负债率 已获利息倍数	速动比率 现金流动负债比率 带息负债比率 或有负债比率
四、经营增长状况	销售（营业）增长率 资本保值增值率	销售（营业）利润增长率 总资产增长率 技术投入比率

在计算出财务比率之后，评估人员还需要选择财务分析标准分析财务比率，否则财务比率就只有单纯的字面定义，而缺乏经济含义。财务分析标准的意义就在于它为财务比率的应用提供了比较的参照物。简单和孤立地研究这些财务指标意义不大，只有通过比较分析才能反映被评估企业的真实能力。对于外部财务报表使用者而言，常用的财务分析标准包括以下三种类型：A.经验标准。B.历史标准。C.行业标准。各种财务分析评价标准都有其优点与不足。在财务分析中不应孤立地选用某一种标准，而应综合应用各种标准，从不同角度对企业财务状况、经营成果和资金情况进行评价，这样才有利于得出正确结论。

需要着重说明的一点就是，利用行业标准最大的问题就是如何获得行业标准。这常常成为困惑大多数评估人员的难题。我们认为，评估人员可以考虑以下两条途径：其一，自行计算。可以采用算术平均法、综合报表法和中位数法选择若干同行业相关企业的同一比率计算出标准比率。这个标准比率即可成为行业标准。其二，外部获取。可以通过一些方式获得行业历史数据，如财政部、国资委每年重新修订并公开出版的企业综合绩效评价标准值手册，上市公司公开披露的数据（一些媒体和管理咨询公司经常发布各种上市公司经营业绩排行榜），行业协会的统计数据（有许多行业协会经常对本行业企业的经营业绩进行统计分析），官方统计数据（如国家统计局、正式出版的各种统计年鉴）等。

3.4 企业价值评估方法的选择与运用

《资产评估执业准则——企业价值》第十七条规定，执行企业价值评估业务，应当根据评估目的、评估对象、价值类型、资料收集情况等相关条件，分析收益法、市场法和成本法（资产基础法）三种资产评估基本方法的适用性，选择评估方法。因此，在信息资料收集、现场勘察与信息资料分析的基础上，评估人员需要根据具体情况选择合适的企业价值评估方法，并合理运用。由于不同方法的基本原理不同，适用条件也不同，所以评估人员需要根据不同方法的基本原理和适用条件，结合评估目的，信息资料的完整性、时效性和可靠性以及被评估企业的具体情况进行合理选择。不同方法的运用也需要遵循一定的步骤。评估人员在选择方法之后需要按照既定的步骤评估企业价值，得出企业价值评估结果。本书第4章、第5章、第6章、第7章、第8章对不同类型的企业价值评估方法的基本原理、适用条件和基本程序进行了详细的介绍，在此不再赘述。

【课堂拓展3-1】　　恪守价值评估独立性，提升评估行业公信力

按照中国资产评估协会2018年重新修订发布的《资产评估执业准则——企业价值》的企业，资产评估机构及其资产评估专业人员在执行企业价值评估业务的过程中，应当坚持独立、客观、公正的原则，勤勉尽责，保持应有的职业谨慎，独立进行分析和估算并形成专业意见。可见，独立性是资产评估机构及其资产评估人员

开展企业价值评估应遵循的基本原则。事实上，早在2013年，中国资产评估协会为指导评估机构和注册资产评估师在执业过程中遵守独立性原则，维护社会公共利益和资产评估各方当事人的合法权益，就制定和颁布了《资产评估职业道德准则——独立性》，因此，独立性也是企业价值评估人员所应遵守的基本职业道德。

《资产评估职业道德准则——独立性》明确了资产评估的独立性定义，并从基本要求和操作要求两个方面进行了规范，为评估机构及注册资产评估师保持独立性提供了操作蓝本。结合企业价值评估业务，资产评估机构及其资产评估专业人员在执业过程中应当恪守独立性理念，不受利害关系影响、不受外界干扰，具体包括：在执行企业价值评估程序时，应当始终独立进行分析、估算并形成专业意见，不受委托方或相关当事方的不利影响，不得以预先设定的价值作为相关结论；在评估程序执行过程中，应当保持必要的职业审慎态度，识别可能影响独立性的情形，合理判断其对独立性的影响，采取恰当措施保证在评估过程中保持独立性，使拥有相关充分信息的理性第三方，能够据此认为评估机构和评估人员在执业过程中遵守了独立性原则；不同的业务类型可能产生独立性风险的侧重点是不同的，评估机构和评估人员应当针对不同评估业务对独立性的要求，采取相应措施，以保证独立性原则得到有效遵守。

因此，独立性既是资产评估行业的生命线，又是企业价值评估人员所应遵守的职业底线。违背独立性原则将会误导投资、引发风险，甚至扰乱市场秩序，降低市场效率，损害企业价值评估人员的声誉和行业的社会公信力。

3.5 企业价值评估结果的调整与报告

通常，评估人员需要同时运用不止一种方法得出被评估企业的初步估值。《资产评估执业准则——企业价值》明确规定：对于适合采用不同评估方法进行企业价值评估的，资产评估专业人员应当采用两种以上评估方法进行评估。

不同方法从不同角度对被评估企业的价值进行了反映，并且可以相互比较与验证。然而，要最终确定评估企业的价值，还要解决以下问题：一是确定是否需要对企业价值评估进行调整；二是如何对企业价值评估的过程及结论进行适当的披露，以使企业价值评估结论的需求者能够正确地使用企业价值评估结论。因此，本部分重点关注的是企业价值结果的调整与报告。

1）企业价值评估结果调整的类型与方式

（1）控制权溢价或折价调整

资产评估专业人员应当知晓股东部分权益价值并不必然等于股东全部权益价值与股权比例的乘积。评估人员评估股东部分权益价值，应当在适当及切实可行的情况下考虑由于控制权和少数股权等因素产生的溢价或折价。控制权是指拥有一定的控制力的权益。不具有控制力的权益被称为少数权益。控制权能使收购者有权决定被收购企业的财务和经营决策，并能据以从该企业的经营活动中获取利益。控制权溢价是指一个投资者为了获得公司普通股利的控股权益而愿意付出比市场流通的少数权益价值更高价格的这部分附加价值。大多数企业产权交易并非企业整体产权转让，交易的对象只是企业的部分股权。如果拥有这部分股权从而对公司产生控制力，则其单位价值通常要高于对企业无控制力的少数股权单位价值，即产生了控制权溢价。控制权溢价产生的根本原因在于收购者看到了并购目标公司价值增值的潜力。

少数股权折价通常通过控制权溢价间接换算得出。

MID=1-1÷（1+CP）

式中：MID表示少数股权折价；CP表示控制权溢价。

需要强调的是，少数股权折价不是来自收购少数股权，而是源于支付控制性股权的溢价。

（2）流动性不足折价

如果待评估企业股权缺乏流动性，也会产生流动性不足，需折价调整，以反映不能迅速将其转化为现金从而给价值带来的减值影响。评估人员在执行企业价值评估业务时，应当结合所选择的评估方法，关注流动性对评估对象价值的影响。当流动性对评估对象价值有重大影响时，应当予以恰当考虑，还应当在评估报告中披露评估结论是否考虑了流动性对评估对象价值的影响。在企业价值评估中，评估人员考虑流动性不足折价基于以下假设：受到流动性限制的股权价值低于可自由交易的股权价值。从20世纪90年代开始，实证研究给出的流动性折价的中间值大约是20%。表3-6给出了一个调整非上市公司流动性风险的方法，评估师可以从流动性折价的中间值20%开始，按照标的企业的特定因素做出调整。

表3-6　　　　　　　　　估算流动性折价的大小[①]

因　素	参考值	从中间20%开始调整折扣
企业规模	大型 小型	降低折扣 提高折扣
流动资产占总资产的比例	50% 50%	降低折扣 提高折扣
财务回报	行业中间值的2倍 行业中间值的1/2	降低折扣 提高折扣
现金流增长率	行业中间值的2倍 行业中间值的1/2	降低折扣 提高折扣
杠杆率	行业中间值的1/2 行业中间值的2倍	降低折扣 提高折扣
特定公司的流动性折价		20%调整值

① DEPAMPHILIS.收购、兼并和重组［M］.郑磊，译. 7版. 北京：机械工业出版社，2015.

评估人员进行价值调整，还必须考虑评估方法的特点，比如收益法的评估结果已经包含控制权溢价。在成本法下，其评估结果是否包含控制权溢价则存在不确定性。区分两种情形：如是整体价值评估，通常认为已经考虑了控制权溢价因素，也可能存在收购后通过改变资产结构或资本结构从而实现控制权溢价。在运用市场法评估非上市公司股权价值时，所选取的可比企业是上市交易的企业。这时就应当考虑流动性不足折价。

（3）最终价值结论的确定

为了避免使用单一评估方法产生偏差，评估人员往往借助多种评估方法从不同的角度揭示被评估企业的价值。这时就涉及如何综合多种评估方法的结果，确定最终价值结论的问题。资产评估专业人员对同一评估对象采用多种评估方法时，应当对各种初步评估结论进行分析，结合评估目的、不同评估方法使用数据的质量和数量，采用定性或者定量分析方式形成最终评估结论。有些评估人员采用简单平均法得出最终评估结果的做法通常是不可取的，采用加权平均的方式是可取的。运用多种评估方法评估某一企业的价值，并经过调整后，运用加权平均方法得出最终评估结果的过程见表3-7。

表3-7　　　　　　　　　　　价值调整过程及结论确定　　　　　　　金额单位：万元

方法	调整前					调整后		加权平均	
	评估的权益	评估值	评估基础	控制性溢价	流动性折价	评估值	结论基础	权重	加权值
收益法	100%	400	控股自由交易	0	10%	360	控股自由交易	0.6	216
市场法	100%	300	少数权益自由交易	20%	10%	324	控股自由交易	0.3	97.2
成本法	100%	280	控股自由交易	0	10%	252	控股自由交易	0.1	25.2
最终评估结果									338.4

2）评估报告的内容与披露

（1）评估报告的内容及其要求

《资产评估执业准则——企业价值》的有关条款基本上涵盖了企业价值评估报告应披露内容的要求。这就使企业价值评估报告在可能根据不同具体情况出现不同的报告形式之后，能够在内容和实质上达到一致。

①评估报告的基本内容

《资产评估执业准则——评估报告》规定评估报告的基本内容有：委托人及其他资产评估报告使用人；评估目的；评估对象和评估范围；价值类型；评估基准

日；评估依据；评估方法；评估程序实施过程和情况；评估假设；评估结论；特别事项说明；资产评估报告使用限制说明；资产评估报告日；资产评估专业人员签名和资产评估机构印章。

资产评估专业人员可以根据评估业务性质、委托方和其他评估报告使用者的要求，合理确定评估报告的详略程度。

②评估报告内容的基本要求

A.完整描述被评估企业

资产评估专业人员应当根据评估项目的具体情况，在评估报告中对被评估企业的基本情况及财务状况进行充分说明，通常包括：企业名称、类型与组织形式；企业历史状况；企业主要产品或服务；市场和客户状况；企业管理状况；季节或周期因素对企业运营的影响；企业运营常规流程；企业主要资产状况，包括有形资产、无形资产，以及主要负债；企业发展前景；企业、股权等以往市场交易情况；相关竞争状况；影响企业生产经营的宏观经济因素；影响企业生产经营的行业发展前景；其他需要说明的企业状况。

二维码3-3：华润三九医药股份有限公司拟收购澳诺（中国）制药有限公司股权所涉及的澳诺（中国）制药有限公司股东全部权益价值评估报告

B.明确说明评估对象

由于多年来对评估的认识仅限于资产的范畴，所以对股权价值特别是部分股权价值的评估有一些准备不足。股权不同于任何具体的资产，它的交易比任何具体的资产，甚至无形资产都要复杂得多。因此，企业价值评估报告中的评估对象应该是企业整体、企业的全部股权或部分股权，但在实务操作中有不少评估机构和评估人员混淆了企业整体价值和企业股权价值的区别。往往有很多人问：收益法评估出来的是总资产价值还是净资产价值？

资产评估专业人员应当在评估报告中明确说明评估对象、评估对象的存在状况、权利状况和受到的限制。评估人员应当根据评估对象的不同，谨慎区分企业整体价值、股东全部权益价值和股东部分权益价值，并在评估报告中明确说明。另外，对于被评估的股权性质也要有一个清楚的认识，并在评估报告中加以说明。要说明是控股权还是非控股权，是流通股权还是非流通股权。因为这涉及评估价值的溢价或折价的问题，对最后的价值结论具有重要的影响。

评估报告附件通常包括：评估对象所涉及的主要权属证明资料；委托人和其他相关当事人的承诺函；资产评估机构及签名资产评估专业人员的备案文件或者资格证明文件；资产评估汇总表或者明细表；资产账面价值与评估结论存在较大差异的说明。

C.正确确定评估报告的有效期

《资产评估执业准则——企业价值》没有对评估报告期限做出硬性规定，因为原来的硬性规定缺乏合理的依据，也不符合国际惯例。例如，我国在不良资产处置过程中，一些企业和资产的市场条件变化十分迅速——有些资产价值在很短时间内

变化很大，而另一些资产的内外条件变化比较慢，在很长的时间内其内在价值和市场环境都比较稳定。机械地设置评估报告的有效期失之偏颇。因此，正确确定企业价值评估报告有效期的思路应该是由委托双方根据评估的目的、市场条件进行协商后确定。

（2）评估报告的披露要求

运用收益法和市场法进行企业价值评估，应当在评估报告中重点披露下列内容：影响企业经营的宏观、区域经济因素；所在行业现状与发展前景；企业的业务分析情况；企业主要产品或者服务的经济寿命情况以及预期替代产品或者服务的情况；企业的资产、财务分析和调整情况；评估方法的运用过程。

在评估报告中披露影响企业经营的宏观、区域经济因素时，通常包括下列内容：国家、地区有关企业经营的法律法规；国家、地区经济形势及未来发展趋势；有关财政、货币政策等。

在评估报告中披露所在行业现状与发展前景时，通常包括下列内容：行业主要政策规定；行业竞争情况；行业发展的有利和不利因素；行业特有的经营模式，行业的周期性、区域性和季节性特征等；企业所在行业与上下游行业之间的关联性，上下游行业发展对本行业发展的有利和不利影响。

在评估报告中披露企业的业务分析情况时，通常包括下列内容：主要产品或者服务的用途；经营模式；经营管理状况；企业在行业中的地位、竞争优势及劣势；企业的发展战略及经营策略等。

在评估报告中披露企业的资产、财务分析和调整情况时，通常包括下列内容：资产配置和使用的情况；历史财务资料的分析总结，一般包括历史年度财务分析、与所在行业或者可比企业的财务比较分析等；对财务报表及评估中使用的资料的重大或者实质性调整。

在评估报告中披露评估方法的运用过程时，通常包括下列内容：评估方法的选择及其理由；评估方法的运用和逻辑推理过程；主要参数的来源、分析、比较和测算过程；考虑的控制权和流动性影响；对测算结果进行分析，形成最终评估结论的过程。

资产评估专业人员应当在报告中披露无法核查验证的事项及其对评估结论的影响。

【政策思考3-1】

2018年10月29日，中国资产评估协会发布修订后的《资产评估执业准则——企业价值》。企业价值评估准则的修订将对国有资产交易定价、上市公司并购重组中评估定价具有重要的指导意义。根据《资产评估执业准则——企业价值》的规定，执行企业价值评估业务，应当根据评估目的、评估对象、价值类型、资料收集等情况，分析收益法、市场法、成本法（资产基础法）三种基本方法的适用性，选择评估方法。《资产评估执业准则——企业价值》同时强调，对于适合采用不同评估方法进行企业价值评估的，资产评估专业人员应当采用两种以上评估方法进行评估。

请阅读相关材料并思考：为什么在进行企业价值评估时需要采用两种以上评估方法进行评估？如何合理选择企业价值评估方法？

本章小结

在企业价值评估中，信息资料的收集、分析和处理是一项基础而重要的工作。在某种意义上，企业价值评估的过程就是评估人员对与企业价值相关的数据资料的收集、整理、归纳和分析的过程。

在信息资料收集开始阶段，评估人员首先根据自己的专业知识及本次评估的价值前提和标准、被评估企业的规模初步判断评估中可能用到的评估方法，然后开始收集对本次评估有意义的所有信息资料。在具体的评估中，评估人员可能会因所选评估途径和方法需求不同，收集其中部分或全部数据资料，大体有两个方面：一方面，企业内部信息，包括企业的财务信息、法律文件和经营信息。另一方面，企业外部信息，包括宏观经济信息、行业经济信息、产品市场信息等。

在企业价值评估中，评估人员所需要的信息资料来源主要来自于企业内部和外部，具体而言，包括企业内部和外部两大渠道。外部信息资料一般来源于：①政府部门；②证券市场交易机构；③媒体；④行业协会或管理机构。

信息资料的收集过程包括：①制订收集计划；②收集信息资料；③核对信息资料；④鉴定信息资料；⑤信息资料归类。

现场勘察对于整个评估过程极有意义。它不但可以帮助评估人员获得更加可靠的信息，还有助于被评估企业的管理者了解评估的预期目标。当然，最主要的是，现场勘察能够提高企业价值评估的效率。评估人员现场勘察的范围取决于很多因素，包括评估的目的、企业经营的性质和评估项目的大小及复杂程度、评估人员能够收集前面所述的书面资料的完整程度，以及阅读和理解它们的程度。现场勘察范围主要是针对被评估企业的资产展开的，一般包括企业的存货、厂房、设备土地等实物资产。评估人员进行现场勘察可采用的技术包括现场访谈、现场检查、借助专家工作。

信息资料主要包括非财务信息与财务信息两大类型。非财务信息资料的整理与分析方法主要采用行业分析的方法和竞争策略分析的方法，财务信息资料的整理与分析主要是利用企业财务历史数据进行会计分析和财务分析，可采取水平分析法、结构分析法、趋势分析法、比率分析法、因素分析法和综合分析法等。

在信息资料收集、现场勘察与信息资料分析的基础上，评估人员需要根据具体情况选择合适的企业价值评估方法，并合理运用。由于不同方法的基本原理不同，适用条件也不同，所以评估人员需要根据不同方法的基本原理和适用条件，结合评估目的、信息资料的完整性、时效性和可靠性以及被评估企业的具体情况进行合理选择。不同方法的运用也需要遵循一定的步骤。评估人员在选择方法之后需要按照既定的步骤评估企业价值，得出企业价值评估价值。

通常，评估人员需要同时运用不止一种方法得出被评估企业的初步估值。《资产评估执业准则——企业价值》明确规定：对于适合采用不同评估方法进行企业价值评估的，资产评估专业人员应当采用两种以上评估方法进行评估。不同方法从不同角度对被评估企业的价值进行了反映，并且可以相互比较与验证。然而，要最终确定评估企业的价值，还要解决以下问题：一是确定是否需要对企业价值评估进行调整；二是如何对企业价值评估的过程及结论进行适当的披露，以使企业价值评估结论的需求者能够正确地使用企业价值评估结论。因此，本部分重点关注的是企业价值结果的调整与报告。

企业价值评估结果调整的类型与方式包括：①控制权溢价或折价调整；②流动性不足折价；③最终价值结论的确定。为了避免使用单一评估方法产生偏差，评估人员往往借助多种评估方法从不同的角度揭示被评估企业的价值。这就涉及如何综合多种评估方法的结果，确定最终价值结论的问题。资产评估专业人员对同一评估对象采用多种评估方法时，应当对形成的各种初步价值结论进行分析，在综合考虑不同评估方法和初步价值结论的合理性及所使用数据的质量和数量的基础上，形成合理评估结论。有些评估人员采用简单平均法得出最终评估结果的做法是不可取的，采用加权平均的方式是可取的。

《资产评估执业准则——企业价值》的有关条款基本上涵盖了企业价值评估报告应披露内容的要求，这使企业价值评估报告在可能根据不同具体情况出现不同的报告形式之后，能够在内容和实质上达到一致。资产评估准则规定评估报告的基本内容有：委托人及其他资产评估报告使用人；评估目的；评估对象和评估范围；价值类型；评估基准日；评估依据；评估方法；评估程序实施过程和情况；评估假设；评估结论；特别事项说明；资产评估报告使用限制说明；资产评估报告日；资产评估专业人员签名和资产评估机构印章。资产评估专业人员可以根据评估业务性质、委托方和其他评估报告使用者的要求，合理确定评估报告的详略程度。

运用收益法和市场法进行企业价值评估，应当在评估报告中重点披露下列内容：影响企业经营的宏观、区域经济因素；所在行业现状与发展前景；企业的业务分析情况；企业主要产品或者服务的经济寿命情况以及预期替代产品或者服务的情况；企业的资产、财务分析和调整情况；评估方法的运用过程。

主要概念

过渡期　关联交易　表外资产　表外负债　法律文件　现场勘察　行业分析　竞争战略分析　SWOT矩阵分析法　生命周期矩阵分析法　波士顿矩阵分析法　会计分析　财务分析　控制权溢价　少数股权折价　流动性不足折价　评估报告

基本训练

1.简答题

（1）在企业价值评估中，评估人员需要收集哪些信息资料？

（2）评估人员如何收集与企业价值评估有关的信息资料？

（3）现场勘察的意义体现在哪些方面？

（4）可以用于行业分析的方法有哪些？

（5）可以用于竞争战略分析的方法有哪些？

2.思考题

（1）为什么需要对企业价值评估结果进行调整？如何调整？

（2）在撰写企业价值评估报告时需要注意哪些方面？

第 2 篇
企业价值评估方法

第4章 基于现金流量的企业价值评估

学习目标

1. 理解基于现金流量的企业价值评估的基本原理，理解企业价值评估折现模型的一般形式；了解现金流量预测的过程，理解股权自由现金流、企业自由现金流的内涵及其计算。

2. 理解折现率的含义，掌握不同类型折现率的计算；掌握基于现金流量的企业价值评估具体模型的应用，理解对不同类型现金流量折现模型的评价；灵活运用股利折现模型、股权自由现金流折现模型、企业自由现金流折现模型进行企业价值的评估。

3. 深刻领会党的二十大报告提出"推动国有资本和国有企业做强做优做大"的重要战略意义，充分发挥企业价值评估促进国有上市公司估值水平合理回归的作用。

4.1 基于现金流量的企业价值评估模型

1）基于现金流量的企业价值评估的基本原理

根据《资产评估执业准则——企业价值》（2018年修订）第十九条的规定，企业价值评估中的收益法，是指将预期收益资本化或者折现，确定评估对象价值的评估方法。收益法常用的具体方法包括股利折现法和现金流量折现法。股利折现法的预期股利一般应当体现市场参与者的通常预期，适用的价值类型通常为市场价值。现金流量折现法通常包括企业自由现金流折现模型和股权自由现金流折现模型。预测现金流量，既可以从市场参与者角度进行，又可以选择特定投资者的角度。从特定投资者的角度预测现金流量时，适用的价值类型通常为投资价值。

在采用收益法时，首先要明确两个基本问题：一是要明确收益的含义，二是要明确与收益流相配比的折现率。这里的收益指的是经济收益。从企业的角度出发，经济收益的形式包括：经济利润、销售收入净额、毛利润、净经营利润、税前净利润、税后净利润、经营现金流、税前净现金流、税后净现金流、分配给股东的净现金流（股利）等等。这些经济收益都可以采用适合自己的折现率转换为价值指标。由于企业价值最终是由其最终所能创造的可自由支配的现金流量决定的，一个企业的价值就可以通过将其预测的未来现金流量折现成现值得到。基于这种考虑，本书采用了根据企业预期现金流量作为评价企业的依据这一假设，在该假设基础上采用折现现金流量法进行价值评估。其基本原理是：企业的价值应等于该企业在未来所产生的全部现金流的现值总和。这个估价模型很好地反映了公司价值的本质，是公司整体获利能力的综合量化表现。

其计算公式是：

$$V=\sum_{t=1}^{n}\frac{CF_t}{(1+r)^t}$$

式中：V表示企业的现在价值；n表示企业经营的时间；CF_t表示企业在t时刻预期产生的现金流；r表示折现率。

企业价值的评估思路有两种：一种是将企业价值等同于股东权益价值，即对企业的股权资本进行估价；另一种是评估整个企业的价值，包括股东权益、债权、优先股的价值。在第一种情况下，要使用股权资本成本对各期的股权现金流进行折现。在第二种情况下，要使用加权平均资本成本对企业预期现金流进行贴现。企业加权平均资本成本是将企业不同融资方式的成本根据其市场价值加权平均得到的。

企业价值评估方法建立在现金流量现值的基础之上，它隐含的前提条件是：

第一，资本市场是有效率的，资产的价格能够完全反映资产的价值，企业能依照资本市场的利率借贷资金；

第二，企业所面临的经营环境是确定的，没有较大的经济环境的变动，包括企业所得税的税率不会随便变动；

第三，企业是持续稳定经营的；

第四，人们具有充分的理性，能够利用现有的信息对目标企业做出无偏估计。

【课堂拓展4-1】　推动央企用好资本市场功能，促进央企估值水平合理回归[①]

全国政协委员、上海证券交易所党委副书记、总经理蔡建春在2023年全国两会期间《关于央企更好利用资本市场做强做优做大的提案》中指出，做强做优做大以央企为代表的国有企业，对于坚持和完善社会主义基本经济制度、坚持和发展中

---

① 佚名.上交所总经理蔡建春：推动央企用好资本市场功能，促进央企估值水平合理回归［EB/OL］.［2023-03-06］.https://baijiahao.baidu.com/s？id=1759622497313494935&wfr=spider&for=pc.

国特色社会主义，具有重要战略意义。

目前，央企控股上市公司总资产占 A 股全市场近 6 成，营业收入占比超 5 成，净利润占比近 6 成，是 A 股市场重要的压舱石和稳定器，也体现了其作为国民经济重要支柱的地位。近年来，国企、央企坚持和加强党的全面领导，总体经营稳健、资产质量较好、发展较快。

以沪市为例，受益于国企改革三年行动，沪市央企的经营质效迈上新台阶，国有经济战略支撑作用得以更加充分的发挥。3 年来，沪市央企收入、净利润的年均复合增速中位值分别达到 9.33% 和 8.23%。中国建材、中航工业等一大批央企集团的下属上市平台推出重组或分拆方案超 40 家次、交易金额 2 700 余亿元；中国移动、中国电信、中国海油等 34 家优质央企在沪市上市，募集资金合计近 2 600 亿元。不过，相关上市公司的市场表现不理想，央企估值水平整体偏低。与 5 年前相比，国有上市公司利润增长 70%，但市值仅增长 10%；市净率为 0.86 倍，下降 30%，明显低于全市场 1.6 倍的平均水平。整体估值水平没有很好反映近年来央企总体经营稳健、资产质量较好、发展较快等特点，不仅制约了央企利用资本市场的能力和空间，也不利于资本市场的自身建设和高质量发展。

因此，为更好发挥央企在稳定宏观经济大局、落实科技创新发展战略等方面的重要作用，蔡建春建议国务院国资委、财政部等央企主管部委协同中国证监会，共同推动央企用好资本市场的融资优势和资产配置功能，不断做强做优做大。具体而言，一是进一步加强央企在科技创新领域的龙头牵引作用，更好地利用资本市场以及科创板功能，助力国家创新驱动发展战略。二是鼓励央企充分运用资本市场工具，特别是公募 REITs、科创债等资本市场新产品，盘活存量，提升央企核心竞争力。三是促进央企估值水平合理回归，推动央企上市公司质量提高、价值挖掘和提升。四是利用资本市场工具，推动央企专业化、产业化战略性重组整合，充分发挥产业链龙头地位的央企上市公司作用，优化产业布局，改善产业生态。

2）折现模型的一般形式

上面讲到了企业价值评估的基本原理和基本公式，由基本公式展开。在实际应用中主要采用以下三种折现模型：股利折现模型、股权自由现金流折现模型和企业自由现金流折现模型。股利折现模型是评估股权价值的基本模型。下面重点介绍股利折现模型的一般形式。股权自由现金流折现模型和企业自由现金流折现模型都是在股利折现模型的基础上演化得来的。

股利折现模型以股票的股利为股权资本唯一产生的现金流。该模型在事先设定折现率的基础上假设未来股利的增长模式是可预计的。该模型的基本原理是：任何资产的价值等于预期的系列现金流量的现值总和，计算现值的贴现率应与现金流的风险相匹配。股票的未来现金流量决定了投资者手中股票的价值。股票的未来现金流量包括两种形式：股票持有期内的股利和持有至期末的预期价格。由于持有期期末股票的预期价格是由股票未来股利决定的，所以股票当前价值应等于无限期股利的现值。

其计算公式是：

$$P_0 = \frac{D_1}{1+r} + \frac{D_2}{(1+r)^2} + \cdots = \sum_{t=1}^{\infty} \frac{D_t}{(1+r)^t}$$

式中：P_0 表示股票的价值；D_t 表示未来各期的股利；t=1，2，…，n；r 表示折现率。

应该注意到，该公式是无限多项代数式的和，而事实上我们无法对未来无限期的股利做出预测。即使它是有期限的，也不能对每一年的股利做出准确的预测。该模型依据不同的股利特点可以分为股利不增长、固定增长和阶段性增长三种情况，在4.4中将具体讨论。

股利折现模型的假设是将股利作为股东唯一获得的现金流，但如果我们将股东获得的现金流的含义拓宽，即考虑股权自由现金流——满足了全部财务要求（如偿还债务、资本性支出和净营运资本增加）后的剩余现金流量，就需要采用股权自由现金流折现（free cash flow of equity，FCFE）模型。FCFE 模型是股利折现模型的简单变形，只不过用股权自由现金流代替股利。

股利折现模型和股权自由现金流折现模型是评估企业股权价值的两种方法，而企业自由现金流折现（free cash flow of firm，FCFF）模型是评估整个企业价值的方法。它是以加权平均资本成本为折现率折现整个企业的现金流（企业各种利益要求人的所有现金流量），从而得出企业整体价值。FCFE 模型和 FCFF 模型将在4.4中重点介绍。

3）基于现金流量的企业价值评估步骤

基于现金流量的企业价值评估具体步骤如下：

（1）选择适当的折现模型

前文提到了基于现金流量的企业价值评估模型主要有股利折现模型、股权自由现金流折现模型和企业自由现金流折现模型。股利折现模型有多种变形。该模型依据不同的股利特点可以分为股利不增长、固定增长和阶段性增长三种情况。股权自由现金流折现模型可分为稳定增长 FCFE 模型、两阶段 FCFE 模型和三阶段 FCFE 模型。企业自由现金流折现模型可分为稳定增长 FCFF 模型和阶段性的 FCFF 模型。评估人员应根据评估的要求和企业的实际情况进行选择。

（2）未来绩效预测[1]

在进行未来绩效预测之前，有必要通过被评估企业提供的历史财务报表分析它的历史绩效，了解被评估企业的资本结构和产权现状，挖掘隐藏资产和负债，评估它的财务现状是否健康，最终获得被评估企业现有的价值创造能力。这对预测目标

---

[1]　科勒，戈德哈特，威赛尔斯. 价值评估——公司价值的衡量与管理［M］. 高建，魏平，朱晓龙，等译. 北京：电子工业出版社，2007.

企业的未来绩效是至关重要的。在进行预测之前，应将公司的历史数据输入制表程序中。一种方式是借助专业服务机构提供的数据，如标准普尔的Compustat，或直接使用公司存档上网财务数据；另一种方式是采用公司年报中的财务数据建立模型。

基于现金流量的企业价值评估模型对未来绩效的预测主要是指对未来现金流量的预测。首先，需要确定预测期间和详细程度。为了使预测期后企业状况趋于稳定，评估人员会尽可能使预测的期限足够长（一般为10～15年，周期性和高增长的企业会更长）。为了简化模型和避免误差，通常将预测期分为两个阶段：一是5～7年的详细预测期；二是对剩余期的简化预测。其次，要进行收入预测、利润表预测和资产负债表预测。进行收入预测可以采用自上而下法，就是通过预测市场总量的大小，确定市场份额，然后通过预测价格来预测收入；或者采用自下而上法，用公司已有客户的需求、客户流失率和潜在新客户来进行预测。利润表的预测分为三个阶段。下面以营业成本项目为例来阐述：第一，明确各分项背后的经济驱动因素。对大多数分项而言，预测会直接与收入相联系①，常常将收入作为驱动因素，因此，先计算历史的营业成本/收入比。第二，估计预测比率。为了计算简便，往往设定下一年的营业成本/收入比与历史比一致。第三，将预测比率与驱动因素估计值相乘，如将营业成本/收入比与估计的下一年收入相乘，得出下一年的营业成本。可以看出，收入预测的任何误差都会对整个模型造成影响，因此收入的预测是十分重要的。预测资产负债表的方法与预测利润表的方法基本一致。第四，计算自由现金流量。完成了资产负债表和利润表的预测后，就需要依据预测数据计算每一年度的相关自由现金流量，为以后计算企业价值提供依据。

（3）估算资本成本

资本成本是价值评估的重要依据。用折现现金流量法评估企业价值时，资本成本是未来现金流量的折现率。它的大小直接影响着企业价值的大小。具体估算在4.3节有详细介绍。

（4）估算连续价值并计算企业价值

用所选择的估值模型预测未来的现金流量及资本成本，来计算企业的价值。

企业价值=可明确预测期间的现金流量现值+可预测期后的现金流量现值

企业经营达到相对稳定前的时间区间是确定详细即可明确预测期的主要因素。可明确预测期间一般指企业未来5～7年的预期现金流量的测算，可以通过上述方法进行预测。这里所指的连续价值即为可预测期后的现金流量现值，而对于可预测期后（未来更久远的年份）的现金流量，则难以具体地进行测算。可行的方法是在未来5～7年的预期现金流量测算的基础上，找出企业现金流量变化的趋势，并借助某些手段，诸如采用假设的方式把握企业未来长期现金流量的变化区间和趋势。

---

① 也有的分项与特定资产（或负债）联系密切。例如，利息回报通常由流动性证券产生。如果是这样，那么利息回报的预测就与流动性证券结合在一起了。

但是，无论何种假设，都是建立在符合客观、符合逻辑的基础上的。

【案例4-1】 瑞银32亿美元收购瑞士信贷[①]

瑞士两家最大银行的收购交易最终落下帷幕。瑞银以30亿瑞郎（约合32亿美元）的价格收购瑞士信贷，交易预计于2023年年底完成。根据全股票交易条款（the terms of the all-share transaction），瑞士信贷（Credit Suisse）股东所持22.48股瑞信股票将换得1股瑞银股票，相当于每股0.76瑞郎，总对价为30亿瑞郎（约合32亿美元）。瑞银将从该交易中获得250亿瑞士法郎的下行保护（downside protection），以支持交易标的、收购价格调整和重组成本，以及获得非核心资产50%的额外下行保护。瑞银与瑞士信贷都可以不受限制地使用瑞士国家银行（瑞士央行，Swiss National Bank）的现有工具。通过这些工具，这两家银行可以根据货币政策工具的指导方针，从瑞士央行获得流动性。瑞银表示，到2027年，两家公司的合并预计将产生超过80亿美元的年成本节省（annual run-rate of cost reductions）。瑞银投资银行将通过加速实现全球银行业务的战略目标，加强其在机构、企业和财富管理客户中的全球竞争地位，同时减少瑞士信贷投资银行的其他业务，合并后的投资银行业务约占集团风险加权资产（risk weighted assets）的25%。瑞银预计，到2027年，该交易将使每股收益增加，该行的资本充足率仍远高于13%的目标。

瑞士央行提及，根据瑞士联邦委员会的紧急法令，瑞士信贷和瑞银可在破产时获得总额高达1 000亿瑞郎的具有特权债权人地位的流动性援助贷款。此外，瑞士央行可以向瑞士信贷提供高达1 000亿瑞郎的流动性援助贷款，并提供联邦违约担保。该贷款的结构基于公共流动性担保（PLB），其关键参数已由瑞士联邦委员会在2022年决定。瑞士央行称，大量流动性的提供将确保两家银行都能获得必要的流动性。通过提供大量流动性援助，瑞士央行正在履行其为金融体系稳定做出贡献的使命，并将继续为此与瑞士联邦政府和FINMA密切合作。

当地时间3月19日，瑞士信贷在官网发布新闻稿，在瑞士联邦财政部、瑞士央行和FINMA的干预下，瑞士信贷和瑞银当日签署了合并协议。合并交易完成后，瑞银将成为存续实体。在合并完成前，瑞士信贷将继续正常经营业务，并与瑞银合作实施重组措施。根据瑞士联邦委员会发布的紧急法令，合并可以在没有股东批准的情况下实施。合并的完成仍受惯例成交条件的制约，并预计将在2023年年底完成合并。

瑞银董事长科尔姆·凯莱赫（Colm Kelleher）表示："这次收购对瑞银股东很有吸引力，但我们要明确一点，就瑞信而言，这是一次紧急救援。我们已经安排了一笔交易，在保留业务剩余价值的同时限制我们的下行风险。收购瑞信在财富、资产管理和瑞士全能银行业务方面的能力，将增强瑞银发展轻资本业务的战略。该交

---

① 王惠蓉.瑞银32亿美元收购瑞士信贷，可无限制使用瑞士央行现有工具［EB/OL］.［2023-03-20］. https://m.thepaper.cn/newsDetail_forward_22367000. 案例经过改编。

易将为客户带来利益,并为我们的投资者创造长期可持续的价值。"

4.2 现金流量的预测[①]

1)利润与现金流量的选择

企业的收益归根结底有两种表现形式:利润和现金流量。虽然从长期来看,现金流量最大化与利润最大化最终是一致的,但是在短期内,基于会计处理的原因,现金流量与利润可能不一致。这给评估人员在选择收益的形式时带来了困惑。下面我们具体分析:

第一,选择现金流形式的收益,可靠性更高。一方面,现金流量很少会受到会计处理方式的影响。会计处理方式的不同可能使利润和现金流量不同。典型的例子就是存货计价方法的选择和折旧方法的选择。另一方面,现金流量是实际收支的差额,不容易被篡改,对其进行计算和分析更为方便,而会计利润要经过各种复杂的分摊和对外秘而不宣的调整来确定。

第二,选择现金流形式的收益,相关性更高。有实证研究表明,企业价值最终由其现金流量决定而非由其利润决定。对于投资者来说,企业经营的最终目的是形成更多的现金流量,而不是获得更多的会计收益。如果会计收益很高而现金流量很低,企业的价值也不大。多项研究证明,公司的价值基础是现金流量。当利润与现金流量不一致时,公司价值的变化与现金流量的变化更为一致。

因此,以现金流量为基础进行企业价值的估算更为准确和客观。

现金流量是财务管理和价值评估中最重要的概念之一。它是指一项投资或资产在未来不同时点所发生的现金流入与流出的数量,具体指现金流入量和现金流出量。本书所指的现金流量指的是最终的净现金流量。

在企业价值评估中,根据两种不同的评估思路,可将现金流分为两种:一种是股权自由现金流;另一种是企业自由现金流。

2)股权自由现金流

股东是公司股权资本的所有者,拥有公司产生的全部现金流的剩余要求权,即拥有公司在满足了全部财务要求和投资要求后的剩余现金流量。股权自由现金流就是在除去经营费用、本息支付和为保持预定现金流增长所需的全部资本性支出之后的现金流。

(1)无财务杠杆的股权自由现金流

不利用财务杠杆的公司没有负债,也就不涉及利息支付和本金偿还。相应地,公司的资本性支出和营运资本都来源于股权资本。此时,股权自由现金流的公式如下:

---

① 达蒙德理. 价值评估:证券分析、投资评估与公司理财 [M]. 张志强,王春香,等译. 北京:北京大学出版社,2003;王少豪. 企业价值评估 [M]. 北京:中国水利水电出版社,2005.

销售收入

　　–经营费用

=利息、税收、折旧、摊销前收益（EBITDA）

　　–折旧和摊销

=息税前利润（EBIT）

　　–所得税

=净利润

　　+折旧和摊销

=经营性现金流

　　–资本性支出–净营运资本增加额

=股权自由现金流（FCFE）

　　股权自由现金流是满足公司所有的财务需要之后的剩余现金流。它可能为正，也可能为负。如果股权自由现金流为负，则公司将不得不通过发行股票或认股权证来筹集新的股权资本。如果股权自由现金流为正，则企业就可能以现金股利的形式将剩余现金流派发给股权资本投资者。

　　下面分析计算过程中涉及的几个关键项目：

　　① 折旧和摊销。折旧和摊销尽管属于在税前列支的费用，但是与其他费用不同，它是非现金费用，并不造成相关的现金流支出，因此在计算现金流时需要在净收益后加上折旧和摊销。它们给公司带来的好处是减少了公司的应税收入，从而减少了纳税额。

　　② 资本性支出。所谓资本性支出是公司用于固定资产投资的部分。一个希望可持续健康发展的公司，必须将每年的盈利拿出一部分作为资本性支出，以维持公司现有资产的运行并创造新的资产来保证未来的增长。例如，制造业企业在现金流增长率很高的情况下，很少出现没有或只有少量资本性支出的现象。由于未来增长给公司带来的利益通常在预测现金流时已经加以考虑，所以在预测现金流时也应考虑相应的成本。取得的固定资产减去出售的固定资产就是净增加的固定资产，从而形成了资本性支出的净现金流量。资本性支出主要是企业对生产场地、生产设备、管理设备以及生产经营中资产正常更新的投资，可以根据企业更新改造计划、未来发展计划、可行性研究报告、项目建议书等进行预测。

　　③ 净营运资本增加额。企业除了资本性支出外，还要投资于净营运资本。公司的净营运资本等于流动资产减去流动负债。因为营运资本所占用的资金不能被用于其他用途，所以营运资本的变化会影响公司的现金流。营运资本增加意味着现金流出，营运资本减少则意味着现金流入。在估计股权自由现金流时，一定要考虑公司营运资本追加因素。公司营运资本的需要量在很大程度上取决于所属的行业类型。用营运资本占销售额的比例衡量，零售公司比服务性公司对营运资本的需要更大，因为它们具有较高的存货和信誉需要。此外，营运资本的变化与公司的增长率有关。一般而言，属于同一行业的公司，增长率高的公司的营运资本需求相应较

大。在估价中，如果不考虑营运资本的需要，将会导致股权自由现金流和公司股权资本价值被高估。表4-1根据某公司财务报表编制。表4-2估计了该公司2023年和2024年的股权资本自由现金流。2022年的营运资本为360万元。

表4-1　　　　　　估计无财务杠杆公司的股权自由现金流　　　　　单位：万元

项目	2023年	2024年
销售收入	1 100	1 300
经营费用	950	1 100
折旧	24	28
息税前收益	126	172
利息费用	0	0
所得税	37.8	51.6
净收益	88.2	120.4
营运资本	350	480
资本性支出	30	40

表4-2　　　　　　2023年和2024年的股权资本自由现金流　　　　　单位：万元

项目	2023年	2024年
净收益	88.2	120.4
+折旧	24	28
=经营性现金流	112.2	148.4
-资本性支出	30	40
-营运资本追加额	-10	130
=股权资本自由现金流	92.2	-21.6

股权资本自由现金流显示了与净收益不同的情况。与2023年相比，2024年的净收益虽然增加了，但由于资本性支出和营运资本增加，股权自由现金流反而减少了。

从上文可以看到，股权资本自由现金流和净收益是不同的，原因在于：A.计算经营性现金流时，所有的非现金费用都被加回到净收益中。所以，在那些已经从当期收益中扣除了非现金费用的公司财务报表中，净收益可能低于现金流。B.股权自由现金流是在满足资本性支出和营运资本追加之后的剩余现金流，而净收益则没有扣除这两项。于是，那些需要高额资本性支出和营运资本追加的高成长性公司的净收益为正，且不断增长，但股权自由现金流可能为负。

（2）有财务杠杆的股权自由现金流

在资本市场较为发达的今天，大多数公司都有一定数量的债务资本。具有财务杠杆的公司一方面要使用现金偿还本金和支付利息费用，另一方面又可以通过新的债务融资来补充资本性支出和营运资本的增加，从而减少股权资本的投资。有财务杠杆的股权自由现金流公式如下：

销售收入
　–经营费用
=利息、税收、折旧、摊销前收益（EBITDA）
　–折旧和摊销
=息税前利润（EBIT）
　–利息费用
=税前利润
　–所得税
=净利润
　+折旧和摊销
=经营性现金流
　–优先股股利–资本性支出–净营运资本增加额–偿还本金+新发行债务收入
=股权自由现金流（FCFE）

对于一家拥有理想的财务杠杆比率的公司来说，它的负债比率就是公司未来进一步融资希望达到的水平。由于已经达到最佳资本结构，所以本金偿还是用新债发行所得完成的，而资本支出和营运资本是按照最佳的负债权益组合进行融资的。这时，公司股权净现金流的计算还可以进一步简化。设某公司的最佳负债比率为δ（负债/总资产），则其股权自由现金流为：

净收益–（1–δ）（资本性支出–折旧）–（1–δ）净营运资本增加额=股权自由现金流

此时：

新债发行所得=归还的本金+δ（资本性支出–折旧+净营运资本增加额）

3）企业自由现金流[①]

企业自由现金流是企业真正得到的税后经营性现金流量的总额，用于分配给包括普通股股东、优先股股东和债权人在内的企业资本的全部供给者。

一般来说，计算方法有两种。一种是把企业不同权利要求者的现金流加在一起（见表4–3）：

---

① 俞明轩. 企业价值评估［M］. 北京：中国人民大学出版社，2004.

表4-3 不同权利要求人的现金流表

权利要求者	权利要求者的现金流	折现率
债权人	利息费用×（1-税率）+偿还本金-新发行债务	税后债务成本
优先股股东	优先股股利	优先股资本成本
普通股股东	股权自由现金流（FCFE）	股权资本成本
企业=普通股股东+债权人+优先股股东	企业自由现金流（FCFF）=股权自由现金流+利息费用×（1-税率）+偿还本金-新发行债务+优先股股利	加权平均资本成本

所以有：

FCFF=FCFE+利息费用×（1-税率）+偿还本金-新发行债务+优先股股利　　　　（4.1）

同时：

$$FCFE=净利润+\frac{折旧和}{摊销}+\frac{优先股}{股利}-\frac{资本性}{支出}-\frac{净营运资本}{增加额}-偿还本金+新发行债务收入$$

将上式代入（4.1）式整理：

FCFF=净利润+折旧和摊销+利息费用×（1-税率）-资本性支出-净营运资本增加额　　　（4.2）

另一种方法是从息税前利润（EBIT）开始计算，得到与第一种方法相同的结果。

FCFF=EBIT（1-所得税税率）+折旧和摊销-资本性支出-净营运资本增加额　　　（4.3）

两种自由现金流量的计算见表4-4。

表4-4 两种自由现金流量的计算 单位：万元

	企业自由现金流	股权自由现金流
净利润	700	700
加：折旧、摊销等	2 000	2 000
加：利息费用（税后）	210	不适用
减：营运资本的增加	600	600
减：资本性支出	1 400	1 400
减（加）：债务的减少（增加）	不适用	50
自由现金流量	910	650

注：假设利息费用为300元，企业所得税税率为30%。

对于任何一个有财务杠杆的企业而言，企业自由现金流通常高于股权自由现金流。对于一个无财务杠杆的公司来说，两者是相等的。

由于企业自由现金流是偿还债务之前的现金流，所以它不受负债比率的影响。

但这并不意味着用资本加权平均成本作贴现率计算得出的企业价值不受财务杠杆比率的影响。当企业的负债增加时，其资本加权平均成本也将发生变化，从而导致企业价值发生变化。如果资本加权平均成本降低，则在现金流不变的情况下，企业价值会上升。

4）现金流量的预测[①]

资产评估专业人员应当对委托人和其他相关当事人提供的企业未来收益资料进行必要的分析、判断和调整，结合被评估单位的人力资源、技术水平、资本结构、经营状况、历史业绩、发展趋势，考虑宏观经济因素、所在行业现状与发展前景，合理确定评估假设，形成未来收益预测。

当委托人和其他相关当事人未提供收益预测，资产评估专业人员应当收集和利用形成未来收益预测的相关资料，并履行核查验证程序，在具备预测条件的情况下编制收益预测表。

资产评估专业人员应当关注未来收益预测中经营管理、业务架构、主营业务收入、毛利率、营运资金、资本性支出、资本结构等主要参数与评估假设、价值类型的一致性。当预测趋势与历史业绩和现实经营状况存在重大差异时，资产评估专业人员应当在资产评估报告中予以披露，并对产生差异的原因及其合理性进行说明。[②]

在评估实务中，评估人员可按以下几个步骤进行：

首先，要对评估基准日审计后财务报表进行调整。评估基准日审计后财务报表的调整包括两部分工作：其一是对审计后的财务报表进行非正常因素调整，剔除一次性、偶发性的收入或费用，把企业评估基准日的利润和现金流量调整到正常状态下的数量，为企业预期收益趋势分析打好基础。其二是研究附注和相关报表中揭示的影响企业预期现金流量的非财务因素，并在此基础上对企业的现金流量进行调整，使之能反映企业的正常盈利能力。

其次，对企业预期收益趋势进行总体分析和判断。企业预期收益趋势的总体分析和判断，是在对企业评估基准日审计后实际收益调整的基础上，结合企业提供的预期现金流量预测和评估机构调查收集到的有关信息的资料进行的。

在完成前两个步骤的基础上，评估人员要进行企业预期现金流量的预测。在进行预测之前，需要先确定预测的期限。在期限的预测中，一个十分重要的问题就是对企业何时步入稳定期的判断。这应在与企业管理人员充分沟通和占有大量资料并加以理性分析的基础上进行。

对现金流量的预测要重点关注以下几个方面：

（1）销售收入

预测的项目主要包括：企业的生产能力能否满足销售量增长的需要，企业销售

---

① 汪海粟. 企业价值评估［M］. 上海：复旦大学出版社，2005.
② 《资产评估执业准则——企业价值》第二十三条。

收入的预测值及增长率是否与企业往年经营状况的趋势一致，企业引入新产品或采用新的策略对销售收入预测值的影响有多大，企业预期的销售收入增长率与行业增长率是否一致，企业目前的市场份额及预期的变化趋势如何等。

（2）销售成本

预测的项目主要包括：预测的产品成本结构是否与历史数据相一致，预测的毛利率是否与历史数据相一致，预测的毛利率与行业中其他企业的毛利率水平相比是否在合理的范围内，企业未来的产品结构是否会有变化。

（3）管理及销售费用

预测的项目主要包括：固定费用的预测是否考虑到由于经营规模的扩大对固定费用的额外需求，如需要增加办公室面积的同时，是否需要增加租金支出；预测的研究及开发费用是否与企业的未来业务发展及历史的支出水平相一致；管理及销售费用占销售收入的比例与历史趋势是否相一致。

（4）营运资本

预测的项目主要包括：预测的营运资本水平是否与历史水平相吻合，预测营运资本水平是否与预测的企业增长相一致，企业是否有足够的资金来满足营运资本增长的需要。

（5）资本性支出

预测的项目主要包括：预测的资本性支出是否与预测的销售收入增长相匹配；预测用于更新现有的固定资产的资本性支出时，所采用的经济使用寿命是多长；是否符合行业惯例；企业是否有足够的资金来满足资本性支出的需要。

由于过去的历史情况为未来预测提供了一种指导，在对过去的现金流量的计算分析中发现的变化规律应当成为预测未来现金流量的重要依据。

5）现金流量预测的检验

评估人员在对企业的现金流量预测基本完成之后，应该对所作预测进行严格检验，以判断所作预测的合理性。检验可以从以下几个方面进行：

A．将预测结果与企业历史收益的平均趋势进行比较。

B．对影响企业价值评估的敏感性因素进行严格的检验。敏感性因素包括两方面特征：一是该类因素未来存在多种变化；二是其变化能对企业评估价值产生较大影响。如对销售收入的预测，评估人员可能基于对企业所处市场前景的不同假设而对企业的销售收入做出不同的预测。在此情况下，就应对销售收入预测进行严格的检验，对决定销售收入预测的各种假设反复推敲。

C．对所预测的企业收入与成本费用的变化的一致性进行检验。企业收入的变化与成本费用的变化存在较强的一致性，如预期企业的收入与成本费用的变化不配比，则要对收入和成本费用重新预测。

D．与运用其他方法评估的结果进行比较、检验。在实务中，收益法和市场法常常结合使用，相互验证。

为防止公司和评估师高估未来盈利能力，并进而高估资产，对使用收益现值法评估资产的，凡未来年度报告的利润实现数低于预测数10%～20%的，公司及其聘请的评估师应在股东大会及指定报刊上做出解释，并向投资者公开道歉；凡未来年度报告的利润实现数低于预测数20%以上的，除要做出公开解释并道歉外，中国证监会将视情况实行事后审查，对有意提供虚假资料，出具虚假资产评估报告，误导投资者的，一经查实，将依据有关法规对公司和评估机构及其相关责任人进行处罚。

——中国证监会《关于进一步提高上市公司财务信息披露质量的通知》

2004-01-06

4.3　折现率的确定

在企业价值评估中，折现现金流量法被越来越广泛地推广和运用。合理地确定折现率是该方法使用的一大难点。折现率是将预测现金流量折现成现值的比率。折现率的选择是比较复杂的事情：第一，现金流量预测具有不确定性，因此，投资者的投资就有风险。第二，投资者要求得到风险补偿。由于不确定性的存在和人们风险回避的态度，用来计算未来现金流量现值的折现率要高于无风险投资的回报率。因此，确定折现率实质上就是确定一个合理的期望投资报酬率，这可以通过估算企业的资本成本来确定。资产评估专业人员确定折现率，应当综合考虑评估基准日的利率水平、市场投资收益率等资本市场相关信息和所在行业、被评估单位的特定风险等相关因素。

由于企业存在多种收益口径的选择，因此，评估人员需要注意折现率必须与被折现的现金流量的类型和风险相一致。估计折现率的一个重要原则就是：股东自由现金流量与股权资本成本相匹配，企业自由现金流量与加权平均资本成本相匹配（见表4-5）。

表4-5　　　　折现率与被折现的现金流量的类型和风险的匹配

项　目	评估值内涵	对应的现金流量	适用的折现率
间接法	企业整体价值	企业自由现金流量	加权平均资本成本
直接法	股东权益价值	股东自由现金流量	股权资本成本

下面根据中国资产评估协会2020年制定的《资产评估专家指引第12号——收益法评估企业价值中折现率的测算》的规定，并结合中国证监会2021年制定的《监管规则适用指引——评估类第1号》的要求，对股权资本成本和加权平均资本成本的测算进行详细说明。

1）股权资本成本的测算

按照《资产评估专家指引第12号——收益法评估企业价值中折现率的测算》的规定，主要采用资本资产定价模型即CAPM模型测算股权资本成本，其公式具体如下：

二维码 4-1：《监管规则适用指引——评估类第 1 号》

$$R_e = R_f + \beta \times (R_m - R_f) + \varepsilon$$

式中：R_e 表示股权期望报酬率；R_f 表示无风险利率；β 表示股权系统性风险调整系数；$(R_m - R_f)$ 表示市场风险溢价；ε 表示特定风险报酬率。

投资者要求的股权期望报酬率 R_e 即为公司的股权资本成本，即投资者对股权投资所要求的收益率应当等于市场对无风险投资所要求的收益率加上风险溢价，由此可估计出公司的股权资本成本。

由此公式可以看出，使用CAPM模型估计股权资本成本需要对以下四个要素进行估计：无风险利率 R_f，市场风险溢价 $(R_m - R_f)$，贝塔系数 β，特定风险报酬率 ε。

（1）无风险利率的选择

无风险利率是指投资者投资无风险资产的期望报酬率。该无风险资产不存在违约风险。无风险利率通常可以用国债的到期收益率表示。选择国债时应当考虑其剩余到期年限与企业现金流时间期限的匹配性。持续经营假设前提下的企业价值评估可以采用剩余期限为10年期或10年期以上国债的到期收益率作为无风险利率。

资产评估机构执行证券评估业务，在确定无风险利率时应当遵循以下要求：一是应当关注国债剩余到期年限与企业现金流时间期限的匹配性，持续经营假设前提下应当选择剩余到期年限10年期或10年期以上的国债。二是应当选择国债的到期收益率作为无风险利率，并明确国债的选取范围。三是应当在资产评估报告中充分披露国债选取的期限、利率、范围、确定方式、数据来源等。

（2）市场风险溢价的估算

市场风险溢价是指投资者对与整体市场平均风险相同的股权投资所要求的预期超额收益，即超过无风险利率的风险补偿。市场风险溢价通常可以利用市场的历史风险溢价数据进行测算。中国市场风险溢价一般可以通过以下三种途径确定：

①利用中国的证券市场指数的历史风险溢价数据计算。该方法通常可以选择有代表性的指数，例如沪深300指数、上海证券综合指数等，计算该指数一段历史时间内的超额收益率，时间跨度可以选择10年以上、数据频率可以选择周数据或者月数据、计算方法可以采取算术平均或者几何平均。

②采用其他成熟资本市场风险溢价调整方法。该方法是在其他成熟资本市场风险溢价的基础上，考虑中国国家风险补偿得到中国市场风险溢价，基本计算公式可

以表示为：

市场风险溢价$_{中国}$=市场风险溢价$_{其他成熟资本市场}$+国家风险补偿$_{中国}$

其中，其他成熟资本市场的市场风险溢价可以通过其证券市场指数的历史风险溢价数据等计算得到，也可以直接采用相关专家学者或者专业机构研究发布的数据；中国国家风险补偿表示中国股票市场相对于其他成熟资本市场的国家风险溢价，可以直接采用相关专家学者或者专业机构研究发布的中国国家风险补偿数据，也可以利用其发布的国家违约利差数据调整得到，基本计算公式如下：

$$国家风险补偿_{中国}=国家违约利差_{中国}\times\frac{\sigma股票}{\sigma国债}$$

式中：σ股票表示中国股票市场收益率的标准差；σ国债表示中国国债市场收益率的标准差。

③引用相关专家学者或者专业机构研究发布的数据。

资产评估机构执行证券评估业务，在确定市场风险溢价时应当遵循以下要求：一是如果被评估企业主要经营业务在中国境内，应当优先选择利用中国证券市场指数的历史风险溢价数据进行计算。二是计算时应当综合考虑样本的市场代表性、与被评估企业的相关性，以及与无风险利率的匹配性，合理确定样本数据的指数类型、时间跨度、数据频率、平均方法等。三是应当在资产评估报告中充分披露市场风险溢价的计算方法、样本选取标准、数据来源等。

（3）贝塔系数的估算

贝塔系数（β系数）表示系统性因素给股权投资者带来的不可分散的风险，由股票收益率与市场收益率的协方差除以市场收益率的方差得到。β系数等于1，表示股权投资风险与整体市场风险相当；β系数大于1（或者小于1）表示股权投资风险大于（或者小于）整体市场风险。

非上市公司的股权β系数通常由多家可比上市公司的平均股权β系数调整得到，即计算可比上市公司带杠杆的β_L并调整为不带杠杆的β_U，在此基础上通过取平均值、中位数等方法得到被评估企业的β_U，最后考虑被评估企业适用的资本结构得到其β_L，计算公式如下：

$$\beta_U=\frac{\beta_L}{1+(1-T)\times\dfrac{D}{E}}$$

$$\beta_L=\beta_U\left[1+(1-T)\times\frac{D}{E}\right]$$

式中：β_U表示无财务杠杆的β系数；β_L表示包含财务杠杆的β系数；T表示所得税税率；D表示债权价值；E表示股权价值。

另外，可比上市公司的股权贝塔系数可以通过回归方法计算得到，也可以从相关数据平台查询获取。

资产评估机构执行证券评估业务，在确定贝塔系数时应当遵循以下要求：一是应当综合考虑可比公司与被评估企业在业务类型、企业规模、盈利能力、成长性、行业竞争力、企业发展阶段等多方面的可比性，合理确定关键可比指标，选取恰当的可比公司，并应当充分考虑可比公司数量与可比性的平衡。二是应当结合可比公司数量、可比性、上市年限等因素，选取合理时间跨度的贝塔数据。三是应当在资产评估报告中充分披露可比公司的选取标准及公司情况、贝塔系数的确定过程及结果、数据来源等。

（4）特定风险报酬率的估算

特定风险报酬率 ε 表示被评估企业自身特定因素导致的非系统性风险的报酬率。特定风险报酬率一般可以通过下列几种方法确定：①通过多因素回归分析等数理统计方法计算得到。②将特定风险报酬率拆分为规模溢价和其他特定风险溢价。规模溢价可以利用资本市场数据通过统计分析得到，也可以参考相关专家学者或者专业机构研究发布的数据；其他特定风险溢价一般可以通过经验判断分析确定。③在对企业的规模、核心竞争力、对大客户和关键供应商的依赖等因素进行综合分析的基础上，根据经验判断确定。

资产评估机构执行证券评估业务，在确定特定风险报酬率时应当遵循以下要求：一是应当明确采用的具体方法，涉及专业判断时应当综合考虑被评估企业的风险特征、企业规模、业务模式、所处经营阶段、核心竞争力、主要客户及供应商依赖等因素，确定合理的特定风险报酬率。二是应当综合考虑特定风险报酬率的取值，其在股权折现率整体中的权重应当具有合理性。三是应当在资产评估报告中充分披露特定风险报酬率的确定方法、分析过程、预测依据等。

2）加权平均资本成本的测算

加权平均资本成本（WACC）就是企业股权资本成本和债务资本成本的加权平均值，其计算公式如下所示：

$$WACC=R_d \times (1-T) \times \frac{D}{D+E} + R_e \times \frac{E}{D+E}$$

式中：R_d 表示债务资本成本；R_e 表示股权资本成本；D 表示债权价值；E 表示股权价值；T 表示所得税税率。

根据《资产评估专家指引第 12 号——收益法评估企业价值中折现率的测算》的规定，计算加权平均资本成本需要注意三个问题：

（1）债务资本成本的计算。债务资本成本是企业债务融资的资本成本，也就是债权期望报酬率。根据《资产评估专家指引第 12 号——收益法评估企业价值中折现率的测算》的规定，债权期望报酬率一般可以通过下列途径确定：①以全国银行间同业拆借中心公布的贷款市场报价利率（LPR）为基础调整得到；②采用企业债务的实际利率，前提是其利率水平与市场利率不存在较大偏差。

（2）资本结构的确定。被评估企业适用的资本结构一般可以通过下列几种途径确定：①采用被评估企业评估基准日的真实资本结构，前提是企业发展趋于稳定；②采用目标资本结构，取值可以参考可比公司或者行业资本结构水平，并分析企业真实资本结构与目标资本结构的差异及其对债权期望报酬率、股权期望报酬率的影响，考虑是否需要采取过渡性调整等措施。

（3）债权价值和股权价值采用市场价值计算。这是因为，资本成本衡量的是企业融资时所发行的证券的成本，而这些证券是按照市场价值而不是账面价值发行的。随着市场信息与公司信息的不断披露，公司的内在价值会不断发生变化，用市场价值就能比较准确地反映这一点。

4.4 基于现金流量的企业价值评估模型的具体应用

前面提到，现金流量折现法的具体应用模型有三种：股利折现模型、股权自由现金流折现模型和企业自由现金流折现模型。下面具体介绍这三种模型的应用[①]。

1）股利折现模型

前面讲到了股利折现模型的一般形式。当然，股利不可能无限期地预测下去。根据对未来增长率假设的不同，模型就有了多种变形。该模型依据不同的股利特点可以分为股利不增长、固定增长和阶段性增长三种情况，下面将具体阐述。

（1）零增长模型

假设未来股利增长率为零，即每期发放股利相等，均为固定值 D，这时 $D_t \equiv D$（t=1，2，3，…），则公式为：

$$P_0 = \sum_{t=1}^{\infty} \frac{D_t}{(1+r)^t} = D\left[\sum_{t=1}^{\infty} \frac{1}{(1+r)^t}\right]$$

上式可简写为：

$$P_0 = \frac{D_1}{r}$$

该公式主要适用于评价优先股的价值。通常，优先股没有到期日，优先股股东只要不出让优先股股份，就可以永远持有股票并收得股息。如果未来股息预期不变，优先股可以看作一种永续年金，则优先股价值是优先股未来股息按投资必要收益率折现的现值。

（2）Gordon 增长模型

固定股利增长模型是高登（Gordon）在 1962 年提出的。该模型适用处于稳定增长期的公司。也就是说，在长时期内，股利以某一稳定的增长率保持增长。这一模型的假设条件是：①股利支付是永久性的；②股利增长率 g 为常数；③模型中的

① 达蒙德理. 价值评估：证券分析、投资评估与公司理财［M］. 张志强，王春香，等译. 北京：北京大学出版社，2003；俞明轩. 企业价值评估［M］. 北京：中国人民大学出版社，2004.

折现率大于股利增长率，即r>g。根据上述三个假设条件，其公式为：

$$P_0=\sum_{t=1}^{\infty}\frac{D_0(1+g)^t}{(1+r)^t}=\frac{D_1}{r-g}$$

式中：D_1表示下一年的预期股利；r表示投资者必要收益率（折现率）；g表示固定的股利增长率。

在公式中，股票价值与预期股利、投资者必要收益率和股利增长率三个因素的关系如下：股票的预期股利越高，股票价值越大；必要收益率越小，股票价值越大；股利增长率越大，股票价值越大。

公式中的g是指股利增长率。因为股利和盈利的比例经常是不变的，股利的增长与盈利的增长通常是一致的，而盈利的增长是留存收益和留存收益回报率共同作用的结果。这里有：

g=留存比率×留存收益回报率=λ×ROE

其中，留存比率λ是留存收益和盈利的比例，留存收益回报率通常用历史权益回报率（return on equity，ROE①）来估计。

【例4-1】　　　　　　　　　Gordon增长模型的运用

某公司经营处于稳定增长阶段，公司具有稳定的财务杠杆比率。2022年的每股收益是4.33元，股利支付率为63%，预期股利和每股收益以每年6%的速度永续增长，股票的β值是0.95，国库券的利率是7%，市场收益率是12.5%。①请用股利增长模型计算股票的每股价值。②如果市场上股票的交易价格是68元，则，该符合股票价格合理性的股利增长率是多少？

①每股股利=每股收益×股利支付率=4.33×63%=2.73（元）

股权资本成本=R_f+β$[E(R_m)-R_f]$=7%+0.95×（12.5%-7%）=12.23%

股票价值=$\frac{D_1}{r-g}$=2.73×（1+6%）÷（12.23%-6%）=46.45（元）

②68=2.73×（1+g）÷（12.23%-g）

解得，g=7.9%

为了确保公司股票价格为68元的合理性，公司的股利增长率应为7.9%。

Gordon增长模型是对股票进行估价的一种简单而快捷的方法，但是它对选用的增长率特别敏感。当模型选用的增长率趋向于贴现率的时候，计算出的价值会变得无穷大。Gordon增长模型最适用于具有下列特征的公司：公司以一个比较稳定的速度增长；公司已制定好比较完整的股利支付政策，并且这一政策将持续到将来。

（3）两阶段股利折现模型

现实中，很多公司并不保持稳定的增长率，公司股利常常在初始发展阶段保持

---

① 　在计算企业自由现金流量时，由于FCFF是偿还债务之前的现金流，不受财务杠杆比率的影响，所以计算g时要用ROA，但在用FCFE去评估企业时，由于FCFE考虑了债务因素，所以最好用ROE来估计g才能比较准确合理。

较高甚至超高的增长率（如以 12% 的增长率保持 5 年），但增长到一定年数后就会稳定下来，按比较正常合理的增长率（如 5%）永远稳定地增长下去。这种情况属于两阶段增长模型。这一模型分为两个阶段：初始时期（n 年）高速增长阶段和随后（n 年以后）的永续稳定增长阶段。其计算公式为：

$$P_0 = \sum_{t=1}^{t=n} \frac{D_t}{(1+r)^t} + \frac{P_n}{(1+r)^n}$$

　　其中：$P_n = \frac{D_{n+1}}{r_n - g_n}$

　　式中：P_n 表示第 n 年年末股票价值；r 表示超常增长阶段公司的必要收益率（股票资本成本），r_n 表示第 n 年以后（稳定增长阶段）公司的必要收益率；g_n 表示第 n 年以后股利永续增长率。

　　两阶段模型的局限性主要体现在两个方面：模型的第一个局限性是确定超常增长阶段的时间长度。从理论上讲，超常增长阶段持续的时间可以和产品生命周期以及存在的项目机会联系在一起，但是把这些定性考虑的因素变成定量化的时间在实践中还是很困难的。模型的第二个局限性在于，它假设初始阶段的超常增长率很高，而在此阶段结束时突然间就变成较低的稳定增长率。而实际上，从超常增长阶段到稳定增长阶段的变化是随时间逐步发生的。

　　基于模型的特点，该模型最适合具有下列特征的公司：公司当前处于高增长阶段，并预期在今后一段时期内仍将保持这一较高的增长率，而此阶段过后，支持高增长率的因素全部消失，公司进入稳定增长阶段。例如，一家公司拥有某项产品专利权，在这段时期内，预期公司将实现超常增长；一旦专利到期，公司将无法保持超常的增长率，从而进入稳定增长阶段。

　　2）股权自由现金流折现模型

　　（1）稳定增长 FCFE 模型

　　与 Gordon 增长模型类似，如果一个公司以一个不变的增长率持续增长，那么就可以用稳定增长的 FCFE 模型评价公司价值。模型假设公司处于稳定增长状态，稳定增长状态在股权自由现金流上体现在以下两个方面：第一，资本性支出与折旧相互抵消，公司资本性支出与折旧额大致相等或略高于折旧额（假设不存在通货膨胀或通货紧缩，否则公司资本性支出需要根据通货膨胀率或紧缩进行一定调整）；第二，公司平稳运行，风险适中，公司的资产具有市场平均风险，即股票的 β 值约为 1。

$$P_0 = \frac{FCFE_1}{r - g}$$

　　式中：P_0 表示公司目前的股权资本价值；r 表示公司的股权资本成本；g 表示固定增长率；$FCFE_1$ 表示预期下一年的股权自由现金流量。

　　如果公司处于稳定增长阶段，而且其支付的股利与 FCFE 始终保持一致，那么通过此估价模型得到的公司价值与 Gordon 增长模型计算出的结果是相同的。

【例4-2】　　　　　　　　稳定增长 FCFE 模型的运用

某公司 2022 年有 1.8 亿股股票流通在外，每股市场价值是 40 元，每股收益 5.45 元，每股股利 2.35 元，折旧共计 2.79 亿元，资本性支出共计 3.24 亿元（资本性支出与折旧的比率在长期内不会发生变化），营运资本追加额为 1.08 亿元；该公司债务为 30.81 亿元，公司计划保持负债比率不变；公司处于稳定增长阶段，年增长率为 5%，其股票的 β 值是 1.1；当时的国债利率是 7%，风险溢价率为 5.5%。

①使用股利折现模型对该公司每股股票进行估价；

②使用 FCFE 模型对该公司每股股票进行估价。

由数据可知：每股收益=5.45 元，每股股利=2.35 元

每股折旧=2.79÷1.8=1.55（元）

每股资本性支出=3.24÷1.8=1.8（元）

每股营运资本追加额=1.08÷1.8=0.6（元）

g=5%

负债比率 δ=30.81÷（30.81+1.8×40）×100%=29.97%

①利用资本资产定价模型，股权资本成本为：

K=7%+1.1×5.5%=13.05%

每股价值=2.35×（1+5%）÷（13.05%-5%）=30.65（元）

②在 FCFE 模型下：

股权自由现金流量=净收益-（1-δ）（资本性支出-折旧）-（1-δ）净营运资本增加额

=5.45-（1-29.97%）×（1.8-1.55）-（1-29.97%）×0.6

=5.45-0.18-0.42=4.85（元）

每股价值=4.85×（1+5%）÷（13.05%-5%）=63.26（元）

（2）两阶段 FCFE 模型

这个模型的假设条件与两阶段股利折现模型是一样的。顾名思义，两阶段就是指公司在前一时期可以以较高的速度增长，然后立即进入稳定增长阶段。此模型的特点就是用 FCFE 模型代替了股利。当然，它比股利折现模型给出了更好的结果，特别是对于那些股利支付额高于 FCFE 模型或者股利支付额低于 FCFE 模型的公司。FCFE 模型两阶段估价适用于那些预计会在一定时间段里快速增长，然后再进入稳定增长阶段的公司。模型的基本公式为：

$$P_0 = \sum_{t=1}^{t=n} \frac{FCFE_t}{(1+r)^t} + \frac{P_n}{(1+r)^n}$$

$$= \sum_{t=1}^{t=n} \frac{FCFE_t}{(1+r)^t} + \frac{FCFE_{n+1}/(r_n-g_n)}{(1+r)^n}$$

式中：P_0 表示公司目前的股权资本价值；P_n 表示高速增长阶段期末的公司股票价值；r 表示高速增长阶段内股权投资者要求的收益率；r_n 表示稳定增长阶段内股权投资者要求的收益率；g_n 表示第二阶段的稳定增长率；$FCFE_t$ 表示预期下一年的

股权自由现金流量；$FCFE_{n+1}$ 表示第（n+1）年的股权自由现金流量。

（3）三阶段 FCFE 模型

三阶段 FCFE 模型适用于评估依次经历三种增长阶段的公司价值：初始高增长阶段、增长率下降的转换阶段和稳定增长阶段。该模型计算三个阶段的全部预期的股权自由现金流量的现值之和：

$$P_0 = \sum_{t=1}^{t=n_1} \frac{FCFE_t}{(1+r)^t} + \sum_{t=n_1+1}^{t=n_2} \frac{FCFE_t}{(1+r)^t} + \frac{P_{n_2}}{(1+r)^n}$$

式中：P_0 表示公司目前的股权资本价值；P_{n_2} 表示转换阶段期满的终点价格；r 表示股权投资者要求的收益率；$FCFE_t$ 表示第 t 年度的预期股权自由现金流量；n_1 表示初始高增长阶段期末；n_2 表示转换阶段期末。

3）企业自由现金流折现模型[①]

（1）稳定增长 FCFF 模型

使用这个模型必须满足两个条件。第一，企业的现金流以固定的增长率增长，且增长率是合理的；第二，资本支出和折旧的关系必须满足稳定增长的假设。因为没有额外的增长，也无须追加资本投资，所以一个稳定增长企业的资本性支出不应该显著大于折旧。这两方面的约束条件与 Gordon 增长模型和 FCFE 稳定增长模型必须满足的条件是相对应的。

与股利固定增长模型及 FCFE 稳定增长模型一样，当企业以某一固定的增长率增长时，可以使用稳定增长的 FCFF 模型进行评估，其基本公式是：

$$企业价值 = \frac{FCFF_1}{WACC - g}$$

式中：$FCFF_1$ 表示预期下一年的 FCFF；WACC 表示加权平均资本成本；g 表示 FCFF 的固定增长率。

与其他所有稳定增长模型一样，FCFF 稳定增长模型对预期增长率非常敏感。而且，对于大多数企业而言，此模型使用的折现率即资本加权平均成本，比股权资本成本低得多，所以此模型对未来增长率的敏感性更高。

（2）阶段性的 FCFF 模型

针对企业增长呈现的阶段性特征，有不同的阶段模型，但最常见的是两阶段的模型。在两阶段的模型中，一个阶段为调整阶段，此时公司的增长比率很不稳定，可能是超额增长，也可能是平稳增长，或者增长处于严重的波动状态；另一个阶段为稳定阶段，公司的经营发展情况比较稳定，开始以稳定的增长率 g 增长，此时公司的价值为：

$$企业价值 = \sum_{t=1}^{t=n} \frac{FCFF_t}{(1+WACC)^t} + \frac{FCFF_{n+1}/(WACC - g_n)}{(1+WACC)^n}$$

式中：$FCFF_t$ 表示第 t 年预期的企业自由现金流量；$FCFF_{n+1}$ 表示第（n+1）年的

---

① 俞明轩. 企业价值评估 [M]. 北京：中国人民大学出版社，2004.

企业自由现金流量；g_n 表示 n 年后的稳定增长率。

由于企业自由现金流是企业偿还债务之前的现金流，并不受企业债务比率的影响，因而用 FCFF 模型可以评估那些财务杠杆比率较高或容易发生变化的企业。股权自由现金流考虑了债务因素，因此容易受财务杠杆比率的影响，用它评估财务杠杆比率容易发生变化的企业会比较困难。

【例 4-3】　　　　　运用 FCFF 模型对公司价值进行评估

某公司 2012 年的销售收入为 16.875 亿元，经营费用为 15.175 亿元，EBITDA 为 1.7 亿元，折旧为 0.55 亿元，资本性支出为 0.60 亿元，营运资本为 0.9 亿元。公司发行在外债务的账面价值是 9.12 亿元，市场价值为 10 亿元，税前利率为 10%。公司共有 1 亿股股票，每股市价为 15 元，股票的 β 值为 1.2，国库券利率是 6%。预计在 2013—2017 年间，公司的销售收入、利润、资本性支出、营运资本和折旧都将以 10% 的速度增长。从 2018 年开始，公司将进入稳定增长阶段，增长率下降为 7%。公司进入稳定增长阶段后，资本性支出与折旧相抵，而负债比例将降至 30%，债务税前利率降为 8%，股票的 β 值为 1.1（公司所得税税率为 25%，市场平均收益率为 13.5%）。

估计公司的价值，以及公司股权资本的价值和每股价值。

2012 年资料如下：

EBITDA（利息、税收、折旧、摊销前收益）=1.7 亿元；资本性支出=0.6 亿元；折旧=0.55 亿元；营运资本=0.9 亿元；税前利率=10%；销售收入=16.875 亿元。

高速增长阶段（2013—2017 年）的资料如下：

销售收入、利润、资本性支出、营运资本和折旧的增长率=10%；n=5 年；股票的 β 值=1.2；税前债务成本=10%。

稳定增长阶段（2018 年以后）的资料如下：

资本性支出与折旧相抵；股票的 β 值=1.1；税前债务成本=8%；负债比率=30%；FCFF 的预期增长率=7%。

I：公司的价值 $= \sum\limits_{t=1}^{t=n} \dfrac{FCFF_t}{(1+WACC)^t} + \dfrac{FCFF_{n+1}/(WACC-g_n)}{(1+WACC)^n}$

高速增长阶段（2013—2017 年）：

负债比率=10÷（10+1×15）×100%=40%

股权资本成本=R_f+β［E（R_m）-R_f］=6%+1.2×（13.5%-6%）=15%

加权平均资本成本=10%×（1-25%）×40%+15%×（1-40%）=12%

根据公式：

FCFF=EBIT（1-所得税税率）+折旧-资本性支出-净营运资本增加额

预计各年企业自由现金流量见表 4-6。

表4-6　　　　　　　　　企业5年自由现金流量计算表　　　　　　　　单位：亿元

年　份	2013年	2014年	2015年	2016年	2017年
EBITDA①	1.870	2.057	2.263	2.489	2.738
折旧②	0.605	0.666	0.732	0.805	0.886
EBIT③	1.265	1.391	1.531	1.684	1.852
EBIT（1-t）④	0.949	1.043	1.148	1.263	1.389
资本性支出⑤	0.660	0.726	0.799	0.878	0.966
营运资本增加额⑥	0.090	0.099	0.109	0.120	0.132
FCFF⑦=④+②-⑤-⑥	0.804	0.884	0.972	1.070	1.177
现值（12%）	0.718	0.705	0.692	0.680	0.667

注：（P/F，12%，1）=0.893，（P/F，12%，2）=0.797，（P/F，12%，3）=0.712，（P/F，12%，4）=0.636，（P/F，12%，5）=0.567。

稳定增长阶段（2018年以后）：

负债比率=30%

股权资本成本=R_f+β〔E（R_m）-R_f〕=6%+1.1×（13.5%-6%）=14.25%

加权平均资本成本=8%×（1-25%）×30%+14.25%×（1-30%）=11.78%

计算 $\dfrac{FCFF_{n+1}/(WACC-g_n)}{(1+WACC)^n}$ 如下：

FCFF$_6$=EBIT（1-税率）+折旧-资本性支出-净营运资本增加额

　　　　=EBIT（1-t）（1+g）-〔1.45×（1+7%）-1.45〕

　　　　=1.389×（1+7%）-0.102

　　　　=1.486-0.102

　　　　=1.384（亿元）

期末价值=1.384÷（11.78%-7%）=28.95（亿元）

期末价值的现值=28.95÷（1+12%)^5

　　　　　　　=28.95×（P/F，12%，5）

　　　　　　　=28.95×0.567

　　　　　　　=16.41（亿元）

公司当前的价值是高速增长阶段预期的FCFF现值和高速增长阶段末公司价值的现值之和。

公司价值=前5年的FCFF现值+期末价值的现值

　　　　=0.718+0.705+0.692+0.680+0.667+16.41

　　　　=19.87（亿元）

Ⅱ：公司权益资本价值=公司价值-债务市场价值

　　　　　　　　　　=19.87-10

　　　　　　　　　　=9.87（亿元）

公司股票每股价值=9.87÷1

　　　　　　　　=9.87（元）

4.5 基于现金流量的企业价值评估模型应用评价

时至今日，由费雪创立，经莫迪格利尼和米勒发展、完善的企业价值现金流量折现法仍然是企业价值评估的主流方法。基于现金流量的企业价值评估模型比运用成本法和市场法更适用于企业价值评估，特别是在涉及为企业并购行为提供服务时。但是，并非所有的企业价值评估都适用于该模型。运用该模型对企业价值进行评估的一个必要的前提是判断企业是否具有持续的盈利能力。资产评估专业人员应当结合被评估单位的企业性质、资产规模、历史经营情况、未来收益可预测情况、所获取评估资料的充分性，恰当考虑收益法的适用性。

本章提供了基于现金流量的企业价值评估的多个模型。这些模型从简单到复杂，被评估师在价值评估实践中广泛使用。应当注意，这些模型在应用中具有不同的假设前提和适用范围。在具体的评估实践中，要澄清两种误解：一是模型越定量化，价值评估结果就越准确。价值评估的质量与评估师收集的资料是有密切关联的。如果评估师不尽职，使用错误的数据，那么经过模型计算后得出的结果也是错误的。二是好的价值评估模型会提供精确的价值估计。无论价值评估模型多精确、多详尽，由于对现金流、贴现率和经营期的估计是建立在对未来的经济形势和企业的发展进行预测的基础上的，最后的数据都肯定有不确定性。因此，要求价值评估结果的绝对正确是不现实的。

1）股利折现模型与股权自由现金流模型的应用评价

股权自由现金流估价模型的形式与股利折现模型基本相同，唯一需要改变的是以股权自由现金流代替股利。

（1）股权自由现金流与股利的区别

股权自由现金流在多数情况下与公司股利是不相等的，其差异主要产生于以下因素：

① 公司分配方面的法律规定。例如，法律要求在分配之前进行有关公积金的提取，这使得公司股利和股权自由现金流存在一定差异。

② 稳定企业支付流量的需要。实际情况是，股东股利增长容易、下降难。所以就股利总额来讲，股利稳定比波动要好。为了维持股利的稳定，就需要在 FCFE 较大时降低股利支付率，在 FCFE 较小时提高股利支付率。

③ 从企业融资角度看。除了通过债务和股权融资外，企业还可以通过累计留存收益来满足企业投资的需要。因此，当预计有大的投资项目时，企业便会维持一个较低的股利支付率，结余下的现金流量有利于投资过程的完成。

④ 税收因素。如果对股利征收的所得税税率高于资本利得的税率，出于避税方面的考虑，公司会倾向于发放相对较少的股利现金，采取低水平分红的股利政策，将股权自由现金流的大部分甚至全部作为再投资，利用寻找新的投资机会提高

公司股价，股东可以通过出售股票的方式获得现金收入。

⑤ 最后，企业留存FCFE可以调节经营状况，同时也可以防止敌意收购。

（2）股利折现模型与股权自由现金流折现模型的比较

前已述及，股利估价模型使用的参数与股权自由现金流折现模型使用的参数基本相同，不同之处是以股权自由现金流代替股利，追求稳定现金分红的投资者可能更偏好（也最适宜）运用股利折现模型对股权进行估价。

由于有些公司的股权自由现金流呈稳定增长状态，而公司股利却呈非稳定和不规则状态，公司股利有时高于股权自由现金流，有时低于股权自由现金流。这时运用股权自由现金流折现模型对股权进行估价比股利折现模型方便和简化。股权自由现金流折现模型一般比较适合进行中长期投资战略的投资者，使用该种方法进行估价的目标公司可以不必具有成熟的盈利模式，但是应该拥有较好的成长性。例如，企业持有目标企业的股权是以上市套现或中途转让为目的，则并不要求目标企业具有较高的分红能力，而对其成长能力和未来股权转让时的溢价水平更为看重，因此在收购目标企业时一般采用股权自由现金流折现模型对目标企业的股权进行评估。特别重要的是，股利容易受到管理层或大股东的操纵，而股权自由现金流则相对难以操纵，因此，使用股权自由现金流折现模型比股利折现模型更能准确地估计一个公司的价值。

但是，用股权自由现金流量折现模型对公司股权进行估价的结果受财务杠杆的影响较大，所以对商业银行、保险公司等高杠杆公司的股权进行估价时一般不采用股权自由现金流折现模型。

2）企业自由现金流贴现模型的应用评价

（1）企业自由现金流和股权自由现金流的差别

企业自由现金流和股权自由现金流的差别在于，企业自由现金流不考虑与债务有关的现金流。与债务有关的现金流主要包括利息支出、本金偿还、新债发行三项内容。如果公司存在最优资本结构，并欲继续保持，那么随着公司权益的增加，公司也要通过发行新债来保持最优资本结构。这样，企业自由现金流将大于股权自由现金流。

（2）股权自由现金流贴现模型与企业自由现金流模型的比较

与股利贴现模型或FCFE模型不同，FCFF模型是对整个企业而不是股权进行估价。但是，使用企业自由现金流折现模型也可以间接对股权进行估价，即用企业自由现金流折现模型计算出公司的整体价值，而股权的价值则可以用公司的整体价值减去债务的市场价值得出。

前面谈到，由于股权自由现金流受公司债务的影响，因此在估计股权自由现金流时必须考虑这些与债务相关的现金流。当公司财务杠杆比率过高或财务杠杆经常发生重大变动时，股权自由现金流波动性较大。此时，要准确计算这些公司的股权自由现金流是相当困难的，有时可能会出现负值。这时，运用股权自由现金流折现模型对公司股权进行估价较为困难。企业自由现金流模型是对整个公司而不是股权进行估价的，所需预计的企业自由现金流是债务偿还前的现金流。与股权自由现金流相比，使用企业自由现金流折现模型估价不需要考虑与债务相关的现金流，企业自由现金流为负值的情况少，因此，拓宽了现金流折现方法的使用范围。在财务杠杆预期将随时间发生重大变化的情况下，这个好处对于简化计算、节约时间非常有帮助。

然而，企业自由现金流折现模型也有局限性。如果使用企业自由现金流模型对公司股权进行估价，在间接法下，股权的价值是用整个企业的价值（FCFF方法）减去债务的市场价值得到的，这需要在外部存在一个完善的资本市场，且债务能够较为准确地定价。如果公司的债务被高估，则由FCFF方法得到的股权价值将比使用股权估价模型得到的股权价值低；相反，如果公司的债务被低估，则公司估价模型得到的股权价值较高。此外，如前述，加权平均资本成本的计算也要考虑很多问题。

3）估价的难题

现金流折现法已经成为企业价值评估的主流方法，越来越为评估师和分析师普遍应用，但是应该注意到，没有哪个模型是万能的，在对公司股权进行估价时，要根据实际情况进行模型的选择。折现现金流量模型重点关注公司未来的获利能力，适用于那些具有较高财务杠杆比率或者财务杠杆比率发生变化的公司。折现现金流量模型在实际应用时必须满足一个假设前提：公司经营持续稳定，未来现金流量序列可预期并且为正值。这种假设的存在使得该模型在价值评估实践中往往会因一些特殊情况而受到限制：①没有考虑到公司在不确定性状态下的各种投资机会，而这种投资机会在很大程度上将影响公司价值；②无法对当前经营困难的公司进行评估，因为这些公司的当前现金流量往往为负，而且在未来很长一段时间里仍然为负；③无法对用于某种无形资产的公司进行评估，因为无形资产的使用使现金流量的预测难以估计。

在企业并购估价时，应该注意并购估价本身的一些特点，并购估价的对象是并购后目标企业能为并购企业带来的价值增值。这要考虑到目标企业的增长性和并购产生的协同效应[①]。

另外，在折现模型中，折现率的选择也是一个难题。比如，在公司自有现金流折现模型中，WACC作为分母出现，此时企业价值的变动更为明显。WACC的高低从根本上取决于未来现金流量所隐含的风险程度。现金流量的风险越大，折现率就越高；反之亦然。不同投资者对投资收益的期望、对投资风险的态度都将反映在对折现率的选择上。因此，即使是同一家公司，不同投资者对其的估值也可能是大相径庭的[②]。

① 王化成，等. 高级财务管理学 [M]. 北京：中国人民大学出版社，2022.
② 汤谷良，等. 财务管理案例 [M]. 北京：北京大学出版社，2012.

总之，估价结果并不反映某一种估价模型的绝对优劣。任何一种现金流折现模型的估价结果均需要考虑模型以外的相关因素，如外部是否存在完善的资本市场、投资者的投资偏好等。

【案例4-2】 ChatGPT爆火之后 开发者OpenAI估值飙至290亿美元①

OpenAI的估值达到了290亿美元，相比2021年翻倍。爆红聊天机器人模型ChatGPT背后的开发商、人工智能研究实验室OpenAI，正在以收购要约的形式出售现有股票。交易完成后，预计OpenAI的估值将达到290亿美元左右，这将使其成为美国最有价值的初创公司之一。风险投资公司Thrive Capital和由Peter Thiel联合创办的风险投资基金Founders Fund等集团正在就购买股份相关事宜进行谈判。此次交易将通过股票出售吸引至少3亿美元的新增投资；这笔交易将以收购要约的形式，投资者从员工等现有股东手中购买股票。OpenAI之前的投资者包括风险投资公司Khosla Ventures和老虎环球基金。相比2021年完成上一次收购要约时140亿的估值，新交易将使OpenAI的估值翻了一倍。OpenAI已经产生了数千万美元的收入，部分收入来自向开发人员出售其人工智能软件，但一些投资者对该公司能否从这项技术中产生高收入表示怀疑。如果以这一估值完成收购，OpenAI将成为少数几家能够在私募市场以更高估值融资的初创公司之一。在去年科技公司估值暴跌、投资者纷纷退出新交易之际，OpenAI无疑是硅谷的"异类"。

OpenAI由特斯拉CEO马斯克与投资人Sam Altman共同创立。但在2018年，马斯克就辞去了在OpenAI董事会的职务。虽然退出了董事会，但马斯克还是非常关注OpenAI的一举一动，仍然是投资人之一，并在推特上称："很多人陷入了如此疯狂的GhatGPT循环。"

OpenAI在去年11月底发布了聊天机器人模型ChatGPT，其迅速成为了一款相当爆火的软件应用，可以根据用户提示模仿类似人类的对话，并在模仿人类说话风格的同时回答大量问题。微软也在就增加对OpenAI的投资进行深入谈判。2019年，微软向OpenAI投资了10亿美元，并成为其将新技术商业化的首选合作伙伴，用于搜索引擎Bing和设计应用程序Microsoft design等服务。另外，Sam Altman最近还对投资者表示，该公司很快就能产生高达10亿美元的年收入，部分是通过向消费者和企业收取产品费用实现的。

看待科技互联网属性的业务，看待科技互联网属性的公司，甚至是看待新生商业形态，需要用发展的眼光。或许资本市场是时候准备迎接一套全新的价值评判思维和模型了。

【政策思考4-1】

中国证监会2023年系统工作会议提出，推动提升估值定价科学性有效性。深

---

① 韩旭阳. ChatGPT爆火之后 开发者OpenAI估值飙至300亿美元［EB/OL］.［2023-01-06］. https：// wallstreetcn.com/articles/3679176？keyword=ChatGPT% E7%88%86%E7%81%AB% E4%B9%8B% E5%90%8E. 案例经过改编。

刻把握我国的产业发展特征、体制机制特色、上市公司可持续发展能力等因素，推动各相关方加强研究和成果运用，逐步完善适应不同类型企业的估值定价逻辑和具有中国特色的估值体系，更好发挥资本市场的资源配置功能。

请阅读相关材料并思考：为什么要探索建立具有中国特色的估值体系？企业价值评估在建立具有中国特色的估值体系中如何发挥作用？

本章小结

本书采用了根据企业预期现金流作为评价企业的依据这一假设，在该假设的基础上采用折现现金流量法进行价值评估。其基本原理是：企业的价值应等于该资产在未来所产生的全部现金流的现值总和。

在企业价值评估中，根据两种不同的评估思路，可将现金流主要分为两种：一种是股权自由现金流（free cash flow of equity，FCFE），另一种是企业自由现金流（free cash flow of firm，FCFF）。股权自由现金流就是在除去经营费用、本息支付和为保持预定现金流增长所需的全部资本性支出之后的现金流。企业自由现金流是企业真正得到的税后经营性现金流量的总额，用于分配给包括普通股股东、优先股股东和债权人在内的企业资本的全部供给者。具体来说，企业自由现金流就是在支付了经营费用和所得税后，向企业权利要求者支付现金之前的全部现金流。

资产评估专业人员应当对委托人和其他相关当事人提供的企业未来收益资料进行必要的分析、判断和调整，结合被评估单位的人力资源、技术水平、资本结构、经营状况、历史业绩、发展趋势，考虑宏观经济因素、所在行业现状与发展前景，合理确定评估假设，形成未来收益预测。当委托人和其他相关当事人未提供收益预测，资产评估专业人员应当收集和利用形成未来收益预测的相关资料，并履行核查验证程序，在具备预测条件的情况下编制收益预测表。

折现率是将预测现金流折成现值的比率。确定折现率的基本原则实质上是确定一个合理的期望投资报酬率，一般通过估算企业的资本成本来确定。由于企业存在多种收益口径的选择，因此评估人员需要注意折现率必须与被折现的现金流量的类型和风险相一致。估计折现率的一个重要原则就是：股东自由现金流与股权资本成本相匹配，企业自由现金流与加权平均资本成本相匹配。按照《资产评估专家指引第12号——收益法评估企业价值中折现率的测算》的规定，主要采用资本资产定价模型即CAPM模型测算股权资本成本。使用CAPM模型估计股权资本成本需要对以下四个要素进行估计：无风险利率 R_f，市场风险溢价（$R_m - R_f$），贝塔系数 β，特定风险报酬率 ε。计算加权平均资本成本需要注意三个问题：债务资本成本的计算；资本结构的确定；债权价值和股权价值采用市场价值计算。

在学习企业价值评估具体模型的具体应用时，要掌握股利折现模型、股权自由现金流折现模型和企业自由现金流折现模型。例如，将股权现金流界定为股利，则得到股利折现模型。股利折现模型是用现金流折现法评估股东权益价值的一种基本模型。该模型以股票的股利作为股权资本唯一产生的现金流。该模型依据不同的股利特点可以分为股利不增长、固定增长和阶段性增长三种情况。股权自由现金流折现模型中，教材主要介绍了稳定增长 FCFE 模型、两阶段 FCFE 模型和三阶段 FCFE 模型。企业自由现金流折现模型中主要介绍了稳定增长 FCFF 模型和阶段性的 FCFF 模型。

最后，要理解对不同类型现金流折现模型的评价。理解股利、股权自由现金流和企业自由现金流的差别，以及股利折现模型、股权自由现金流折现模型和企业自由现金流折现模型的差别。

主要概念

股权自由现金流　企业自由现金流　折现率　股利折现模型　股权自由现金流折现模型　企业自由现金流折现模型　资本资产定价模型

基本训练

1.简答题

（1）基于现金流量的企业价值评估模型的基本原理是什么？

（2）在基于现金流量的企业价值评估模型中，折现率一般如何确定？

（3）有财务杠杆的股东自由现金流如何计算？

2.思考题

（1）企业自由现金流和股权自由现金流有哪些差别？

（2）为什么说与利润相比，以现金流量为基础进行企业价值的估算更为准确和客观？

（3）为什么在确定 WACC 的时候要采用权益和债务的市场价值比重而不用账面价值比重作为资产成本的权重？

3.计算分析题

（1）一家企业的年度 FCFF 是 100 万元，预期永久保持不变，资本成本为 12%，那么其企业价值是多少？

（2）假定待评估企业的投资资本由所有者权益和长期负债两部分构成，其中所有者权益占投资资本的比重为 60%，长期负债占 40%，利息率为 10%，当时社会平均收益率为 12%，国库券利率为 8%。待评估企业的风险 β 值为 0.9。在采用现金流折现模型对企业价值进行评估时，待评估企业的折现率应该是多少呢？

（3）新华公司 2023 年有 4 亿股股票流通在外，每股市场价值是 20 元。2023 年每股收益为 2 元，每股股利为 1.2 元。当时，公司的资本性支出与折旧的比率在长期内不会发生变化，折旧是 1.6 亿元，资本性支出是 1.8 亿元，营运资本追加额为 0.8 亿元；该公司债务为 20 亿元，公司计划保持负债比率不变；公司处于稳定增长阶段，年增长率为5%，其股票的β值是0.9，当时的风险溢价率为4%，国库券利率是6%。

请用下列两种模型对新华公司每股股票进行估价：

① 股利折现模型；

② 股权自由现金流模型。

第5章

基于EVA的企业价值评估

1. 理解 EVA 的内涵与实质，理解 EVA 与价值创造的关系，了解基于 EVA 的企业价值评估意义；理解基于 EVA 的企业价值评估模型的优缺点及其适用条件。

2. 掌握 EVA 的计算方法，掌握基于 EVA 的企业价值评估模型的基本原理及运用程序。

3. 通过了解我国对 EVA 的本土化改造和创造性应用，进一步领会党的二十大报告所强调的"必须坚持自信自立"的要求，坚定道路自信、理论自信、制度自信、文化自信，既不能刻舟求剑、封闭僵化，又不能照抄照搬、食洋不化。

5.1 基于EVA的企业价值评估意义

1）EVA 的内涵与实质

【案例 5-1】 EVA，你应该了解它①

泰国前总理他信将自己持有的西那瓦股票卖给了淡马锡（一家新加坡政府的投资公司）之后，却发现股票价格大幅度攀升。他表示不能理解："我以为我是很好的管理者。为什么会有这样的结果？"淡马锡的回答是："EVA，你应该了解它。"后来，他信在全国性的报纸上说："每个人都要了解EVA。"

思腾思特公司是EVA的发源地，对EVA概念的提出和推广起到了重要作用。公司总裁 Erik Stern 在关于EVA价值评估的采访中回答道："EVA是一种衡量方式，但还不仅仅如此。EVA是一种根据价值增加的要求进行的管理。它是一种思考和

---

① 康路. 是或不是，没有灰色地带——专访思腾思特公司总裁 Erik Stern［J］. 商学院，2007（5）.

决策的方式，这意味着价值创造是一切，简单而直接。"

Erik Stern举了篮球的例子来说明为什么单一的会计指标不能够真实地反映企业对股东带来的获益情况："以篮球为例。如果球员都被告知要尽量多投篮（销售产出），那他们可能投了很多，但也许会输；如果被告知投中率最大化，他们将只投一次最容易命中的投篮，结果还是会输。每个球员都因个人的位置不同而有不同的成功驱动力，但胜利是一清二白的。"

对于EVA的竞争力，他这么解释："EVA鼓励精益求精、从长计议；（比如）无形成本被视为投资，降低成本只对短期行为有利。EVA利用优势和能力创造价值。"

Erik Stern在2007年来到了北京，因为国务院国资委的人员向他询问EVA的相关信息。由于国务院国资委的来访，以及中国一些对实施EVA方法的规划，让他觉得时机成熟，做出了重返中国市场的决定。同时，自2007年起，国务院国资委鼓励央企实施EVA考核试点，先后在多个央企中进行EVA考核试点，并在2009年正式将EVA指标引入《中央企业负责人经营业绩考核暂行办法》，以代替净资产收益率作为年度经营业绩考核的核心指标。

1929—1933年的美国经济大危机之后，以会计报表信息为基础的财务评价指标无法有效满足资本市场和股东对资本有效性的强烈要求。在这种背景下，理论界和实务界以股东价值最大化为导向对财务评价指标进行了"调整"。当时，美国大通曼哈顿银行的两个年轻人在不约而同地进行着一场公司价值评估方面的智力探险。他们认为，一般企业在评价其盈利能力时常采用的会计利润指标存在缺陷，难以正确反映企业的真实经营业绩，因为股东的投入是有成本的，企业的盈利只有在高于其资本成本（既包括债务成本又包括股权成本）时才为股东创造价值。1982年，这两个年轻人成立了思腾思特公司，首次提出了EVA的概念。

一个企业要为股东创造财富，就必须获得比其债务和权益资本成本更高的报酬。

——经济学家汉密尔顿，1777

企业必须创造经济利润，必须产生足够的利润以补偿所有投入资本的成本才能长期生存。

——经济学家阿尔弗雷德·马歇尔，1890

EVA的产生并不是一项全新的创造，它的思想起源于经济利润的理念。EVA还吸收了剩余收益（residual income，RI）概念的"合理内核"。为了促使部门与企业的整体目标相一致，避免出现本位主义，实务界和学术界共同提出了一种替代的业绩评价方法，即用剩余收益（RI）来克服投资报酬率（ROI）的局限性，专门用于评价企业各责任中心的经营业绩。因此，从某种角度来讲，EVA指标是剩余收益的新版本，它在计算过程中需要对来自财务报表的会计信息进行必要的调整，以消除存在的各种会计失真。这是EVA与剩余收益指标的重要区别所在。因此，尽管EVA来源于剩余收益，但是它又具有自身的创新。

2）EVA与股东价值创造

EVA可以让经营者富有，但前提是他们使得股东更加富有。

——斯图尔特

任何资源的使用都是有成本的。如果企业的投资回报率低于用同样的资本投资于其他风险相近项目的最低回报，那么就证明该资源没有创造价值。管理者应该怎样分配有限的资源？怎样平衡各部门之间的关系？EVA让管理者避免了盲目追求企业规模增长，消除了不同计划衡量标准引起的混乱，取而代之的是一种从雇员到管理者都适用的标准——价值创造。

EVA与股东价值创造的内在联系具体表现在以下方面：

（1）考虑企业全部资本成本，真实反映企业经营业绩。EVA是从股东角度定义的利润指标，相比只考虑债务成本的会计净利润而言，它考虑了权益资本成本。这样就能够更真实地反映企业的经营业绩，衡量企业到底为股东创造了多少价值。这正是EVA指标最具特点和最重要的方面。许多会计利润为正但EVA为负的企业，实际上正在损害股东财富。

【案例5-2】　　安然公司——股东财富创造者还是财富毁灭者？[①]

20世纪90年代以来，越来越多的经济学家、财务专家和企业管理专家认为，在传统会计制度下，利润为正的企业并不一定真正创造价值。换句话说，利润指标并不能完全反映资本经营的效率和价值创造。

以美国安然公司为例。这家公司曾经是美国最大的能源公司，但在2001年12月突然申请破产保护。安然公司在财务丑闻暴露之前，连续几年对社会和股东披露的净利润、每股盈利指标都是不错的。正如图5-1所示，1998年，安然公司的净利润为7亿多美元，每股盈利为1.1美元；1999年，净利润为9亿美元，每股盈利近1.4美元；2000年，净利润近10亿美元，每股盈利为1.2美元。该公司在2000年年报中对股东声称："安然在2000年业绩非常成功。公司的净利润在2000年创历史纪录，每股盈利也保持较高水平，并且盈利能力有望继续提高。"

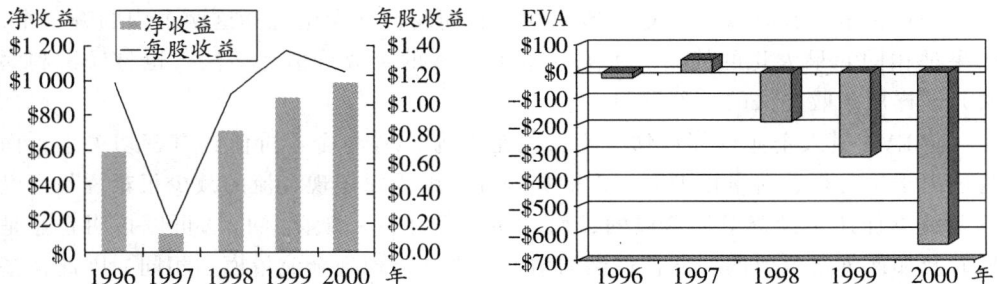

图5-1　安然公司年净收益与EVA情况比较图

---

① 格拉斯曼，华彬. EVA革命——以价值为核心的企业战略与财务、薪酬管理体系 [M]. 北京：社会科学文献出版社，2003：50.

但用 EVA 来评价安然公司的业绩时，我们却得到一个截然相反的结论：1998—2000 年，该公司的 EVA 均为负值，且逐年降低。1998 年，EVA 值为负 2 亿美元，1999 年为负 3 亿多美元，2000 年为负 6 亿多美元。

通过对安然公司净利润和 EVA 的比较，结合安然公司破产的事实，可以看出安然公司从 1998 年以后就不再是股东财富的创造者，相反成为股东财富的毁灭者。

（2）进行会计报表项目调整，克服短视经营行为。传统的以会计利润为导向的业绩评价指标容易导致企业的短期行为，如忽视科技开发、产品开发、人才开发等。EVA 的会计调整鼓励经营者进行能给企业带来长远利益的投资决策。如新产品的研究和开发费用、新品牌的营销和广告费用等，其现金支出允许先进行资本化，再在 5～10 年内逐渐摊销。这种做法促使经营者敢于在短期内加大对这方面的投入来维持企业的持续发展。

（3）着眼于股东价值增长，基于股东利益合理决策。根据 EVA 的原理可知，企业 EVA 业绩的持续增长意味着股东价值的持续增长，由此 EVA 最大化与股东价值最大化相一致，增加 EVA 便成为公司经营活动的目标。管理层在决策时可利用 EVA 指标决定各个业务部门的资本分配，做出符合股东利益的决策。比如，如果根据投资报酬率的评价标准，管理者就有可能放弃降低部门利润率而 EVA 可能为正的盈利项目，从而侵蚀股东权益。

正是由于 EVA 与股东价值创造之间的正相关关系，所以 EVA 指标不但可以用于评价企业的经营业绩，还可用于评估企业的价值。

3）EVA 与企业价值评估

企业价值评估有诸多方法，其中收益法是指将预期收益资本化或者折现，确定评估对象价值的评估方法。收益法中的预期收益可以用现金流量、各种形式的利润（包括会计利润和经济利润）或现金红利等口径表示。企业价值评估的经典作《价值评估》（科勒，第 4 版）指出，虽然现金流量和经济利润是衡量企业价值的两种不同的经济评估标准，但是其衡量结果是相同的，并且指出一个想要创造价值的企业应该选择能使预期现金流量现值或经济利润现值（无论选择这两个中的哪一个，结果都相同）最大化的战略。可见，基于 EVA 的企业价值评估法（也称经济利润法）同样属于收益法的一种类型。

将 EVA 引入企业价值评估，不仅仅是因为 EVA 与企业价值具有密切关系，而且还由于折现现金流量模型有一定的局限性，因为每年现金流的减少很难说是由经营业绩不佳还是投资增加造成的，而 EVA 克服了这一缺陷。EVA 可以指明企业是何时及如何创造价值的，并且得到的估值结果与折现现金流量模型相同。因此，基于 EVA 的企业价值评估法被越来越多的财务分析师、资产评估专业人员、投资基金管理人员和投资咨询机构用来评估企业价值或股票价值。EVA 不仅在可口可乐、通用电气、杜邦、西门子等众多知名跨国公司得到了普遍应用，而且被高盛、摩根士丹利、所罗门联邦、瑞士信贷第一波士顿等许多著名投资银行所采用。例如，美国股票市场最大的投资基金之一——加利福尼亚退休基金，将EVA作为最主要的估值指标。

5.2 基于EVA的企业价值评估原理

1）基于EVA的企业价值评估模型的基本内容

应用EVA评估企业价值，企业价值等于企业目前投资资本与企业未来EVA的现值之和。其公式具体如下：

企业价值 = 投资资本 + 未来各年的EVA的现值的总和

$$= Bt_0 + \sum \frac{EVA_t}{(1 + r)^t}$$

式中：Bt_0表示初始投资资本额；EVA_t表示未来第t年的EVA值；r表示企业的资本成本，多用加权平均资本成本表示。

EVA的计算公式可表述如下：

EVA=NOPAT−NA×WACC

式中：NOPAT表示税后营业净利润；WACC表示加权平均资本成本；NA表示年初投入资本额。

EVA的公式也可以写为：

EVA=NA×（ROIC−WACC）

式中：ROIC表示投资资本回报率，即NOPAT与NA的比值。因此，这两种公式计算的EVA结果是一样的。

表5-1分别用这两种方法计算了A公司的EVA[①]。

表5-1 　　　　　　　　　　　A公司EVA的计算　　　　　　　　　　金额单位：万元

方法1	历史数值			预测数值		
	2021年	2022年	2023年	2024年	2025年	2026年
ROIC	15.01%	16.84%	19.41%	17.48%	17.44%	17.41%
WACC	10.1%	9.0%	9.3%	9.3%	9.3%	9.3%
经济差额	4.91%	7.84%	10.11%	8.18%	8.14%	8.11%
投入资本	21 379	23 635	26 185	29 655	32 910	36 432
EVA	1 049.71	1 852.98	2 647.30	2 425.78	2 678.87	2 954.64

① 科勒，戈德哈特，威赛尔斯. 价值评估——公司价值的衡量与管理［M］. 高建，魏平，朱晓龙，等译. 北京：电子工业出版社，2007.

续表

方法2	历史数值			预测数值		
	2021年	2022年	2023年	2024年	2025年	2026年
NOPAT	3 208	3 981	5 083	5 185	5 741	6 342
投入资本	21 379	23 635	26 185	29 655	32 910	36 432
WACC	10.1%	9.0%	9.3%	9.3%	9.3%	9.3%
资本成本	2 159.28	2 127.15	2 435.21	2 757.92	3 060.63	3 388.18
EVA	1 048.72	1 853.85	2 647.79	2 427.08	2 680.37	2 953.82

上述计算遵循的是西方会计制度，其应用的会计概念的定义与我国的不尽相同，因此要在我国应用EVA就必须先注意以下两个问题：

（1）上述公式中的税后营业净利润与我国的税后净利润不同。西方会计界的税后营业净利润是指扣除了所得税的"营业利润"，其中"包括各种类型的营业利润，包括大部分业务收入和支出"，但"非连续经营的利润或亏损、额外利润或亏损，以及非营业投资的投资利润通常不包括在内"。也就是说，公式中的营业利润相当于我国的经营利润（营业利润－公允价值变动净收益－投资净收益）与战略性投资的投资收益之和，而不包括营业外收支差额、非战略性投资的投资利润（如通过买卖股票而获得的投资收益）、非持续增长的利润或亏损（如补贴收入）等等。

（2）上述公式中的营业利润与我国的营业利润不同。公式中的营业利润是指息税前利润，即营业利润包括利息费用，而我国的营业利润已扣除了利息费用。根据我国企业会计准则，利息费用作为财务费用（期间费用）在企业营业利润中扣除，因此，要在我国应用EVA指标就不能直接使用营业利润，必须先把利息费用加回到营业利润中去。

2）基于EVA的企业价值评估模型的运用程序

EVA的计算不是对会计报表的否定，也无须重新编制会计报表，它来源于传统的会计方法。运用程序如下：

（1）分析企业历史绩效。由于财务报表并不是专为企业价值评估准备的，因此要准确地评估一个企业的历史绩效，就必须重组财务报表以反映企业的经济绩效，得出一些新指标，如扣除调整税后的净营业利润、投入资本和自由现金流，衡量和分析企业的投入资本回报率和EVA以评估企业创造价值的能力，评估企业的财务状况和资本结构以确定企业是否有财务资源来经营业务和进行长短期的投资。

（2）预测未来的EVA。在开始预测未来各年的EVA之前，必须确定预测年限和预测详细程度。预测年限一般选择3~5年。预测时一般是对有明确预测期的EVA进行明确的预测，然后运用某一特定公式对其余年份的EVA进行预测，即预测连续价值（continuing value，CV）。无论选择哪种公式，所有连续价值法都假设绩效表现稳定。

我们不可以单凭一年的数字评价公司业绩。为了更清楚地了解公司业绩的发展历程和趋势，以及发现我们认为需要解释和调查的比率变动，应该分析公司3年的数字。当然，5年的数字更好。

——鲍勃·沃斯

（3）估算连续价值。引入连续价值的概念，为简化企业价值评估的计算过程提供了一种有用的方法。使用 EVA 模型得出的连续价值不等于企业在可明确预测期间之后的价值，而等于在可预测期间期末时企业投入资本的增加值。

EVA 的连续价值的公式如下：

$$CV = \frac{EVA_{n+1}}{WACC - g} \times \frac{1}{(1 + WACC)^n}$$

式中：EVA_{n+1} 表示第 n+1 期的预测 EVA；WACC 表示加权平均资本成本；g 表示扣除调整税的净营业利润的预期永续增长率。

企业价值可表示如下：

企业价值=预测期初的投入资本+可明确预测期间EVA现值+可明确预测期后EVA现值

虽然 EVA 的连续价值与用折现现金流量法计算的连续价值不同，但在预测的财务绩效相同的情况下，企业的价值是相同的。

（4）计算加权平均资本成本。

加权平均资本成本=股权资本成本率×股权占总资本比例+债权资本成本率×债务占总资本比例

（5）将各项相加估算出企业的价值。

3）EVA 的计算

关于 EVA 的计算有两个关键点：会计项目的调整和资本成本的计算，其结果将会直接影响 EVA 计算结果的准确性。

（1）会计项目的调整

成功的实践应该是根据中国的特色进行适应性的实施，要根据影响 EVA 在中国企业实施的因素对 EVA 进行修改和完善。

——思腾思特–远卓（中国）公司总裁、合伙人康雁

①会计项目调整的原则

计算 EVA 时，需要进行相应的会计项目调整，以消除财务报表中不能准确反映企业价值创造的部分。在选择需调整的会计项目时，应遵循以下原则：

二维码 5-1：新零售模式下企业价值评估研究——以居然之家为例

第一，重要性原则，即该项调整是否举足轻重，是否对 EVA 有实质性的影响。

第二，可理解性原则，即调整的项目应便于企业价值评估报告使用者理解，便于评估人员操作，简单易行。

第三，可控性原则，即企业管理者能够控制和影响该调整项目，能够通过自身的努力，影响该费用或资本支出的水平，以增进股东利益。如果一项调整不能影响决策，就难以起到对 EVA 的激励作用，通常就不值得去做。

第四，客观性原则。由于许多调整项目会横跨数个会计期间，因此计算本期 EVA 时还要考虑前期已发生调整事项对本期的影响。调整事项一经确定，就不应该经常变动，应保持其连续性，以利于前后期比较和避免人为操纵业绩。如果取得数据需要高额的成本则得不偿失。

第五，适用性原则，即应结合被评估企业所在行业的特点和本企业的现实要求，将调整限制在必要的范围内。一些具体的会计调整对某些企业比较重要，而对其他企业可能无足轻重。例如，对于工业企业，坏账准备和存货准备的调整比较重要；对于消费品生产企业，广告费用的摊销则是关键。

②会计项目调整的内容

到目前为止，计算 EVA 可进行的会计调整已达 200 多种。调整的数量越多，计算结果就越精确，但同时也增加了计算的复杂性和难度。因此，在实务中必须结合成本效益原则，根据调整目的，在精确性和复杂性之间做出权衡，从而确定调整的限度。通常调整的项目限制在 5~10 项。

根据财政部 2017 年颁布的《管理会计应用指引第 602 号——经济增加值法》的规定，常用的调整项目包括：

第一，研究开发费、大型广告费等一次性支出但收益期较长的费用，应予以资本化处理，不计入当期费用。

第二，反映付息债务成本的利息支出，不作为期间费用扣除，计算税后净营业利润时扣除所得税影响后予以加回。

第三，营业外收入、营业外支出具有偶发性，将当期发生的营业外收支从税后净营业利润中扣除。

第四，将当期减值损失扣除所得税影响后予以加回，并在计算资本占用时相应调整资产减值准备发生额。

第五，递延税金不反映实际支付的税款情况，将递延所得税资产及递延所得税负债变动影响的企业所得税从税后净营业利润中扣除，相应调整资本占用。

第六，其他非经常性损益调整项目，如股权转让收益等。

（2）资本成本的计算

根据加权平均资本成本的计算公式，权益和债务的权重是基于市场价值的，未上市的企业也可以使用账面价值。因此，资本成本的计算难点主要归结为股东权益成本的计算。股东权益成本有多种计算方法。EVA 倡导者推荐利用资本资产定价模型，而中国资产评估协会 2020 年制定的《资产评估专家指引第 12 号——收益法评估企业价值中折现率的测算》也规定采用资本资产定价模型进行计算，具体做法可

二维码 5-2：《管理会计应用指引第 602 号——经济增加值法》

详见第 4 章相关说明。

【课堂拓展 5-1】　中国式经济增加值考核助力中央企业高质量发展

国务院国资委 2009 年对《中央企业负责人经营业绩考核暂行办法》进行修订，并正式引入经济增加值指标，取代之前的净资产收益率作为中央企业负责人年度经营业绩考核的核心指标，并从 2010 年 1 月 1 日正式实施。

国务院国资委在引入经济增加值指标的过程中，参考借鉴了国外有关 EVA 的做法，但并没有完全照搬、机械套用，而是结合中国国情进行了针对性的吸收和本土化的改造。其中，针对性的吸收，主要体现在两个方面：一是通过在会计净利润的基础上加计扣除股东权益资本成本，促使中央企业经营管理层重视股东投资回报，不断提升企业价值创造水平；二是通过对研究开发支出项目的调整，引导中央企业经营管理层克服短期行为，引导企业关注长期、稳定和可持续发展。

而本土化的改造也主要体现在两点：一是突出重点，对会计项目的调整主要限定在研究开发支出、在建工程这两项。其中研究开发支出的调整采用了与国外不一样的做法，将当年新增的研究开发支出不区分费用化和资本化，全部加总作为当年净利润的增加项。而对在建工程的调整并不在思腾思特公司所提出的会计调整项目范围，国务院国资委之所以调整，其主要目的是鼓励经营管理层对资金需求量大、建设周期长的固定资产进行更新和改造，否则会对企业的未来生产能力带来负面影响。这种"少而精"的设置思路不仅简单实用，利于制度推行，而且极具针对性，充分反映了我国国情。二是考虑可操作性，采用了统一设定加权平均资本成本率的办法。尽管这种做法与思腾思特采用资本资产定价模型（CAPM）计量的做法相悖，但由于该模型的应用建立在一系列严格假设基础上，而我国当时运用该模型的条件尚不成熟，国务院国资委另辟蹊径，采用了风险溢价法，即在当时 5.4% 的商业银行中期贷款利率之上增加了 0.1% 的风险溢价，既简便易行，又有一定的合理成分。更重要的是这种做法符合我国的实际情况，在经济增加值考核推行初期，为中央企业提供一个适应期，有利于绩效考核制度改革的稳步推进。

此后，国资委多次对《中央企业负责人经营业绩考核暂行办法》进行修订完善，始终坚持经济增加值考核，不断强化业绩考核的价值导向。2019 年 3 月，国务院国资委修订并印发《中央企业负责人经营业绩考核办法》（国资委令第 40 号），该办法仍然突出经济增加值考核，重点是在分类和差异化上下功夫，针对不同功能、资本结构和风险程度的中央企业，提出差异化资本回报要求，提高业绩考核的针对性和有效性，目的是通过考核经济增加值，着力引导企业资本投向更加合理，资本结构更加优化，资本纪律更加严格，资本效率进一步提高。

2002 年 7 月，国务院国资委发布 2021 年度和 2019—2021 年任期中央企业负责人经营业绩考核结果，并指出 2021 年度和 2019—2021 年任期，考核工作和中央企业经营业绩呈现以下几个特点：一是更加突出高质量发展鲜明导向，质量效益持续提升。二是更加突出服务"国之大者"，国有经济战略支撑作用有效发挥。三是更加突出创新激励保障，国家战略科技力量主力军作用进一步彰显。四是更加突出深化改革，发展活力潜力显著增强。五是更加突出统筹发展和安全，稳健发展根基不断筑牢。

下面以一个例题来说明如何运用基于 EVA 的企业价值评估模型来估算企业价值。

【例 5-1】Z 公司是一家综合性通信制造业上市公司。根据 Z 公司的历史业绩及通信设备行业的发展趋势，估计其未来 4 年经营业绩的增长率为 10%，其后进入稳定增长阶段，增长率为 5%。假设 Z 公司的所得税税率为 25%。

二维码 5-3:《中央企业负责人经营业绩考核暂行办法》(2013)

需要说明的是，为了简化问题，突出重点，本例计算 EVA 过程中将会计调整项目主要限制在利息支出、研究与开发费用、非经常性损益和在建工程等方面，且不考虑摊销额，而是一次性调整。

EVA 的计算公式为：

EVA=税后净营业利润-调整后资本×加权平均资本成本

（1）税后净营业利润的计算

税后净营业利润=净利润+（利息支出+研究开发费用调整项-非经常性收益调整项×50%）×（1-25%）

Z 公司的税后净营业利润见表 5-2。

表5-2　　　　　　　　　　　　　税后净营业利润　　　　　　　　　　　　单位：万元

时　　间	2011 年	2012 年	2013 年
净利润	269 566.10	347 648.20	224 309.30
利息支出	75 174.40	72 885.20	137 416.30
研究开发费用调整项	655 995.80	855 847.50	1 041 823.30
非经常性收益调整项	125 041.70	177 735.00	159 390.45
税后净营业利润	771 053.11	977 547.10	1 048 967.58

对调整项的解释如下：

① 利息支出。该项通常在财务报表的"财务费用"项下列出，将利息支出扣除所得税影响调增净利润，是因为利息支出应该包括在经营利润中，将其加回是为了避免重复扣除债务成本。

② 研究开发费用调整项。这一项包括"管理费用"项下的"研究开发费"和当期确认为无形资产的研究开发支出。将研究开发费用扣除所得税影响后调增净利润是为了鼓励企业通过研发实现换代升级，提升核心竞争力。

③ 非经常性收益调整项。此类收益通常与报表项目"公允价值变动收益""营业外支出"对应。对非经常性收益扣除所得税影响后调减净利润是要剔除偶然性、

非正常性活动对经营利润的影响，鼓励企业在主业范围内进行战略性的投入。

（2）调整后资本的计算

调整后资本＝所有者权益＋负债合计－无息流动负债－在建工程

Z 公司的调整后资本见表 5-3。

表5-3 调整后资本 单位：万元

时　　间	2011 年	2012 年	2013 年
所有者权益	1 656 620.65	2 145 543.20	2 562 538.65
负债合计	4 303 791.50	5 479 190.75	6 913 484.90
无息流动负债	2 207 766.15	2 852 892.10	3 629 223.65
在建工程	107 491.05	123 973.70	136 360.05
调整后资本	3 645 154.95	4 647 868.15	5 710 439.85

对调整项的解释：

① 无息流动负债。企业的资本占用包括平均负债和平均所有者权益，在此基础上扣除平均无息流动负债是为了避免不负担资本占用费用的短期负债波动对资本占用额的影响，鼓励管理层合理管理净营运资产，避免占压过多流动资金。无息流动负债包括"应付票据"、"应付账款"、"预收账款"、"应交税费"、"应付利息"、"其他应付款"和"其他流动负债"等无息流动负债项目。

② 在建工程。由于项目建设期的收益往往不佳，为了支持企业在一定范围内扩大再生产，提升企业的持续盈利能力和核心竞争力，引导企业加快处理闲置、低收益的资产，将财务报表中符合主业规定的"在建工程"从资本成本中扣除。

（3）加权平均资本成本的计算

$$加权平均资本成本 = 股权资本成本 \times 股权资本成本的比重 + 债务资本成本 \times (1 - \frac{所得税税率}{}) \times 债务资本成本的比重$$

假设已知 Z 公司 2011 年、2012 年、2013 年的 β 值分别为 1.67、1.26 和 1.37。以同期国债到期收益率 3.53% 为无风险利率，以 7.6% 为中国资本市场的股本资本溢价。根据资本资产定价模型，得其股权资本成本分别为 16.22%、13.11% 和 13.94%。

Z 公司的加权平均资本成本的计算见表 5-4。

表5-4 加权平均资本成本

时　　间	2011 年	2012 年	2013 年
股权资本成本	16.22%	13.11%	13.94%
债务资本成本	4.62%	4.06%	5.55%

续表

时 间	2011年	2012年	2013年
债务资本成本的比重	0.34	0.24	0.42
股权资本成本的比重	0.66	0.76	0.58
加权平均资本成本	11.88%	10.70%	9.83%

（4）EVA的计算

Z公司EVA值的计算见表5-5。

表5-5 　　　　　　　　　　　　　　　EVA的计算　　　　　　　　　　　单位：万元

时 间	2011年	2012年	2013年
税后净营业利润	771 053.11	977 547.10	1 048 967.58
调整后资本	3 645 154.95	4 647 868.15	5 710 439.85
加权平均资本成本	11.88%	10.70%	9.83%
EVA	338 008.70	480 225.21	487 631.34

（5）公司价值评估

Z公司的公司价值计算见表5-6。

表5-6 　　　　　　　　　　　　　　　公司价值计算　　　　　　　　　　　单位：万元

时 间	2013年	2014年	2015年	2016年	2017年	2018年
基期EVA	487 631.34					
EVA增长率		10.00%	10.00%	10.00%	10.00%	5.00%
预测期EVA		536 394.47	590 033.92	649 037.31	713 941.04	749 638.10
加权平均资本成本		11%	11%	11%	11%	11%
预测期EVA现值		483 238.26	478 884.77	474 570.49	470 295.08	
后续期EVA现值	8 230 163.93					
期初全部投入资本	5 710 439.85					
公司价值	15 847 592.38					

5.3 对基于EVA的企业价值评估模型的评价

1）基于EVA的企业价值评估模型在应用中的问题

由EVA公式可知，EVA的计算有两个关键环节：它通过会计调整消除权责发生制对企业真实经营业绩的扭曲，同时考虑了包括股权资本和负债成本在内的资本成本，从而能真实地反映企业利润。这两个环节是EVA的独特之处，但同时也增加了EVA计算的复杂程度。具体阐述如下：

（1）会计调整

美国思腾思特公司最初对EVA提出了多达200多项的调整问题。从理论角度来看，所有这些调整都有利于EVA指标的改进，使之更准确地反映企业创造价值的情况，但这样一来就大大增加了计算的复杂性和难度，在一定程度上妨碍了EVA的广泛应用。调整过程中主要存在以下两个难点：

① 调整事项的选择。在通常情况下，大多数企业会采取5～10种调整措施。如何根据企业的具体情况来确定调整项目，并保证调整项目的合理性和有效性，是EVA计算的重要问题。也就是说，这些调整是否可以使EVA计算的结果对经济现实的反映更加公允、可靠，是否可以有效改变管理层的行为方式等。

② 调整的方法和过程。EVA计算要求对税后净营业利润和资本投入额进行调整，调整的过程与公认会计准则相违背。调整过程是否正确体现EVA的理念和思想决定了计算结果的科学性。同时，还要考虑调整过程是否会引发管理成本和其他成本。

（2）资本成本计算

在EVA的模式中，资本成本具有决定性的因素。有专家总结，目前我国企业资本成本计算主要存在以下问题：

① 单一模型估算存在较大的不确定性。股权资本成本的每一估算模型都有其前提和假设条件。离开了实际估算条件，估算模型就可能缺乏严密的理论基础。例如，资本资产定价模型建立在资本市场有效、投资者理性且投资组合分散程度充分和有效等假设基础上。

② 资本成本变动影响数据的可比性。企业可以通过改变资本结构等方法来影响资本成本，另外，在不同时期，外部环境的变化也会导致资本成本的剧烈波动。作为估值工具，应选择一个相对固定的资本成本率，使其既能在一定程度上反映企业经营状况，又能排除资本成本率变动带来的数据不可比的影响。在实践中，资本成本率往往是EVA计算过程中最不稳定的项目，从而影响了数据的可比性。

③ 应用条件的限制影响估算模型的可操作性。例如，确定股权资本成本时，资本资产定价模型（CAPM）的适用范围仅限于上市公司；又如套利定价模型，考虑多种风险补偿因素、选取哪些风险因素、采用什么指标进入模型都无具体、一致的标准，实际应用难度较大，应用范围有限。

④ 相关数据的取得缺乏客观性。目前的中国资本市场缺少规范、透明的市场数据作为支撑，相关因素的确定离不开主观的判断和解释。例如，风险因素加成法，同时考虑规模风险和非系统风险，简单易用，但缺乏统一、客观的尺度，在很大程度上依赖专业人士的经验判断。

⑤ 资本结构计算基础的选择具有复杂性，即负债资本和权益资本各自所占的权重确定以及计算基础问题。恰当的资本结构有利于实现资本成本最小化和 EVA 最大化，但是如何确定是个问题。应该与战略目标结合起来考虑，而这样就加大了计算的复杂性。权重的计算基础包括账面价值、市场价值和目标价值等不同类型。不同类型的选择会影响结果的准确性。

【案例5-3】 **基于 EVA 视角对五粮液企业价值的评估**①

五粮液集团有限公司的前身为20世纪50年代初的几家古传酿酒作坊联合组建而成的"中国专卖公司四川省宜宾酒厂"，1959年正式命名为"宜宾五粮液酒厂"，1998年改制为"四川省宜宾五粮液集团有限公司"，通过实施"酒业为主、多元发展"战略超速发展成为全球规模最大、生态环境最佳、五种粮食发酵、品质最优、古老与现代完美结合的酿酒胜地、中国的酒业大王。

以五粮液为代表的川酒，在我国目前发展前景良好，部分企业具有上百年的经营历史，传统的白酒消费习惯也为白酒行业发展奠定了坚实的基础。内外因素促成川酒行业具备其他行业很难具备的稳定性，较符合 EVA 模型持续经营的假设前提。经营者通过科学技术投入、产品开发创新、开拓销售市场、人才引入培育等方面促进企业保持健康发展，有利于防止管理者重视短期利益而忽视长期发展；通过努力，提高股东资本报酬率，有利于增加股东财富、提高股价、增加企业价值。

根据分析相关川酒企业的财务报表和经营状况发现，各项准备金、商誉、在建工程、递延税款、营业外收入、营业外支出和研发费用等项目在企业中金额较大。以五粮液为例，EVA 模型对相关科目的差异化调整更能降低会计政策的影响，合理反映川酒企业的资本效益。

分析川酒企业筹资来源，发现川酒企业的股权资本普遍高于债务资本，大多数川酒企业的资本负债率始终保持在20%～40%。因此，通过 EVA 模型将权益资本成本考虑到企业价值中是非常必要的。

因此，以下基于 EVA 视角对五粮液集团的企业价值进行评估。

（一）2014—2017年 EVA 的计算

选取五粮液集团2014—2017年的历史数据，计算 EVA，对该企业的经营现状进行直观分析，并以此为基础对其未来发展潜力进行预测，见表5-7。

表5-7　　　　　　　　　　　　**五粮液集团的历史EVA**　　　　　　　　　单位：亿元

年　　份	2014年	2015年	2016年	2017年
NOPAT	62.86	66.71	73.30	104.98
TC	104.89	159.80	194.90	252.93

① 代昌利. 基于 EVA 视角下川酒企业价值评估研究——以五粮液为例 [J]. 中国资产评估，2019 (3). 案例经过改编。

续表

年　　份	2014年	2015年	2016年	2017年
WACC	11.85%	11.13%	8.8%	8.2%
EVA	50.43	48.92	56.15	84.24

数据来源：根据五粮液股份有限公司2014—2017年的年报、中国人民银行官网、国家统计局官网、同花顺网站整理取得。

根据分析结果，五粮液股份有限公司的净利润、经济增加值2014—2017年都为正数且呈增长趋势，因此预计该公司未来的经济增加值维持正值，为使用EVA模型的估值提供了可能性。

（二）2018—2021年EVA的预测

五粮液集团坚持"做强主业、做优多元、做大平台"的发展战略，通过实施一系列改革措施，其生产经营水平稳步提升，资产规模、营业收入和利润均有大幅增长。2017年的营业收入为301.87亿元，比上年增长了22.99%；利润总额为133.92亿元，比上年增长了43.42%。在"努力打造健康、创新、领先的世界知名企业，实现高品质、可持续的快速发展"的战略目标指引下，五粮液集团计划在"十三五"末，营业收入突破600亿元，核心品牌五粮液产量3万吨。

对五粮液集团的未来各项指标的预测，是根据五粮液集团的发展现状和未来发展战略，在历史数据调整的基础上，采用营业收入百分比法进行的。

1. 营业收入预测

根据五粮液集团前四年的平均营业收入增长率，结合集团发展战略对营业收入的影响进行调整，本文预计五粮液集团2018—2021年的营业收入增长率为20%，见表5-8。

表5-8　　　　　　　　　　　预测2018—2021年的集团营业收入　　　　　　　　　　单位：亿元

年　　份	2018年	2019年	2020年	2021年
营业收入增长率	20%	20%	20%	20%
营业收入	362.44	434.69	521.63	652.96

2. NOPAT、TC、WACC预测

（1）NOPAT、TC

基于上述对五粮液集团营业收入的预测，采用营业收入百分比法预测利润表和资产负债表。通过生产管理、项目建设、产品研发方面的发展战略对营业成本、在建工程和研发投入科目做出特别调整，最后结合上述公式计算得到NOPAT、TC的估计值。

在生产管理方面，五粮液集团重点关注生产管理创新促进增效提质，采取的举措将大大提高生产效率，因此预计未来几年的营业成本有所下降，本文预计在历史平均水平上下降5%。在项目建设方面，五粮液集团在未来几年大力推进项目建设，因此预计在建工程科目将略有上升，本文预计在历史平均水平上升7%。在产品研发方面，五粮液集团在产品研发战略上将增加产品研发的投入，因此预计未来几年的研发费用略有上调，本文预计在历史平均水平上升3%。

（2）WACC预测

从五粮液集团2014—2017年的加权资本成本来看，尽管资本、负债总额每年均有波动，但整体资本结构相对稳定，加权资本成本变动幅度较小。近年来，五粮液集团的债务资本为零，不擅于负债筹资，对股权资本依赖性较大。分析其原因，是由于近年来银行对企业贷款的限制条件较多，信贷投放和支持力度有限，且由于白酒行业有较多的不可控因素，部分商业银行对部分白酒企业通过提高贷款利率来抵消成本和风险的增加，而股权筹资限制较少且风险较低。故假设该企业未来的资本结构不会发生较大变化，未来债务资本仍然为零，股权资本成本即为加权平均资本成本。因为近年存款贷款利率、GDP增长率变化较小，所以WACC取前四年年平均值，见表5-9。

表5-9 　　　　　　　　　五粮液集团的未来EVA 　　　　　　　金额单位：亿元

年　份	2018年	2019年	2020年	2021年
NOPAT	136.58	171.85	210.81	248.65
TC	312.36	433.31	589.61	623.48
WACC	9.99%	9.99%	9.99%	9.99%
EVA	105.35	128.52	151.91	186.36

（三）五粮液股份有限公司的企业价值

根据五粮液股份有限公司的内外部环境和发展战略，假设该企业于2018—2021年进入高速增长阶段。从2022年起，企业由于规模扩大，增速放缓，进入永续增长阶段。根据国家宏观经济增长速度放缓的现实，参考GDP的增长趋势，假设永续增长率为6%，加权平均资本保持不变。

企业价值=312.36+105.35/（1+9.99%）+128.52/（1+9.99%）^{2}+151.91/（1+9.99%）^{3}+186.36/

（1+9.99%）^{4}+［186.36×（1+6%）］/［（1+9.99%）^{4}（9.99%-6%）］

=3 819.83（亿元）

通过评估结果发现，五粮液股份有限公司有较良好的成长能力和价值创造能力。如果在以后的发展过程中合理处理销售管理、资产整合和资本运作三者的关系，提高对各项资产的使用效率，获得长足发展指日可待。

2）基于EVA的企业价值评估模型的优缺点分析

基于EVA的企业价值评估模型的优点主要体现在EVA指标上：

（1）考虑了股东资本成本的补偿，有利于管理层重视股东投入的回报。

（2）对研究与开发、在建工程等项目进行了调整，有利于企业未来的价值创造。

（3）扣除了非经常性损益，有利于企业突出主业，注重核心竞争力。

然而，一种模型是否具有长久的生命力，不仅在于其理论上的严密性，更重要的是，其在实践中是否具有广泛的应用价值。我国的一些企业也在尝试利用这种新的指标来评价经营成果、改善企业管理，如东风汽车、上海宝钢、青岛啤酒、TCL、深圳华为等。然而，在具体实施过程中，国内外企业都有成功的经验和失败的教训。其中，EVA 的计算不准确、不合理、不完善等问题，在很大程度上影响了 EVA 的推广和应用。

首先，EVA 计算结果的准确性。EVA 的应用是以一定的会计制度为基础的，而各国会计准则、会计核算方式不同。如果不根据我国的具体情况对 EVA 的计算进行合理的修正，那么计算结果的适用性会受到一定的影响。各企业所在行业的特征和具体要求不同，EVA 计算方案的设计和调整事项的选择不可避免地受主观因素的影响，可能会使计算结果产生偏差，甚至产生利润的人为操纵。

其次，EVA 计算过程的简便性。EVA 计算本身的难度成为 EVA 应用的一大障碍。实践表明，许多没有成功实施 EVA 的企业都是因为其计算系统设计得过于复杂，不利于管理人员理解，更不利于在执行层和操作层上展开实施。因此，"简单"的东西才"实用"，EVA 复杂、烦琐的计算过程给 EVA 的应用带来了一定的障碍。

最后，EVA 计算方法的完善性。我国证券市场是一个发展中的市场，会计信息失真、公司治理机制不够完善、公司经营方针缺乏连续性。没有健全、有效的资本市场，股东价值的变化就无法正确衡量，EVA 管理模式的有效性也就不能得到验证。此外，EVA 的计算结果受通货膨胀、规模差异、资本成本波动等多种因素的影响，且未考虑非财务指标的影响，计算结果并不完善。

3）基于 EVA 的企业价值评估模型的适用范围

尽管 EVA 模型能很好地估算企业价值，但并不是所有的企业都适用 EVA。一般情况下，以下几种企业不适用：

（1）金融机构

金融机构具有法定的资本金比率要求。我国法律规定，商业银行的法定资本充足率要达到 8%。同时，银行如果把贷款额作为资产来使用和计算，其 EVA 值将被扭曲。因此，美国思腾思特公司对中国上市公司的 EVA 排名并没有将此类金融上市公司列入范围。金融机构通常是用经济资本来替代 EVA 进行价值计量和业绩评价的。

（2）周期性企业

由于受客观周期的影响，周期性企业的利润波动太大，也可能引起 EVA 数值扭曲。

（3）新成立企业

新成立企业的利润波动也很大，因此等到企业开始有稳定业务和利润之后再引入 EVA 比较好。

【政策思考5-1】

党的二十大报告指出，高质量发展是全面建设社会主义现代化国家的首要任务。发展是党执政兴国的第一要务。没有坚实的物质技术基础，就不可能全面建成社会主义现代化强国。必须完整、准确、全面贯彻新发展理念，坚持社会主义市场经济改革方向，坚持高水平对外开放，加快构建以国内大循环为主体、国内国际双循环相互促进的新发展格局。

请阅读相关材料并思考：按照新发展理念，企业在进行经济增加值（EVA）考核时可以进行哪些会计项目的调整？应用基于 EVA 的企业价值评估模型如何助力高质量发展？

本章小结

EVA（economic value added）就是投入到企业中的资本获得的收益扣除资本成本后的差额。其中，资本成本不仅包括负债资本成本，而且包括股东权益资本成本。因此，EVA 最重要的特点就是从股东角度重新定义企业的利润，即考虑了资本的机会成本。

EVA 的产生并不是一项全新的创造，它的思想起源于经济利润的理念。EVA 还吸收了剩余收益（residual income，RI）概念的"合理内核"。尽管 EVA 的前身——经济利润和剩余收益由来已久，但 EVA 的产生和推广却是由美国一家管理咨询公司——美国思腾思特公司（Stern Stewart & Company）进行的。它是 EVA 的创造者和商标持有人，也是最重要的 EVA 推动者，1982 年成立于纽约，现已发展成为著名的国际咨询公司。该公司对 EVA 的贡献就在于提出了在计算过程中要进行会计调整。

EVA 与股东价值创造的内在联系具体表现在以下方面：①考虑企业全部资本成本，真实反映企业经营业绩。②进行会计报表项目调整，克服短视经营行为。③着眼于股东价值增长，基于股东利益合理决策。

企业价值评估的世界经典之作——《价值评估》也认同现金流量和经济利润是衡量企业价值的两种不同的经济评估标准，但是其衡量结果是相同的，并且指出，对于一个想要创造价值的企业而言，应该选择能使预期现金流量现值或经济利润现值（无论选择这两个中的哪一个，结果都相同）最大化的战略。可见，基于 EVA 的企业价值评估法（也称经济利润法）同样属于收益法的一种类型。

应用 EVA 评估企业价值，企业价值等于企业目前投资资本与企业未来 EVA 的现值之和。EVA 的计算不是对会计报表的否定，也无须重新编制会计报表，它来源于传统的会计方法。与传统的会计指标方法不同的是，其运用程序如下：①分析企业历史绩效；②预测未来的EVA；③估算连续价值；④计算加权平均资本成本；⑤将各项相加估算出企业的价值。

由EVA公式可知，EVA的计算有两个关键环节：它通过会计调整消除权责发生制对企业真实经营业绩的扭曲，同时它又考虑了包括股东资本和负债成本的资本成本，从而能真实地反映企业利润。这两个环节是EVA的独特之处，但同时也增加了EVA计算的复杂程度。

基于EVA的企业价值评估模型的优点主要体现在EVA指标上，其优越性在于：①考虑了股东资本成本的补偿，有利于管理层重视股东投入的回报。②对研究与开发、在建工程等项目进行了调整，有利于企业未来的价值创造。③扣除了非经常性损益，有利于企业突出主业，注重核心竞争力。不过，EVA的计算不准确、不合理、不完善等问题，在很大程度上影响了EVA的推广和应用。

尽管EVA模型能很好地估算企业价值，但并不是所有的企业都适用EVA。一般情况下，以下几种企业不适用：①金融机构；②周期性企业；③新成立企业。

主要概念

EVA 会计利润 经济利润 资本成本 股权资本成本 税后营业净利润 连续价值 会计调整

基本训练

1.简答题

（1）EVA与股东价值创造的内在联系具体表现在哪几个方面？

（2）在我国应用EVA时需要对计算公式中的税后营业净利润进行哪些调整？

（3）在对EVA进行会计调整时需要遵循哪些原则？

（4）试说明基于EVA的企业价值评估模型的优缺点？

2.思考题

（1）如何正确理解EVA的本质？为什么EVA可以引入企业价值评估当中？

（2）试评价基于EVA的企业价值评估模型在中国的应用前景。

3.案例分析题

波斯曼股份有限公司（以下简称"波斯曼公司"）创建于1991年，是以生产柴油机为主的公司。公司自创建至今，账面利润基本上是盈利，尤其是近两年，账面利润均超过1 000万元，2021年达1 100万元，2022年达1 200万元。因此，近几年波斯曼公司受到了外界的一致认可，公司员工对公司的发展前途充满了信心，公司近几年的销量也呈上升趋势，因此，公司近几年扩大了生产规模，不仅加大了对流动资产的投资，也加大了对固定资产的投资，由此可以看出，波斯曼公司正处于蒸蒸日上的时期，其盈利状况是相当可观的。

根据有关资料可以得到波斯曼公司的部分财务数据，见表5-10。

表5-10　　　　　　　波斯曼公司2021年、2022年的财务数据　　　　　单位：万元

时　间	2021年	2022年
利润总额	2 000	1 600
所得税税率	25%	25%
净利润	1 500	1 200
财务费用	300	240
债务资本	6 000	4 800
股权资本	12 000	11 200
投入资本总额	18 000	16 000
加权平均资本率	10%	9%

其中：

投入资本总额=债务资本+股权资本

总资本成本=投入资本总额×加权平均资本成本率

（1）如果波斯曼公司采用EVA指标评价企业业绩，试分别计算其2021年和2022年的EVA指标值，并指出用EVA和净利润哪一种指标评价波斯曼公司的经营业绩更合理，为什么？

（2）如何理解"在会计利润很大的情况下，公司也有可能实际处于亏损状态"，你认为该结论是否正确？

第6章

基于价格比率的企业价值评估

1.理解价格与收益比率、价格与账面价值比率和价格与营业收入比率的内涵；了解基于价格比率的企业价值评估的步骤；了解基于价格比率的各种企业价值评估模型的优缺点。

2.掌握如何估算被评估企业的价格比率值；掌握基本价格比率的企业价值评估模型的运用和分析；灵活运用基于价格比率的企业价值评估模型进行企业价值的评估。

3.深入学习贯彻党的二十大报告关于"健全资本市场功能"的精神，发挥企业价值评估专业优势，促进资本市场健康发展。

6.1 基于价格比率的企业价值评估原理

【案例6-1】　　　　　　　　　　租金与价格比率

李平决定自己开办一家公司。他需要租用一间大概300平方米的办公室。经过考察，李平初步在他所中意的地段圈定了3个候选对象：第一间大小为280平方米，每月租金为8 400元；第二间大小为290平方米，每月租金为8 700元；第三间大小为300平方米，每月租金为9 000元。每处房子的状况都非常相似，能够满足办公需要。也就是说，这些房子有很强的可比性。从而李平得出结论，在他所选择的区域，满足要求的办公室租金是每平方米每月30元。利用每平方米每月30元这个价格比率，李平可以估算该区域其他条件相似的办公室的租金。比如，李平又发现了另外一间条件相似的310平方米的房子。通过价格比率，他可以预期它的租金是每月9 300元（30×310）。

只要保持所有影响租金的主要因素不变，例如周围的环境、房子的外观等，这个估算方法就是有效的。电梯的颜色、地板的品牌等这些次要的因素都可以忽略，因为有理由相信这些因素不会对租金的确定产生重大的影响。但是如果影响租金的因素（如房子的地理位置）存在较大的差异，则不能直接使用上述方法，应对价格比率根据环境的差异程度进行调整，或者重新选择价格比率。

当我们使用价格比率来估计一个公司的价值时，我们采用与上面相同的步骤。适用的价格比率可能是市盈率、市净率等。与李平寻找可参照比较的房子来确定每平方米租金一样，我们可以找到可参照比较的公司，来确定一个恰当的价格比率。再用价格比率乘以被评估对象的基数，来确定价值，就好比用每平方米租金乘以房子的面积来确定租金。

基于价格比率的企业价值评估方法，即市场法，是指将评估对象与可比上市公司或者可比交易案例进行比较，确定评估对象价值的评估方法。

某个物品的经济价值是由具有同样满意程度的替代物的支出决定的。

——雷蒙德·C.迈尔斯

市场法得到应用的原理是套利理论（APT）。按照套利理论，均衡资本市场上的类似资产受相同的因素制约时，应该具有类似的价格。根据这一理论，企业的市场价值应该与均衡资本市场上类似企业的市场价值相同。

1）基于价格比率的企业价值评估方法分类

基于价格比率的企业价值评估方法即市场法常用的两种具体方法是上市公司比较法和交易案例比较法。

（1）上市公司比较法

《资产评估执业准则——企业价值》指出，上市公司比较法是指获取并分析可比上市公司的经营和财务数据，计算价值比率，在与被评估单位比较分析的基础上，确定评估对象价值的具体方法。上市公司比较法中的可比企业应当是公开市场上正常交易的上市公司。在切实可行的情况下，评估结论应当考虑控制权和流动性对评估对象价值的影响。

上市公司比较法对于证券市场发达、上市公司信息完善的市场是较为有效的方法。其主要以市场上类似的可比企业的上市公司的企业价值为基础，通过对被评估企业与可比企业在财务、盈利、风险、发展等方面的差异进行进一步的分析与调整，从而得到最终被评估企业的企业价值。该种方法简单易懂，易于接受。但同时，上市公司比较法的应用有赖于完善、成熟的证券市场且上市公司的信息披露充分可靠。目前我国证券市场仍不完善，主要表现在市场投机氛围浓厚，股票信息不完善且不对称。这些现状大大降低了上市公司比较法结论的可行性和准确性。

【课堂拓展6-1】 发挥价值评估专业优势，促进资本市场健康发展

随着市场经济持续深化发展，企业并购风起云涌，市场交易越来越频繁，交易标的日益复杂，企业价值评估通过合理的程序、科学的方法、专业的服务在IPO定价、公司并购、资产重组等业务中发挥着越来重要的作用，具体包括：

为促进企业发展提供重要依据。评估机构的企业价值评估除提供企业改制上市IPO评估服务外，还为企业上市后在资本市场上收购、转让资产等一系列行为提供相关价值度量服务。企业上市后可以充分利用资本市场，采用发行股份收购或以现金收购等不同方式进行并购活动。类似的经济活动还包括增资扩股、股权转让、股权出资等围绕企业股权或整体价值进行交易及作价的行为。评估机构作为独立的第三方机构凭借其专业优势，能够对各种交易中所涉及的企业价值进行客观、公正的评估，为交易双方谈判和决策提供重要依据，从而促进资本市场上述各种交易的公平高效开展，助力上市公司快速发展。

为科创板运行提供有力保障。科创板的设立，有利于落实创新驱动和科技强国战略，推动资本市场更好服务于科技创新型中小企业，同时有助于培育先进良好的科技创新生态链。资产评估行业作为专业机构，能够为科创板企业估值提供专业服务，从而增强预计市值评估的可靠性和会计信息的相关性，进一步提高拟上市科创板企业信息披露的质量，防止由于预计市值评估不当导致股票发行失败或发行后大幅度破发，从而为科创板的平稳运行提供了保障，有助于切实维护广大投资者的合法权益。

为注册制改革提供强大动能。在我国构建多层次资本市场并实行注册制过程中，信息披露质量是其中的关键。资产评估机构可以发挥价值尺度核心功能优势，更好地促进全面注册制下信息披露质量提升。一方面在商誉减值测试、公允价值计量、价值重估中发挥资产评估现时价值计量优势，起到比历史成本计量更为客观反映资产现时公允价值水平的作用，有利于提升拟上市企业财务信息披露质量，加强信息针对性和有效性；另一方面鉴于注册制的核心要素之一是对发行标的市值进行预先评估，并采用市场化询价机制为股票发行定价，可以进一步释放资产评估专业估值定价空间。

企业价值评估是市场经济和现代企业制度相结合的产物。随着资本市场的不断发展，对企业价值评估的需求必将日益增多，因此，充分发挥资产评估价值判断专业优势，深入挖掘资产评估特有价值发现功能，必将促进资本市场的持续健康发展。

（2）交易案例比较法

《资产评估执业准则——企业价值》指出，交易案例比较法是指获取并分析可比企业的买卖、收购及合并案例资料，计算价值比率，在与被评估单位比较分析的基础上，确定评估对象价值的具体方法。控制权以及交易数量可能影响交易案例比较法中的可比企业交易价格。在切实可行的情况下，应当考虑评估对象与交易案例在控制权和流动性方面的差异及其对评估对象价值的影响。如因客观条件限制无法考虑控制权和流动性对评估对象价值的影响，应当在资产评估报告中披露其原因以及可能造成的影响。

交易案例比较法相对于上市公司比较法有一定区别，在使用上存在一定的局限性，主要体现在以下几个方面：

第一，数据获取更难。上市公司比较法是通过收集市场上可比公司的相关财务数据，计算相应的比率，从而得出评估对象的价值。由于交易案例比较法所使用的数据必须是已经发生过的案例，而获取不成熟市场的数据的难度较大且真实性难以保证，甚至无法获取特定行业的相关数据，这就限制了交易案例比较法的应用。

第二，案例的相似性影响操作的复杂程度。交易案例比较法与上市公司比较法相比更注重案例的相似性。一旦可比案例与评估对象有所差异，则需要对差异项目进行调整。差异越大，调整项目越多，评估流程越复杂。

第三，交易时间差异影响评估结果。上市公司比较法可以选择适当的交易日，使得可比对象的交易价格与评估基准日完全相同或者非常接近，但交易案例比较法选取的可比案例都是在过去发生的，因此交易日期一般与评估基准日有一定差异，从而影响评估结果。所以，交易案例比较法一般需要进行时间因素的调整，而上市公司比较法不一定需要。

2）价格比率的形式与基数

企业价值的高低与企业的收益、收入和资产账面价值等因素都直接相关。而价格是价值的货币表现，企业价值可以通过企业股票价格来体现。所以，股票价格与企业的收益、收入和资产价值等因素存在关联性。股票价格与公司收益、收入、资产等特定变量之间的比值，如价格与收益比率、价格与账面价值比率以及价格与营业收入比率等被称为价格比率，而这些公司特定变量被称为价格比率基数，如收益、资产账面价值和营业收入等。因此，企业价值可表现为价格比率与相关价格比率基数的乘积，用公式表示为：

二维码 6-1：交易案例比较法在企业价值评估中的应用——基于并购重组案例的研究

企业价值=价格比率×价格比率基数

价格比率评估方法的基础是，相似的资产以相似的价格出售。该基础存在这样的假设，如果两家公司处于同一行业，拥有相同的收益、收入和增长前景，它们的价格也应该是相似的。基本思路可用公式表示如下：

$$\frac{V_{评估}}{Y_{评估}} = \frac{V_{参考}}{Y_{参考}}$$

$$V_{评估} = Y_{评估} \times \frac{V_{参考}}{Y_{参考}}$$

式中：$V_{评估}$表示被评估企业的价值；$V_{参考}$表示参考企业的价值；$Y_{评估}$和$Y_{参考}$表示被评估企业和参考企业的价格比率基数；$\frac{V_{评估}}{Y_{评估}} = \frac{V_{参考}}{Y_{参考}}$表示价格比率。

3）基于价格比率的企业价值评估模型

在企业价值评估过程中最常用的价格比率有3个，即价格与收益比率（或称

"市盈率")、价格与账面价值比率(或称"市净率")和价格与营业收入比率,从而形成三种评估模型,即价格与收益比率模型、价格与账面价值比率模型和价格与营业收入比率模型。

（1）价格与收益比率

价格与收益比率=每股市价÷每股收益

（2）价格与账面价值比率

价格与账面价值比率=每股市价÷每股净资产

（3）价格与营业收入比率

价格与营业收入比率=每股市价÷每股营业收入

4）基于价格比率的价值评估步骤

（1）选择价格比率模型

经常用于企业价值评估的价格比率主要有价格与收益比率、价格与账面价值比率、价格与营业收入比率以及其他特定比率。进行企业价值评估首先要选择适当的价格比率。因为对于同一评估对象,选择不同的价格比率,其评估结果可能是不同的。选择何种价格比率要与被评估企业的基本信息联系起来。这些信息主要包括与股票价格相关的信息和构成相关价格比率基数的信息,如收益信息、账面价值信息和营业收入信息等。

选择时,首先要考虑选择的价格比率有利于合理确定评估对象的价值,通常应选择与股票价格相关程度最高的价格比率。其次,要考虑相关价格比率基数信息的可靠性。例如,如果被评估企业的股票价格与其收益相关度最高,而该企业的收益预测也比较可靠,则选择价格与收益比率进行评估将会比较准确。再次,要考虑可行性。例如,当评估对象由于经营历史有限,有关收益指标不可获得或不可运用(如为负数)时,选择以收益指标为基数的价格比率(如价格与收益比率)可能不太合适,而需要考虑选择其他的价格比率。另外,当被评估企业的资本结构和资产结构与参考企业有较大差异时,通常可以考虑选择价格与营业收入比率。总体而言,企业的类型、发展程度及业务成熟程度是影响价格比率选择的关键因素。

（2）选择可比公司

所谓可比公司,是指那些具有最相似的经营和财务特征的企业。同一行业内部的企业是最佳的选择对象。但是,应当注意,并非同行业所有企业都是可比的,不同的企业有不同的特点。选择可比企业时需要考虑的因素包括:①所从事的行业及其成熟度。②在行业中的地位(领导者、跟从者)及其市场占有率。③业务性质、自成立起的发展历史。④所提供的产品或服务。⑤所处地域及其服务的目标市场。⑥企业构架(控股公司、经营多种业务的公司)。⑦企业的规模(资产、收入、收益及市值等)。⑧资本结构及财务风险。⑨运营风险。⑩经营指标,包括盈利能力、收入及收益趋势、利润率水平等指标;资产及盈利的质量;分配股利能力;未来发展能力;是否具有商誉及其他无形资产;员工数量及经验;管理层情况;股票交易情况及股票价值的可获得性。

在选择可比企业时,可比企业的数量多少并不是一个决定性因素。评估人员应该更着重考虑所选择的可比企业的相似性。上述各考虑因素中,所从事的行业和业务的相似性对于选择可比企业十分重要。由于不同的国家在政治、经济、法律、税收等方面可能具有较大差异,因而企业所处地域及其服务的目标市场也是需要考虑的主要因素之一。在可能的情况下,应尽量选择与评估对象在同一国家或地区的企业作为可比企业。最后,财务比率分析也可以用于评估可比企业的可比性,可作为可比性的一个检验方法。如果评估人员根据行业分析、相关研究分析报告和与公司管理层人员的讨论,选取了一组参考企业,在一般情况下,这些可比企业之间以及与被评估企业之间应该有类似的财务比率。但是,如果有一两家可比企业的财务比率有显著的不同,应考虑将它们从可比企业的样本中删除。作为一个样本集合,如果所选取的可比企业之间的财务比率相差较大,那么,评估人员最好还是再选一些其他的可比企业,直到这些可比企业的财务比率与被评估企业的财务比率比较接近。

在选择可比企业的基础上,价格比率的确定可以历史状况为标准,也可以预期未来状况为标准。当以历史的价格比率为标准时,其前提是历史数据能准确反映未来价格比率状况。

【案例6-2】　　　　　　　　为M医疗器械企业选择可比公司①

M医疗器械股份有限公司是国内高端医疗器械研发生产的领先企业,其业务板块涉及器械、制药、医疗服务和新型医疗"四位一体"的围绕心血管疾病的患者全生命周期服务。2022年,M公司医疗器械板块营业收入占比50%以上,其营业收入具体构成如下:

① 医疗器械板块收入占营业收入比重55.41%;

② 药品板块收入占营业收入比重32.41%;

③ 医疗服务及健康管理板块收入占营业收入比重12.18%。

公司销售网络在中国境内覆盖9 000多家各级医疗机构,覆盖36万多家零售药店,其中百强连锁覆盖率近90%,同时在海外覆盖150多个国家和地区。

M公司拥有丰富的产品组合,医疗器械是公司业务中收入规模最大的板块,其中心血管植介入是公司核心业务。药品销售是公司长期稳定的现金流业务,主要分为制剂(仿制药)和原料药。近年来,公司持续利用自身在心血管领域的品牌优势,在各营销渠道发挥协同效应,全力推广新获批仿制药。

通过上述分析,评估人员拟采用价格比率法对M公司进行价值评估。由于评估企业是国内高端医疗器械生产的领军企业,且产品范围集中在医疗器械和药品,评估人员初步将全行业内五家与M公司规模相同的上市公司作为可比公司。对5家

---

① 资料来源:2019—2022年5家可比医疗器械公司在巨潮资讯网上披露的年度报告。

企业的主要经营业务范围、目标市场、收入构成、研发能力等方面分析后，最终选择了 A、B、C 三家企业作为可比公司。D 公司在研发方面的投入非常少，公司未来发展前景不被看好，可持续发展能力弱；E 公司尽管规模与 M 公司相近，但公司产品偏重医疗健康服务，不属于医疗器械板块，故将 D、E 排除。5 家可比公司基本情况见表6-1。

表6-1　　　　　　　　　　5家可比公司基本情况一览表

公司名称	经营业务范围	目标市场	收入构成	研发能力
A	医疗器械制造、医疗器械贸易以及器械消毒服务	80% 以上的市场在国内；剩余市场在国外	医疗器械销售收入占主营业务收入比80%以上；器械消毒服务收入主营业务收入比10%以上	研发投入高，研发投入占营业收入比例维持在6%左右
B	医疗器械、制药及药品销售、其他服务	80% 以上的市场在国内；剩余市场在国外	医疗器械销售收入占主营业务收入比80%以上；药品销售收入主营业务收入比10%以上	研发力度大，研发投入占营业收入比例维持在10%左右；创新药品研发投入多
C	骨科医疗器械产品的生产和销售	90% 以上的市场在国内；剩余市场在国外	医疗器械销售收入占主营业务收入比90%以上	研发投入占营业收入比例维持在6%左右
D（排除）	医疗器械、制药装备的生产与销售，以及医疗商贸、医药服务。	基本上集中在国内市场，只有零星收入来源于国外	医疗器械销售收入占主营业务收入比70%以上；制药装备销售收入主营业务收入比10%以上	研发投入不高，制药装备业务板块研发投入占营业收入比例仅为 0.62%
E（排除）	医用供氧、康复护理、医用临床系列医疗器材，以家用医疗器械产品作为主要的生产方向	70% 以上的市场在国内；20% 左右的市场在国外	康复护理等医疗健康服务收入占主营业务收入比50%以上；医疗器械销售收入主营业务收入比40%左右	研发投入不断加大，研发方向偏重健康护理等家用医疗器材方向

（3）估算目标企业的价格比率值

寻找相似的和可比的公司常常是一种挑战，我们时常不得不接受在这一方面或那一方面与所评估企业存在差异的一些公司作为市场法中的参考企业。此时，我们必须直接或者间接地控制这些参考企业公司在增长性、风险和现金流等方面所存在的差异。在控制操作中，控制这些变量的方式可以是简单的（根据已知行业的相关平均值确定价值比率），也可以是较复杂的（进行各相关变量的多元回归）。

——美国纽约大学金融学教授阿斯瓦思·达莫达兰

被评估企业的价格比率值的确定方法主要有可比公司参照法和回归分析法两种。

①可比公司参照法。通常有两种参照方法：

一是将同行业中所有企业的该价格比率进行平均。这种做法是要通过平均数将各企业的非可比因素抵消掉，而被评估企业成为该行业最具代表性的企业。

二是选择行业中最相似的一个或几个企业作为可比企业，通过计算可比企业的价格比率的平均值，来确定被评估企业的价格比率值。一般评估人员应根据所有会影响价格比率的变量对可比企业的价格比率进行调整，从而得到适用于评估企业的价格比率。在实际工作中，调整的方法并没有特定的模式，但调整时需要考虑的基本因素包括：

A.企业的盈利能力（尤其是在选择与营业收入相关的价格比率时，更需要注意被评估企业和可比企业是否具有可比的盈利能力）；

B.企业未来发展能力；

C.企业面临的风险等。

需要指出的是，在实务工作中，需要根据具体情况确定具体的调整方法。例如，当被评估企业的收入由多种业务构成（例如，营业收入和投资收益）且都占有相当的比重，而各种业务在未来发展能力方面不尽相似时，可能需要将各种业务进行区分，分别对其进行调整计算，以获得适用的价格比率。

②回归分析法。回归分析的方法并不是不用可比公司，它只是不直接采用可比公司的价格比率，而是采用同行业公司的基本数据，或者采用更多公司的基本数据进行回归分析，找出价格比率与基本数据之间的关系，进而通过确定基本数据来得出价格比率值。其基本思路是运用统计方法对历史数据进行分析，将某一价格比率 Y 表示成若干基本因素 X_1、X_2、X_3 和 X_4 的代数和，即建立回归方程：

$$Y=aX_1+bX_2+cX_3+dX_4$$

其后，对各基本因素的未来值进行预测，从而实现对价格比率未来值的预测。

虽然回归分析法被美国投资银行广泛青睐，但其存在的问题仍不可回避：第一，基本的回归分析是假设价格比率与基本的财务数据之间是线性关系，但事实可能并非如此。第二，回归方程的解释变量之间本来应该是正交或者是具有低相关性的，但实际上它们往往是相互关联的，例如高增长的公司也倾向于高风险。这种共线性关系使得回归分析得出的系数不可靠。第三，价格比率与财务变量之间的关系本身并不稳定。如果它每年都发生变化，那么依据这个模型做出来的预测就不可靠了。事实上，实践数据也证明了这一点。根据不同时期数据建立的回归方程往往是不一样的。

（4）预测价格比率基数

价格比率基数，也就是相关价格比率的分母。例如，如果选择的价格比率为价格与收益比率，在评估企业股东价值时，就要对企业的未来净收益进行准确预测。

无论是被评估企业，还是可比企业，都有可能需要对其价格比率基数所依赖的财务数据进行调整。通过调整，可以减少价格比率的波动。通常导致需要对财务数据进行调整的原因有两个：一是采用的会计方法不同，导致某些财务项目需要调整。如果被评估企业或选择的可比企业没有采用标准的会计方法，或者对标准的会计方法做了重大的调整，就必须对没有采用标准会计方法的企业财务数据进行调整，以保证可比性。例如，固定资产的折旧方法存在直线法和年数总和法等。二是短期内经济条件的变化使得当前的业绩无法反映企业的盈利能力。通常，这些经济条件变化可能使被评估企业或可比企业产生一些非经营性或非持续经营项目，必须对其进行调整，以反映正常的持续经营财务状况。

对财务数据的调整通常可采用统计方法进行调整或直接调整。统计方法调整是一种模糊调整方法，不需要对引起非正常变化的因素或事件做出具体分析。它通过时间序列的算术平均、加权平均方法或者拟合趋势线的方法，发现财务数据变动的规律，从而平滑价格比率的波动。直接调整方法则要求对引起非正常波动的原因进行分析，并据此做出合理的调整。如果非正常波动是由于非标准会计方法引起的，可直接按标准的会计方法进行调整。一些非持续经营的事件，如一笔捐赠收入或资产处置收益，或不景气年份引起的"非正常"业绩，使得企业当前业绩并不能反映企业长期盈利能力，就需要评估人员针对具体事件做出分析判断，确认是否需要调整以及调整的幅度。

一种特定的调整是否合理，可通过考察调整前后价格比率的变化来检验，如果调整是成功的，它应该可以减少价格比率的波动。

——康纳尔

（5）计算评估企业价值

将估算的价格比率值与预测的价格比率基数代入下面的公式即可得到评估价值：

企业价值=价格比率×价格比率基数

6.2 价格与收益比率模型

1）价格与收益比率的内涵

价格与收益比率（也被称为市盈率或P/E），是指普通股每股市价与每股收益之间的比率。其基本公式为：

$$价格与收益比率 = \frac{每股市价}{每股收益}$$

企业的实际市盈率是企业股票的市场价格与企业的每股收益相除的结果。而利用企业基本数据进行推导计算可以得出理论的市盈率。通过理论市盈率的推导，可以对市盈率的本质有更深入的了解。

处于稳定增长状态的企业一般具有稳定的增长率，根据高顿公式，该类企业的股权价值为：

$$P_0 = \frac{D_1}{r - g}$$

式中：P_0表示股票价格；D_1表示预期第一年的股利；r表示折现率，即股东要求的收益率；g表示股利增长率。

进一步分析，因为：

$$下一年的预期股利 = 目前每股股利 \times (1 + 股利增长率) = 目前每股收益 \times 股利支付率 \times (1 + 股利增长率)$$

所以，高顿公式可以写成：

$$P_0 = \frac{EPS_0 \times m \times (1 + g)}{r - g}$$

式中：EPS_0表示目前普通股每股收益；m表示股利支付率。

上式两边同时除以每股收益，就可以得到市盈率的计算公式：

$$P/E = \frac{m \times (1 + g)}{r - g}$$

我们可以看出：对于稳定增长的企业来说，其市盈率是股利支付率和增长率的增函数，是公司风险（通过贴现率r体现）的减函数。

【例6-1】DL上市公司2022年的每股收益为1.6元，该公司将收益的30%作为股利支付给股东。收益和股利的增长率预计为4.7%。投资者要求的报酬率为7.8%。请根据上述数据计算DL公司的理论市盈率。

$$P/E = \frac{30\% \times (1 + 4.7\%)}{7.8\% - 4.7\%} = 10.13$$

根据公式我们可以观察到，公司的市盈率受以下因素影响：

① 股利支付比率。市盈率随着股利支付比率的增加而增加，二者呈同向变化关系。

② 风险（通过贴现率r体现）。当公司风险提高时，投资者要求的收益率也将

提高，将导致公司市盈率下降。因此，市盈率随着风险的增加而降低。

③ 预期股利增长率。市盈率会随着股利增长率的增加而增加。

上述由基本数据计算得出的市盈率是一种理论的市盈率，而公司的实际市盈率是由股票的实际交易价格与公司的收益相除得出的。我们可以将用基本因素计算出来的市盈率与实际市盈率进行比较，从而判断该公司股票价格是否被市场高估或低估了。

2）价格与收益比率模型的评估步骤

在确定以价格与收益比率模型作为企业价值评估模型之后，按照第一节所确定的评估步骤，接下来要做的是：选择可比公司；估算目标企业的价格与收益比率；预测价格比率基数和计算评估企业价值。可比公司的选择方法和计算评估企业价值的两个步骤在第一节中已做了详细的说明，此处不再重复。下面着重介绍如何估算目标企业的价格与收益比率和如何预测比率基数。

（1）估算目标企业的价格与收益比率

在基于价格比率对企业价值进行评估的过程中，对被评估企业的价格比率值的估算是很关键的一步。估算方法主要有可比公司参照法和回归分析法。

①可比公司参照法

参照的可比企业一般在同行业企业当中挑选，通常的做法是首先选择一组可比企业，计算出它们的平均市盈率，然后根据正在评估的企业和可比企业间的差异，对这个平均值进行主观调整，得出被评估企业的市盈率。也有人干脆将同行业中所有企业的市盈率进行平均，得出一个一般性数值。

采用可比公司参照法有如下几个问题：第一，可比企业的定义基本上是个主观的概念，难以找到界定可比公司的客观标准。第二，同一行业中的公司有可能在业务特征、风险和增长率方面存在很大的不同，影响可比性。第三，即使能够构造出一组合适的可比公司，评估公司与这个小组之间的基本差异仍然存在。主观的调整并不能为这个问题提供一个满意的解决方案。尽管如此，由于利用可比公司参照法较简便，所以仍然有很多人乐于用这种方法对企业的价值进行评估。因为实际上即使采用折现现金流量法，评估过程中依然存在许多无法客观判断的参数，而只能用主观的调整来解决，所以客观与主观、准确与粗略都是相对的概念。

②回归分析法

回归分析法可以将大量的数据浓缩到一个等式中，以反映市盈率与基本财务数据之间的关系，但回归分析法的计算过程要比可比公司参照法复杂。根据前述市盈率内涵的分析，我们可以把市盈率看作因变量，把风险、股利增长率和股利支付比率看作自变量。

美国有人早在20世纪60年代就使用来自纽约银行1962年6月135只股票的数据，得到下面的回归方程：

市盈率= 8.2+1.5×利润增长率+6.7×股利支付率-0.2×每股收益变化的标准差

有了这样的回归方程，我们可以把任何一家公司的基本数据输入方程，从而得出它的市盈率。实际上，美国有很多专门的证券分析机构以及研究机构公布最新的回归分析结果，不断对数据进行更新。

【例6-2】A公司的利润增长率为16%，β值等于1.1，股利支付率为34%，假设其所属行业股票的市盈率与公司增长率、β值和股利支付率的回归方程为：

P/E=18.69+0.0695×利润增长率-0.5082×β-0.4262×股利支付率

请预测该股票的市盈率。

根据题意：

P/E=18.69+0.0695×16%-0.5082×1.1-0.4262×34%=18

（2）预测比率基数

价格与收益比率是以收益为基数的，所以，接下来要进行利润预测。利润预测是对公司未来某一时期可实现的利润的预计和测算。利润预测的方法主要有本量利分析法、相关比率法和因素测算法。

①本量利分析法

本量利分析法全称为"成本-业务量（生产量或销售量）-利润分析法"，主要根据成本、业务量和利润三者之间的变化关系，分析某一因素的变化对其他因素的影响。

利润=销售收入-总成本=销售收入-变动成本-固定成本

其中，变动成本是指在一定条件下，其总额与业务量成正比例变化的那部分成本，又称可变成本，如直接材料成本、工资率稳定的直接工人工资等。固定成本是指在一定条件下，其总额不随业务量发生任何数额变化的那部分成本，如房屋设备的租赁费、保险费、广告费和按使用年限法计提的固定资产折旧费等。

【例6-3】某公司生产销售A产品，每件A产品的售价为300元。生产一件A产品直接发生的材料、人工等成本为100元，企业每年还会发生其他的费用900万，预计2023年A产品的产销量将达到15万至20万件，请预计该企业2023年的利润区间。

若2023年的产销量为15万件，则企业利润为：

150 000×300-150 000×100-9 000 000=21 000 000（元）

若2023年的产销量为20万件，则企业利润为：

200 000×300-200 000×100-9 000 000=31 000 000（元）

所以，该企业2023年预测的利润区间为2 100万元至3 100万元。

②相关比率法

相关比率法是根据利润与有关指标之间的内在关系，对计划期间的利润进行预测的一种方法。常用的相关比率主要有销售收入利润率、资金利润率等。

利润=预计销售收入×销售收入利润率

利润=预计平均资金占用额×资金利润率

③因素测算法

这种方法是在基期利润水平的基础上，根据计划期间影响利润变化的各项因素，预测企业计划期间的利润额。以本量利分析法的基本原理为基础，影响利润的主要因素有销售量、销售价格、变动成本、固定成本总额、所得税税率等。

计划期利润=基期利润±由计划期各种因素的变动而增加或减少的利润

3）价格与收益比率模型的应用

【例6-4】FR企业是一家乳制品企业，具有较好的发展前景，2022年的每股收益为0.85元，每股支付股利0.62元，收益及股利预期每年以8%的增长率增长，股利分配率保持不变。目前，已知该企业的β系数为1.15，市场上无风险利率为4.49%，风险溢价为5.35%。请使用价格与收益比率模型对公司价值进行评估。

①使用股利现值法

$E(R) = R_f + \beta [E(R_m) - R_f] = 4.49\% + 1.15 \times 5.35\% = 10.64\%$

$$P_0 = \frac{D_1}{r - g} = \frac{0.62 \times (1 + 8\%)}{10.64\% - 8\%} = 25.36(元)$$

②使用可比公司参照法

该公司同行业内可比公司的平均市盈率为30.76。使用这一平均市盈率对该公司的普通股进行估价：

$P_0 = 30.76 \times 0.85 = 26.15$（元）

③使用回归分析法

使用该公司所在行业公司的数据对市盈率和公司基本因素进行回归分析，得出回归方程：

$P/E = 12.7214 + 23.89 \times$ 股利分配率 $- 0.2235 \times \beta + 9.5765 \times$ 增长率

$\qquad = 12.7214 + 23.89 \times (0.62 \div 0.85) - 0.2235 \times 1.15 + 9.5765 \times 8\%$

$\qquad = 30.66$

$P_0 = 30.66 \times 0.85 = 26.06$（元）

利用可比公司参照法的平均市盈率估值较高的一个可能原因是此类上市公司的价值被市场高估了，另一个可能的原因是选取的可比参照公司的预期增长率高于本公司的增长率。

【案例6-3】　　　　　　　基于市盈率的企业价值评估①

AB股份有限公司成立于2008年，注册资金18 977.67万人民币，是一家物流企业，业务范围主要集中在物流实体运营。现某评估机构评估人员拟采用市盈率模型对其进行价值评估，评估基准日为2022年12月31日。

第一步，识别可比公司。评估人员找来了行业内十余家物流上市公司的资料，并按照下列标准进行筛选：

---

① 案例背景改编自巨潮资讯网某物流公司年报，可比公司市盈率、每股收益、股票收盘价等取自2022年12月31日新浪财经披露的数据。

（1）业务的经济特征是否相似；

（2）预测的盈余增长率是否相近；

（3）选用的会计方法是否相一致；

（4）风险程度是否相当；

（5）资本结构是否相当；

（6）盈余水平是否相近。

第二步，计算可比企业平均市盈率。通过筛选，评估人员最终选取了6家物流类上市公司，通过其股票价格及每股收益计算出其市盈率，经过汇总后得出物流类上市公司平均市盈率情况，见表6-2。

表6-2　　　　　　　　　6家物流类企业市盈率及其平均值计算　　　　　　金额单位：元

企业名称	评估基准日股票收盘价	每股收益	市盈率
甲公司	5.91	0.34	17.38
乙公司	11.23	1.42	7.91
丙公司	3.71	0.22	16.86
丁公司	7.44	0.70	10.63
戊公司	5.69	0.37	15.38
己公司	10.91	0.31	35.19

平均市盈率：17.23

第三步，估测目标公司的净收益。估计净收益可根据目标公司最近1年或最近几年税后净利润的平均值计算。评估人员估测AB公司的净收益为25.88亿元。

第四步，估测企业价值。市盈率估值法是根据目标公司的估计净收益和市盈率确定其价值的方法。其计算公式如下：

目标公司的价值＝估计净收益×标准市盈率

最终AB公司总价值计算为445.91亿元。

4）价格与收益比率模型的评价

价格与收益比率模型是证券市场上的投资者在进行企业价值评估时最常用的一个价格比率模型，原因主要有以下几个方面：第一，价格与收益比率将股票市场价格与公司盈利状况联系起来，突出了盈利状况对股票价格的影响作用；第二，计算资料容易取得，计算方法简便，即使不具备专业财务知识的投资者也可以使用该比率；第三，如果会计标准合理，并且不同企业之间对于会计标准运用的差异较少，那么该指标可以在同类企业之间进行比较；第四，价格与收益比率指标能够反映市场状况和前景，例如，如果市场投资者对某些股票的前景比较看好，这些股票的价格与收益比率就会提高，反映这种乐观的市场情绪。虽然市盈率指标被广泛地应用，但它的缺点仍是无法回避的：第一，当每股收益为负的时候，价格与收益比率指标就失去意义了；第二，由于各国的会计标准不一样，不同企业对同一标准的运用情况也有所不同，限制了不同市场、不同企业的价格与收益比率之间的可比性。

5）价格与收益比率的变形

在实际工作中，价格与收益比率有几种变形。有人按照会计收益计算比率基数，而有一些人按照现金流量计算比率基数，有人以税前收益为依据，而另一些人以税后收益为依据。大多数变形都可以使用前面介绍过的价格与收益比率的框架进行分析。

【案例6-4】　　　　　　　　比亚迪成长因素分析[①]

市值是公司股票价值的体现，正被越来越多的公司高层重视，因为公司市值体现了上市公司的实力和股东的价值，并且可以间接地反映企业的融资成本。市盈率估值模型不仅逐渐被资本市场所认可，还可以帮助企业从净利润和市盈率所代表的产业经营和资本经营出发，更加清晰地帮助企业通过主动经营来提高企业市值，因此更有意义。

比亚迪成立于1992年，其业务布局涵盖电子、汽车、新能源和轨道交通等领域，并在这些领域发挥着举足轻重的作用，从能源的获取、存储，再到应用，全方位构建零排放的新能源整体解决方案，比亚迪在香港和深圳两地上市，营业额和总市值均超过千亿元。

自2020年以来，比亚迪的市值已经暴涨了近300%。这一惊人的增长背后有很多原因，其中一些是公司战略的结果，而另一些则是来自市场的推动力。

比亚迪一直致力于在电动汽车领域的创新，在电池技术和汽车设计方面取得了重大突破，通过生产不同类型的电动汽车，以满足消费者不同的需求。

以其获利能力为例，2022年度一季报披露的净利同比增长240%，体现出比亚迪的获利能力正不断增强；再以其汽车销量数据为例，2022年度3月份、4月份、5月份比亚迪的汽车销量均突破10万辆。反观同行业，以特斯拉为例，行业翘楚在4月的销量仅有1 500多辆。虽然特斯拉在4月的低销量在很大程度上是受到了新冠肺炎疫情的影响，但这也反映出比亚迪的汽车主营业务供销两端受新冠肺炎疫情等负面因素的影响较小，拥有良好且稳固的产业基础。不难看出，种种利好的存在凸显比亚迪具备良好的投资前景。

2022年比亚迪的股价一路上涨，在世界汽车集团中排名靠前。不难理解的是整车、电池两大业务成为其市值上涨的两大因素。在众多车企都因为"缺芯"而销量下滑时，比亚迪却逆势增长，净利高、市盈率高，让外界对它的业绩有了高预期，最终反映在市值上。

① 乘风破浪的E大.比亚迪-浅析万亿市值背后的上涨逻辑［EB/OL］.［2022-06-29］.https：//xueqiu.com/6086775690/224014666；方诚铭.基于市盈率与剩余收益的比亚迪估值分析［J］.全国流通经济，2023（1）.

根据市盈率估值模型，企业市值主要受到净利润和市盈率的影响。在净利润层面，比亚迪净利润的主要来源与大部分车企相差不大，而比亚迪同时掌握电驱、电控、电池和混动技术等电动车核心技术，打造垂直供应链体系，自研自产自供核心技术，使其取得了优势。在市盈率层面，比亚迪运用了市盈率管理并取得了一定的效果。

6.3 价格与账面价值比率模型

企业的股票净值才是股市投资中最可靠的指标，所以投资者应该更多注意市净率指标，而不是通常人们所使用的市盈率指标。

——1990年诺贝尔经济学奖获得者美国著名金融学家哈里·马科维茨

1）价格与账面价值比率的内涵

价格与账面价值比率（也被称为市净率或P/BV），是指普通股每股市价与每股账面价值的比率，也可以表述成股权的市场价值与账面价值的比率。股权的账面价值，也被称为净资产，是指资产的账面价值与债务的账面价值之差。价格与账面价值比率的基本计算公式可以写成：

$$价格与账面价值比率=\frac{每股股价}{每股账面价值}$$

与市盈率一样，可以通过企业基本数据推导市净率的理论值。

处于稳定增长状态的企业一般具有稳定的增长率。根据高顿公式，该公司的股权价值为：

$$P_0=\frac{D_1}{r-g}$$

式中：P_0表示股票价格（或者股票价值）；D_1表示预期第一年的股利；r表示折现率，即股东要求的收益率；g表示股利增长率。

进一步分析，由于：

下一年的预期股利=目前每股收益×股利支付率×（1+股利增长率）

所以，公司股权价值可以表示为：

$$P_0=\frac{EPS_0 \times m \times (1+g)}{r-g}$$

式中：EPS_0表示目前普通股每股收益；m表示股利支付率。

把净资产收益率（ROE）定义成：每股收益/每股账面价值，即：

$$ROE=\frac{EPS_0}{BV_0}$$

式中：BV_0表示每股账面价值。

那么，EPS_0可以写成$ROE \times BV_0$，则股权价值P_0可以写成：

$$P_0=\frac{ROE \times BV_0 \times m \times (1+g)}{r-g}$$

等式两边同时除以 BV_0，可以得到价格与账面价值的计算公式：

$$\frac{P_0}{BV_0} = \frac{ROE \times m \times (1 + g)}{r - g}$$

等式的左边就是价格与账面价值比率，它取决于：

① 净资产收益率。市净率是关于净资产收益率的增函数，即企业的净资产收益率越高，市净率就越高。

② 股利支付比率。市净率随着股利支付比率的增加而增加。

③ 风险（通过折现率 r 来表示）。市净率随着风险的增加而降低，二者呈反向变化。

④ 收益增长率。市净率随着收益增长率的增加而增加，二者同向变化。

这个公式可以应用到分配股利的公司，也适用于现在没有支付股利的公司。

【例6-5】XT公司2022年的每股收益为0.48元。当年，XT公司将收益的60%用作股利支付，收益和股利的长期增长率预期为7%。2022年XT公司的净资产收益率是15%，β系数为1.15，银行存款利率为5.85%，股票市场风险溢价为7.45%。请计算XT公司的理论市净率。

根据题意：

股东要求的收益率=5.85%+1.15×7.45%=14.42%

市净率 $= \dfrac{15\% \times 60\% \times (1 + 7\%)}{14.42\% - 7\%} = 1.30$

2）价格与账面价值比率模型的评估步骤

在选定以价格与账面价值比率模型对企业进行价值评估之后，按照本章第一节所确定的评估步骤依次需要做的是：选择可比公司；估算目标企业的价格与账面价值比率；预测价格比率基数和计算评估企业价值。选择可比公司和计算评估企业价值在第一节中已做了详细说明，此处不再重复。比率基数——账面价值的预测可以通过编制预计资产负债表来完成。下面我们将讨论目标企业的价格与账面价值比率的估算。

（1）可比公司参照法

与市盈率评估法一样，当要对一个被评估企业利用市净率进行估价时，首先是选择一些可比参考企业，计算其平均市净率，然后根据该平均值估计被评估企业的市净率。为了反映被评估企业与可比参考企业在基本因素方面的差异，我们往往对计算出的平均值做出一定的主观调整。

这种方法的问题也与前面的市盈率方法相似：第一，对"参考企业"的定义本身就带有主观性。即使利用同行业的企业作为可比参考企业也并不能完全解决问题，因为即使是同行业的企业，在经营组合、风险和增长速度上也是存在较大差异的，选择企业的主观偏见可能性很大。第二，即使我们找到了一组自己认为合适的参考企业，被评估企业和参考企业之间也必然存在一些基本差异。对这些差异做出主观的调整并不能解决问题。只有经验十分丰富的评估分析人员才可能做出一些近似正确的调整。

（2）回归分析法

西方投资者更青睐的估算方法是采用全行业的数据进行回归分析。这个方法也是利用可比公司，只是不直接采用可比公司的市净率平均值，而是采用同行业公司的基本数据，找出市净率与基本数据之间的关系。一般来说，市净率作为被解释变量，而根据理论公式确定的影响因素（如风险、增长率、净资产收益率和股利支付率）作为解释变量。

【例6-6】利用数据回归分析法对XC公司的股票价值进行评估。该公司的有关数据如下：每股净资产为4.36元，2022年公司的每股收益为0.75元，公司的β值为0.98，前五年的盈利增长率为22.5%，股利支付率为10%。

假设根据市场资料统计得出2022年的回归方程为：

$$PBV=0.3987+0.3005m-0.5802\beta+1.011g+11.63ROE$$

式中：PBV表示年末的PBV值；m表示年末股利支付率；β表示公司股票的β系数；g表示前5年的增长率；ROE表示净资产收益率。

$$PBV=0.3987+0.3005m-0.5802\beta+1.011g+11.63ROE$$
$$=0.3987+0.3005\times10\%-0.5802\times0.98+1.011\times22.5\%+11.63\times（0.75\div4.36）$$
$$=2.09$$

预期股票市场价格$=4.36\times2.09=9.11$（元/股）

3）价格与账面价值比率模型的应用

【例6-7】CQ企业是一家高科技公司。公司的收益平均增长率为10%，β值为1.4。公司上市前的净资产收益率为8.45%，银行长期存款的平均收益率为3.55%。股票市场的风险溢价为7.45%。可比参考企业的平均市净率为5.4。公司一直保持50%的股利分配率。上市前每股净资产为7.3元。

（1）使用股利现值法评估

$r=3.55\%+1.4\times7.45\%=13.98\%$

$D_0=7.3\times8.45\%\times50\%=0.31(元)$

$$P_0=\frac{ROE\times BV_0\times m\times(1+g)}{r-g}$$

$$=\frac{8.45\%\times7.3\times50\%\times(1+10\%)}{13.98\%-10\%}$$

$$=8.52（元）$$

（2）使用可比公司参照法

该公司同行业可比公司的平均市净率为1.5，使用这一平均市净率对该公司的普通股进行估价：

$P_0=7.3\times1.5=10.95$（元）

（3）使用回归分析法

使用该公司所在行业公司的数据对市净率和公司基本因素进行回归分析，得出回归方程：

$$PBV=0.1841+0.002m-0.349\beta+1.3389g+9.35ROE$$
$$=0.1841+0.002\times50\%-0.349\times1.4+1.3389\times10\%+9.35\times8.45\%$$
$$=0.62$$

$P_0=7.3\times0.62=4.526$（元）

4）价格与账面价值比率的评价

价格与账面价值之间的关系总能吸引很多投资者的注意，原因有如下几个方面：

第一，市盈率的分母是每股收益（每股税后利润），它表示在忽略货币的时间价值和企业经营业绩能稳定增长的情况下，投资者需要多久才能收回投资；市净率的分母是每股净资产，它表示现在投资者占有每一元的净资产需要付出的成本代价。二者相比较，会发现市净率更能体现投入与产出的关系，帮助投资者寻找以较少的投入获得较高产出的股票；而市盈率远不及市净率那样能很好地释放风险，如根据市盈率做出投资决策，会受到来年公司的经营状况、利润的实现等多方面因素的影响，而企业的净资产受影响的程度相对较小。所以，市净率比市盈率能更好地释放风险，保证投资者的利益。

第二，当我们分析税后利润与净资产时，可以发现，净利润通常比净资产更具有随机调整性和不稳定性。净资产一般是企业经年累月逐渐累积形成的，其随机调整的可能性相对小于净利润；而上市公司的净利润中却可能包含很多非主营业务收入，夹杂着很多水分，存在上市公司蓄意调整的可能性。一个企业不会长期获得大量的非主营业务收入，而且非主营业务收入也不能增强企业的获利能力和市场竞争实力，当然也就不能保证企业的可持续发展，自然其利润也就具有不稳定性。所以，净资产值比净利润更具有现实意义，更能反映企业的整体实力与成长性。也就是说，市净率指标用来反映企业的内在价值更加具有可靠性。如某年××上市公司的报表数据显示，其由前一年的每股亏损0.2元一举扭亏为盈，每股收益为0.1元。经过仔细分析就可以发现，当年的盈利是由转让法人股所获得的2 000多万元投资收益形成的，而该企业不可能一直获得数额如此巨大的收益，在来年也就不能保证其还能获得稳定的收入。所以，从企业的内在价值分析，该企业仍然不具有较强的投资价值。

第三，在股价飞涨的情况下，市盈率过高往往会导致泡沫的产生。当泡沫过多时，投资者进行投资，面临的风险就会很大。市盈率的实质是股票的相对价格，它可以直观地反映股票市价与盈利水平相脱节的情况，是判断股票价格合理性的重要指标。但是，正如市盈率的经济内涵所言，当股价猛涨时，过高的市盈率往往与该股票的实际价值背道而驰，脱节太大。很多投资者却不顾企业的基本面和实际价值，一味追捧，抱着强烈的投机心理，想通过买卖差价获得巨额收益，完全不顾市场上可能存在的泡沫因素。这样一来，很多投资者的美梦总是被无情的现实击得粉碎，伴随着股价的暴跌，他们血本无归。在股价猛涨的情况下，市净率也同样会偏高，但它并未完全脱离股票的实际价值。投资者根据市净率做出投资决策时，所承受的风险明显小于按市盈率做出的投资决策所承受的风险。

第四，即使收益为负的公司，即不能够用市盈率进行价值评估的公司，也可以使用价格与账面价值比率进行价值评估。

使用价格与账面价值比率模型进行企业价值评估也有几点不足：

第一，与收益一样，账面价值受折旧及其他因素的会计处理方法的影响。当公司之间的会计标准相差比较大的时候，各公司间的价格与账面价值比率就无法进行比较。

第二，对于固定资产较少的服务性公司来说，账面价值可能没什么意义。

第三，如果一家公司的收益长期是负的，那么，股权的账面价值就会变成负的，价格与账面价值比率也会变成负的。价格与账面价值比率就会变得没有意义。

二维码6-2：证券公司股东全部权益价值市场法评估案例

6.4 价格与营业收入比率模型

除了前面介绍的市盈率和市净率模型外，价格与营业收入比率模型也是一种常常被用到的企业价值评估的方法。

1）价格与营业收入比率的内涵

价格与营业收入比率，是指普通股每股市价与每股营业收入之间的比率，也可以表述成股票的市场价值总额与营业收入总额的比值。

$$价格与营业收入比率 = \frac{每股市价}{每股营业收入}$$

处于稳定增长状态的企业一般具有稳定的增长率，根据高顿公式，该公司的股权价值为：

$$P_0 = \frac{D_1}{r - g}$$

式中：P_0表示股票价值；D_1表示预期第一年的股利；r表示折现率，即股东要求的收益率；g表示股利增长率。

进一步分析，因为：

下一年的预期股利 = 目前每股收益 × 股利支付率 × （1+股利增长率）

所以，企业的股权价值可以表示为：

$$P_0 = \frac{EPS_0 \times m \times (1 + g)}{r - g}$$

式中：EPS_0表示目前普通股每股收益；m表示股利支付率。

将销售净利润率定义为每股收益除以每股营业收入，股权的价值可以写成：

$$P_0 = \frac{\text{营业收入}_0 \times \text{销售净利率} \times m \times (1 + g)}{r - g}$$

等式两边同时除以营业收入，就可以得到价格与营业收入比率的计算公式：

$$\frac{P_0}{\text{营业收入}_0} = \frac{P}{S} = \frac{\text{销售净利率} \times m \times (1 + g)}{r - g}$$

可以看出，价格与营业收入比率取决于以下变量：

① 销售净利润率，价格与营业收入比率是销售净利率的增函数，二者呈同方向变化。

② 股利支付比率，随着股利支付比例的增加，价格与营业收入比率也相应提高。

③ 公司的风险（通过折现率表示），随着风险的增加，价格与营业收入比率降低。

④ 利润增长率，随着利润增长率的提高，价格与营业收入比率也会增加。

2）价格与营业收入比率模型的评估步骤

在选定以价格与营业收入比率模型对企业进行价值评估之后，按照本章第一节所确定的评估步骤依次需要做的是：选择可比公司；估算目标企业的价格与营业收入比率；预测价格比率基数和计算评估企业价值。选择可比公司和计算评估企业价值在第一节当中已做详细说明，此处不再重复。有关被评估企业的价格与营业收入比率值的估算，也分为可比公司参照法和回归分析法。估算过程与市盈率和市净率相似，此处不再重复。下面我们将讨论比率基数——营业收入的预测。

营业收入预测的方法主要有时间序列法、因果分析法和本量利分析法等。

①时间序列法，是按照时间的顺序，通过对过去几期实际数据的计算分析，确定预测期产品销售收入的预测值。由于计算程序的不同，这种方法又可分为历史同期（季）平均法、滚动（或加权）平均法、基数加平均变动趋势法。

【例6-8】PW公司2017—2022年的营业收入分别是8亿元、10亿元、7.6亿元、9.3亿元、8.5亿元和9亿元。该公司对近三年的营业收入进行加权平均，预测2023年的营业收入。2020年、2021年、2022年的权重分别为20%、30%、50%。

使用加权平均法预测2023年的营业收入，计算如下：

预测2023年的营业收入=9.3×20%+8.5×30%+9×50%=8.91（亿元）

②因果（相关）分析法，是利用营业收入与影响其发展的主要因素之间的关系进行营业收入预测的方法。这种方法一般适用于销售量直线上升的企业，具体包括一元回归法和多元回归法。

一元回归的公式为：

Y=a+bx

多元回归的公式为：

$$Y = a + b_1x_1 + b_2x_2 + \cdots + b_nx_n$$

式中：Y表示营业收入；a、b_1、b_2、…、b_n表示回归参数；x_1、x_2、…、x_n表示影响营业收入变化的主要因素。

③本量利分析法，在成本划分为变动成本和固定成本的基础上，根据销售成本、销售量与利润三者之间的内在联系，假定已知其中两个因素，来推测另一个因素，以寻求最佳方案。运用这种方法，既可以预测保本点销售量和销售收入，也可以预测为实现目标利润需要达到的销售量和销售收入。

3）价格与营业收入比率模型的应用

【例6-9】LW公司是一家服装生产企业，为了扩大市场，正计划向海外扩张。2022年，公司的每股收益是2.4元，每股营业收入为26元。按照公司的预计，利润的增长率为每年8%，股利支付比率为25%。该企业的β系数为0.7。政府债券利率为6%，股票市场的风险溢价为5%。

当前的销售净利率=2.4÷26×100%=9.2%

股东要求收益率=6%+0.7×5%=9.5%

$$P_0 = \frac{营业收入_0 \times 销售净利率 \times (1 + g)}{r - g}$$

$$= \frac{26 \times 9.2\% \times 25\% \times (1 + 8\%)}{9.5\% - 8\%}$$

$$= 43.06（元）$$

因此，该企业的股票价值为43.06元。

4）价格与营业收入比率模型的评价

价格与营业收入模型的优点主要有：

第一，与市盈率和市净率不同，价格与营业收入比率不会出现负值，也不会因此出现没有意义的情况。即使对于身处困境的公司，也可以得出一个有意义的比率。

第二，与利润和账面价值不同，营业收入不会受公司的折旧、存货等会计处理方法的影响，因而不容易被人为操纵。

第三，价格与营业收入比率不像市盈率那样频繁剧烈波动，因此给人以可靠的印象。

第四，价格与营业收入比率更能体现公司的价格政策变化以及公司战略方面的变化。

用营业收入代替利润和账面价值的优势之一是其稳定性。但是，当公司面临成本控制的问题时，优势也会演变成一种劣势。在这种情况下，公司的利润和账面价值会大幅度下降，而营业收入可能会保持不变。因此，对于那些存在问题的公司，尤其是有负的利润和账面价值的公司，在尝试采用价格与营业收入比率来进行评估时，如果不能很好地考虑公司之间的成本和利润率的差别，评估出的价值可能会严重误导决策。

6.5 基于价格比率的企业价值评估模型应用评价[①]

对于使用价格比率进行企业价值评估是否恰当，存在正反两方面的观点。

1）反对使用价格比率进行价值评估的观点

有人认为使用价格比率进行企业价值评估的方法并不正确，因为企业的价值是由预期未来现金流决定的。在他们看来，计算公司价值唯一正确的方法是推测公司的现金流，并把它们折现为现值。他们认为，与折现现金流相比，价格比率法有两个缺点：首先，价格比率方法中的基数是会计利润，而不是现金流量。其次，价格比率法只使用一年的结果，而不是公司所有的预期未来现金流。

（1）利润质量问题

有人认为价格比率法在估值中使用会计利润而非现金流是错误的，这个批评还是有可取之处的。与价值相关的并不是每股收益，而是现金流量。利润在计算的过程中会受到会计政策和会计估计选择等主观因素的干扰，所以，我们在使用价格比率方法时必须考虑利润质量问题。会计人员要从折旧、摊销、存货和收入确认的不同方法中做出选择，而这只是会计选择中很少的一部分。会计人员还要做出许多估计。这些估计会影响折旧、各种资产减值以及其他费用的报告金额。如果两家经济实质相同的公司做出不同的会计选择，他们所报告的利润数字也会存在极大的差异。一些学者相信利润通常是被"管理"的。有证据表明经理人选择会计方法和会计估计来得到想要的报告结果，例如完成利润目标、达到盈利预测、实现报酬目标、避免违反债务合约等等。正如所有其他的估值模型一样，我们必须在使用价格比率方法之前先进行会计分析。我们可能需要调整一家公司的利润，使之与可比公司真正可比。

（2）单一年度问题

使用单一年度的结果来估计价值会给价格比率法带来另一个问题。在使用价格比率进行企业价值评估的过程中，往往会忽略超出第一年的预期结果。正如我们可以看到的，在第一年后的利润增长应该对价值有很大影响。例如，如果预计一家公司每年的利润固定为 500 万元，而另一家公司的利润预计在未来几年中从 500 万元增长到 1 500 万元。这两家公司应该具有不同的价值。但是，如果我们对两家公司第一年的盈余应用相同的价格比率，我们会估计出相同的价值。

一些公司可能在某一年的利润中包含非经常性的项目，这是我们在评价利润质量时的另一个考虑因素。这会导致价格比率分析中的一个问题，一次性的项目可能具有与经常发生的项目不同的系数。例如，一项一次性的 100 万元的收入，只会使价值增加 100 万元。假如这个项目预计将来每年都会重复发生，那么它对价值的影

① 怀特，等. 财务报表分析与运用 ［M］. 杜美杰，等译. 北京：中国人民大学出版社，2007. 参考部分观点。

响就会大得多。

2）赞成使用价格比率进行价值评估的观点

价格比率方法的拥护者有一个非常简单的论点。因为这个方法被广泛使用，市场中许多公司的价值可能实际上都是基于价格比率确定的。不需要考虑那些认为这种情况不应该发生的理论观点，价格比率实际上决定了许多公司在市场中的价值。由于它被广泛使用，所以它应该被视为正确的方法。

二维码6-3：企业价值市场法评估相关问题探讨

3）对两种观点的评判

在所有可用的估值工具中，折现现金流依然是效果最好的方法。然而，一种周密的倍数分析法也应该在你的工具箱中占有一席之地。

——蒂姆·科勒

反对和赞成使用价格比率的论点看起来是截然相反的。一个是基于理论观点，看投资者应该如何确定公司的价值；另一个则着眼于实际观点，讨论投资者事实上是如何确定公司价值的。其实，如果满足一定的条件，两种观点都可能是正确的。人们确实在实务中使用价格比率方法，但并不是简单机械地使用它。如果投资者只是简单地使用市盈率方法，那么，所有的股票都会根据相同的市盈率交易，价格也只会在发布利润公告时或者每3个月才会改变一次。显然，事实并不是这样的。即使没有新的利润公告，市盈率也存在许多不同的值，价格也在不停地变化。

如果投资者使用价格，为什么公司会按不同的市盈率交易？投资者在寻找估计公司价值的合适的市盈率时会考虑许多因素，它们同时也是影响贴现现金流估值的因素。如果你在电子数据表中进行贴现现金流估值，并在末尾加入一个计算，以确定市盈率，那么市盈率将随着利润增长的变化而变化。事实上，实际的市盈率与利润增长的关系正如贴现现金流分析所预测的那样。我们的贴现现金流分析也会在不同的会计方法下产生不同的市盈率，即我们观察到的实际市盈率。此外，当比较几家公司的市盈率时，分析人员关于公司的报告通常会集中在利润增长、会计方法和利润质量三个方面。他们根据对贴现现金流估值造成影响的相同因素来判断他们认为恰当的价格比率。

因此，即使投资者实际上使用价格比率，他们也会对不同公司应用不同的价格比率。这些价格比率随着预期的贴现现金流变化。即使投资者实际上并不计算具体的贴现现金流估值，他们也必须考虑那些与正规的贴现现金流分析中相同的因素，并将它们纳入所使用的价格比率中。实际上，使用价格比率的投资者正在把价格比率作为一个贴现现金流估值的快捷工具。

两种理论都可能是正确的。我们能使用价格比率，但是只有我们理解了以下观点，即实际创造价值的是现金流，而价格比率分析是估计现金流价值的快捷工具，我们对价格比率的使用才是正确的。我们必须考虑被估值企业的会计方法、利润增长、资本结构，以及其他可能影响价格比率的因素，然后针对价格比率基数仔细选

择合适的价格比率。

4）基于价格比率的企业价值评估方法的适用条件

运用价格比率评估企业价值需要满足两个基本前提条件：

一是要有一个活跃的公开市场。公开市场是一个有多个自愿的买者和卖者，他们之间进行平等交易的市场。在这个市场上，成交价格基本上反映市场买卖双方的行情。因此，可以排除个别交易的偶然性。

二是在这个公开市场上要有可比的企业及其交易活动。企业及其交易的可比性，是指选择的可比企业及其交易活动是在近期公开市场上已经发生过的，且与待评估的目标企业即将发生的业务活动相似。

【政策思考6-1】

为贯彻落实《资产评估法》，规范资产评估执业行为，保证资产评估执业质量，保护资产评估当事人合法权益和公共利益，2018年在财政部指导下，中国资产评估协会根据《资产评估基本准则》，对《资产评估执业准则——企业价值》进行了修订。

《资产评估执业准则——企业价值》第三十一条指出，上市公司比较法中的可比企业应当是公开市场上正常交易的上市公司。在切实可行的情况下，评估结论应当考虑控制权和流动性对评估对象价值的影响。第三十二条指出，控制权以及交易数量可能影响交易案例比较法中的可比企业交易价格。在切实可行的情况下，应当考虑评估对象与交易案例在控制权和流动性方面的差异及其对评估对象价值的影响。

请阅读相关材料并思考：控制权和流动性方面的差异是如何影响评估价值的？评估时该如何调整控制权和流动性差异的影响？

本章小结

企业价值可表现为价格比率与相关价格比率基数的乘积，用公式表示如下：

企业价值=价格比率×价格比率基数

最常用的价格比率有3个，即价格与收益比率（或市盈率）、价格与账面价值比率（或市净率）和价格与营业收入比率，从而形成3种评估模型，即价格与收益比率模型、价格与账面价值比率模型和价格与营业收入比率模型。

基于价格比率的价值评估步骤包括：①选择价格比率模型；②选择可比公司；③估算目标企业的价格比率值；④预测价格比率基数；⑤计算评估企业价值。

被评估企业的价格比率值的确定方法主要有可比公司参照法和回归分析法两种。

对于稳定增长的企业来说，其市盈率是股利支付率和增长率的增函数，是公司风险（通过贴现率r体现）的减函数。

市盈率是证券市场上的投资者在进行企业估价时最常用到的一个比率，原因主要有以下几个方面：第一，它将股票市场价格与公司盈利状况联系起来。第二，计算资料容易取得，计算方法简便。第三，一定条件下，该指标可以在同类企业之间进行比较。第四，市盈率指标能够反映市场状况和前景预测。它的缺点仍是无法回避的：第一，当每股收益是负的时候，市盈率指标就失去意义了。第二，不同市场、不同企业的市盈率之间的可比性受限制。市盈率随股利支付比率和增长率的增加而增加，随着风险的增加而降低。

价格与账面价值比率模型有以下特点：第一，更能体现投入与产出的关系。第二，市净率指标用来反映企业的内在价值更加具有可靠性。第三，投资者根据市净率做出投资决策时，所承受的风险明显小于按市盈率做出的投资决策所承受的风险。第四，即使是收益为负的公司，也可以使用市净率进行价值评估。使用市净率进行企业价值评估也有几点不足：第一，账面价值受折旧及其他变量的会计处理决策的影响。当公司之间的会计标准相差比较大的时候，各公司间的市净率就无法进行比较。第二，对于固定资产较少的服务性公司来说，账面价值可能没什么意义。第三，如果一家公司的收益确实长期是负的，那么股权的账面价值就会变成负的，市净率也会变成负的。

价格与账面价值比率是关于净资产收益率、股利支付率和增长率的递增函数，是关于公司风险的递减函数。

价格与营业收入比率模型的特点如下：第一，价格与营业收入比率不会出现负值，也不会因此出现没有意义的情况。第二，销售收入不会受公司的折旧、存货、非常性开支，以及销售收入的会计处理的影响，因而不容易被人为操纵。第三，价格与营业收入比率不像市盈率那样剧烈波动。第四，从考察公司的价格政策变化以及公司战略方面的变化来看，价格与营业收入比率提供了更为方便的考察指标。

但是，当公司面临成本控制的问题时，这种稳定性也会演变成一种劣势。如果不能很好地考虑公司之间的成本和利润率的差别，评估出的价值可能会严重误导决策。

价格与营业收入比率是销售净利率、股利支付率以及增长率的增函数，是折现率的减函数。

我们能使用价格比率，但是只有我们理解了以下观点，即实际创造价值的是现金流，而价格比率分析是估计现金流价值的快捷工具，我们对价格比率的使用才是正确的。我们必须考虑被估值企业的会计方法、盈余增长、资本结构，以及其他可能影响价格比率的因素，然后针对价格比率基数仔细选择合适的价格比率。

主要概念

价格比率　市场法　价格比率基数　价格与收益比率　价格与账面价值比率价格与营业收入比率　可比公司

基本训练

1.简答题

（1）基于价格比率的企业价值评估有哪些步骤？

（2）如何估算被评估企业的价格比率？

（3）市盈率模型的优缺点有哪些？

（4）市净率模型的优缺点有哪些？

（5）价格与营业收入比率模型的优缺点有哪些？

2.思考题

（1）使用价格比率模型来为企业估值是否合理？

（2）使用可比公司参照法来估算被评估企业的价格比率时，需要考虑哪些方面的因素来对可比公司价格比率的平均值进行调整？

3.计算分析题

X公司2022年的每股净收益为4元，股利支付率为50%，收益和股利的增长率预计为5%。每股权益的账面价值为40元，公司在长期时间内将维持5%的年增长率，股票的市场价格为每股60元，公司的β值为0.8，假设无风险报酬率为3%，市场风险溢价为7%。

要求：

（1）基于以上数据，计算该公司的P/E值，估计该公司的市净率（P/B）。

（2）公司的净资产收益率为多少时才能证明公司股票当前价格计算出的P/B比率是合理的？

（3）简述市盈率指标的确定因素及其最主要的驱动因素，以及市净率指标的适用情况。

4.案例分析题

确定一家目标公司，然后找出几家能作为目标公司可比公司的企业，复核这些公司的情况，以确认它们在经营方面是相似的。准备一个书面的总结，说明你为什么选择这些公司。因为没有公司是完全可比的，所以，请确认你所讨论的可比公司在哪些方面与你所确定的目标公司并不真正相似。计算每家可比公司和目标公司的市盈率。

第7章 基于资产的企业价值评估

1.理解资产基础法的内涵；了解资产基础法评估企业价值的基本程序；了解资产基础法应用中需注意的问题；正确评价资产基础法应用中的优缺点；了解超额盈利资本化法的应用程序；理解超额盈利资本化法应用中需注意的问题。

2.掌握基于资产的企业价值评估不同方法基本原理及其实践应用。

3.全面贯彻落实党的二十大报告关于"深化国资国企改革"的要求，充分发挥资产基础法的作用开展企业价值评估业务，服务国有企业改革，促进国有资产保值增值。

7.1 基于资产的企业价值评估概述

1）资产基础法与成本法的关系

资产基础法这个名词的提出始于中国资产评估协会2004年发布的《企业价值评估指导意见（试行）》。其中，第四章第三十四条指出："企业价值评估中的成本法也称资产基础法，是指在合理评估企业各项资产价值和负债的基础上确定评估对象价值的评估思路。"中国资产评估协会2018年修订的《资产评估执业准则——企业价值》中第三十五条指出，企业价值评估中的资产基础法，是指以被评估单位评估基准日的资产负债表为基础，合理评估企业表内及可识别的表外各项资产、负债价值，确定评估对象价值的评估方法。

在我国，长期以来业内人士习惯用成本法来称呼企业价值评估中的资产基础法，实际上这样表述不是很准确。评估方法中，成本法与市场法和收益法一样都是针对单项资产而言的，而企业价值评估是针对整体资产进行的评估，尽管利用资产基础法评估企业价值从总的评估思路看与成本法类似，但由于整体资产评估的复杂性，在评估过程中资产基础法仍与单项资产评估的成本法存在较大差异。《资产评估执业准则——企业价值》第三十六条强调，资产评估专业人员应当知晓并非每项资产和负债都可以被识别并单独评估。第三十七条也说明，采用资产基础法进行企业价值评估，各项资产的价值应当根据其具体情况选用适当的具体评估方法得出，所选评估方法可能有别于其作为单项资产评估对象时的具体评估方法，应当考虑其对企业价值的贡献。换句话说，资产基础法并非单项资产评估的成本法的简单相加。因此，企业价值评估中的成本法，国际上通用的名称是资产基础法。

资产基础法实际上是根据企业提供的资产负债表，对企业账面价值进行调整得到企业价值，基本思路是重建或重置评估对象。其理论基础是"替代原则"，即任何一个精明的潜在投资者，在购置一项资产时所愿意支付的价格不会超过建造一项与所购资产具有相同用途的替代品所需的成本。这种评估观点实际上是从会计核算角度进行分析，认为企业价值是建造企业的全部费用的货币化表现，其大小是由建造企业的全部支出构成的。

2）资产基础法的适用性

比较前面章节讲到的运用收益法评估企业价值，不难看出，收益法和资产基础法均着眼于企业自身发展状况。不同的是收益法关注企业的盈利潜力，考虑未来收益的货币时间价值，是立足现在、着眼未来的一种评估方法，因此，对具有稳定持久收益的企业采用这类方法较为适合。资产基础法则是切实考虑企业现有资产负债，是对企业目前价值的真实评估。所以，对没有商誉或商誉较少的企业适宜用资产基础法进行评估。具体来说，可以分为以下三种情况：

（1）新设立的企业

新设立企业由于其所有的资产处于刚刚组合成整体的状态，企业的运营也处于起步阶段，各资产之间缺少磨合，估测企业的盈利能力较为困难，企业的经营管理尚未形成商誉。此时，着眼于企业各单项资产来评估企业的价值能够比较真实地反映企业的价值水平。

（2）投资性企业

这类企业作为投资性主体，主要从事投资业务，公司经营的目的是通过资本增值、投资收益或两者兼有而获利。企业资产多为股权和债权，资产之间的关联性不大，难以形成显著的协同效应。因此，企业的价值主要取决于各单项资产的价值。还应该注意的是，根据《资产评估执业准则——企业价值》第三十八条的规定，对专门从长期股权投资获取收益的控股型企业进行评估时，应当考虑控股型企业总部的成本和效益对企业价值的影响。

（3）非持续经营的企业

在对持续经营前提下的企业价值进行评估时，单项资产或者资产组合作为企业资产的组成部分，其价值通常受其对企业贡献程度的影响。然而，当企业无法保持持续经营状态时，企业将不再作为整体而存在，企业的商誉就会随之消失。因此，以非持续经营为前提评估企业的价值，就形同逐一评估企业各单项资产价值然后加总再扣除相关清算费用作为企业的评估值。

目前，我国部分国有企业效益不是很好，资产"盘子"大，非经营性资产占有相当大比重，加之我国的证券市场也不够完善，在此条件下，为防止国有资产流失，以资产基础法评估企业价值就不失为一种较恰当的选择。

【课堂拓展7-1】　服务国有企业改革，促进国有资产保值增值①

习近平总书记强调："国有企业是中国特色社会主义的重要物质基础和政治基础，是我们党执政兴国的重要支柱和依靠力量"，"要坚定不移深化国有企业改革，着力创新体制机制，加快建立现代企业制度，发挥国有企业各类人才积极性、主动性、创造性，激发各类要素活力"。资产评估正是基于防止资产流失，维护国有资产权益的需求而产生。而当前，资产评估将继续在"十四五"以及未来新发展格局下为国有企业改革中提供服务支撑。

在评估实务中，根据2021年基于国有资产评估报告的统计数据，在评估值层面，采用成本法/资产基础法，收益法、市场法和其他方法的报告评估值分别为189 803.19亿元、118 579.13亿元、90 211.71亿元和24 170.22亿元，占比分别为报告评估值总量的44.90%、28.05%、21.34%和5.72%；评估收入层面，采用成本法/资产基础法、市场法、收益法和其他方法的报告评估收入分别为247 572.23万元、102 940.85万元、70 554.06万元和14 419.87万元，占比分别为评估收入总量的56.85%、23.64%、16.20%和3.31%。可以看出，资产基础法已成为国有资产评估业务的主力军。

因此，在国企改革中，如何应用好资产基础法进行企业价值评估尤为重要。这就要求资产评估人员严格按照国家有关法律、行政法规、资产评估准则，不断精进自身专业水平，更好地服务于国有企业改革。

3）基于资产的企业价值评估的国内外方法

基于资产的企业价值评估方法在我国指的就是资产基础法，但从国外的实务操作来看，还存在超额盈利资本化法，其也属于这一类评估方法，具体内容如下：

（1）我国资产基础法

资产基础法是以被评估单位评估基准日的资产负债表为基础，合理评估企业表内及可识别的表外各项资产、负债价值，确定评估对象价值的评估方法。即评估时通过调整企业财务报表中的资产和负债来反映它们的现时市场价值，并以资产的评估总值与负债评估总值的差作为企业价值。这是我国资产评估师曾经使用得最多的一种方法，大量用于企业改制和股份制改造等的企业价值评估。

---

① 数据来源于"中国资产评估协会资产评估报告统一编码信息系统"，数据统计期间为2021年1月1日至2021年12月31日。

（2）国外超额盈利资本化法

国外超额盈利资本化法是先把公司的有形资产和负债进行评估之后再加上无形资产的价值，由此确定企业权益价值的方法。这种资产基础途径的评估方法，我国评估师基本上还未采用过。

本书将重点围绕资产基础法和超额盈利资本化法进行阐述。

7.2 基于资产的企业价值评估程序

运用资产基础法评估企业价值虽然是针对企业整体资产的评估，但在评估程序上还是会与单项资产评估有许多相似之处。比如：评估程序一般都包括接受委托、制订工作计划、收集整理资料、评定估算、验算并完成报告等若干部分的内容；通常都是以接受委托作为评估工作的起点；接受委托之前需要对评估对象做初步考察，与客户就相关问题进行洽谈协商；最终评估报告与结论需要经相关部门审核验证后才有效。2016年7月2日，为了规范资产评估行为，保护资产评估当事人合法权益和公共利益，促进资产评估行业健康发展，维护社会主义市场经济秩序，全国人民代表大会常务委员会发布了《中华人民共和国资产评估法》，自2016年12月1日起实施。《中华人民共和国资产评估法》中对于资产评估程序也做了清晰的规范，因此，无论是针对单项资产还是企业这样的整体资产，在评估时无疑都要遵循其要求。

具体来说，通过资产基础途径对企业价值进行评估，正式进入具体工作阶段后，一般可按如下步骤展开工作。

1）评估前期的工作与准备

在评估现场工作开始之前，一般需要向委托方了解被评估企业的基本情况。正式接受委托后，应与委托方负责人协商，列出委托方和相关当事方需要准备的资料和应协助的工作，并指导资产占有单位清查资产。评估项目负责人依据了解到的企业基本情况，参考委托方及资产占有方提供的资料，确定本次企业价值评估的目的，明确评估范围，选定评估基准日，并初步拟订评估计划。

（1）准备所需的相关资料

评估人员须搜集的资料主要包括四个方面：第一，有关被评估企业基本情况的资料，主要是指公司营业执照、章程、验资证明等复印件；第二，与评估目的有关的资料，如评估立项批文、评估委托书及反映被评估企业经济行为类型的资料；第三，与评估范围及对象相关的资料，主要包括由委托方或相关当事方提供的反映评估对象法律权属的资料和由被评估企业提供的资产清查明细表及其他相关资料；第四，有关评估基准日的资料，主要指与评估基准日相关的会计报表及其他申报资料。根据《资产评估执业准则——企业价值》第十一条的规定，执行企业价值评估业务，应当根据评估业务的具体情况，确定所需资料的清单并收集相关资料，通常包括：①与评估对象权益状况相关的协议、章程、股权证明等有关法律文件、评估对象涉及的主要资产权属证明资料；②被评估单位历史沿革、控股股东及股东持股比例、经营管理结构和产权架构资料；③被评估单位的业务、资产、财务、人员及经营状况资料；④被评估单位经营计划、发展规划和收益预测资料；⑤评估对象、被评估单位以往的评估及交易资料；⑥影响被评估单位经营的宏观、区域经济因素资料；⑦被评估单位所在行业现状与发展前景资料；⑧证券市场、产权交易市场等市场的有关资料；⑨可比企业的经营情况、财务信息、股票价格或者股权交易价格等资料。

（2）明确评估目的

企业价值评估的目的决定了应选用的评估方法、程序和遵循的估价标准。评估目的贯穿整个评估过程，影响评估人员对评估对象的界定和对资产价值类型的选择。明确评估目的是恰当地拟订评估计划、选用合适的评估方法与估价标准的前提和基础。

（3）确定评估范围与对象

企业价值评估中确定评估范围与对象一般应遵循如下原则：第一，评估对象应是被评估企业的全部资产和负债；第二，某单项或某类资产是否列入具体评估范围，要以委托方或相关当事方提供的相关法律权属资料为主要判断依据；第三，企业价值评估的范围不仅应包括企业自身占有的全部资产和负债，还应包括企业拥有的控股子公司资产的相应份额以及全资子公司的资产。

（4）选定评估基准日

评估基准日是评估机构所选定的被评估企业某一静止状态的时间。确定评估基准日主要有两个作用：一是能够在某一静态时点上对企业动态经营中的资产的数量、质量和种类进行评估；二是确定各单项资产评估的时间，使不同资产的计价基于同一时点。

评估基准日的确定应主要考虑如下因素：

第一，评估基准日的确定应由评估机构根据被评估企业经济行为的性质，与委托方商量后确定，并尽可能与评估目的的实现日接近。在实务中，企业价值评估的基准日应尽可能选择在会计期末。

第二，评估基准日的确定应当有利于保证评估结果有效地服务于评估目的，减少和避免不必要的评估基准日期后事项。

第三，评估基准日的确定应有利于企业资产勘察、评估资料收集等工作的开展。

2）资产勘察

资产勘察是指评估人员对委托单位或被评估企业提供的证件和资料进行必要的查验，通过对被评估企业所占有的资产及相关负债的具体情况进行现场查看，得出勘察结论的过程。根据《资产评估执业准则——企业价值》第十二条的规定，资产评估专业人员应当尽可能获取被评估单位和可比企业经审计后的财务报表或者公开财务资料，无论财务报表是否经过审计，资产评估专业人员都应当根据所采用评估方法对财务报表的使用要求对其进行分析和判断，但对相关财务报表是否公允反映评估基准日的财务状况和当期经营成果、现金流量发表专业意见并非资产评估专业人员的责任。采用资产基础法评估，应当对所采用的被评估单位于评估基准日的资产及负债账面值的真实性进行分析和判断。

（1）资产勘察的目的

资产勘察主要是查验资产的"真实性"，以便为后续评估工作做准备。具体来说，资产勘察的目的主要包括三方面：一是核实资产是否真实存在，对于机器设备、车辆、房屋等应实地查看并逐项与申报的资产清查明细表相核对；二是核实对资产的描述是否真实，检查申报资料上所列示的资产的数量、品质、规格、型号、购买日期、存放地点等是否与实地考察所见情况相符；三是核实对重点资产查验有无产权证明，并关注产权资料的来源和可信度。在设定产权的前提下，对纳入评估范围的各项资产进行评估。

（2）资产勘察的内容

资产勘察的内容应当是由委托方委托评估，并由评估机构设定的被评估企业所占有的全部资产及相关负债。也就是说，资产清查和核实的范围应当与评估范围一致。根据《资产评估执业准则——企业价值》第七条的规定，资产评估专业人员应当依法对企业价值评估活动中使用的资料进行核查验证。因法律法规规定、客观条件限制无法实施核查验证的事项，资产评估专业人员应当在工作底稿中予以说明，分析其对评估结论的影响程度，并在资产评估报告中予以披露。如果上述事项对评估结论产生重大影响或者无法判断其影响程度，资产评估机构不得出具资产评估报告。

（3）资产勘察的程序[①]

①将资产与负债分类

在评估过程中不仅要注意表内资产，也要合理评估可识别的表外资产。通常评估人员可依据被评估企业提供的资产负债表、账册及资产清查明细表，对被评估企业的资产及负债项目进行分类。要注意检查被评估企业所申报的资料分类是否得当，申报资料所反映的时点与评估基准日是否相一致，如果不一致，要注意在此期间内资产的数量与实物形态有无重大变化。除了可依据申报资料分类外，为了便于现场抽查核实，还可将实物存放地点作为进一步分类的标准。

另外，要注意的是，对于同一类别资产的清查还可以根据该类中不同资产的重要性或评估人员的评估经验将同一类资产细分。比如，运用存货管理的ABC控制法就可以依据重要性的不同对存货进行分类，以便对重点资产进行核查和评估。存

---

① 俞明轩. 企业价值评估［M］. 北京：中国人民大学出版社，2004：111.

货管理的 ABC 控制法是依据存货品种、数量以及占用资金的多少，分成 A、B、C 三类：A 类存货品种少，资金占用较多；B 类存货品种相对较多，资金占用量中等；C 类存货品种繁多，资金占用较少。基于对存货的 A、B、C 分类，应对 A 类重点查验，必要时应详细调查每一件的购买时间及使用状况、功能、质量状况及完好状况；对 B 类可以小规模地抽查，初步估计 B 类的分类成新率，并对该类型存货的总体完好状况作一个总的评价，为以后评估 B 类存货价值提供估价依据；对 C 类存货可以进行一次性的核实和评估，在清查现场着重清点存货的数量，并同时初步完成该类存货的取证及估价工作。通过这样的分类，可以确定清查与评估中的重点资产，有利于评估人员掌握工作重点，提高评估质量和评估效率。

②现场的清查工作

在资产清查工作进行的同时，还应当尽可能地收集相关资料作为资产评估取价依据，主要包括下列工作内容：

A. 向被评估企业索要资产的技术经济标准，价格资料；向富有经验的专业人员询问资产的运转及使用情况并做好详细记录。

B. 观察待评估的实物资产的分布情况及特点，做好详细记录。

C. 现场对固定资产逐项清点，全面勘查其性能及状况，做好详细记录并拍照备案。

此外，清查时还应该注意一些特别事项：

A. 残次、变质失效、积压过时及其他待核销报废的资产，需进行必要的查验核实。

B. 在检测鉴定待修理、待报废的固定资产或高精尖重要设备及特殊建筑物时，若手头现有的资料不充分，需要动用技术检测手段进行必要的鉴定，必要时应请求专家协助。

C. 应调查并记录可能影响资产清查的有关事项，比如是否存在资产性能的限制、存放地点的限制、诉讼保全限制、技术性能的局限，是否涉及商业秘密和国家秘密。若有不能直接清查的资产，应在评估报告中逐项列示并说明原因，同时尽可能考虑用间接方法清查。

③拟写资产清查结论及资产清查情况说明

资产清查情况说明是企业价值评估报告书内容的一部分。该部分主要包括六项内容：资产清查核实内容、实物资产分布情况及特点、影响资产清查的事项、资产清查的过程与方法、资产清查结论、清查调整说明。

资产清查结论通常反映各类资产清查结果是否与账面记录存在差异。如有差异，应说明差异的相对程度与绝对程度，并说明差异的原因。对于产权不明晰的资产应逐项列示，并说明产权纠纷原因，同时写明此纠纷对估价造成的影响。清查后发现有应当予以调整的事项，应做调整并列示调整前后比较表。调整事项应说明已经与资产占有方取得一致意见。对于双方有异议的事项，评估人员应具体说明调整的原因。

此外，在用资产基础法评估企业价值时，资产的类型及结构十分复杂，资产数目众多，在清查时尤其要注意是否有遗漏或重复情况。若确实有重大遗漏应与委托方协商后重新调整评估范围。特别需要关注下列情况中的资产：内部独立核算单位；异地的分公司或办事处、门市部、经销点；控股子公司或非控股子公司；租入、租出或公用资产；有偿或无偿使用资产。如果有遗漏或重复的资产应予以纠正，重新填写"清查调整后账面值"栏目。对于发现的遗漏或重复资产还应在报告中的"资产清查情况说明"部分予以适当披露。

3）评定估算

采用资产基础法进行企业价值评估，各项资产的价值应当根据其具体情况选用适当的具体评估方法得出，所选评估方法可能有别于其作为单项资产评估对象时的具体评估方法，应当考虑其对企业价值的贡献。更值得注意的是，我们应当明确评估对象在持续经营前提下的价值并不必然大于在清算前提下的价值。被评估企业的资产与负债经评估人员清查核实后，就应当全部列入评定估算的具体范围内。在估算之前，通常需要依据属性或价值类型等标准对全部资产及负债进行分类。针对每一类、每一项资产的具体情况，评估人员应当尽可能地搜集充分的资料与信息，充分估计各种影响评估价值的因素，选择适当的计价标准和参数，运用科学的方法评估资产的价值。搜集的评估数据可以来自经核实的申报资料，也可来自现场的检测与鉴定，还可以是经调查与分析后所收集到的市场信息。

（1）分类

企业价值评估中，由于企业资产千差万别，数量繁多，为提高评估效率、保证评估质量，评定估算前一般需对全部资产进行分类。分类一般分两个步骤进行。

首先，要依据被评估企业会计账簿中的资产分类方法，结合委托方资产规模及具体特点以及对评估结果详略程度的要求，按资产性质进行分类，如将资产分为流动资产、固定资产、无形资产等。同时，按照资产的类别组成相应的评估小组。

其次，在同一类别的资产中，按一定的标准将资产细分。分类的方法与标准可根据不同的情况分为很多种，比如设备可以根据来源不同，分为进口设备、外购国产设备、自制设备等，也可以按照其重要程度采用 ABC 分类法进行细分。

每个小组的负责人应做好分类资产评估计划，并将具体工作落实到每一个小组成员。最后由小组负责人复核后将单项资产的评估结果汇总编制分类资产评估汇总表。

（2）确定评估方法

评估方法的选择要根据单项资产的性质、功能和形态等具体情况做出判断。因而对资产的不同分类，会直接影响具体评估方法的选择。但无论怎样分类，通常在确定选择某种方法之前，需确定该资产的价值类型是否满足要选择的评估方法的适用前提，所能搜集到的数据和信息能否满足该评估方法技术上的要求，同时也要考虑取证的成本效益。一般来说，成本法、市场法及收益法是三种通用的针对单项资产的评估基本技术思路及具体评估方法。对于采用多种方法评估的资产项目，还要在评估报告中具体披露并说明使用多种方法的原因。

通常在确定了评估方法之后，需要设计评估明细表格，其目的有两个：一是为了提供、搜集、整理数据，以便提高工作效率并防止疏漏；二是为了便于前后工作的衔接与过渡，为编制分类汇总表、撰写评估报告做好准备。

（3）搜集整理资料及估算

估价资料的搜集类型直接取决于所选择的评估方法。这就要求搜集的估价资料在保证真实、可靠的基础上，更应为所选择的评估方法服务。另外，这些资料也是对评估结果最有力的证明。在数据的整理与分析过程中，应去伪存真、去粗取精，尽量选取那些最可信、最有证明力的作为评估时的依据。

评估人员对评估资料的搜集除了在清点资产的基础上对被评估企业提供的资料加以汇总、核对整理外，还需要进行现场勘察，了解资产的账面原值、已使用时间、磨损情况、维修、改造、实际功能和技术状况并记录在工作底稿中。评估人员应对现场取回的资料进行分类、筛选、审核、编号，关注资料的来源，分析资料的完整性与可靠性。若采用成本法评估，对所需的相关技术参数，如磨损系数、功能性贬值率等还应通过技术检测手段进行必要的现场鉴定。

此外，搜集资料的过程通常还包括进行必要的市场调查与分析。以企业所拥有的房地产价值评估为例，市场售价类比法是国际上房地产评估应用得较为广泛的一种方法，应用这种方法的前提条件是能够收集到大量的市场交易资料。因而评估企业的房地产价值，就必须进行大量的市场调查，掌握必要的交易资料。同时，评估人员还要对搜集的交易实例进行分析、筛选，选择符合评估要求的交易对象作为比较参照的交易实例。再比如评估应收账款、分期收款发出商品时，对大额项目除需查看债权形成时的原始凭据或进行函证外，还应了解债务方的资信状况以分析收回的可能性及时间。

在对企业的资产评估中，如果前期工作进展顺利，那么在搜集、整理估价资料完成后估算出资产价值就顺理成章了。对于各单项资产价值的评估，若采用成本法估值，就应在合理确定企业各项资产的重置成本及相关贬值因素的基础上得出评估初步结论；若采用市场法估值，就应在合理选择参照物的基础上，调整评估对象与参照物的差异，得出初步评估结论；若采用收益法估值，就应在合理预测资产未来收益、收益期和折现率等参数的基础上得出初步评估结论。

（4）汇总评估结果

在每一单项资产得出初步评估结论后，应将其交给各资产小组进行分析和复核，对确实不合理的评估结论应进行调整。完成这项工作后，即可着手进行评估明细表的数据汇总。评估明细表设立逐级汇总，先明细表内数字汇总，然后分类汇总，再到资产负债式的综合汇总。资产评估明细表一般应按会计科目顺序装订，通常作为企业价值评估报告的附件。装订顺序是列在分类评估汇总表之后的。

4）结论与报告

在完成评估明细表的逐级汇总后，评估结论经各分类小组负责人初步验算，再由项目经理进行专业审核，最后交评估机构负责人复审无误并征求委托方意见后就可出具评估报告了。

在出具评估报告前还需注意，2017 年和 2018 年修订的《资产评估执业准则——企业价值》中删除了资产基础法不能作为唯一使用的方法的相关表述，变为执行企业价值评估业务，应当根据评估目的、评估对象、价值类型、资料收集等情况，分析收益法、市场法、成本法（资产基础法）三种基本方法的适用性，选择评估方法。同时要求对于适合采用不同评估方法进行企业价值评估的，资产评估专业人员应当采用两种以上评估方法进行评估。应该说，这是对资产基础法的肯定。

出具企业价值评估报告除了要满足相关的格式规范和内容规范外，资产评估报告书还要根据项目的特点提供必要的信息，以使评估报告的使用者能够正确理解资产评估结论。此外，在正式提交企业价值评估报告书之前，资产评估机构和人员应与委托方进行必要的沟通，对于委托方提出的问题和建议，在保证自身独立性的前提下，客观地考虑是否有疏忽、遗漏和错误之处，是否需作修改。在听取委托方反馈意见的过程中，资产评估机构和人员切忌为迎合委托方的不合理要求而影响评估结论的客观性和公正性。与委托方作必要的沟通后，资产评估人员方可正式撰写评估报告。

【知识链接7-1】《中华人民共和国资产评估法》中关于评估程序的规定①

第二十二条 委托人有权自主选择符合本法规定的评估机构，任何组织或者个人不得非法限制或者干预。

评估事项涉及两个以上当事人的，由全体当事人协商委托评估机构。

委托开展法定评估业务，应当依法选择评估机构。

第二十三条 委托人应当与评估机构订立委托合同，约定双方的权利和义务。

委托人应当按照合同约定向评估机构支付费用，不得索要、收受或者变相索要、收受回扣。

委托人应当对其提供的权属证明、财务会计信息和其他资料的真实性、完整性和合法性负责。

第二十四条 对受理的评估业务，评估机构应当指定至少两名评估专业人员承办。

委托人有权要求与相关当事人及评估对象有利害关系的评估专业人员回避。

第二十五条 评估专业人员应当根据评估业务具体情况，对评估对象进行现场调查，收集权属证明、财务会计信息和其他资料并进行核查验证、分析整理，作为评估的依据。

---

① 摘自 2016 年 7 月 2 日第十二届全国人民代表大会常务委员会第二十一次会议通过的《中华人民共和国资产评估法》。

第二十六条　评估专业人员应当恰当选择评估方法，除依据评估执业准则只能选择一种评估方法的外，应当选择两种以上评估方法，经综合分析，形成评估结论，编制评估报告。

评估机构应当对评估报告进行内部审核。

第二十七条　评估报告应当由至少两名承办该项业务的评估专业人员签名并加盖评估机构印章。

评估机构及其评估专业人员对其出具的评估报告依法承担责任。

委托人不得串通、唆使评估机构或者评估专业人员出具虚假评估报告。

第二十八条　评估机构开展法定评估业务，应当指定至少两名相应专业类别的评估师承办，评估报告应当由至少两名承办该项业务的评估师签名并加盖评估机构印章。

第二十九条　评估档案的保存期限不少于十五年，属于法定评估业务的，保存期限不少于三十年。

第三十条　委托人对评估报告有异议的，可以要求评估机构解释。

第三十一条　委托人认为评估机构或者评估专业人员违法开展业务的，可以向有关评估行政管理部门或者行业协会投诉、举报，有关评估行政管理部门或者行业协会应当及时调查处理，并答复委托人。

第三十二条　委托人或者评估报告使用人应当按照法律规定和评估报告载明的使用范围使用评估报告。

委托人或者评估报告使用人违反前款规定使用评估报告的，评估机构和评估专业人员不承担责任。

7.3　基于资产的企业价值评估方法

1）资产基础法

（1）资产基础法的内涵

对于企业整体价值的评估，尽管资产基础法并不是最理想的评估方法，但它却是我国资产评估实践中在相当长时间内的首选方法，也是资产评估师最熟悉的方法。

中国资产评估协会在2018年修订的《资产评估执业准则——企业价值》第三十五条中对资产基础法的含义做了清晰界定：企业价值评估中的资产基础法，是指以被评估单位评估基准日的资产负债表为基础，合理评估企业表内及可识别的表外各项资产、负债价值，确定评估对象价值的评估方法。并在第三十六条进一步指出：资产评估专业人员应当根据会计政策、企业经营等情况，要求被评估单位对资产负债表表内及表外的各项资产、负债进行识别。资产评估专业人员应当知晓并非每项资产和负债都可以被识别并单独评估。识别出的表外资产与负债应当纳入评估申报文件，并要求委托人或者其指定的相关当事方确认评估范围。当存在对评估对象价值有重大影响且难以识别和评估的资产或者负债时，应当考虑不同评估方法的适用性。

资产基础法的基本思路是在评估基准日，重新投资建造一个与被评估企业有相同的经营结构与功能、相同的获利能力的完整的生产能力实体，并以重建过程所需的投资额作为被评估企业价值。资产基础法从一般投资人的角度去分析企业的价值构成并进行评估，也就是说在社会现有的技术水平、现时的价格水平、正常的利润率水平和税费结构的条件下，估算现在时点重建企业的费用。因为一个精明的潜在投资者，在购买一家企业时，所愿意支付的价格不会超过他按现有的资产组合及功能去重建的现行重建成本。该思路来源于根据重置成本和各项贬值评估单项实物资产的传统评估方法——成本法，这也就是资产基础法经常被冠以成本法称谓的原因。在后面内容中为便于理解资产基础法，我们将就单项资产评估的成本法的基本原理作简要阐述。

运用资产基础法评估企业价值，究其实质，是将企业整体资产化整为零，对各项有形资产和无形资产及负债分别根据各自特点和企业具体情况采用适宜的评估方法进行评定估算。而企业的价值就等于所有有形资产和无形资产的价值之和减去负债。评估时通过调整企业财务报表中的资产和负债来反映它们的现时市场价值，并以资产的评估总值与负债评估总值的差作为企业价值。在这一过程中，合理地评估每一单项要素资产及负债是运用资产基础法评估企业价值的基础。在进行每一单项资产的价值评估时，往往被误解为必须使用成本法。其实，资产基础法应用中最值得关注的问题就是，各项资产的价值应当根据其具体情况选用适当的具体评估方法得出。这一点在《资产评估执业准则——企业价值》第三十七条中已做出了明确规定，采用资产基础法进行企业价值评估，各项资产的价值应当根据其具体情况选用适当的具体评估方法得出，所选评估方法可能有别于其作为单项资产评估对象时的具体评估方法，应当考虑其对企业价值的贡献。资产评估专业人员应当知晓，在对持续经营前提下的企业价值进行评估时，单项资产或者资产组合作为企业资产的组成部分，其价值通常受其对企业贡献程度的影响。因此，各项资产的价值在符合运用条件的情况下可用适当的方法进行评估。比如，评估房地产价值可以采用市场法，评估无形资产价值可以采用收益法。

（2）单项资产评估的成本法的基本原理

因为运用资产基础法评估企业价值的思路源于单项资产评估的成本法，因而，为了加深对资产基础法的理解，我们有必要了解单项资产评估的成本法的一些基本原理。

成本法是资产评估的基本方法之一。成本法的运用涉及四个基本要素，即资产的重置成本、资产的实体性贬值、资产的功能性贬值和资产的经济性贬值。从其定义看，一般来说，成本法是指首先估测被评估资产的重置成本，然后估测被评估资产存在的各种贬值因素，并从重置成本中扣除这些贬值因素，从而得到被评估资产价值的各种评估方法的总称。成本法用公式可表示为：

$$\text{资产的评估价值} = \text{资产的重置成本} - \text{资产的实体性贬值} - \text{资产的功能性贬值} - \text{资产的经济性贬值}$$

①资产的重置成本

资产的重置成本就是资产在全新状态下的现行取得成本。具体来说，重置成本又分为复原重置成本和更新重置成本两种。复原重置成本是指采用与被评估资产相同的材料、建筑标准或制造标准、设计规格及技术等，以现时价格水平重新购建与被评估资产相同的全新资产所必需的花费。更新重置成本是指采用新型材料、现代建筑标准或制造标准、新型设计、新的规格和先进技术等，以现行价格水平购建与被评估资产功能相同的全新资产所必需的全部花费。以机器设备为例，其复原重置成本是指按现行的价格购置或制造一台实际上与现有设备完全相同的设备所需的成本。而其更新重置成本则指按现行的价格购建一台能够提供同样服务和功能的新设备替代现有设备所需的成本。

进一步说，复原重置成本基本上是在不考虑技术条件、构成材料、制造标准等因素变化的前提下，仅考虑物价变动对成本的影响而确定的成本水平，换句话说是按照价格变动指数将资产的历史成本转换成了重置成本。而更新重置成本是在充分考虑了技术条件、构成材料、制造标准等因素变化的前提下所确定的重置成本。

资产的更新重置与资产的复原重置相比，在使用现代技术和新型材料的条件下，其建造效率往往有大幅度的提高，为了达到原有资产相同功能所需耗费的成本一般远远小于复原重置成本。因此，当资产的重置没有特殊要求的情况下，如果两种成本都可以取得，一般宜选用更新重置成本。如果资产重置所需的原来所用材料现在无法重新获得，或者原来的工艺流程已经无法得知，再或者由于现代技术进步，原先的加工设备已淘汰，复原重建已经不可能或者明显不经济时，就应采用更新重置成本作为估算基础。当然，选择何种重置成本关键还是看哪种成本的取得在现实条件下可行且最为经济、最为合理。

②资产的实体性贬值

资产的实体性贬值亦称资产的有形损耗，是指由于使用磨损和自然力侵蚀导致资产物理性能下降而引起的贬值。资产的实体性贬值通常采用相对数计量，即实体性贬值率，用公式表示为：

$$\text{实体性贬值率} = \frac{\text{资产实体性贬值}}{\text{资产重置成本}}$$

③资产的功能性贬值

资产的功能性贬值是指由于技术相对落后而造成的贬值。功能性贬值可以表现为由于采用新工艺、新材料和新技术，原有资产的建造成本与现行建造成本相比较的超支额，或者是原有资产与体现先进技术的同类资产相比较的运营成本的超支额。

④资产的经济性贬值

资产的经济性贬值是指由于外部条件的变化使得资产闲置，从而因收益能力下降造成的资产价值损失。

（3）资产基础法的程序

运用资产基础法评估企业价值，除了要按照上节中介绍的基本程序进行估值外，更要根据资产基础法的基本原理，着重完成以下各个步骤的工作。

①第一步，取得经过审计的评估基准日或距评估基准日最近的财务报表。经过审计的评估基准日或距评估基准日最近的财务报表是应用资产基础法评估企业价值的基础。资产负债表若是在评估基准日编制的当然最为理想，但如果不能获得评估基准日的资产负债表，一方面评估人员可以要求评估委托方的会计师编制评估基准日的历史成本资产负债表，为评估人员进行评估提供帮助，另一方面，评估人员在具备编制财务报表所必需的基本会计经验的条件下，也可以自己根据资料编制评估基准日的资产负债表。另外，评估人员还可依赖经审计的距评估基准日最近的资产负债表，将其作为工作的依据，当然对这类资产负债表需要进行更多的评估调整。

②第二步，调整资产负债表表内项目。在这一步骤中主要是针对每项资产、负债和所有者权益根据所选择的适用于所评估企业的价值标准对其账面价值进行调整。评估人员将慎重地分析和了解所评估企业每一项实质性的账面资产、负债和所有者权益，并对这些项目是否需要进行评估做出判断。一般情况下，评估人员往往设定公平市场价值为企业评估时的价值标准。在资产负债表表内项目账面价值的调整过程中，需重点关注以下几个方面：

A.固定资产折旧和无形资产摊销的估计

固定资产的账面价值体现为其原值扣除累计折旧和累计减值准备的差额。从折旧来看，根据《企业会计准则第4号——固定资产》的规定，企业应于每年年末对固定资产的使用寿命、净残值和折旧方法进行复核，如果发生较大差异应作为会计估计变更进行调整。在会计人员对固定资产使用寿命、折旧等估计不准确的情况下，固定资产的账面价值往往与资产评估师评估的固定资产的公平市场价值存在差异，因而需要对其账面价值进行调整。

根据《企业会计准则第6号——无形资产》的规定，企业应于每年年末对无形资产的使用寿命、残值和摊销方法进行复核。企业会计人员可能存在由于信息掌握不全面而对无形资产使用寿命判断不准确，或根据会计准则的规定对使用寿命无法确定的无形资产不进行摊销的情况，这样就使得无形资产的账面价值与资产评估师采用专业的评估方法评估的无形资产的价值产生差异，因而在采用资产基础法评估企业价值时需要对此进行估值的调整。

B.涉及减值的各类资产项目的估计

首先，从应收款项和持有至到期投资来看，二者均是以摊余成本计量的金融资产。对于应收款项减值情况的估计可通过坏账准备科目进行反映。评估师通过发函询证具体了解往来款项的发生时间、款项、欠款人资金及信用状况，分析欠款账龄、原因，判断坏账准备计提金额的合理性，确定应收款项的评估值。对于持有至到期投资，会计上的做法是将其账面价值减记至预计未来现金流量的现值，而减记的金额则确认为资产减值损失。但对于持有至到期投资未来现金流量的估计，评估师需要通过了解债券发行方的资信程度、偿还能力等做出判断。评估师对应收款项和持有至到期投资公平市价的估计也可能出现与其账面价值不等的情况，从而需要做出调整。

其次，从存货项目来看，其期末账面价值是按照成本与可变现净值孰低的原则确定的，期末可变现净值低于成本的金额记为存货跌价准备。资产评估师针对存货的不同类型选用不同的评估方法取得其公平市价的估计值，如发生与会计上确认价值不符的情况则需要进行调整。

最后，从长期股权投资、固定资产、无形资产和商誉来看，这些资产的减值均以资产的可收回金额低于其账面价值的金额来确定。而对于资产的可收回金额的确定，会计上需要对资产的公允价值、预计未来现金流量的现值等进行估算。资产评估师对于这些项目的估算所采用的方法和数据往往与会计人员所采用的不同，因而这类资产项目也是评估师需要重点进行估算调整的。2018年修订的《资产评估执业准则——企业价值》尤其对于长期股权投资评估进行了重点阐述。第三十八条规定，采用资产基础法进行企业价值评估，应当对长期股权投资项目进行分析，根据被评估单位对长期股权投资项目的实际控制情况以及对评估对象价值的影响程度等因素，确定是否将其单独评估。对专门从长期股权投资获取收益的控股型企业进行评估时，应当考虑控股型企业总部的成本和效益对企业价值的影响。对专门从长期股权投资获取收益的控股型企业的子公司单独进行评估时，应当考虑控股型企业管理机构分摊管理费对企业价值的影响。

C.评估基准日与资产负债表日的差别

由于按企业会计准则的规定会计估计复核和各项资产的减值测试一般在每年年末进行，而资产评估基准日的选择通常遵循与评估目的实现日相接近的原则，确定的日期往往与会计上的资产负债表日存在时间上的间隔。因而资产评估师对企业价值进行评估时，需要对这段时间间隔中资产的公平市场价值的变化进行合理的估计。

D.资产的增值

会计上根据谨慎性的原则，对资产的计价往往只预计损失，而对可能发生的价值增值却不予反映。尤其是涉及房屋、建筑物等资产项目，在房地产市价上涨的情况下，其账面价值往往与评估师的专业估值结果出入较大。

③第三步，调整资产负债表表外项目。首先，评估分析人员需要确认没有反映在资产负债表中的表外资产并进行评估。企业的资产具体体现为有形资产和无形资

产。对于企业租入的固定资产，可能存在会计人员根据相关标准判断作为经营性租赁资产未在资产负债表内反映，但评估师出于专业判断认为该资产符合会计上融资租赁资产的判断标准认为其应列示于资产负债表内的情况，因而需要在企业价值的评估中增加对此项资产价值的评估。某些无形资产由于各种原因未记入资产负债表中，而这些资产在一些高新技术企业和第三产业机构的资产总值中却占有相当大的份额，其构成不容忽视。正因如此，为评估企业的完整价值，评估人员应首先确认这些没有在资产负债表中体现的有形资产和无形资产，并评估其价值。其次，评估分析人员需要确认没有反映在资产负债表中的实质性的或有负债并进行评估。根据《企业会计准则第13号——或有事项》的规定，企业不应确认或有负债，但要在附注中进行披露。一些由未决诉讼和环境治理等方面引起的或有负债对企业的经营风险是有非常重要的影响的。因此，尽管或有负债的确定和评估在资产基础法中，相对来说是不经常应用的程序，但或有负债对企业的评估价值有重要的影响的，评估人员在应用资产基础法时应考虑此项程序。

④第四步，评估结果汇总。经过一系列必要的调整后，评估分析人员根据汇总后的评估结果编制一份评估基准日以价值为基础的模拟资产负债表。而最终确定的所有者权益的评估值是评估分析人员根据会计恒等式，用调整后的企业全部资产（包括有形和无形的资产）价值减去调整后的企业的全部负债（包括账面和或有负债）价值而得到的。

至此，资产基础法评估了企业全部的所有者权益。如果评估项目涉及非企业全部权益的价值，则可能要根据要求增加一些其他的评估程序。

（4）各单项资产的评估方法

在应用资产基础法评估企业价值时，对于各单项资产价值的评估应采用适应不同资产类型的评估方法，具体内容如下：

①货币资金

企业财务报表列示的货币资金主要包括库存现金、银行存款和其他货币资金。对于这类资产价值的评估较为简化，主要可以依据对现金的清点和银行账目的核对来调整这类资产的账面价值。

②债权类资产

企业的债权类资产主要包括应收票据、应收账款、预付款项、应收利息、应收股利、其他应收款和长期应收款等。对这类资产进行评估主要可以通过发函询证等方式与债权人进行核对，并采用坏账比例分析法和账龄分析法科学合理地估计坏账损失及可能发生的收账费用。

③存货

企业中的存货种类众多，主要包括原材料、在产品、半成品、产成品、商品和周转材料等。由于企业会计准则规定，期末存货账面价值要按"成本与可变现净值孰低法"确定，因此，企业财务报表中披露的存货金额既可能是存货的历史成本，也可能是其现行成本，即可变现净值。对这类资产的评估，应重点关注存货的账面价值是否反映现行市价，进而根据具体情况进行评估。例如，某些近期购进的材料，由于市场价格短期内变化不大，其账面价值基本反映市场行情，则可以直接采用账面价值作为其评估值。而对于一些购进时间较早、账面价值与现行市价相差较大的存货则可以采用现行市价法、类比调整法来进行重新估值。另外，对于企业通过加工取得的存货，如在产品、产成品等则可以通过重置核算法来估算其价值。

【案例7-1】　　　　　　采用成本法评估存货价值[①]

某资产评估机构对于A企业进行资产评估，经核查发现A企业产成品实有数量为1 000件，根据该企业的成本资料，结合同行业成本耗用资料分析，生产该产品的材料费用为500千克/件，所耗用工时为25小时/件。评估时，生产该产成品的材料价格上涨，由原来的60元/千克涨至65元/千克，耗用工时，工资均不变，仍为10元/小时。根据以上分析和有关资料，该产成品评估值应为：

产成品评估值=1 000×（500×65+25×10）=32 750 000（元）

④投资

企业的投资主要包括交易性金融资产、可供出售金融资产、持有至到期投资、长期股权投资、投资性房地产等。其中，投资性房地产的估值方法可以遵循固定资产的一般评估方法，而对于除投资性房地产以外的金融工具投资，评估人员可以考虑根据投资资产是否具有活跃的市场交易来选择不同的评估方法。对于存在活跃市场交易的投资资产可以采用市场法进行估值；对于不存在活跃市场交易的投资资产可以采用收益法进行估值。另外，对于企业部分权益价值进行单独评估时，往往需要首先对被评估企业的整体价值进行估测，而后根据部分权益所占比例再确定其价值。如果涉及控股权价值的评估，还要考虑在初步评估结果的基础上，进行控股权溢价的调整。

【案例7-2】　　　　　　利用市场法评估持有至到期投资[②]

某评估机构对于某企业的持有至到期投资进行评估，发现其持有至到期投资账面余额为10万元（购买债券1 000张，面值100元/张）年利率为11%，期限5年，已上市交易。在评估前，该债券未计提减值准备，根据市场调查，评估基准日的收盘价为120元/张。

据评估人员分析，该价格合理。故可用市场法评估，即：

持有至到期投资评估值=1 000×120=120 000（元）

⑤固定资产

企业的固定资产主要包括房屋、建筑物、机器设备、运输设备、工具器具等。评估固定资产的价值，可以分房地产评估和机器设备评估两大类来进行。

对于房地产的评估需要视评估对象的特点选择评估方法。具体来说，如果被评

① 中国资产评估协会.资产评估实务一［M］.北京：中国财政经济出版社，2023.
② 中国资产评估协会.资产评估实务一［M］.北京：中国财政经济出版社，2023.

估的房地产属于交易性房地产，如普通商品住宅、别墅及写字楼等，评估人员可以搜集到大量与其相类似的市场交易实例，则考虑采用市场法进行评估。如果被评估的房地产属于收益性房地产，如商场、酒店、影剧院等，评估人员比较容易获得其收益资料，则可以考虑采用收益法进行评估。如果被评估的房地产属于既很少发生交易，又无法确认收益的类型，如政府办公楼、学校和公园等，评估人员则可以考虑采用成本法进行评估。

对于机器设备的评估，成本法和市场法是比较多见的评估方法。如果评估人员能够估测机器设备的重置成本及贬值程度，则可以考虑采用成本法来评估；如果被评估机器设备存在比较活跃的交易市场，并且容易寻找与其相类似的交易实例，则可以考虑采用市场法来评估。

⑥无形资产

企业的无形资产主要包括专利权、非专利技术、商标权、著作权、特许权和土地使用权等。由于无形资产本身不具有实物形态，其成本与价值存在弱对应性，因而运用成本法评估无形资产价值受到一定的限制。另外，又由于无形资产的保密性、垄断性等特征，运用市场法评估无形资产的价值也困难重重。因而，评估无形资产的价值更多的是采用收益法，即根据无形资产未来所能产生的收益，合理估计折现率，通过收益折现的思路来评估其价值。

《资产评估专家指引第 14 号——科创企业资产评估》第 26 条特别规定，资产评估专业人员对科创企业的无形资产评估应当谨慎采用资产基础法。在特殊情况下需要采用资产基础法时，应当合理关注科创企业的无形资产，特别是表外无形资产，充分分析无形资产的作用，合理确定无形资产的价值，同时应当关注宏观经济政策、行业政策、经营条件、生产能力、市场状况、产品生命周期等各项因素对无形资产效能发挥的制约，关注其对无形资产价值产生的影响。

（5）应用资产基础法需注意的问题

①关于评估过程中涉及的资产负债表

在运用资产基础法评估企业价值的过程中，企业经审计的资产负债表是评估分析工作的起点，而最终反映企业价值的评估结果也体现为资产负债表形式。需要注意的是，此资产负债表非彼资产负债表，经审计的资产负债表是企业会计人员按照企业会计准则编制的，在整个评估工作中仅仅是作为其评估分析工作的基础数据，而反映评估结

二维码 7-1：《资产评估专家指引第 14 号——科创企业资产评估》

果的资产负债表虽然形式上与前者相仿，但通常在内容方面却与其有着实质性的差异。一方面，反映评估结论的资产负债表中的资产与负债项目按照选择的适用于所评估企业的价值标准于评估基准日进行了重新估值，当然，这并不排除对企业价值评估影响不大或重新估值后无实质性变动的个别资产、负债项目可以保留其原数值不变。另一方面，这张资产负债表根据评估企业价值的需要可能增加了若干新的资产科目和负债科目。

②关于账面价值和市场价值

前已述及，企业的价值评估是以经审计的资产负债表为工作起点的，因而，运用资产基础法评估企业价值被很多业内人士称为通过调整企业的账面价值取得企业价值的方法，而企业的价值评估又通常选择市场价值作为评估时的价值标准，所以有必要将"账面价值"和"市场价值"加以区别。

"账面价值"是会计上常用的一个术语，其反映的是资产的账面余额与其备抵账户余额相抵后的差额。"市场价值"作为资产评估术语，国际评估准则中对其作了如下定义："自愿买方与自愿卖方在评估基准日进行正常的市场营销之后，所达成的公平交易中某项资产应当进行交易的价值的估计数额，当事人双方应当各自精明、谨慎行事，不受任何强迫压制。"通常来说，账面价值与市场价值在数值上一般不等。以固定资产为例，计提的固定资产折旧并不能全面、真实地反映其实体性、功能性和经济性贬值，因而其账面价值基本不可能等于其市场价值。

③关于商誉

美国会计学家佩顿（W.Paton）1922年就指出："'商誉'一词在广义上表示未来超额盈利的估计价值……确切地说，商誉从这一点上可以被定义为某一特定企业所能赚取的超额盈利的资本化价值，即超过具有相同资本投资的代表性竞争者——'正常'企业——的盈利水平的那部分盈利。"

英国第22号标准会计惯例公告（SSAP 22）《商誉会计》将商誉定义为："商誉是企业的总体价值与企业可分离净资产公允价值总额之差。"美国会计原则委员会第17号意见书（APB Opinion No.17）将商誉定义为"被收购公司的成本超过其可辨认净资产价值的差额"。

运用资产基础法评估得出的企业价值实际上是将构成企业的各种要素资产的评估值加总扣减负债的评估值而求得的。评估过程中忽略了企业资产的价值不仅仅取决于企业所拥有的资产总量，还取决于资产间的工艺匹配度、有机组合方式等因素；而企业的整体价值更包含了由企业的管理效率、销售网络、企业知名度等带来的经济效益。正因如此，企业实际价值往往与利用资产基础法评估出来的企业价值不等。而商誉正是使二者不等的主要原因。商誉作为企业的一项资产，能给企业带来超过正常盈利水平的盈利能力和服务潜力。但由于商誉无法单独辨认，运用资产基础法评估企业价值时不能将其列入评估范围。

二维码 7-2：中科新松有限公司拟增资所涉及的中科新松有限公司股东全部权益价值资产评估报告

④关于评估人员构成

运用资产基础法评估企业价值，企业所有的资产和负债将以所选择的恰当的价值标准予以重估。由于企业资产构成的复杂性，在许多情形下，企业价值评估除了由资产评估机构的评估人员完成主要的评估工作外，可能需要依靠不动产评估、机器设备评估或其他评估门类的专家参与工作。2017年9月8日，中国资产评估协会

根据《资产评估基本准则》，对《资产评估准则——利用专家工作》进行了修订，制定了《资产评估执业准则——利用专家工作及相关报告》，并于2017年10月1日起施行，借以规范资产评估机构及其资产评估专业人员利用专家工作及相关报告行为，保护资产评估当事人的合法权益和公共利益。

为指导评估机构执行金融企业评估业务，提升评估行业服务质量，在财政部金融司指导下，中国资产评估协会组织专家于2015年7月22日发布了7项专家指引，供评估机构和资产评估师执行金融企业评估业务时参考。这7项专家指引分别是《资产评估专家指引第1号——金融企业评估中应关注的金融监管指标》《资产评估专家指引第2号——金融企业首次公开发行上市资产评估方法选用》《资产评估专家指引第3号——金融企业收益法评估模型与参数确定》《资产评估专家指引第4号——金融企业市场法评估模型与参数确定》《资产评估专家指引第5号——寿险公司内部精算报告及价值评估中的利用》《资产评估专家指引第6号——上市公司重大资产重组评估报告披露》《资产评估专家指引第7号——中小评估机构业务质量控制》。

随着近年来资产评估业务涉及领域的进一步扩大，2020年中国资产评估协会又发布了3项专家指引，这3项专家指引分别是《资产评估专家指引第8号——资产评估中的核查验证》《资产评估专家指引第9号——数据资产评估》《资产评估专家指引第10号——在新冠肺炎疫情期间合理履行资产评估程序》。

2021年中国资产评估协会进一步发布了新的4项专家指引，这4项专家指引分别是《资产评估专家指引第11号——商誉减值测试评估》《资产评估专家指引第12号——收益法评估企业价值中折现率的测算》《资产评估专家指引第13号——境外并购资产评估》《资产评估专家指引第14号——科创企业资产评估》。

应用资产基础法评估企业价值需要面对不同行业各种类型具体资产的评估，专家指引为评估业务的开展提供了切实可行的指导意见。如《资产评估专家指引第6号——上市公司重大资产重组评估报告披露》第十条规定，采用资产基础法评估企业价值，评估报告应当披露对评估对象价值有重大影响的表外资产、负债的识别过程和结论，主要单项资产的评估方法及选择理由。

专家指引由中国资产评估协会组织具有丰富理论和实践经验的专家进行起草。专家指引来自于专家自身经验和以往案例，是优秀评估实践的具体体现。但由于评估业务因不同经济行为、交易目的而存在多样复杂的情况，专家指引并不作为执业的强制性标准。

2）超额盈利资本化法

（1）超额盈利资本化法的产生及应用范围

超额盈利资本化法（capitalized excess earnings method）也叫作公式法或财政部法。作为资产基础途径中的一种评估方法，在我国资产评估实践中基本未被实际应用过。该方法最早是1920年美国财政部为了税务上的问题评估企业商誉而公布的。自此，美国所有的纳税人和税务局在涉及捐赠税、地产税或其他税项的评估时都经常使用这种方法。此外，这种方法也经常被变通使用于其他目的的评估中。

由于超额盈利资本化法最早是为了评估企业无形资产而发明的，因而，该方法最适合用于区分企业总价值中的无形资产价值和有形资产价值。在对企业价值的评估中，超额盈利资本化法特别适合于评估中小型企业的价值，在特定的评估目的下也适用于大型企业的企业价值评估。

（2）超额盈利资本化法的应用程序

应用超额盈利资本化法评估企业价值的主要步骤如下[①]：

① 评估企业中净有形资产的价值，不包括所有无形资产的价值，如租赁权、专利、商标以及版权等。

② 评估企业在正常水平下的盈利状况。盈利状况可以用不同口径的指标进行反映，比如净利润、息税前利润（EBIT）和现金流量等。

③ 估计出超额盈利的数量。首先，要估算出一个关于已经评估出来的企业所有有形资产价值的适当的公允回报率。然后，把在第一个步骤中评估出来的有形资产的价值乘以公允回报率，得到的乘积就是企业净有形资产的盈利数量。接下来，把第二个步骤中计算出来的企业正常水平的盈利数减去刚刚求得的净有形资产的盈利数，即得出企业的超额盈利，或称为超额经济收益。它代表了企业所得盈利中高于其所有有形资产价值回报的那一部分盈利。

④ 估算一个直接资本化率，用以对超额经济收益进行资本化。而这个超额的经济收益实际上是企业所拥有的商誉所带来的。

⑤ 把超额经济收益进行直接资本化。

⑥ 用第一个步骤中评估出来的所有有形资产的价值加上第五步超额经济收益的资本化价值，就得出了企业的整体价值。

（3）应用超额盈利资本化法需注意的问题

①关于净有形资产价值。如何确定净有形资产价值，不同的评估分析师有不同的观点。目前，评估行业比较通用的做法是，用流动资产和有形资产的净现值减去流动负债的数值，求得净有形资产价值。需要指出的是，用不同的方法求得净有形资产的价值，在应用超额盈利资本化法评估企业价值的过程中相应地会使用不同的公平回报率和不同的直接资本化率，因而，对净有形资产确定方式的不同，并不影响最终的企业价值评估结果。

此外，还要注意的问题是，虽然确定的是净有形资产，但其中还要包括那些已经在企业资产负债表中列示的无形资产的数值。换句话说，估算净有形资产价值涉及的是企业资产负债表中的所有资产。

① 王少豪. 企业价值评估［M］. 北京：中国水利水电出版社，2005：59.

②关于企业正常水平的盈利。尽管超额盈利资本化法没有对反映企业正常水平的盈利的指标作具体规定，但资产评估界普遍认为，最适合反映盈利的经济指标是现金流。而对于现金流的具体形式，目前评估界的趋势是采用净现金流。

③关于有形资产适当的合理回报率。企业的净有形资产的回报率可以用多种不同的方法来确定。对此，大部分资产评估师认为：企业净有形资产所要求的回报率一般取决于各种资产的组合。风险较大的资产，其所要求的回报率也会高一些。最常用的办法就是采用加权平均债务成本和权益成本来求得。

④关于超额盈利的直接资本化率。确定超额盈利的直接资本化率是企业价值评估师需要完成的一项较困难的工作。大部分资产评估师认为：企业拥有的超额盈利持续的时间越长，直接资本化率就越低。通常，对于一个可以预见并能持续的超额盈利，其应用的直接资本化率很低。但无论怎样，企业净有形资产和超额盈利的加权平均资本化率应该与整个企业的全部资本化率相同。

（4）超额盈利资本化法应用举例

【例7-1】运用超额盈利资本化法对某公司进行资产评估。公司的财务报表的基本数据见表7-1、表7-2、表7-3。此次评估的目的是评估该公司2023年12月31日所有者权益的公平市场价值。公司的有形资产经评估的市场价值为5 500万元。根据资料分析，该公司净有形资产的回报率大致为12%，估算得出的超额盈利的直接资本化率为25%。假设公司所得税税率为40%。企业价值评估计算的过程见表7-4、表7-5。

表7-1　　　　　　　　　　**公司资产负债表基本数据**

2023年12月31日　　　　　　　　　　　　　　单位：万元

资产：	
流动资产（库存现金、应收账款和存货）	2 000
有形资产（机器设备和房地产减去累计折旧）	4 000
资产总计	6 000
负债和所有者权益：	
流动负债（应付与应交）	2 000
长期负债	2 000
所有者权益	2 000
负债和所有者权益总计	6 000

表7-2

公司利润表基本数据

2023年度 单位：万元

净收入	10 000
经营费用：	
现金费用	5 600
折旧费用	400
利息费用	200
费用总计	6 200
税前利润	3 800
所得税费用	1 520
税后利润	2 280

表7-3

公司现金流量表基本数据

2023年度 单位：万元

税后利润	2 280
加：扣税利息费用（利息200万元减去所得税费用80万元）	120
投资资本的税后利润	2 400
加：折旧费用	400
减：资本性支出	400
减：净流动资金增量	200
净现金流量（投资资本）	2 200

表7-4

净有形资产公平市场价值计算表

2023年12月31日 单位：万元

流动资产	2 000
减：流动负债	2 000
净营运资金	0
加：有形资产（机器设备和房地产均按评估的市场价值计算）	5 500
净有形资产的公平市场价值	5 500

表7-5　　　　　　　　　　　**企业价值评估计算表**

2023年12月31日　　　　　　　　　　　　　　　　　单位：万元

净现金流	2 200
净有形资产的收益水平（净有形资产公平市场价值（5 500）× 净有形资产回报率（12%））	660
超额经济收益水平（2 200-660）	1 540
除以：直接资本化率	25%
超额经济收益资本化数值	6 160
加：净有形资产评估市场价值	5 500
公司投资资本价值（6 160+5 500）	11 660
减：长期负债价值	2 000
公司所有者权益价值（11 660-2 000）	9 660

【案例7-3】　　　　运用资产基础法进行企业价值评估①

（1）评估目的

M因转让股权事宜的需要，需对所涉及的W公司在评估基准日的股东全部权益价值进行评估，为上述经济行为提供价值参考。

（2）评估对象及范围

本次评估对象为W公司的股东全部权益价值，评估范围为W公司的全部产权资产和负债。

（3）评估价值类型

根据本次评估目的确定的本次评估的价值类型为市场价值。

（4）评估基准日

本次评估基准日为2023年12月31日。

（5）评估方法

根据《资产评估准则——企业价值》的规定，以持续经营为前提对企业进行评估时，资产基础法不能作为唯一使用的评估方法，故本次评估拟采用收益法和资产基础法两种评估方法进行评估（本案例中的收益法评估过程从略）。

（6）现场调查

①资产核实

评估人员指导被评估单位填写资产评估明细表和准备应向评估机构提供的资料。之后应了解纳入评估范围的具体资产的详细状况，进一步完善资产评估明细表。根据纳入评估范围的资产类型、数量和分布状况，评估人员在被评估单位相关人员的配合下，按照资产评估准则的相关规定，对各项资产进行了现场勘查，并针对不同的资产性质及特点，采取了不同的勘查方法。根据勘察结果补充、修改和完

---

① 本案例节选于：巨潮资讯网披露的《鞍山重型矿山机器股份有限公司拟转让股权所涉及的鞍山鞍重矿山机械有限公司模拟合并后的股东全部权益价值资产评估报告》。

善资产评估明细表。评估人员对纳入评估范围的固定资产、无形资产等资产的产权证明文件资料进行查验。

②尽职调查评估

资产评估人员为了充分了解被评估单位的经营管理状况及其面临的风险，进行了必要的调查，主要调查了：被评估单位的历史沿革、主要股东及持股比例、必要的产权和经营管理结构；被评估单位的资产、财务、生产经营管理状况；被评估单位的经营计划、发展规划和财务预测信息；评估对象、被评估单位以往的评估及交易情况；影响被评估单位生产经营的宏观、区域经济因素；被评估单位所在行业的发展状况与前景；其他相关信息资料。

（7）搜集资料

评估人员根据评估项目的具体情况进行了评估资料收集，包括直接从市场等渠道独立获取的资料，从委托方等相关当事方获取的资料，以及从政府部门、各类专业机构和其他相关部门获取的资料，并对收集的评估资料进行了必要分析、归纳和整理，形成评定估算的依据。

（8）评定估算

评估人员针对各类资产的具体情况，根据选用的评估方法，选取相应的公式和参数进行分析、计算和判断，形成了初步评估结论。项目负责人对各类资产评估初步结论进行汇总，撰写并形成初步资产评估报告。

（9）评估结论

在评估基准日（2023年12月31日）持续经营的前提下，W公司提供的总资产账面价值为47 656.44万元，总负债为11 518.70万元，净资产为36 137.74万元，采用资产基础法评估后的总资产为43 018.21万元，总负债为11 518.70万元，净资产即股东全部权益价值为31 499.51万元，减值率为12.83%。

收益法评估的股东全部权益价值为14 009.70万元，资产基础法评估的股东全部权益价值为31 499.51万元，两者相差17 489.81万元，差异率为55.52%。因此，最终结果仍需要通过与收益法评估结果比较分析方得出最后的评估结论，见表7-6。

表7-6　　　　　　　　　　　　资产评估结果汇总表

被评估单位：W公司　　　　　　评估基准日：2023年12月31日　　　　　　金额单位：万元

项目	账面价值	评估价值	增减值	增值率（%）
	A	B	C=B-A	D=C/A×100
流动资产	17 838.15	17 835.12	-3.03	-0.02
非流动资产	29 818.29	25 183.09	-4 635.20	-15.54
其中：长期股权投资	23 975.17	18 375.08	-5 600.09	-23.36
固定资产	3 552.78	3 876.64	323.86	9.12

续表

项目	账面价值	评估价值	增减值	增值率（%）
	A	B	C＝B－A	D＝C/A×100
无形资产	1 436.54	2 077.58	641.04	44.62
其中：土地使用权	1 434.72	2 018.88	584.16	40.72
其他非流动资产	853.79	853.79	0.00	0.00
资产总计	47 656.44	43 018.21	−4 638.23	−9.73
流动负债	11 008.63	11 008.63	0.00	0.00
非流动负债	510.07	510.07	0.00	0.00
负债合计	11 518.70	11 518.70	0.00	0.00
净资产	36 137.74	31 499.51	−4 638.23	−12.83

7.4 基于资产的企业价值评估方法应用评价

1）基于资产的企业价值评估方法的优点

基于资产的企业价值评估方法中，目前在评估领域广泛使用的资产基础法在我国现阶段具有很强的适用性。在企业整体转让或股份制改造中运用资产基础法对企业价值进行评估，能够在确定企业价值的同时获得各项资产的详细价值资料，为企业资产重组或产权交易后进行账务处理提供了重要的指导和依据。特别是在我国国有企业改造、重组过程中，运用资产基础法评估企业价值，有利于完成对国有资产的全面清查，加强国有资产管理，从而最大限度地减少国有资产流失。面对我国市场经济发展不是很完善的现状，基于资产的企业价值评估方法已成为评估企业价值的一种重要方法。其优越性具体体现在以下几个方面：

（1）有利于确定企业各项资产、负债的价值

资产基础法将企业整体资产化整为零，对各项有形资产和无形资产及负债分别根据各自特点和企业具体情况采用适宜的评估方法进行评定估算。这就使得在整个企业价值的评估中，为最终获得企业价值的评估结果，首先需得到企业各项资产和负债的评估价值，这样一来，企业各项资产和负债的评估价值作为企业整体价值评估的中间成果就被分别求出了。

各项资产、负债价值的确定，帮助企业分析和解决了多方面的问题。第一，各项资产价值准确说明了每一项资产（包括有形的和无形的资产）对企业做出的经济贡献，并能清楚地看出各项资产评估值与账面价值的差异；第二，便于企业并购的

融资，在企业并购的交易中，购买方企业要想成功完成并购，往往需要得到银行等融资机构提供的贷款，而银行等融资机构同意融资之前，一般都要了解并购交易中被购买企业的资产、负债等相关信息，运用资产基础法评估企业价值恰能向融资机构提供其所需要的信息；第三，便于企业在涉及法律诉讼或争议事项时，能够根据需要分辨出每一个单项资产的价值。

（2）有利于企业进行并购交易的谈判

运用资产基础法评估企业价值，对于企业并购交易中的交易双方商谈并购价格有较强的参考价值。比如在价格谈判中，被并购方提出的交易价格高于资产基础法评估结果的价格，那么并购方则可以要求对方提供额外资产来补偿成交价较高所带来的损失。相反，如果并购方提出的交易价格低于资产基础法评估结果的价格，那么被并购方则可以依据资产基础法评估企业价值得到的各项资产、负债的详细价值资料，质疑对方出价的合理性或更改企业并购的谈判条件。

（3）有利于企业价值评估报告的使用者理解报告内容

资产基础法的评估结果通常是以资产负债表的形式体现的。对于熟悉基本财务报表的企业、银行的相关工作人员、法官、律师、个人投资者和机构投资者等企业价值评估报告的使用者来说，很容易理解并接受以资产负债表形式出现的企业价值评估结果。

（4）有利于提高企业价值评估的质量

资产基础法评估企业价值的程序前已述及，整个评估过程需要评估分析人员对企业的运行进行彻底了解，同时，也需要大量的企业管理人员的积极参与。评估人员大量细致的工作和众多企业人员的关注、配合非常有助于提高企业价值评估的质量。

总而言之，企业的获利能力取决于企业各要素资产的数量、质量、结构以及资产之间的组合方式等，而企业整体价值的高低又取决于企业的综合获利能力，可见企业整体价值与各要素资产的价值密不可分。因此，运用资产基础法评估企业价值，利用企业各要素资产价值与企业价值之间的内在联系，从重置企业各要素资产的角度评估企业价值是有其内在合理性的。

二维码 7-3：《2021 年度证券资产评估市场分析报告》

2）基于资产的企业价值评估方法的缺点

尽管运用资产基础法评估企业价值具有一定的合理性和可行性，但由于方法本身存在缺陷，使得资产基础法一般不应作为评估企业价值唯一的方法，应同时运用其他评估方法进行验证。资产基础法的缺点具体体现在以下几个方面：

（1）应用资产基础法的成本较大

运用资产基础法评估企业价值是建立在评估分析人员对企业运作及各方面资料充分了解及有关方面人员广泛参与的基础上的，因而，在实践中如果严格执行资产基础法往往会花费较多的时间和资金。此外，由于企业资产构成具有复杂性，在运用资产基础法评估企业价值的过程中很可能需要各种门类的专业评估人员提供专业意见，而聘请专业评估人员的费用也是不小的成本开支。

（2）难以反映企业组织资本的价值

组织资本主要是指组织成员在特定的组织环境下，协同工作而形成的、能够为组织创造价值的资本形式。它的形成源于企业的价值观的确立、组织结构和业务流程的合理架构、组织制度的科学制定、客户和公共关系系统的建立等。而资产基础法评估企业价值的过程，实际上是对企业账面价值调整的过程。而在资产账面价值的调整过程中，那些虽然也作为企业价值的一部分，但却未在资产负债表中体现的组织资本，如企业的管理效率、销售网络等在评估中就很难被纳入企业整体价值之内。这也就使得企业实际的整体价值往往要高于利用资产基础法评估出来的企业价值。

（3）忽视了企业各单项资产间的整合效应

资产基础法评估企业价值是以重置各项资产为假设前提，以资产负债表上所列的单项资产的成本为出发点，通过将构成企业的各种资产的评估值加总扣减负债评估值求得企业价值。其中，构成企业价值的核心内容就是企业的资产价值。

企业价值与企业资产价值的确是两个比较容易让人产生误解的词汇。企业价值是指企业作为一个整体，由于具有综合获利能力而体现出来的价值；而企业资产价值则仅仅是企业各单项资产价值简单相加。尽管企业的运营需要其所拥有的各种有形和无形资产共同发挥作用，但企业形成的总体获利能力的大小却不仅仅取决于企业所拥有的资产总量，还取决于资产间的工艺匹配度、有机组合方式以及资产的利用效率等。因此，通常情况下企业整体价值与各单项资产价值简单相加的结果一般不等。

企业所拥有的各项资产之所以能够组合在一起使企业具有整体获利能力，原因在于企业的流动资产、机器设备、房屋建筑物和无形资产等资产并非简单地堆积在企业内部的，而是共同为实现企业的经营目标有机地组合在一起，其发挥各自功能，形成了一股合力。正如系统论的系统整合观点所阐述的——"系统整体一般不等于各组成部分之和""系统一般存在整合效应"，企业各单项资产价值加和很难反映出企业各单项资产间由于工艺匹配和有机组合等因素可能产生的整合效应。当然，企业各单项资产也并不是总能产生整合效应的，比如，当企业某些单项资产的功能与企业总体功能不一致，或各资产间工艺不匹配、组合不恰当时，整体资产中就明显存在着生产能力闲置、资源浪费现象，资产就不能全部达到最佳利用效果，从而降低了企业资产的整体获利能力。

【政策思考7-1】

2021年12月，中国资产评估协会颁布了《资产评估专家指引第14号——科创企业资产评估》，专门指出："采用资产基础法对科创企业价值进行评估，资产评估专业人员应当结合科创企业特点，根据会计政策、企业经营等情况，考虑资产基础法的适用性，并且合理关注被评估单位资产、负债情况，对资产负债表内以及表外资产、负债进行充分识别。资产评估专业人员应当知晓，并非每项资产和负债都可以识别并用适当的方法单独评估。当存在对评估对象价值有重大影响且难以识别和评估的资产或者负债时，应当在评估报告中予以披露，并考虑采用该方法得出结果作为评估结论的合理性"。

请阅读相关材料并思考：作为专业的资产评估人员，如何判定资产基础法在科创企业中的适用性？在运用资产基础法时，如何确定文中提及的对评估对象价值有重大影响的资产和负债？

本章小结

基于资产的企业价值评估方法主要包括国内和国外两种方法，即资产基础法和超额盈利资本化法。我国评估师在评估企业价值的实践中广泛应用的是其中的资产基础法，长期以来业内人士习惯称之为成本法。实际上资产基础法与成本法是有较大区别的，资产基础法是针对整体资产而言的，而成本法则与市场法和收益法一样都是针对单项资产而言的。尤其是应用资产基础法评估企业价值，各项资产的价值应当根据其具体情况选用适当的具体评估方法得出，而不是采用成本法一种方法进行评估。

资产基础法的基本思路是在评估基准日，重新投资建造一个与被评估企业有相同的经营结构与功能，相同的获利能力的完整的生产能力实体，并以重建过程所需的投资额作为被评估企业价值。究其实质，运用资产基础法评估企业价值，实际上是将企业整体资产化整为零，对各项有形资产和无形资产及负债分别根据各自特点和企业具体情况采用适宜的评估方法进行评定估算，并以资产的评估总值与负债评估总值的差作为企业价值。

应用资产基础法评估企业价值的过程，除了要经历包括评估前期工作与准备、资产勘察、评定估算各单项资产与负债、评估结果汇总、完成评估结论与报告在内的五个基本步骤外，还要根据资产基础法的基本原理，着重完成从取得经过审计的评估基准日或距评估基准日最近的财务报表，到调整资产负债表表内项目，再到调整资产负债表表外项目，最后汇总评估结果这些关键环节。

资产基础法作为评估企业价值的一种重要方法，其优越性集中体现为：其有利于确定企业各项资产、负债的价值，有利于企业进行并购交易的谈判，有利于企业价值评估报告的使用者理解报告内容，有利于提高企业价值评估的质量。而其缺点也较为突出，主要表现为：其应用成本较大，难以反映企业组织资本的价值，忽视了企业各单项资产间的整合效应。

超额盈利资本化法最早是1920年美国财政部为了税务上的问题评估企业商誉而公布的。其基本思路是以企业在正常水平下的盈利数减去企业净有形资产的盈利数得出企业的超额经济收益。同时估算一个直接资本化率，用以对超额经济收益进行资本化，得出的即是企业未包括在资产负债表内的无形资产的价值。再以此资本化数值加上企业净有形资产的价值最终计算得出企业的整体价值。

尽管超额盈利资本化法最早是为了评估企业无形资产而发明的，但这种方法也经常被变通使用于其他目的的评估中。在对企业价值的评估中，超额盈利资本化法特别适合于评估中小型企业的价值，在特定的评估目的下也适用于大型企业的企业价值评估。

主要概念

资产基础法　超额盈利资本化法

基本训练

1.单选题

（1）以被评估单位评估基准日的资产负债表为基础，通过评估企业表内及表外可识别的各项资产、负债的价值，并以资产扣减负债后的净额确定评估对象价值的方法是（　　）。

A.资产基础法

B.收益法

C.市场法

D.账面价值法

（2）资产基础法是常用的评估企业价值的方法。下列各类企业中，适宜采用资产评估基础法评估企业价值的是（　　）。

A.存在大量无形资产的企业

B.成熟期企业

C.可能进入清算的企业

D.存在大量商誉的企业

2.多选题

（1）国产机器设备重置成本一般包括（　　）。

A.设备购置价

B.安装工程费

C.运杂费

D.关税

E.资金成本

（2）长期股权投资在企业价值评估时被看成是一种特殊的资产，采用资产基础法进行企业价值评估，应当对长期股权投资项目进行分析，下列选项中说法不正确的有（　　）。

A.对于具有控制权的长期股权投资，应对被投资企业执行完整的企业价值评估程序

B.对不具有控制权的长期股权投资，可以不对被投资企业进行单独的评估

C. 不具有控制权的长期股权投资，应该对被投资企业进行单独评估

D. 不具有控制权的长期股权投资，视情况对被投资企业进行单独的评估

E. 不具有控制权的长期股权投资，应对被投资企业执行完整的企业价值评估程序

3. 简答题

（1）基于资产的企业价值评估方法具体分为哪几种？

（2）应用资产基础法对企业价值进行评估的程序大体分为哪几个步骤？

（3）用于单项资产评估的成本法包括几大基本要素？各自的含义是什么？

（4）试述超额盈利资本化法的应用程序包括哪几个步骤。

（5）试分析资产基础法评估企业价值的优缺点。

4. 思考题

（1）分析资产基础法与单项资产评估中的成本法的应用区别。

（2）分析反映企业价值评估结果的资产负债表与企业编制的资产负债表有何不同。

（3）为什么企业实际价值往往与利用资产基础法评估出来的企业价值结果不等？

5. 计算题

重新构建设备一台，现行市价为每台 400 000 元，运杂费 2 000 元，装卸费 1 000 元，直接安装成本 1 000 元，其中材料成本 500 元，人工成本 500 元。间接安装成本为 700 元。该设备的重置成本是多少？

第 8 章

基于期权定价理论的企业价值评估

学习目标

  1.理解期权价值的构成及其决定因素；熟悉实物期权的特点和实物期权法的基本参数。

  2.掌握二项式模型的基本原理与应用；掌握 Black-Scholes 模型的基本原理与应用；掌握实物期权法在企业价值评估中的应用。

  3.树立正确的金融价值观，培养用金融服务实体经济发展的使命感，树立党的二十大报告强调的"守住不发生系统性风险底线"的责任感；遵循党的二十大报告要求，守住不发生系统性风险底线，坚持底线思维，强化风险意识，塑造科学的投资理念。

8.1 期权概述

  大约在公元前580年，古希腊的米利塔斯市有一位科学家和哲学家泰利斯，他利用自己在天文学方面的知识，准确地预测到橄榄在来年春天将获得丰收。然后他用自己所有的积蓄在冬季淡季取得了希俄斯岛和米利塔斯春季旺季所有压榨机的使用权。因为当时没有人认为有必要为了这些压榨机来竞价，所以他以很低的价格就获得了使用权。当春天橄榄获得大丰收时，每个人都想使用压榨机。这时，泰利斯开始执行他的权利，将压榨机以高价出租，结果赚了一大笔钱。最终，他向世界证明，只要哲学家愿意，他们都可以很容易地成为富人。由此可以推断，衍生品交易在公元前就已经出现了。

  1）期权的产生与发展

  期权交易（option trading），是从期货交易发展而来的。期权交易历史悠久，其雏形可追溯到公元前1200年。现代期权交易始于20世纪70年代初，1973年，芝加哥期权交易所（CBOE）正式成立，进行统一化和标准化的期权合约买卖。1987年5月29日，伦敦金属交易所正式开办期权交易。如今，期权交易逐步规范，其规模和种类不断扩大和增加，交易领域已从有形商品发展到货币、证券、利率、指数等领域。经营期权业务的交易所遍布世界各主要金融市场，有芝加哥期权交易所、太平洋交易所、美国股票交易所、费城股票交易所、国际证券交易所、阿姆斯特丹交易所、蒙特利尔交易所、伦敦股票交易所、伦敦国际金融期货交易所等。其中，国际证券交易所（International Securities Exchange，Inc.，ISE）有三个组成部分：期权市场、股票市场和另类市场。其期权市场成立于2000年5月，是美国首家全电子交易的期权市场，也是目前世界上最大的股票期权交易所。

相比于成熟的资本市场，我国期权市场发展起步较晚。但经过多年的发展，目前我国期权市场发展良好，市场规模和成熟度也在不断提升。目前国内共有6家期货交易所从事期权交易，分别为郑州商品交易所（简称"郑商所"）、大连商品交易所（简称"大商所"）、上海期货交易所（简称"上期所"）、上海国际能源交易中心（简称"上期能源"）、中国金融期货交易所（简称"中金所"）和广州期货交易所（简称"广期所"）。发展至今，期权交易已成为现代金融市场上极为流行的一种交易方式。

【知识链接8-1】   2022年我国期货期权新品种稳步增加[①]

2022年，我国期货期权市场新品种稳步增加，衍生品体系更加完善。据统计，2022年全年一共上市了16个期货期权新品种，包括2个期货品种、14个期权品种。

其中，上海期货交易所上市了螺纹钢期权和白银期权；郑州商品交易所上市了菜籽油期权和花生期权；大连商品交易所上市了黄大豆1号期权、黄大豆2号期权和豆油期权；中国金融期货交易所上市了中证1000股指期货、中证1000股指期权和上证50股指期权；广州期货交易所上市了工业硅期货和工业硅期权；上交所上市了中证500ETF期权；深交所上市了创业板ETF期权、中证500ETF期权和深证100ETF期权。

截至2022年年底，上市期货期权品种数量达到110个，其中商品类93个（期货65个、期权28个），金融类17个（期货7个、期权10个）。据预测，2023年我国期货期权市场将进一步扩容，碳排放权、商品指数类等创新型品种可能推出。

2）期权的概念、特点及分类

（1）期权的概念

期权（option），又称选择权，是指在未来一定时期可以买卖的权利，是买方向卖方支付一定数量的货币后拥有的在未来一段时间内或未来某一特定日期以事先规定好的固定价格向卖方购买或出售一定数量的特定标的物的权利，但不负有必须买进或卖出的义务。

---

① 佚名.2022年我国商品期货与期权品种成交量占全球总量超七成［EB/OL］.［2023-02-22］.http://www.qiquancc.com/newsinfo/5469317.html.

这种权利的赋予是通过期权买卖双方签订的期权合约来实现的。因此，期权也可定义为：授予买方在未来一段时间内或未来某一特定日期以事先规定好的固定价格向卖方购买或出售一定数量的特定标的物的权利的合约。

与期权相关的以下几个概念需要进一步明确。

① 执行价格。执行价格又称行权价格、敲定价格或履约价格，是指期权的买方行使权利时事先规定的固定买卖价格。例如，期权买方买入了看涨期权，在期权合约的有效期内，若价格上涨，并且高于执行价格，则期权买方就有权仍以较低的执行价格买入期权合约规定数量的特定商品；而期权卖方也必须无条件地以较低的执行价格履行卖出义务。

② 权利金。权利金又称期权费、期权金、期权价格，是期权的价值，也是期权的成本。权利金是期权合约中唯一的变量，是期权的买方为获取期权合约所赋予的权利而必须支付给卖方的费用，由买卖双方在国际期权市场上公开竞价形成。在买卖期权合约开始时，买方就必须支付权利金。

③ 合约到期日。合约到期日当天以及之前买方均可行权，到期日以后合约失效，买方不能再行使权利。合约的有效期限可按周、季度、月以及年等不同类型划分。

④ 标的资产。期权买方选择购买或出售的资产，包括股票、政府债券、货币、股票指数、商品期货等。

例如，2023 年 3 月陈先生以每份 1 元的价格购入 M 公司的股票看涨期权 100 份，执行价格为 50 元。与其持有人刘先生约定，允许陈先生在 2023 年 6 月 30 日之前的任一时点，含 6 月 30 日当天，以 50 元的价格购入刘先生持有的股票，刘先生在接到邀约后必须无条件接受。若期权在到期日之前不被执行，在到期后就不再拥有任何价值。在此例中，期权的执行价格为 50 元，到期日为 6 月 30 日，标的资产为 M 公司股票，权利金为 100 元（1×100）。

（2）期权的特点

期权是在期货的基础上产生的一种金融工具，具有以下特点：

① 期权的交易对象是一种权利，即买入或卖出特定标的物的权利，但并不承担一定要买入或卖出的义务，期权合约至少涉及购买人和出售人两方。

② 这种权利具有很强的时效性，超过规定的有效期限期权合约将自动失效。

③ 期权合约中买者和卖者的权利和义务是不对称的。期权买方在有效期内可以自愿随时行权，而买方一旦行权，卖方除了履行合约之外别无选择。

④ 期权具有杠杆效应。对于看涨期权的买者来说，其所承担的风险是有上限的，仅限于其所付出的期权费，而只要价格上涨超过行权价格，其可能获得的收益就是无限的。即可用有限的期权费杠杆撬动无限的收益。比如，假设用资金 5 000元进行投资，有两种投资方案可供选择：方案一，以 2 元价格购入某公司 2 500 股看涨期权；方案二，购入该公司股票 500 股，当时每股股价为 10 元。若到期日股价

上涨至20元，则：

购买期权的净损益=2 500×（20-10）-2×2 500=20 000（元）

收益率=20 000÷5 000×100%=400%

购买股票的净损益=500×（20-10）=5 000（元）

收益率=5 000÷5 000×100%=100%

显然投资期权具有巨大的杠杆效应。

通过运用一种期权方法，不确定性很可能成为你的朋友，而不是你的敌人。

——保罗·格林伯格

（3）期权的类型

按照不同的分类标准，可以将期权划分为不同的类型，见表8-1：

表8-1 期权的类型

分类标准	期权类型
赋予的权利	看涨期权、看跌期权、双向期权
权利行使时间	欧式期权、美式期权
交易的标的资产	金融期权、实物期权；现货期权、期货期权
执行价格与标的资产价格的关系	实值期权、平值期权、虚值期权

①看涨期权、看跌期权和双向期权

看涨期权，又称买权、延买权和多头期权，是指期权的买方享有在规定的有效期限内按某一具体的执行价格买进一定数量标的资产的权利，但不同时负有必须买进的义务。

看跌期权，又称卖权、延卖权和空头期权，是指期权的买方享有在规定的有效期限内按某一具体的执行价格卖出一定数量标的资产的权利，但不同时负有必须卖出的义务。

双向期权，又称双重期权，是指期权的买方既享有在规定的有效期限内按某一具体的执行价格买进一定数量标的资产的权利，又享有在商定的有效期限内按同一执行价格卖出一定数量标的资产的权利。

②欧式期权和美式期权

美式期权在期权的有效期内任何营业日均可行使权利，而欧式期权则只有在到期日才能履约。比较而言，美式期权比欧式期权更为灵活，赋予买方更多的选择，而卖方则时刻面临着履约的风险，因此，美式期权的权利金相对较高。

③金融期权和实物期权

以金融资产作为标的资产的期权称为金融期权。金融期权的交易对象为利率、货币、股票指数和股票等金融资产，因此，金融期权包括股票期权、股价指数期权、利率期权、信用期权、货币期权（或称外汇期权）及互换期权等。以实际商品作为标的资产的期权称为实物期权（也称商品期权），其交易对象为农产品、能源等。

按照标的资产的不同，也可以将期权划分为现货期权与期货期权。现货期权的标的为现货资产，买方提出执行后，双方一般要进行实物资产或金融资产的交割。如股票期权，其标的为股票，看涨期权提出履约时，买方买入股票，卖方要卖出股票。期货期权的标的则是期货合约，是以某种大宗产品如棉花、大豆、石油等以及金融资产如股票、债券等为标的的标准化可交易合约。期权履约后，买卖双方的期权部位将转换为相应的期货部位。

【知识链接 8-2】　离岸人民币期权拟推出　人民币国际化再进一步[①]

2023 年 3 月 6 日，美国芝加哥商业交易所（CME）宣布，将于 4 月 3 日推出其现有美元/离岸人民币期货的期权。由于美元对离岸人民币已成为场外交易市场上交易量最大的货币对之一，相关期权的推出也将成为其外汇期权产品组合的及时补充。

随着人民币国际化进程的加快，人民币交易量在过去几年迅速增长，离岸人民币已成为全球外汇交易的重要组成部分。

从市场的接受认可程度来看，人民币已成为第五大外汇储备货币，在国际货币基金组织特别提款权（SDR）五大篮子货币中的权重排名第三。

随着中国境外投资者对人民币交易需求的日益增长，离岸人民币期权的推出将为市场参与者提供对冲工具，有助于投资者在以人民币计价的交易中实施对冲。离岸人民币期权的推出也意味着人民币国际化再进一步。

④实值期权、平值期权和虚值期权

标的资产的价格高于执行价格的看涨期权以及标的资产的价格低于执行价格的看跌期权为实值期权。标的资产的价格等于执行价格的期权为平值期权。标的资产的价格低于执行价格的看涨期权以及标的资产的价格高于执行价格的看跌期权为虚值期权。期权交易过程中，实值期权、平值期权和虚值期权随着标的资产价格的变化而发生变化。

例如，假定燕麦期货到期执行价格为 270 美元/吨，期权到期日为 1 年后。若 1 年后燕麦价格等于 270 美元/吨，则看涨期权和看跌期权均为平值期权；若 1 年后燕麦价格上涨至 300 美元/吨，则看涨期权为实值期权，看跌期权为虚值期权；如果 1 年后燕麦价格降至 250 美元/吨，则看涨期权变为虚值期权，而看跌期权变为实值期权。

3）期权价值的构成

期权价值通常是期权交易双方在交易所内通过竞价方式达成的，由内含价值和时间价值两部分构成。

---

① 陈佳怡、范子萌.美国芝商所拟推离岸人民币期权 人民币国际化再进一步［EB/OL］.［2023-03-07］. https://news.cnstock.com/news，jg-202303-5027440.htm.

（1）内含价值

内含价值，又称内在价值，是立即执行期权合约时可获取的收益，即为标的资产价格和执行价格的差额。在上例中，当燕麦价格上涨时，买权就有内含价值，即为30美元/吨（300-270），卖权就没有内含价值；反之，当燕麦价格下跌时，买权就失去了内含价值，卖权就获得了内含价值20美元/吨（270-250）；当价格不变时，两种期权的内含价值均为0。所以实值期权有内含价值，虚值期权无内含价值，平值期权的内含价值为0。

（2）时间价值

时间价值，又称时间溢价，是指期权到期前，权利金超过内含价值的部分，即期权权利金减内含价值。一般来说，在其他条件一定的情况下，到期时间越长，期权的时间价值越大。随着期权到期日的临近，期权的时间价值逐渐减少。在到期日，期权不再具有时间价值，期权价值全部为内含价值。

例如，如果大豆的期货价格为900元/吨，那么，执行价格为890元/吨的大豆买权的内含价值为10元/吨，如果权利金为20元/吨，则时间价值为10元/吨。

又如，买进执行价格为900元/吨的大豆买权时，期货价格为890元/吨，若权利金为2元/吨，则这2元/吨全部为时间价值（虚值期权无内含价值）。

一般来说，平值期权的时间价值最大，投机性最强，交易通常也最活跃。期权处于平值时，期权向实值还是虚值转化，方向难以确定，转为实值则买方盈利，转为虚值则卖方盈利。

（3）期权价值、内含价值、时间价值之间的关系

由前所述，期权价值由内含价值和时间价值两部分构成，内含价值和时间价值又各有不同的变化规律，这些变化规律如图8-1所示。

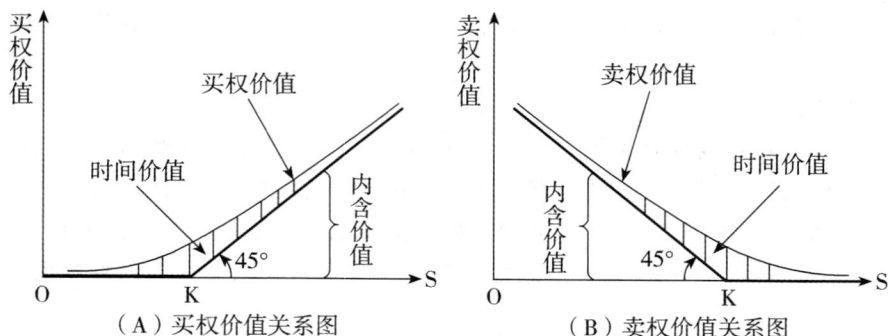

图8-1　期权价值与内含价值、时间价值关系图

图8-1（A）和图8-1（B）中的折线部分分别为买权和卖权的内含价值，图中的曲线部分分别为买权和卖权价值，折线和曲线之间的垂直距离是时间价值。从图中可以看出，随着期权执行价格（K）与标的资产现时市场价格（S）两者之间的关系发生变动，期权价值、内含价值和时间价值三者之间的变动关系。在任一时

点，期权价值都是由内含价值和时间价值两部分组成的；当期权处于无价状态时，虚值期权价值完全由时间价值构成；当期权处于平价状态时，平值期权价值完全由时间价值构成，且时间价值达到最大；当期权处于有价状态时，实值期权价值由内含价值和时间价值两部分构成。而且期权的时间价值伴随着期权合约剩余有效期的减少而减少，期满时时间价值为0，期权价值完全由内含价值构成。

4）期权价值的决定因素

决定期权价值的因素主要有6个：

（1）标的资产的市场价格

标的资产市场价格的变化会引起该标的资产期权价值的变化。对看涨期权也就是买权而言，标的资产的市场价格越高，期权的价值就越大。反之，对于看跌期权，标的资产的市场价格越高，其价值就越小。

（2）期权的执行价格

对于看涨期权，执行价格越低，期权被执行的可能性越大，期权价值越高，反之亦然；而对于看跌期权，执行价格越高，则期权被执行的可能性越大，期权价值也就越高。但期权价值不可能为负。

（3）期权的到期时间

无论是看涨期权还是看跌期权，期权的到期时间越长，则执行的可能性就越大，期权价值就越高，期权的时间价值也就越大；反之，执行的可能性就越小，期权的时间价值也就越小。对于美式期权来说，较长的到期时间可以增加期权的价值。到期日离现在越远，发生不可预知事件的可能性就越大，相应的标的资产的价格变动范围也越大，随着时间的不断延长，执行价格的现值会减少，从而有利于看涨期权的持有人，能够增加期权的价值。

对于欧式期权来说，较长的时间并不一定能增加期权价值。虽然较长的时间可以降低执行价格的现值，但并不增加执行的机会，因为到期日价格的降低有可能超过时间价值的差额。例如：有两个不同的欧式看涨期权，一个是1年后到期，另一个是3年后到期。预计标的公司2年后将发放大量现金股利，股票价格将会大幅下降，则在这种情况下时间较长的期权价值可能低于时间较短的期权价值。

（4）标的资产价格的波动性

标的资产价格的波动性是指标的资产价格变动的不确定性，通常是以标的资产收益率的标准差来衡量的。标的资产价格的波动性越大，这种价格向有利于期权持有者方向变动的幅度就有可能越大，那么持有者获利就可能越多。如果价格没有了波动性，期权也就没有了存在的价值。例如：有两种欧式看涨期权，执行价格均为100美元，但标的股票不同。假如明天波动率低的股票市场价格确定为100美元，而波动率高的股票市场价格可能为120美元或80美元，两种价格出现的概率相同。若两种期权的执行日期都为明天，那么在今天哪种期权的价值更高？

这两种股票在明天的预期价值均为100美元。其中波动率低的股票的价值为确定的 100 美元，波动率高的股票的预期价值为 100 美元（120×50%+80×50%）。然而，两种期权的价值却显著不同。以低波动率股票为标的资产的期权没有价值，因为不存在期权处于实值的执行时机（股价和执行价格相同，均为 100 美元）。以高波动率股票为基础的期权的价值为正，因为有 50% 的机会期权价值为 20 美元（120-100），有 50% 的机会期权价值为 0。所以，这份看涨期权的价值就为 10 美元（20×50%），即为正值。

（5）无风险利率

看涨期权是在一定时间内以固定价格购买标的资产的权利，无风险利率越高，执行价格的现值就越小，犹如履约的成本减少，期权价值也就越高；但对于看跌期权来说，执行价格是出售标的资产时所能得到的款项，在无风险利率上涨、现值降低时，犹如履约收入降低，期权价值也就降低。

（6）标的资产的收益

标的资产分红付息可以使该资产价格下降，而期权的执行价格却没有因分红付息而进行相应调整，因此，在期权有效期内标的资产的收益将减少看涨期权的价值，而提高看跌期权的价值。

上述 6 个因素及其对看涨期权与看跌期权的影响，见表 8-2。

表 8-2　　　　　　　　决定期权价值的主要因素及影响方向

因　素	影响方向			
	欧式看涨期权	欧式看跌期权	美式看涨期权	美式看跌期权
标的资产的市场价格	+	−	+	−
期权的执行价格	−	+	−	+
期权的到期时间	不一定	不一定	+	+
标的资产价格的波动性	+	+	+	+
无风险利率			+	+
标的资产的收益	−	+		+

【课堂拓展 8-1】　　　铁矿石期权助力钢铁企业有效管控风险[①]

2021 年是"十四五"开局之年，能耗双控、碳达峰的战略规划对钢铁行业影响深远。在近年来铁矿石估值已到历史高位的前提下，受粗钢压减目标的预期影响，铁矿石远期需求将大幅压缩，市场不确定性增加，导致企业面临限产预期兑现矿价下跌后的库存贬值风险。在此背景下，相关产业链企业对于参与衍生品市场管理风险的需求愈发迫切。

---

① 谭亚敏．丰富钢铁企业避险"工具箱"［EB/OL］．［2022-04-06］．http://www.qhrb.com.cn/articles/300866．经整理。

2019年12月，铁矿石期权在市场各方的热盼下挂牌上市，成为大商所首个工业品期权，铁矿石也成为国内首个实现期货、期权、互换等衍生工具齐全、期货与现货连通、境内与境外连通的品种。

铁矿石期权具有资金占用相对较少、避险策略丰富灵活等特点，上市后逐渐受到企业的青睐，其市场规模持续增长，市场功能有效发挥。2021年铁矿石期权成交量、日均持仓量分别为1 808万手、20万手，同比增长56%、20%，法人客户持仓占比54%。相关专家表示，上市以来铁矿石期权运行平稳，定价合理有效，产业和机构客户主动参与，与标的期货市场联动良好。

铁矿石期权的上市，为钢铁产业链企业提供了管理风险的新工具和新策略。在原料端，钢厂原料的买入和库存管理需要对冲库存风险和原料价格波动风险。在产品和销售端，由于原料、生产和销售在时间上是不匹配的，原料采购往往要提前，而成品销售要滞后，需要对其中的风险进行管理。

2021年，在矿价波动加剧、市场不确定因素增加等背景下，铁矿石期权在灵活管理风险敞口、降低避险成本方面的作用进一步体现。

党的二十大报告强调，我国发展进入战略机遇和风险挑战并存、不确定难预料因素增多的时期，各种"黑天鹅""灰犀牛"事件随时可能发生。我们必须增强忧患意识，坚持底线思维，做到居安思危、未雨绸缪，准备经受风高浪急甚至惊涛骇浪的重大考验。为此，企业应不断尝试、学习和灵活运用各种衍生工具，从场内期货套保到基差贸易、场内期权，在期现结合、对冲风险的发展道路上行稳致远，有效地管控风险。

8.2 二项式期权定价模型的原理与应用

期权价值是期权合约中唯一随市场供求变化而改变的变量，其高低直接影响买卖双方的盈亏状况，是期权交易的核心问题。自从法国金融专家劳雷斯·巴舍利耶在1900年发表第一篇期权定价的文章，各种研究期权定价的公式和模型纷至沓来。直至进入20世纪70年代，在市场迅速发展和运用先进计算机技术的有利条件下，期权定价理论有了突破性的发展。尤其是1973年，美国芝加哥大学教授费希尔·布莱克（Fischer Black）与斯坦福大学教授梅隆·斯克尔斯和美国哈佛大学商学院教授罗伯特·默顿（Robert Merton）不谋而合，推出了第一个完整的期权定价模型——B/S期权定价模型，亦可称为布莱克-斯克尔斯-默顿定价模型。默顿扩展了原模型的内涵，使之同样可以运用于许多其他形式的金融交易。

B/S期权定价模型虽然有很多优点，但是其推导过程比较复杂，难以为人们所接受。因此，1979年考克斯（Cox）、罗斯（Ross）和马克·鲁宾斯坦（Mark Rubinstein）在论文《期权定价：一种简化方法》中提出了一种简单的对离散时间的期权定价方法，称为考克斯-罗斯-鲁宾斯坦二项式期权定价模型（binomial model）。该模型解决了美式期权定价的问题，是效率市场假说的衍生物。

二项式期权定价模型和 B/S 期权定价模型，是两种相互补充的方法。与 B/S 期权定价模型相比，二项式期权定价模型推导比较简单，更适合说明期权定价的基本概念。因此，本书首先介绍二项式期权定价模型。

1）二项式期权定价模型的基本原理

二项式期权定价模型，又称二叉树法（binomial tree），是由考克斯、罗斯、鲁宾斯坦和夏普等人提出的一种期权定价模型，主要用于计算美式期权的价值。

（1）二项式期权定价模型的假设

二项式期权定价模型的假设主要有：①不支付股票红利；②交易成本与税收为零；③投资者可以无风险利率拆入或拆出资金；④市场无风险利率为常数；⑤股票的波动率为常数。

二项式期权定价模型建立在一个基本假设基础之上，即在给定的时间间隔 Δt 内，标的资产价格的运动只有两个可能的方向：上涨或者下跌。假设上涨和下跌的幅度分别为 u 和 d。如果标的资产在时间 t 的价格为 S，在时间 $t+\Delta t$，其价格可能会上涨至 S_u 或下跌至 S_d，相应的期权价格也变为 C_u 或 C_d。当标的资产只可能达到这两种价格时，这一顺序称为二项程序，如图8-2所示。

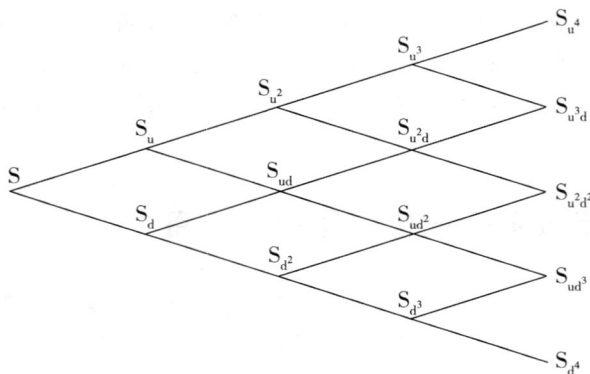

图8-2 二项式期权定价模型的一般表现形式

在图 8-2 中，每一个数值称为一个节点，每一条通往各节点的线称为路径。"u" 和 "d" 分别代表标的资产上升或下降为原来数值的倍数。当时间为 t 时，标的资产价格为 S，时间为 $t+\Delta t$ 时，标的资产价格要么上涨到 S_u，要么下降到 S_d；时间为 $t+2\Delta t$ 时，标的资产的价格就有三种可能——S_{u^2}、S_{ud}（等于 S）和 S_{d^2}，以此类推。

由于二项式模型可以把一个给定的时间段细分为更小的时间单位[1]，因而它适用于处理更为复杂的期权，而且该模型简化了期权定价的计算并增强了直观性，可

---

① 随着要考虑的价格变动数目的增加，二项式期权定价模型的分布函数就越来越趋向于正态分布，二项式期权定价模型和 B/S 期权定价模型相一致。

以用于在任意时间行权的美式期权的定价，也可应用于在一系列特定时间行权的百慕大期权的定价。因此，现在已成为全世界各大证券交易所的主要定价模型之一。

（2）二项式期权定价方法的应用

二项式期权定价有两种方法，即无套利定价法和风险中性定价法，下面通过具体的例子加以说明。

【例8-1】市场上一种不支付红利的股票的现行市场价格为20元，假设3个月后该股票价格要么是27元，要么是16元。同时，市场上有以该股票为标的资产的3月期看涨期权，执行价格为22元，市场的无风险年利率为10%。试建立一个投资组合，包括购进适量股票以及卖出看涨期权，并求出期权价格。

①无套利定价法。无套利定价法的基本思想是，构造一个股票和借款的适当组合，使得无论股价如何变动，投资组合的收益都与期权相同，那么，创建该投资组合的成本就是期权的价值。

本例中，3个月期满后，股票价格的两种可能分别是上涨到27元和下降到16元，此时，期权价值分别是5元（27-22）和0元。

构造一个股票和借款的投资组合，即借入款项D再购入N股股票，使投资组合的收益与期权的收益相同，则3个月后当股价上升到27元时，组合的收益为27N-D（1+2.5%）=5；当股价降低到16元时，组合的收益为16N-D（1+2.5%）=0，故N≈0.45，D≈7.02。因构建的投资组合的成本就是N股股票的价格与借款D的差额，即1.98元（20×0.45-7.02），所以这份看涨期权的价格就是1.98元。

本例中，我们构建了一个与期权具有相同收益的投资组合，构建成本为1.98元，期权的价值C_0为1.98元。如果该看涨期权的价格为5元，那么可以卖出一份期权的同时构造一个该投资组合，获得净利3.02元（5-1.98）；如果该看涨期权的价格为1元，那么可以买入一份买权，同时卖空股票贷出款项，获得净利0.98元（1.98-1）。所以，只有看涨期权的价格为1.98元时，套利机会才会消失。

②风险中性定价法。风险中性定价法采用风险中性原理，即假设投资者对待风险的态度是中性的，也就是期望报酬率为无风险利率。在这种情况下，期望报酬率符合下列公式：

期望报酬率=上行概率×上行时收益率+下行概率×下行时收益率

假设股票不派发红利，股票价格的上升百分比就是股票投资的收益率，则：

期望报酬率=上行概率×股价上升百分比+下行概率×（-股价下降百分比）

由于股价变动的概率和期权价值变动的概率具有内在一致性，所以到期日的期权期望值也可求得，即为：

上行概率×C_u+下行概率×C_d

将期望值用无风险利率折现即可求得期权的价值。

根据上述原理，在期权定价时，只要先求出期权执行日的期望值，然后，使用无风险利率折现，就可以求出期权的现值。

仍以【例 8-1】为例。

上行股价=27（元）

下行股价=16（元）

股价上升百分比=（27-20）÷20=35%

股价下降百分比=（20-16）÷20=20%

股价上升时期权价值（C_u）=27-22=5（元）

股价下降时期权价值（C_d）=0（元）

期望报酬率=10%÷4=上行概率×35%+下行概率×（-20%）

因为股价只有两种可能，所以上行概率与下行概率之和为 1，即：

2.5%=上行概率×35%+（1-上行概率）×（-20%）

上行概率=0.409

下行概率=1-0.409=0.591

3 个月后期权价值=上行概率×C_u+下行概率×C_d

$\qquad\qquad\qquad$ =0.409×5+0.591×0=2.05（元）

期权现值=2.05÷（1+10%÷4）=2（元）

比较上述两种方法可以看出，无套利定价法和风险中性定价法实际上具有内在的一致性。在无套利定价过程中，我们并没有考虑资产价格上升和下降的概率却得到了和风险中性定价法近似相同的结果，这说明资产价格变动的概率并不影响期权的价格，这正好符合风险中性的概念。而且最后的结果也证明两种方法计算的期权价值是相同的。那么要怎样理解风险中性定价法中的概率呢？这里的概率其实是风险中性世界中的概率，而不是实际的股价上涨或下降的概率，这种概率的存在只是为了使资产期望的收益率等于无风险利率，从而便于分析。

一般来说，在运用二项式期权定价法时，风险中性定价法是常用的方法，而无套利定价法则能使我们更好地理解期权定价的原理。

2）二项式期权定价模型的应用

在企业价值评估中，资产负债表中的资产方和负债方都可能拥有期权。资产方的期权主要是开发选择权、固定资产选择权等。当这些选择权的成本低于它所提供的利润时，这些期权不仅提供了投资的灵活性，而且创造了价值。负债方的期权主要是购股权书、认股权、可转换债券等。这些负债都带有明显的期权特征。因此，期权定价理论可以很好地应用于企业价值评估之中，它重点考虑了选择权或不同的投资机会所创造的价值。当传统的估价方法不太适用或很难使用时，期权定价模型可以独辟蹊径达到理想的结果。即使是在折现现金流量法适用的情况下，期权定价法也提供了一个很有价值的独特视角。

二维码 8-1：可转换债券的价值评估——二叉树期权模型的应用

（1）单期二项式定价模型

以股票为例。假设股票的价格波动是单一的，即在单期中上涨或者下跌都只能有一次。假设股票价格的当前值是 S_0，到期日的价格为 S_1，上涨因子为 u（u>1），

下跌因子为 d（d<1），K 为到期日的执行价格，无风险利率为 r。

为了确定在 t=0 时刻的看涨期权价值，我们需要构造一个包括股票和无风险债券在内的投资组合，用它来完全复制该看涨期权的损益特征。于是，该看涨期权价值 C_0 就等于该投资组合的构造成本。

在图 8-3 中，为确定看涨期权的期初价值 C_0，构造如下投资组合：以无风险利率 r 借入一部分资金 B（相当于做空无风险债券），并且在股票市场上购入 N 股标的股票。在该看涨期权的到期日，上述投资组合的价值特征与看涨期权完全相同。因此，需要确定 B 和 N 究竟应该是多少。

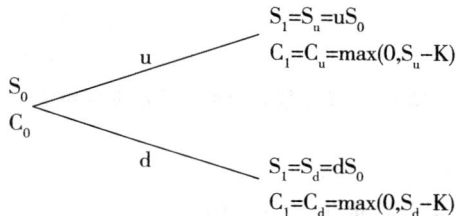

$$S_1=S_u=uS_0$$
$$C_1=C_u=\max(0,S_u-K)$$

$$S_0$$
$$C_0$$

$$S_1=S_d=dS_0$$
$$C_1=C_d=\max(0,S_d-K)$$

图8-3　单期股票价格与看涨期权价值

设 R 为利率因子，R 有两种计算方法：若连续计算复利，则 $R=e^{rh}$；若离散计算复利，则 $R=1+rh$。其中，h 为期初到期末的时间长度。则上述投资组合的成本（V_0）$=NS_0-B$，而在期末，该组合的价值（V）$=NS_1-RB$。在到期日，该组合的价值与看涨期权价值完全相同，则应有：

$$C_u=NuS_0-RB$$
$$C_d=NdS_0-RB$$

由此可以求出待定的需借入的资金 B 和需购买的股票数 N。

$$N=(C_u-C_d)/[(u-d)S_0]$$
$$B=(dC_u-uC_d)/[(u-d)R]$$

合成期权的构造成本 V_0 等于看涨期权价值 C_0，即：

$$C_0=NS_0-B=[(R-d)C_u+(u-R)C_d]/[(u-d)R] \tag{8.1}$$

假设 $p=(R-d)/(u-d)$，代入上式，可得：

$$C_0=[pC_u+(1-p)C_d]/R \tag{8.2}$$

式中，p 常被称为风险中性概率，是使得风险性的股票投资和看涨期权投资的期望收益率等于无风险利率的概率。因为上涨因子 u>利率因子，R>下跌因子 d，因此，0<p<1。这样看涨期权价值 C_0 的计算等价于如下过程：先按概率 p 计算看涨期权期末价值的期望值 C_1（即看涨期权期末价值 C_1 为 $pC_u+(1-p)C_d$），再按无风险利率 r 折现，即可求得期权价值 C_0。

【例 8-2】假设市场中某一股票的现行市场价格为 80 元，以该股票为标的资产的 3 月期看涨期权合同的执行价格为 90 元，u=1.25，d=0.9，年利率为 8%，计算该股票看涨期权合同的价值。

根据已知条件，可以得出 C_u、C_d、S_u 和 S_d，如图8-4所示。

若以离散复利计算，

R=1+8%÷4=1.02

将这些参数代入公式，则：

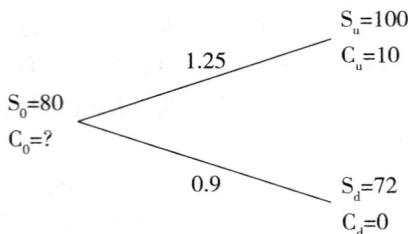

$$S_0=80 \quad C_0=? \quad \begin{array}{c} 1.25 \\ 0.9 \end{array} \quad \begin{array}{c} S_u=100 \quad C_u=10 \\ S_d=72 \quad C_d=0 \end{array}$$

图8-4　单期股票价格与看涨期权价值

p=（R−d）÷（u−d）=0.343

C_0=［pC_u+（1−p）C_d］÷R=3.36（元）

即当前该看涨期权合同的价值应为3.36元。

（2）多期二项式期权定价模型

单期二项式期权定价模型比较简单，只能用来说明二项式期权定价模型的基本原理和方法，其本身并不具有应用价值。因为在实际中，标的资产的市场价格是一个连续的随机变量，不可能只有两种状态。但是，如果把从定价日至到期日的时间划分为两个阶段，在每一阶段，仍然假设标的资产价格只能取两种状态，即上涨或下跌，且上涨或下跌的幅度不变，则可以证明，在第二阶段结束时，标的资产价格的可能取值将变为3个。按此思路，如果将定价日至到期日划分为n阶段，则标的资产价格的可能取值将增加到（n+1）个。特别地，如果让n→∞，即所划分的阶段无穷多（每个阶段所对应的时间长度无限小）。这就是说，可以用一个无穷期的二项式期权定价模型来精确逼近一个标的资产价格连续变化的期权定价模型。因此，只要推导出n期二项式期权定价模型，然后令n趋于无穷大，就可能得到真正具有实用价值的连续性期权定价模型。

下面先以单期二项式模型为基础，得到两期的二项式期权定价模型，然后再推广至n期。

①两期的二项式期权定价模型（如图8-5所示）

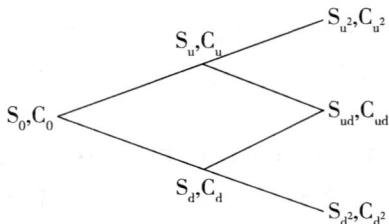

$$S_0,C_0 \quad \begin{array}{c} S_u,C_u \\ S_d,C_d \end{array} \quad \begin{array}{c} S_{u^2},C_{u^2} \\ S_{ud},C_{ud} \\ S_{d^2},C_{d^2} \end{array}$$

图8-5　两期股票价格与看涨期权价值

股价在第二期期末的可能状态有三种，分别是 S_{u^2}、S_{ud}（等于 S_0）和 S_{d^2}，两期看涨期权的价值分别为 C_{u^2}、C_{ud} 和 C_{d^2}。

$C_{u^2}=\max（0，S_{u^2}-K）=\max（0，u^2S_0-K）$

$C_{ud}=C_{du}=\max（0，S_{ud}-K）=\max（0，udS_0-K）$

$C_{d^2}=\max（0，S_{d^2}-k）=\max（0，d^2S_0-K）$

根据第二期期末看涨期权价值，利用单期二项式期权定价公式，采用倒推法计算第一期期末看涨期权价值 C_u 和 C_d，即：

$C_u=［p+C_{u^2}+（1-p）C_{ud}］/R$

$C_d=［pC_{ud}+（1-p）C_{d^2}］/R$

其中，如前定义，$p=（R-d）/（u-d）$，则：

$C_0=［pC_u+（1-p）C_d］/R=［p^2c_{u^2}+2p（1-p）C_{ud}+（1-p）^2C_{d^2}］/R^2$

将 C_{u^2}、C_{ud} 和 C_{d^2} 代入上式，得：

$C_0=［p^2\max（0，u^2S_0-K）+2p（1-p）\max（0，udS_0-K）+（1-p）^2\max（0，d^2S_0-K）］/R^2$

$$\text{(8.3)}$$

显然，两期期权价值的求法和单期期权模型的道理相同。

②二项式期权定价模型的一般形式

两期的二项式期权定价模型可以很容易地推广到 n 期。假设在当前时刻（t=0）买入股票看涨期权，该看涨期权在 n 期后到期。标的股票当前价格为 S_0，而在以后任意一期，股价的变化有两种可能，即以概率 p 上涨或以概率（1-p）下跌。这样，经过 n 期后，在到期日股价状态 S_n 的可能值为 $u^jd^{n-j}S_0$（j=0，1，…，n），即上涨 j 次，下跌（n-j）次。由概率论可知，随机变量 S_n 服从二项式分布，即 $S_n=S_0u^jd^{n-j}$（在 n 次运动中上涨 j 次，下跌（n-j）次）的概率为 $p^j（1-p）^{n-j}$。

与推导两期定价模型一样，从最后第 n 期开始逐渐向前倒推，即可得到：

$$C_0=\sum_{j=0}^{n}[C_n^jp^j(1-p)^{n-j}\max(0,S_0u^jd^{n-j}-K)]/R^n \tag{8.4}$$

式中，$S_0u^jd^{n-j}$ 是 j 的增函数，当上涨次数 j 充分大时（j≥m，m 是一个正整数），$S_0u^jd^{n-j}-K>0$，所以上式可写成：

$$C_0=\sum_{j=m}^{n}[C_n^jp^j(1-p)^{n-j}(S_0u^jd^{n-j}-K)]/R^n \tag{8.5}$$

若令 $p^*=pu/R$，则 $1-p^*=（1-p）d/R$，上式可以写成：

$$C_0=S_0\sum_{j=m}^{n}[C_n^j(p^*)^j(1-p^*)^{n-j}]-KR^{-n}\sum_{j=m}^{n}[C_n^jp^j(1-p)^{n-j}] \tag{8.6}$$

其中，m 是使 $S_0u^jd^{n-j}-K>0$ 的最小正整数 j。

【例 8-3】假设市场上有一只股票的现行价格为 200 元，每 3 个月价格上升或下降 30%，以该股票为标的资产的欧式买权的执行价格为 240 元，到期时间有 12 个月，已知无风险利率为 10%，试求这一欧式买权的当前价格。

根据已知条件可知，$S_0=200$，$K=240$，$u=1.3$，$d=0.7$，$r=10\%$，$h=3÷12=1/4$，$n=4$。

计算步骤如下：

第一步，根据股票价格上升、下降幅度，画出股票价格波动的二项式树形图（如图8-6所示）。在图8-6中，每个节点上方的数字为各节点股票价格，下方的数字为股票的买权价格。

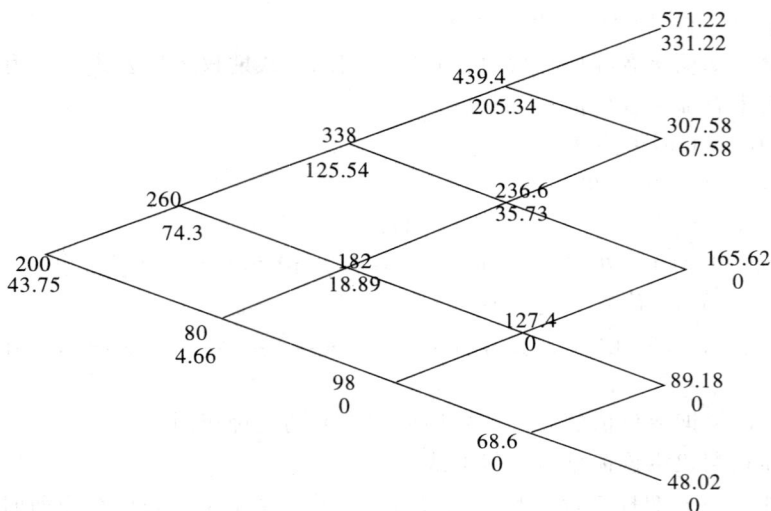

```
                                              571.22
                                              331.22
                                439.4
                                205.34
                  338                           307.58
                  125.54                        67.58
        260                       236.6
        74.3                      35.73
200                 182                         165.62
43.75               18.89                       0
        80                       127.4
        4.66                     0
                  98                            89.18
                  0                             0
                                68.6
                                0
                                              48.02
                                              0
```

图8-6　股票价格与欧式买权价值

第二步，计算p和1-p。

若连续计算复利，则：

$R=e^{rh}=e^{0.1 \times 1/4}=1.025$

$p=(R-d) \div (u-d)=0.542$

$1-p=0.458$

第三步，计算各节点买权价值。

首先，根据$\max(S_T-K, 0)$，计算第4期期末（第12个月）各节点的买权价值。

$C_{u^4}=\max(0, 571.22-240)=331.22$

$C_{u^3d}=\max(0, 307.58-240)=67.58$

$C_{u^2d^2}=\max(0, 165.62-240)=0$

$C_{ud^3}=\max(0, 89.18-240)=0$

$C_{d^4}=\max(0, 48.02-240)=0$

其次，根据单期定价模型$C_0=[pC_u+(1-p)C_d]/R$，计算第3期期末（第9个月）各节点买权价值。

$C_{u^3}=[pC_{u^4}+(1-p)C_{u^3d}]/R$

$\quad =(0.542 \times 331.22+0.458 \times 67.58) \div 1.025=205.34$

$C_{u^2d}=[pC_{u^3d}+(1-p)C_{u^2d^2}]/R$

$\quad =(0.542 \times 67.58+0.458 \times 0) \div 1.025=35.73$

$C_{ud^2} = [pC_{u^2d^2} + (1-p) C_{ud^3}] /R$

　　$= (0.542×0+0.458×0) ÷1.025=0$

$C_{d^3} = [pC_{ud^3} + (1-p) C_{d^4}] /R$

　　$= (0.542×0+0.458×0) ÷1.025=0$

再次，根据第 3 期期末各节点买权价值计算第 2 期期末（第 6 个月）各节点买权价值。

$C_{u^2} = [pC_{u^3} + (1-p) C_{u^2d}] /R$

　　$= (0.542×205.34+0.458×35.73) ÷1.025=124.54$

$C_{ud} = [pC_{u^2d} + (1-p) C_{ud^2}] /R$

　　$= (0.542×35.73+0.458×0) ÷1.025=18.89$

$C_{d^2} = [pC_{ud^2} + (1-p) C_{d^3}] /R$

　　$= (0.542×0+0.458×0) ÷1.025=0$

依此类推，再根据第 2 期期末各节点买权价值计算第 1 期期末（第 3 个月）各节点买权价值。

$C_u = [pC_{u^2} + (1-p) C_{ud}] /R$

　　$= (0.542×124.54+0.458×18.89) ÷1.025=74.3$

$C_d = [pC_{ud} + (1-p) C_{d^2}] /R$

　　$= (0.542×18.89+0.458×0) ÷1.025=9.99$

最后，根据第 1 期期末（第 3 个月）各节点买权价值，计算当前的买权价值。

$C_0 = [pC_u + (1-p) C_d] /R$

　　$= (0.542×74.3+0.458×9.99) ÷1.025=43.75$

由此得出，该欧式买权的价值为 43.75 元。

8.3　B/S 期权定价模型的原理与应用

介绍了二项式期权定价模型之后，我们对期权定价的基本概念有了简单的了解，现在再介绍 B/S 期权定价模型。

1）B/S 期权定价模型的假设

B/S 期权定价模型有以下 6 个重要的假设：

（1）标的资产价格是连续波动的。其主要特点是每一个小区间内标的资产收益率服从对数正态分布，且不同的两个区间内的收益率相互独立。这一假设适用于绝大多数金融资产的价格分布特征。

（2）在期权有效期内，无风险利率和标的资产的收益变量是恒定的，且市场交易者能够以无风险利率借得任何数量的资金。

（3）市场无摩擦，即股票或期权的买卖不存在税收和交易成本（包括佣金费用、买卖价差、市场冲击等），没有保证金要求，卖空者在卖空股票的当天可以立即得到资金。

（4）标的资产在期权有效期内无红利及其他所得（该假设后来被放弃）。

（5）该期权是欧式期权，即在期权到期前不可实施。

（6）所有证券交易都是连续发生的。

2）B/S期权定价模型的公式

在上述假设下，若令S_t为定价日t标的资产的价格，K为期权合同的执行价格，r是按连续复利计算的无风险利率，T为定价日距到期日的时间（单位为年），σ是标的资产价格的波动率，则B/S模型如下：

（1）在定价日，欧式看涨期权的价值C_t为：

$$C_t = S_t N(d_1) - Ke^{-rT} N(d_2) \tag{8.7}$$

式中：

$$d_1 = \frac{\ln(S_t/K) + (r + \sigma^2/2)T}{\sigma\sqrt{T}} \tag{8.8}$$

$$d_2 = d_1 - \sigma\sqrt{T} \tag{8.9}$$

N（x）是标准正态变量的累积概率分布函数，即：

N（x）=P {X<x}，其中，X服从N（0，1）

（2）现在采取这样一个投资策略，即购入1股看涨期权同时抛出1股看跌期权，卖空一股票，同时借出Ke^{-rT}。其中，看涨期权和看跌期权的标的资产、到期日和执行价格均相同，看涨期权的价格为C_t，看跌期权的价格为P_t。此时的股价为S_t，借款利率为连续复利e^r，T年之后期权到期，价格变为S，期权的执行价格为K。到期日，若K小于等于S，则执行看涨期权，取得收入S-K，收回借款及利息K，付出股价S，到期日的收益为0；若K大于S，则履行看跌期权，付出K-S，收回借款及利息K，付出股价S，到期日的收益为0。可见，无论股价的变化如何，到期日投资组合的收益都为0。在套利驱动的均衡状态下，投资组合的成本$P_t - C_t + S_t - Ke^{-rT}$为0，则可得到看涨期权-看跌期权平价公式$P_t = C_t - S_t + Ke^{-rT}$。

由看涨期权-看跌期权平价公式$P_t = C_t - S_t + Ke^{-rT}$，且注意到N（x）的性质N（x）+N（-x）=1，可得出欧式看跌期权在定价日的价值P_t为：

$$P_t = -S_t N(-d_1) + Ke^{-rT} N(-d_2) \tag{8.10}$$

3）B/S期权定价模型的拓展

严格地说，B/S期权定价模型（公式（8.7））给出的只是无收益资产的欧式看涨期权的定价公式，但是根据欧式看涨期权和看跌期权之间的平价关系，可以得出无收益资产的欧式看跌期权的定价公式（公式（8.10））。那么，对于有收益资产的欧式期权应如何定价呢？对于美式期权又该如何估价呢？

实际上，对于有收益资产的欧式期权，比如支付股息的普通股股票的期权，如果收益可以准确地预测，或者说收益是已知的，那么其定价并不复杂。

在收益已知的情况下，可将标的资产价格分解成两部分：一是期权有效期内已知现金收益的现值部分，当期权到期时，这部分的现值将由于标的资产支付现金收益而消失（因为收益是标的资产持有者享有的，而期权持有者并不享有）；二是有风险部分。因此，只要用 S_t 表示扣除收益现值的资产价格，σ 表示风险部分遵循随机过程的波动率，就可以直接套用公式（8.7）和公式（8.10）分别计算出有收益资产的欧式看涨期权和看跌期权的价值。

（1）当标的资产已知收益的现值为 I 时，只要用（S_t–I）代替公式（8.7）和公式（8.10）中的 S_t，即可求出固定收益资产的欧式看涨期权和看跌期权的价格。

（2）当标的资产的收益为按连续复利计算的年固定收益率 q 时，我们只要将 $S_t e^{-qT}$ 代替公式（8.7）和公式（8.10）中的 S_t，就可以求出支付连续复利收益率资产的欧式看涨期权和看跌期权的价格。比如，股票指数期权、外汇期权和期货期权的标的资产可以看作是支付连续红利的，因而它们适用于这一定价公式。

$$C_t = S_t e^{-qT} N（d_1）- Ke^{-rT} N（d_2） \tag{8.11}$$

式中：

$$d_1 = \frac{\ln(S_t/K) + (r - q + \sigma^2/2)T}{\sigma\sqrt{T}} \tag{8.12}$$

d_2 与公式（8.9）中的相同，仍等于 $d_1 - \sigma\sqrt{T}$。可以看出，若 q 等于 0，则公式与标的资产没有收益的情况就是一样的。

此外，对于在到期日前的任意时间都可以执行的美式期权，由于享有比欧式期权更多的权利，因此，美式期权的价值应至少等于欧式期权的价值。

对于不派发红利的美式看涨期权，其期权价值与到期时间的长短有关，所以理性投资者不会提前执行期权，因此，与欧式看涨期权并无实质性差异，可以直接使用 B/S 期权定价模型（公式（8.7））进行估价。

对于派发红利的美式看跌期权，理论上不应该使用 B/S 期权模型进行估价。但是，通常情况下使用 B/S 期权定价模型（公式（8.7））对其进行估价，误差并不大，仍然具有一定的参考价值。

4）B/S 期权定价模型的应用

（1）B/S 期权定价模型的参数

根据公式（8.7）、公式（8.8）和公式（8.9），B/S 期权定价模型中的期权价格取决于下列五个参数：标的资产市场价格（S_t）、执行价格（K）、到期期限（T）、无风险利率（r）和标的资产价格波动率（即标的资产收益率的标准差）。这 5 个参数对期权价格的影响已在 8.1 中进行了讨论。在这些参数中，前三个是很容易获得的确定数值，而无风险利率和标的资产价格波动率则需要通过一定的计算求得估计值。

① 估计无风险利率。在发达的金融市场上，很容易获得无风险利率的估计值。一般选择国库券利率作为无风险利率的估计值。但是在实际应用时需要注意：一是在 B/S 模型中假设套期保值率都是连续变化的，因此，利率要使用连续复利，要将

年国库券利率（即年利息占票面价值的比例）转化为用连续复利的方式表达的利率，才可以在B/S公式中应用。二是要选择与期权到期日相同的国库券利率，例如期权还有3个月到期，就选择3个月到期的国库券利率。如果没有相同时间的，就选择距离期权到期日最近的国库券利率作为无风险利率。

②估计标的资产价格的波动率。估计标的资产价格波动率有两种方法：利用历史波动率和利用隐含波动率。

A.历史波动率。所谓历史波动率，就是从标的资产价格的历史数据中计算出价格收益率的标准差。在计算波动率时，可以运用统计学中计算样本均值和标准差的方法。下面以股票的价格为例，计算股票价格波动率。

【案例8-1】　大连广汇汽车服务股份有限公司的历史波动率计算

表8-3列示了大连广汇汽车服务股份有限公司（股票简称：广汇汽车。股票代码：600297）11天的收盘价（2023年2月1日至2023年2月15日），据此可以计算其历史波动率。其中，P_t为日收盘价，r_t为股票价格百分比收益率，$\bar{r}$则为连续复利收益率的均值，σ是相应的标准差，即B/S公式计算时所用的参数——波动率。相关公式如下：

$$r_t = P_t / P_{t-1} \tag{8.13}$$

$$\bar{r} = \frac{1}{n} \sum_{t=1}^{n} \ln r_t \tag{8.14}$$

$$\sigma = \sqrt{\frac{1}{n-1} \sum_{t=1}^{n} \left(\ln r_t - \bar{r} \right)^2} \tag{8.15}$$

表8-3　　　　　　　　　广汇汽车股票历史波动率的计算[①]

日期	收盘价 P_t（元）	r_t	$\ln(r_t)$	$(\ln r_t - \bar{r})^2$
2023/2/1	2.33			
2023/2/2	2.34	1.0043	0.0043	0.0001
2023/2/3	2.29	0.9786	-0.0216	0.0003
2023/2/6	2.27	0.9913	-0.0088	0.0000
2023/2/7	2.27	1.0000	0.0000	0.0000
2023/2/8	2.24	0.9868	-0.0133	0.0001
2023/2/9	2.27	1.0134	0.0133	0.0003
2023/2/10	2.25	0.9912	-0.0088	0.0000
2023/2/13	2.28	1.0133	0.0132	0.0003

①　每日收盘价来源于搜狐证券，其他数据通过 Excel 计算得出。

续表

日期	收盘价P_t（元）	r_t	$\ln（r_t）$	$（\ln r_t - \bar{r}）^2$
2023/2/14	2.26	0.9912	−0.0088	0.0000
2023/2/15	2.23	0.9867	−0.0134	0.0001
合计			−0.0439	0.0012
均值			−0.0044	
方差				0.0001
日标准差				0.0117
年标准差				0.1858

根据表 8-3 中的数据，也可按公式（8.13）、公式（8.14）和公式（8.15）分别计算股票收益率的均值、标准差和年历史波动率：

$$收益率均值\ \bar{r} = \frac{1}{n}\sum_{t=1}^{n}\ln r_t = -0.0044$$

$$收益率标准差\ \sigma_日 = \sqrt{\frac{1}{n-1}\sum_{t=1}^{n}\left(\ln r_t - \bar{r}\right)^2} = \sqrt{\frac{0.0012}{9}} = 0.0115$$

$$收益率标准差\ \sigma_年 = \sigma_日 \times \sqrt{252} = 0.0115 \times \sqrt{252} = 0.1826$$

要注意的是：

第一，在 B/S 公式所用的参数中，到期期限、无风险利率和波动率都与时间有关。这三个参数的时间单位必须相同，或者同为日、周，或者同为年。年是经常被用到的时间单位，在考虑年波动率时，有一个问题需要加以注意。一般认为，证券价格的波动主要来自交易日。因此，在转换年波动率时，应该按照 1 年 252 个交易日进行计算。由此，表 8-3 中的年波动率就等于日波动率乘以 $\sqrt{252}$。

第二，案例中，历史波动率为 1.17% 是采用 10 天的历史收益率计算得出的。计算表明，如果采用不同的时间段或天数，计算结果会相差很大。从统计的角度来看，时间越长，数据越多，获得的精确度一般越高。但是，资产价格收益率的波动率却又常常随时间而变化，太长的时间段反而可能降低波动率的精确度。因此，在计算波动率时，要注意选取距离今天较近的时间，一般是设定度量波动率的时期等于期权的到期期限。例如，如果要为 10 个月的期权定价，可使用 10 个月的历史数据。

B.隐含波动率。就 B/S 期权定价模型本身来说，公式中的波动率指的是未来的波动率数据，反映了投资者对未来标的资产收益率波动情况的预期，而历史波动率不能很好地反映这种预期。为了克服历史波动率的这一缺陷，可以采用隐含波动率进行计算。所谓隐含波动率，是根据 B/S 期权定价公式，将公式中除了波动率以外的参数和市场上的期权报价代入，计算得到的波动率数据。由于B/S期权定价公式比较复杂，隐含波动率的计算一般需要通过计算机完成。

（2）B/S期权定价模型的应用举例

【例8-4】假设市场上某只不支付红利的股票的市价为50美元，该股票收益率的年波动率为6%，按连续复利计算的无风险利率为2%。求该股票行权价格50美元、期限1年的欧式看涨期权和看跌期权的价格。

根据已知条件，可知：

$S_t=50$ $K=50$ $r=0.02$ $\sigma=0.06$ $T=1$

计算过程如下：

第一步，计算d_1和d_2。

$$d_1 = \frac{\ln(S_t/K) + (r + \sigma^2/2)T}{\sigma\sqrt{T}}$$

$$= \frac{\ln(50 \div 50) + (0.02 + 0.06^2 \div 2) \times 1}{0.06 \times \sqrt{1}}$$

$$= 0.3633$$

$$d_2 = d_1 - \sigma\sqrt{T}$$

$$= 0.3633 - 0.06 \times \sqrt{1}$$

$$= 0.3033$$

第二步，计算$N(d_1)$和$N(d_2)$。

$N(d)$可根据标准正态分布的累积概率分布函数表，查表计算得出。表中给出的是正态分布对称轴一侧的面积，如果$d>0$，查表所得概率应加上0.5，如果$d<0$，应从0.5中减去查表所得的概率。$N(d)$也可以利用Excel计算得出。

$N(d_1) = N(0.3633) = 0.642$

$N(d_2) = N(0.3033) = 0.619$

第三步，计算欧式看涨期权和看跌期权的价格。

将上述计算结果和已知条件代入公式（8.7），得出欧式看涨期权的价格为：

$C_t = S_t N(d_1) - Ke^{-rT}N(d_2)$

$= 50 \times 0.642 - 50 \times e^{-0.02 \times 1} \times 0.619$

$= 1.77$（美元）

同样，根据公式（8.10），得出欧式看跌期权的价格为：

$P_t = -S_t N(-d_1) + Ke^{-rT}N(-d_2)$

$= -50 \times (1-0.642) + 50 \times e^{-0.02 \times 1} \times (1-0.619)$

$= 0.77$（美元）

事实上，实际中的市场短期利率通常较低，期权到期期限一般不超过9个月，执行价格的现值和原值相差不多，因此，如果标的资产市场价格与执行价格相等，同样条件下的看涨期权价格和看跌期权价格一般比较接近。

【例8-5】假设某欧式看涨期权的标的资产为某公司连续支付红利的股票，年股利收益率为 5%，且该股票的市价为 100 元，股票收益率的年波动率为 20%，按连续复利计算的无风险利率为 6%。计算该执行价格为 100 元的 1 年期期权价格。

根据已知条件，可知：

S_t=100　K=100　r=0.06　σ=0.2　q=0.05　T=1

将上述参数代入下列公式，计算可得：

$$d_1 = \frac{\ln(S_t/K) + (r - q + \sigma^2/2)T}{\sigma\sqrt{T}} = 0.15$$

$$d_2 = d_1 - \sigma\sqrt{T} = -0.05$$

N（d_1）=0.5596

N（d_2）=0.4801

将上述计算结果和已知条件代入公式（8.11），可得出欧式看涨期权的价格为：

$C_t = S_t e^{-qT} N(d_1) - K e^{-rT} N(d_2) = 8.02$（元）

8.4　实物期权的基本原理

实物期权是项目投资过程中所拥有的许多权利，是一种对投资决策过程中所拥有的管理柔性进行处理的思维方式。

——阿姆拉姆[①]

1）实物期权的概念

企业的经营者在进行投资决策时往往面临着许多不确定性因素，比如产品供求的变化、原材料的价格变化以及利率、汇率的波动等等，因此，在进行投资时往往采取灵活有弹性的经营策略，即在获得更多的市场信息之后再选择是否进行投资或者改变投资规模。这些针对经营风险所采取的灵活性经营策略与金融期权有着相似的性质，因此，将其称为实物期权。

实物期权的概念最初是由麻省理工学院的 Stweart Myers 教授于 1977 年提出的。他指出，一个投资方案产生的现金流量所创造的利润，来自于对目前所拥有资产的使用，再加上对未来投资机会的选择。也就是说，企业可以取得一个在未来以一定的价格获得或者出售一项实物资产或者投资项目的权利。所以实物资产的投资可以应用类似评估一般期权的方式来进行评估，同时又因为其标的物为实物资产，故将此类性质的期权称为实物期权。这种期权同一般期权一样拥有权利而不是义务，所以一定程度上可以减小风险。对于期权来说，标的资产的风险越大，期权的价值就越大，所以实物资产的风险越大，这种实物期权的价值就越大。

实物期权的基本内涵可以用下面一个简单的例子加以说明。石油投资项目一般都是高风险、高投资项目，其主要风险可能来自石油储量的不确定性，在勘探开发

---

① Amram M，Kulatilaka N. Real Options：Managing Strategic Investment in an Uncertain World ［M］. New York：Oxford University Press，1998.

中，随着开发投资的开始，投资方会逐步获得关于市场价格和地质信息等各种信息，如果信息显示储量并不像先前预测的那样，投资方有放弃投资的权利，即放弃期权；如果储量比先前预测更为丰富且市场价格上涨，那么企业会追加投资扩大规模，此时的期权特性就是扩展期权；如果调查显示近期市场价格有下降趋势，而在远期会有一个上扬走势，那么企业就会延期投资以便在未来价格上涨时再投资，这种选择立即投资或是延迟投资的权利就是延迟期权。

传统的项目决策方法都假定静态制定决策，实物期权则假定一个动态的未来决策序列，管理层可以灵活地根据商业环境的变化做出调整。所以，期权为管理层在传统决策之外提供了一种额外的洞察力。

2）实物期权的分类

特里杰奥吉斯（Trigeogis，1996）等大部分研究学者将实物期权划分为以下七种类型[1]，见表8-4。

表8-4　　　　　　　　　特里杰奥吉斯对实物期权分类的总结[2]

期权类型	期权的描述	应用领域
延迟期权	管理者拥有有价值的资源，等待市场机会的出现以更好地利用	自然资源的开采、房地产开发
延续性投资期权	将投资分为多个阶段，每个阶段根据已有信息决定是否继续投资	研发密集型产业，如制药行业，资产密集型长期投资项目，如大规模基建项目
改变运营规模期权	调整产出规模以适应市场需要	自然资源的运营，如采矿业、消费品、房地产
放弃期权	在不利情境下永久放弃项目的营运，变现设备和资产	资本密集型产业，如航空、铁路、金融服务、新产品开发
转换期权	管理者根据市场需求改变产出类型或者在产出不变的情况下改变投入	产出转换：产品少量多批，如玩具、汽车 投入转换：给料型产业，如电力产业、医药
成长期权	早期投资是对未来增长机会跟进投资的先决条件	基础设施与战略性产业，尤其是高科技、研发产业、跨国运营、战略收购
多重期权	实际项目常是相互影响的多个实物期权的组合	上述多数产业中的实际项目

（1）延迟期权（option to defer）

延迟期权是指对某投资方案不必立即实施，管理者可以选择对本企业最有利的时机实施，如利用专利或许可证保护、租赁或签订买权合同的办法构造此期权。由于未来是不确定的，等待或推迟项目可使项目决策者有更多的时间研究未来的发展

---

① 夏普（Sharp，1991）将实物期权分为递增期权（incremental option）与柔性期权（flexibility option）两类。马莎·阿姆拉姆和纳林·库拉蒂拉卡将实物期权分为经营期权、投资与非投资期权、合约期权三类。
②夏健明，陈元志. 实物期权理论述评［J］. 上海金融学院学报，2005（1）.

变化，避免不利情况发生所引发的损失。但等待意味着公司将放弃项目早期的现金流量，而且可能失去先发优势。当管理者延迟该投资方案时，对管理者而言，项目的真实价值等于项目的净现值加上项目灵活选择的价值，即延迟期权的价值。延迟期权主要应用于自然资源的开采、房地产开发等领域。

【例 8-6】某制药公司拥有 20 年的药品专利。但是，目前投产的生产成本高且市场规模较小。假定生产药品的初始投资始终为 500 万元。设无风险利率为 7%。技术与市场是波动的，通过模拟估计的现值年方差为 0.05。假设相关条件如下：

基础资产价值（S_t）=当下投资并形成生产能力的项目现金流量的现值=350（万元）

执行价格（K）=初始投资=400（万元）

基础资产的方差（σ^2）=0.05

有效期（T）=20（年）

年推迟成本（q）=1/20（标的资产价值漏损。药品专利有效期为 20 年，每延迟 1 年投产意味着减少 1 年的产量。）

无风险利率（r）=7%

请分析是否应进行该项投资。

在不考虑延迟期权价值的情况下，该项目的净现值为：

NPV = 350 − 400 = −50（万元）

该项目的净现值为负，因此在不考虑延迟期权价值的情况下应放弃投资。

根据 B/S 期权定价公式（含红利），延迟期权价值（看涨期权价值）为：

$$d_1 = \frac{\ln(S_t/K) + (r - q + \sigma^2/2)T}{\sigma\sqrt{T}} = 0.7665$$

$$d_2 = d_1 - \sigma\sqrt{T} = -0.2335$$

$$N(d_1) = 0.7783$$

$$N(d_2) = 0.4077$$

$$C_t = S_t e^{-qT} N(d_1) - K e^{-rT} N(d_2)$$

$$= 350 e^{-0.05 \times 20} N(0.7665) - 400 e^{-0.07 \times 20} N(-0.2335)$$

$$= 350 e^{-0.05 \times 20} \times 0.7783 - 400 e^{-0.07 \times 20} \times 0.4077$$

$$= 100.2122 - 40.2150$$

$$= 59.9972 （万元）$$

项目的真实价值= −50+59.9972= 9.9972（万元）

可见，由于项目的净现值为负值（−50 万元），因此，该项目不具备立即实施的可能。但值得等待。延迟开发这一专利的价值为正（59.9972 万元），说明几年后该药品可能会有更大的市场出现。若延迟投产，则项目的价值为 9.9972 万元。

（2）延续性投资期权（time-to-build option）

企业的投资是一种连续性和阶段性的投资，而企业在每一阶段的投资，决定了下一期是否继续投资，这种决策的弹性可以视为企业每一期的投资取得了下一次的投资机会。这类期权多应用于研发密集、高度不确定性、资本密集的产业，如高科技、生物制药等。

（3）改变运营规模期权（option to alter operating scale）

在企业的经营过程中，管理者可根据市场的变化（如产品需求的改变或产品价格的变动）来改变企业的运营规模。如果未来市场需求较原先预期乐观，则增加投资、扩大规模或重新启动项目；如果未来市场需求比原先预期要悲观，那么可缩减规模、缩减投资支出或暂停项目。因此，这类期权又可分为扩张期权（option to expand）、收缩期权（option to contract）和停启期权（option to shut down and restart）。这类期权主要应用于自然资源的运营领域，如采矿业、消费品、房地产等。

【例8-7】A企业主要进行科技产品的开发与生产，A企业管理层预计未来对该公司的产品需求将大幅增加。为扩大市场份额，企业制定长远发展战略，拟对生产设施进行阶段性投资建设。第一阶段，2022年投产150万元，新建一个试验车间，从事新产品的试生产；第二阶段，2025年再增加投资210万元，购置现代化生产线，扩大生产能力，保证新产品系列化并大批量投放市场。有关数据见表8-5至表8-7。（假设现金流量均发生在各年年末）

表8-5　　　　　　　　　　　预期的投资与收益

年份	2022	2023	2024	2025	2026	2027	2028
阶段投资额 I_t（万元）	150	—	—	210	—	—	—
预期现金净流量 CF_t（万元）	—	35	45	50	80	100	85
折现率（%）	10	10	10	10	10	10	10

表8-6　　　　　　　　　　　期初投资与预期收益

年份	2022	2023	2024	2025	2026	2027	2028
投资额（万元）	150	—	—	—	—	—	—
净现金流量（万元）	—	35	45	50	15	10	5
折现率（%）	10	10	10	10	10	10	10

表8-7　　　　　　　　　　　追加投资与预期收益

年份	2022	2023	2024	2025	2026	2027	2028
投资额（万元）	0	—	—	210	—	—	—
净现金流量（万元）	—	0	0	0	65	90	80
折现率（%）	10	10	10	10	10	10	10

按照净现值法，计算结果如下：

$$NPV = \sum_{t=1}^{6} CF_t (1 + r)^{-t} - I_0 - I_3 (1 + r)^{-3} = -36.49(万元)$$

NPV<0，故投资计划不可行。

深入研究发现，上述计算过程存在如下问题：

一是，两阶段投资性质不同，不应该简单处理。2022年的150万元的投资属于战略性投资，其未来的效益体现在两个方面：①在未来6年内带来年现金流入，这部分现金流价值应采用折现法求得；②更为重要的是，期初投资还为企业赢得了3年后扩大规模的机会，即创造了到期日为3年的扩张期权。

二是，从目前来看，第二阶段210万元的投资并没有真正从企业流出，它是一种或有投资权利，发生与否取决于未来产品市场的变化。若2025年如期追加这部分投资，将在2026—2028年内给企业带来一定收益；反之，若市场产生较大不利因素，则此额外投资将避免。

在按照净现值法的上述计算中，忽略了第二阶段追加投资本身隐含的期权价值，因此导致投资项目决策的偏差。

如果考虑期权价值，则计算过程如下：

根据表8-6提供的数据，计算第一阶段投资的现值。

$$\sum_{t=1}^{6} CF_t (1 + r)^{-t} - I_0 = -24.15(万元)$$

采用B/S期权定价模型计算第二阶段的扩张期权价值，根据表8-7提供的数据计算如下：

标的资产的价值=后3年（2026—2028年）现金流的现值

$$S_t = \sum_{t=4}^{6} CF_t (1 + r)^{-t}$$

$$= \frac{65}{(1 + 10\%)^4} + \frac{90}{(1 + 10\%)^5} + \frac{80}{(1 + 10\%)^6}$$

$$= 145.44(万元)$$

期权的执行价格（K）=追加投资的成本

期权的期限（T）=3年

假设阶段收益波动率（标准差）=40%

假设无风险利率（r）=5%

将上述数据代入期权定价公式（8.7）、（8.8）和（8.9），可以求出投资隐含的扩张期权价值。

首先，计算d_1和d_2。

$$d_1 = \frac{\ln(S_t/K) + (r + \sigma^2/2)T}{\sigma \sqrt{T}}$$

$$= \frac{\ln(145.44 \div 210) + (0.05 + (0.4)^2 \div 2) \times 3}{0.4 \times \sqrt{3}} = 0.0327$$

$$d_2 = d_1 - \sigma \sqrt{T} = -0.6601$$

其次，计算 $N(d_1)$ 和 $N(d_2)$。

$N(d1) = N(0.0327) = 0.5130$

$N(d2) = N(-0.6601) = 0.2546$

最后，计算扩张期权价值。

$C_t = S_t N(d_1) - Ke^{-rT} N(d_2) = 28.59$（万元）

由此可得，该项投资的总价值为4.44万元（-24.15+28.59）。

因此，应该接受该项投资计划。

（4）放弃期权（option to abandon）

若市场情况持续恶化或企业生产出现其他原因导致当前投资项目出现巨额亏损，则管理者可以根据未来投资项目的现金流量大小与放弃目前投资项目的价值来考虑是否要结束此投资项目，也就是管理者拥有放弃期权的权利。如果管理者放弃目前投资项目，则设备与其他资产可在二手市场出售而获得残值。在情况发生变化时，管理者可选择继续经营或停止生产以获得放弃价值。这类期权主要应用于资本密集型产业，如航空、铁路、金融服务、新产品开发等领域。

【例8-8】假设一家公司正在考虑投资一个10年期的房地产项目，初始投资是1亿元，项目预期现金流量的现值为1.1亿元，在未来的10年时间里公司拥有随时将项目转让给合伙人的权利。如果公司放弃这个项目，可以获得0.5亿元的收入，项目现金流量现值的方差为0.06，10年期无风险利率为7%。请分析这个放弃期权的价值。

假设这个放弃期权是欧式看跌期权，仅在第十年末决定是否放弃这个项目。当房地产项目收益不理想时，公司主动放弃这个项目。期权的基础资产是这个项目的现金流量，当前基础资产的价值为1.1亿元。

根据B/S期权定价公式，可得：

$d_1 = 2.308889$，$d_2 = 1.534292$

$N(-d_1) = 0.010475$，$N(-d_2) = 0.062479$

放弃期权的价值则为：

$$P_t = -S_t N(-d_1) + Ke^{-rT} N(-d_2)$$

$$= -1.1 \times 0.010475 + 0.5e^{-0.07 \times 10} \times 0.062479$$

$$= -0.011523 + 0.015513 = 0.00399 (亿元)$$

（5）转换期权（option to switch）

当未来市场需求或产品价格改变时，企业可利用相同的生产要素，选择生产对企业最有利的产品，也可以投入不同的要素来维持生产特定的产品。管理者可根据未来市场需求的变化，在各种可选的决策中进行权衡或转变，即管理者拥有转换期权，在执行转换决策时，管理者可以获得最大的获利空间或是最小的成本支出，这种柔性决策带来的好处正是转换期权的价值所在。假设有两种决策可供选择，决策一的价值为 V_1，决策二的价值为 V_2，两种决策互换的价值为 V_3，那么由决策一的转换期权的价值就为 max（V_3-V_1, 0），同理，决策二的转换期权的价值为 max（V_3-V_2, 0）。这类期权主要应用于玩具、汽车、电力产业、医药等领域。

【例8-9】某公司正在建造一幢写字楼，有3个冷却系统可供选择：①燃烧天然气生产冷却水的设备，设备价值120万元；②从临近冷却水厂接受冷却水的设备，设备价值100万元；③可以在燃烧天然气和接受冷却水之间进行转换的设备，该柔性系统的价值为130万元。为研究方便，以某一年的情况为例加以说明。根据市场情况，假设考虑折现后3种方案的成本和设备的残值见表8-8。

表8-8   三种方案的成本和设备的残值   单位：万元

方 案	上半年成本	下半年成本	设备残值
方案一	40	28	105
方案二	35	25	86
方案三	43	30	126

方案一的现金流为：

$S_1 = -（120+40+28）+105 = -83$（万元）

方案二的现金流为：

$S_2 = -（100+35+25）+86 = -74$（万元）

方案三的现金流为：

$S_3 = -（130+43+30）+126 = -77$（万元）

则方案一的转换期权的价值为：

$-77-（-83）= 6$（万元）

方案二的转换期权的价值为：

max [$-77-（-74）$, 0] = 0（万元）

故方案二的转换期权的价值为0。

（6）成长期权（growth option）

成长期权赋予企业提高未来生产能力或竞争力的机会或可能性，其价值通常并不取决于自身所产生的净现金流大小，而是表现为其提供的一系列后续投资机会或增长机会，即依赖于它所能产生的新的选择机会（期权）的价值。因此，成长期权往往被看作期权的期权，即复合式期权（compound option）[①]。成长期权大多应用于战略性产业，如高科技产业和制药产业的研发等项目。

【例8-10】某科技公司考虑一项智能机器人的研发生产，其初始投入为200万元，研发时间约需3年。3年后如果研发成功，则需投入1亿元进行生产与市场开

---

① 复合式期权是基于期权的期权。复合式期权主要有四种类型：基于某个看涨期权的看涨期权、基于某个看涨期权的看跌期权、基于某个看跌期权的看涨期权、基于某个看跌期权的看跌期权。复合式期权有两个执行价格和两个到期日。

拓。投资后预计未来市场有3种状况，20%的概率获得1.2亿元的净现金流量，40%的概率获得1亿元的净现金流量，40%的概率获得0.8亿元的净现金流量。假定公司采用的折现率为10%。试分析是否应该接受该项目。

如果以NPV法评估该项目，则：

$$NPV = \frac{(1.2 \times 20\% + 1 \times 40\% + 0.8 \times 40\%) - 1}{(1.1)^3} - 0.02 = -0.05(亿元)$$

NPV<0，故应该拒绝该项目。

但该项目的价值应该包含其成长期权的价值。

假定项目价值的变动率为20%，无风险利率为5%，则投资所得现金流的现值 S_t 为：

$$\frac{1.2 \times 20\% + 1 \times 40\% + 0.8 \times 40\%}{(1 + 10\%)^3} = 0.7213(亿元)$$

执行价格（后续投资额）为1亿元，应用B/S期权定价公式，可计算得到：

$d_1 = -0.3369$

$d_2 = -0.6833$

$N(d_1) = 0.3681$

$N(d_2) = 0.2472$

则 $C_t = 0.0527$（亿元）

项目的真实价值=静态NPV+期权价值

$$=-0.05+0.0527=0.0027亿元 > 0$$

因此，应该接受该项目。

（7）多重期权（multiple interacting options）

多重期权是由上述多种期权组合而成的，即管理者在评估投资项目到投资项目实行的过程中，可以针对市场的变化、新信息的获得来调整原先所规划的投资决策，使管理弹性能更真实地反映在投资评价中。特里杰奥吉斯（Trigeorgis，1993）认为，投资项目包含数个实物期权时，由于每个实物期权组合会产生交互影响，后续期权的存在会增加前一期权标的资产的价值，而前一实物期权的执行可能改变其本身的标的资产价值。因此，实物期权集合的总价值可能与个别实物期权价值的加总不同。

3）实物期权与金融期权的关系

Black和Scholes的研究指出，金融期权是处理金融市场上交易金融资产的一类金融衍生工具，而实物期权是处理一些具有不确定性投资结果的非金融资产的一种投资决策工具。因此，实物期权是相对金融期权来说的，实物期权与金融相似但并不相同，比金融期权更为复杂。

实物期权是金融期权在实物资产上的扩展，两者在估价中涉及的参数是相同的，只是所对应的含义是不同的，如图8-7所示。

金融期权	参数	实物期权
标的资产当前价格	S	项目未来现金流量现值
期权执行价格	K	项目投资成本
期权期限	T	距丧失投资机会时间
无风险利率	r_f	无风险利率
标的资产收益的波动率	σ	项目价值的波动率
股票红利	D	标的资产价值漏损

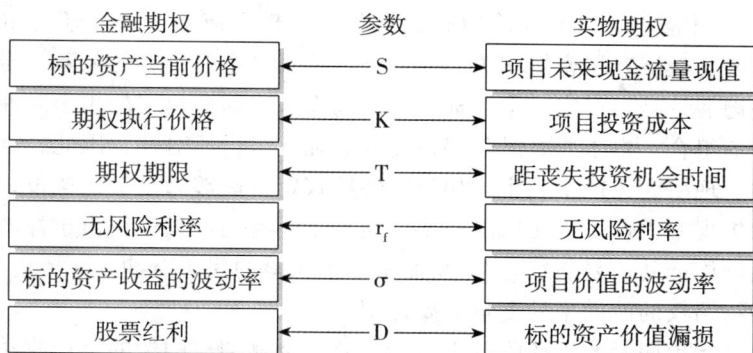

图8-7　实物期权与金融期权的相似点

实物期权与金融期权的不同之处，主要表现在以下几个方面：

（1）不存在公开交易的期权价格

金融期权存在对应的期权市场，投资者可以在市场上以公平的市场价格自由买卖，投资者在期权到期前可以将金融期权出售给其他投资者。实物期权并不存在对应的积极交易的市场，企业并没有以公平的价格从市场上"购买"实物期权，而是通过初始投资"创造"了实物期权，但初始投资额并不像金融期权那样等于所创造的期权的价值，因为实物期权是不容易模仿的，所以它也没有交易的市场和市场价格可言。

（2）实物期权标的资产的当前价格很难确定

金融期权定价的一个核心假设是，标的资产能够在金融市场以公平的市场价格自由交易；而实物资产常常不具备自由交易的特征。特里杰奥吉斯（Trigeogis，1996）希望能够在市场上找到"类似证券"（twin security）来复制实物资产价值的变化。实际上，要确认与实物资产完全相关的类似证券是困难的。

（3）实物期权的执行价格并不固定

实物期权的执行价格是指实物期权行权时，买进或者卖出标的资产支付或者获得的金额。实物期权的执行价格需要考虑一系列成本与收益，常常会随着时间的延续而变化。执行价格具有不确定性，使得企业在执行实物期权时并不能确保获得超额利润。

（4）实物期权的执行期限不确定

金融期权的执行时间一般比较短，通过合约详细规定，通常为几个月；而实物期权的执行期限比较长，通常为几年，并且事先可能并不知晓。实物期权的执行可能会受到交互影响，例如复合期权，而且还要面临不确定的情况。执行期限的不确定性是实物期权与金融期权的不同点之一。

（5）实物期权面临多重不确定性

金融期权的不确定性主要来源于价格变动的风险，即市场风险。而实物期权的不确定性来源比较复杂，既包括市场风险，也包括非市场风险。企业自身可以控制的投资支出只对企业的自有风险敏感，而其余的现金流除此之外还对市场风险敏感。市场风险与经济环境密切相关，非市场风险则是企业特有的风险。金融期权理论的一个关键假设是，存在一个由标的资产和无风险债券组成的用于对冲所有风险的复制证券的组合。由于所有风险都被此复制证券组合所对冲，因此，金融期权定价中所用的折现率为无风险利率。如果实物期权定价能够满足上述假设，则实物期权定价中的折现率也可采用无风险利率。但对于实物期权来说，由于标的资产的市场特性，很难构造其"复制组合"，从而限制了风险的完美对冲。

（6）实物期权的波动率的度量需要近似

波动率是指预期标的资产收益率的标准差。金融期权的标的资产收益的波动率可以通过观察历史数据计算得到。实物期权中的波动率可以通过类比风险相近资产的波动率确定，也可以根据标的资产以往价格相对变动情况估计出历史波动率，再根据未来风险变化情况进行调整确定。但是，实物资产投资难以获得收益的历史分布。在研究实物期权的相关文献中，主要有三种获得标的资产波动率的方法，分别是近似资产的收益分布、蒙特卡罗模拟和解析式。如果可以找到合适的类似证券，类似证券的历史收益分布可以近似地作为实物资产的波动率。例如，马志卫和刘应宗（2006）使用蒙特卡罗方法模拟了投资项目全周期的波动率。[①]雷汉云（2014）使用伦敦金融交易所铜现货的年波动率来估计矿产品价格的波动率。[②]尹国俊和徐凯（2021）在引入梯形模糊函数进行模糊化处理当前价值和执行价格的基础上，运用相关公式计算得到波动率[③]

（7）实物期权的价值漏损数量难以事先知晓

在实物期权的生命期内，标的资产价值的变化会很大程度地影响项目价值。金融期权定价中，标的资产的红利支付减少了看涨期权的价值，提高了看跌期权的价值。金融期权的红利支付是事先知道的，可以直接在期权定价公式中调整。而实物期权"红利支付"的数量和时间难以事先预知，通常表现为现金的支付、租金的收入、保险费用以及版税等多种形式，称为"价值漏损"（value leakage）。

实物期权与金融期权的不同之处，见表8-9。

表8-9　　　　　　　　　　实物期权与金融期权的比较

项　　目	实物期权	金融期权
标的资产	土地、设备等实物资产	股票、债券等金融资产
期权的交易市场	不存在	存在

① 马志卫，刘应宗.实物期权评价方法及波动率全周期估算研究 [J].商业经济与管理，2006（7）：53-56.
② 雷汉云.基于二项式实物期权的探矿权转让的价值评估 [J].中南大学学报（社会科学版），2014.20（6）：102-107.
③ 尹国俊，徐凯.基于模糊实物期权的众创空间价值评估研究——以创业黑马为例 [J].科技管理研究，2021，41（14）：65-72.

续表

项　目	实物期权	金融期权
标的资产当前价格	不能从市场上直接得到	市场价格
期权执行价格	不确定	合约规定
期权的执行时间	不确定	容易确定
不确定的来源	多重的不确定	有限的不确定
波动率	较难估计	可根据市场价格波动估计
价值漏损	难以估计	较易估计

8.5　实物期权法在企业价值评估中的应用

　　实物期权法可以用来评估企业价值。传统的企业价值评估方法，如账面价值法、折现现金流量法等都没有认识到：任何企业由于其拥有一定的人力、物力、财力、技术等资源而拥有一些投资机会，这些投资机会无疑是有价值的。对于那些静态净现值为负或接近平衡点的投资项目是最值得运用实物期权去判断的。在这类项目中，可以利用期权思想进行识别，找出其中存在的期权，并用相应的方法进行评估，帮助企业进行决策。因此，传统的企业价值评估方法忽略了企业拥有的实物期权价值，进而低估了企业的价值。

　　价值评估中的实物期权，是指附着于企业整体资产或者单项资产上的非人为设计的选择权，即指现实中存在的发展或者增长机会、收缩或者退出机会等。相应企业或者资产的实际控制人在未来可以执行这种选择权，并且预期通过执行这种选择权能带来经济利益。

　　为规范资产评估师执行与实物期权相关的评估业务行为，2011年12月30日中国资产评估协会发布了《实物期权评估指导意见（试行）》，自2012年7月1日起施行。随后，为贯彻落实《中华人民共和国资产评估法》，规范资产评估执业行为，保护资产评估当事人合法权益和公共利益，在财政部指导下，中国资产评估协会根据《资产评估基本准则》，对《实物期权评估指导意见（试行）》进行了修订，并于2017年9月8日制定并发布了《实物期权评估指导意见》，自2017年10月1日起施行。

二维码 8-2：
《实物期权评估指导意见》

　　根据《实物期权评估指导意见》，实物期权评估是指资产评估机构及其资产评估专业人员遵守法律、行政法规和资产评估准则，根据委托对评估基准日特定目的下附着于企业整体资产或者单项资产上的实物期权进行识别、评定、估算，并出具资产评估报告的专业服务行为。

　　评价公司内部现有的资产，即其未来所带来的现金流量之价值，可应用多重期间的资本资产定价模型（CAPM），而成长机会价值则可以用实物期权理论进行评估。

——迈尔斯①

　　1）实物期权法的基本思路

　　利用实物期权法评估企业的价值，有以下几种思路：①将企业的价值划分为资产价值（包括有形资产和无形资产）和期权价值两部分，分别进行价值评估。前者可以运用一般的资产评估方法进行评估，后者则利用期权思想对企业拥有的投资机会和期权进行识别并用期权方法进行评估，两者之和即为企业价值。②公司运用期权方法对放弃旧业务、转换和拓展新业务机会的期权价值进行估计，然后将公司已拥有的各种业务价值（项目价值）的总和加上这些期权价值就得到企业的价值。③将公司的价值分为股票价值和债券价值两部分，因为公司的股票可以视为股东的买权（付出一定购买款之后可以享受公司价值上涨的收益），公司的债券价值则等于一个无风险贷款价值（债券账面价值）加上一个卖权空头，因此，可以运用期权方法分别估价，两者之和为企业价值。如果企业还有优先股、可转换证券等，也可以运用期权方法进行定价，再相加得到企业价值。

　　当企业附有多种实物期权时，实物期权的价值评估较为复杂，为平衡评估工作量与评估结论的准确性和稳健性，应当从可能发现的实物期权中选出不可忽视的实物期权加以评估。不可忽视的实物期权可以根据实物期权的重要性和相互关系进行分析判断。实物期权的重要性可以根据以下标准进行评价：①标的资产范围或者价值越大越重要。如评估企业价值时，以企业价值为标的资产的实物期权比以某个业务部门为标的资产的实物期权更为重要。②实物期权执行的可能性越大越重要。在其他条件相同的情况下，实值实物期权比虚值实物期权重要；实物期权的实值越大越重要；实物期权的期限越近越重要；标的资产拥有方具备的执行实物期权的资源越充足越重要。实物期权的相互关系可以根据以下标准进行评价：①多个实物期权之间有互斥关系或者替代关系，即选择执行了其中一个实物期权，其他实物期权就不能或者不必要执行，则应当选择其中最重要的实物期权。②多个实物期权之间有互补关系，则根据执行的可能性都选或者都不选为评估对象。有互补关系的实物期权常见的是各种可能的机会之间有战略协同性的期权。③多个实物期权之间有因果关系或者前后关系，则根据执行的可能性只选在前或者为因的实物期权进行评估。

　　针对不同类型实物期权的具体特征，理论界分别提出了相应的定价模型。目前常用的实物期权定价方法基本上是通过和金融期权的对应关系，在金融市场上找到相应的标的金融资产，通过 B/S 模型或二项式模型进行估价。需要指出的是，由于

　　① Myers S C. Determinants of Corporate Borrowing ［J］. Journal of Finance Economics，1977. 5（2）：325-364.

不同的期权对应的基础资产不同，其价值变化遵循的随机规律也不同，现有的期权定价方法（B/S模型等）是假设股票等基础资产的价格服从连续的马尔科夫过程（下一时刻的价格变化和上一时刻的价格变化无关），对于其他资产价值（如项目资产价值）来说未必满足这一假设，因此，尚需要加以改进或者发现新的方法，才能对企业价值进行适当的估价。

为了简化问题，在运用期权定价模型评估企业价值时，做出如下假设：①假设公司中只有两种人，即股东和债权人。②假设公司只发行一种零息票债券，该债券不可提前兑付，到期一次还本付息，并且同时到期。

假设公司价值为S，公司所有发行在外债券的面值为K，则公司的股权净值有两种情况：一种是公司资不抵债，或者资债相等时，股东将选择清算公司，此时公司的所有清算资产都将用于偿还债务，公司股东不能因其持有股权而得到任何收益，此时公司的股权价值为零，股东的收益也是零；另一种是公司的资产价值大于债务价值，则公司的股权净值为S-K。用数学表达式表述如下：

公司股权净值=max（S-K，0）

因此，股权可以看作以公司为标的资产的看涨期权，它们之间的对应关系见表8-10。

表8-10　　　　　　　　　公司股权与看涨期权的对应关系

标的资产	公司资产（包括股权和债权在内的所有资产）
标的资产当前价格	整个公司的市值
执行价格	公司目前承担的所有债务面值
到期期限	零息票债券的剩余期限
标的资产价格的波动率	公司价值变动的方差（或标准差）
到期日	债券到期日

相关参数的采集与处理如下：

（1）公司价值S

公司价值既包括了公司股权的价值，又包括了公司债券的价值。如果公司是上市公司，且公司发行的债券可以在债券市场上流通，那么，公司的股权和债券价值则比较容易获得，两者相加即可以得到公司的价值。如果公司是非上市公司，因为不具有随行就市的价格，可以通过寻找现行市场上类似的上市公司，利用它们的相应信息估算出公司的价值；如果不存在类似的上市公司，也可以利用现金流量折现法得到被评估公司的市场价值。

（2）公司价值变动的方差 σ^2

如果公司是上市公司，首先估计股权和债券的历史价格的方差，然后根据它们在公司资产组合中相对的市场价值进行加权平均求得方差。如果公司是非上市公司，可以从市场上寻找类似的上市公司进行对比，将它们的市场价值变量的方差或方差的均值作为被评估公司价值变动的方差。

（3）公司债券期限T

在现实中，大多数公司发行的债券不止一种，对债券是否可提前兑付、如何还本付息以及到期日等均有不同的规定。为了满足前述的假设条件，将各债券的不同的到期期限以各债券的现值比重为权重来计算持续期，这个持续期即为债券的到期期限，然后将债券支付的本息通过折现的方式压缩到同一时点。

【例8-11】某科技企业A拟并购同行业上市公司B，计划并购整合期为0.5年，并购价格为12亿元。根据B公司现状，预测其未来现金流量折现现值为10.37亿元。A企业此次并购的意图是达成A和B两个企业之间的协同效应，并计划整合后若形势有利，则追加投资7.23亿元。由B公司历史股价可知，其年股票波动率（标准差）为28%，整合期的同期无风险利率为3%。请根据已知条件判断A企业此次并购是否值得。

应用实物期权法计算B公司的并购价值，可知A企业持有对B公司的成长期权。

标的资产的价值 S_t=10.37亿元

执行价格 K=7.23亿元

期权的到期期限 T=0.5年

标的资产价格波动率 σ^2=（28%）^{2}=0.0784

无风险利率 r=3%

将上述已知参数带入B/S期权定价模型，计算得到期权价值 C_t：

$$d_1 = \frac{\ln(S/K) + (r + \sigma^2/2)T}{\sigma\sqrt{T}} = 1.9965$$

$$d_2 = d_1 - \sigma\sqrt{T} = 1.9965 - 0.1980 = 1.7985$$

$$N(d_1) = N(1.9965) = 0.9771$$

$$N(d_2) = N(1.7985) = 0.9640$$

$$C_t = 3.2666（亿元）$$

由此可知，B公司的实际价值为静态决策的净现值加上成长期权的价值，即为13.6366亿元（3.2666+10.37）。而A企业付出的并购价格为12亿元，小于B公司的实际价值，所以A企业对B公司的并购是值得的。

2）实物期权法与现金流量折现法的比较

传统的企业价值评估方法一般有两类：一类是根据企业资产的价值进行评估，如账面价值法、重置价值法和清算价值法等；另一类是根据企业的盈利水平来评估，如现金流量折现法（DCF）和市场价值法。其中，现金流量折现法是最为常用和流行的企业价值评估方法。现金流量折现法的核心思想是，将企业的未来预期净现金流量按与企业风险相适应的折现率进行折现，得出的现值即为企业价值。由此可见，这种方法的关键是要解决两个问题：一是如何估计企业未来各年的净现金流量；二是如何确定合适的折现率。

估计企业未来的净现金流量一般是基于对企业在当前环境中运行所产生的现金

流量的考察。决策者往往是静态地、封闭地预测现金流，却无视竞争对手、国家财政货币政策、税收和通货膨胀等不确定性因素的影响，致使现金流的预测缺乏弹性。

至于折现率，在未来现金流量一定的情况下，折现率越高，净现值越小，反之亦然。因此，合理地选择折现率是很重要的。运用加权平均资本成本作为折现率，逐渐成为许多企业都能接受和使用的标准方法。但是企业的资本结构往往比较复杂，资本的来源、性质可能大相径庭，且经常处于变化的过程中，使得加权平均资本成本不稳定、不唯一，需要逐年加以调整。企业的资本结构、纳税条件和融资战略越是复杂，加权平均资本成本就越不能全面地反映企业的真正资本成本。

二维码 8-3：基于实物期权视角的软件企业价值评估研究

在环境不确定性不断增加的情况下，现金流量折现法的缺陷日益明显，而实物期权法则显得更为有效和科学。

用金融观点来看，企业投资更似一系列的期权，而不是稳定的现金流。

——摩西·鲁曼

【案例 8-2】 　　　　　　　　**铁矿山价值评估**

A 公司拟出租一座约有 8 000 万吨储备的铁矿山 25 年。目前铁矿山的开发成本为 200 万元，年产量 320 万吨。当前的铁矿价格为 800 元/吨，预计铁矿的价格每年增长 3%；平均开采成本约为 300 元/吨，预计开采成本以每年 2% 的速度增长。铁矿价格波动年标准差为 25%，无风险利率为 7%。分别运用实物期权定价模型和现金流量折现法评估矿山价值。

根据已知条件，分析：

矿山开采年限 = 8 000÷320 = 25（年）

矿山的开采年限与政府出租矿山的时间（25 年）相等。

假设第 t 年出售 320 万吨铁矿的现金流入量为 I_t（t = 1，2，…，25），则：

$I_t = 0.08 \times (1+3\%)^t \times 320 = 25.6 \times (1+3\%)^t$（万元）

假设第 t 年支付开采成本的现金流出量为 O_t（t = 1，2，…，25），则：

$O_t = 0.03 \times (1+2\%)^t \times 320 = 9.6 \times (1+2\%)^t$（万元）

矿山开采的预计现金流量见表 8-11。

表 8-11　　　　　　　　　**矿山开采的预计现金流量**　　　　　　　　单位：万元

	0	1	2	3	…	25
现金流入量		$25.6 \times (1+3\%)$	$25.6 \times (1+3\%)^2$	$25.6 \times (1+3\%)^3$	…	$25.6 \times (1+3\%)^{25}$
现金流出量	200	$9.6 \times (1+2\%)$	$9.6 \times (1+2\%)^2$	$9.6 \times (1+2\%)^3$	…	$9.6 \times (1+2\%)^{25}$

（1）运用现金流量折现法（DCF）评估矿山价值。

$$年现金流入量的现值 = \frac{25.6 \times (1 + 3\%)}{7\% - 3\%} \times \left[1 - \left(\frac{1 + 3\%}{1 + 7\%} \right)^{25} \right] = 404.8959（万元）$$

$$年现金流出量的现值 = \frac{9.6 \times (1 + 2\%)}{7\% - 2\%} \times \left[1 - \left(\frac{1 + 2\%}{1 + 7\%} \right)^{25} \right] = 136.6414（万元）$$

开采的价值＝年现金流入量的现值－年现金流出量的现值

　　　　＝404.8959－136.6414＝268.2545（万元）

矿山的价值＝开采的价值－开发成本

　　　　＝268.2545－200

　　　　＝68.2545（万元）

（2）运用实物期权法评估矿山的价值。

第一步，确定与矿山估价相关的参数。

标的资产的价值（S_t）＝年现金流入量的现值－年现金流出量的现值＝268.2545（万元）

期权的执行价格（K）＝矿山开发成本＝200万元

铁矿价格波动的方差（σ^2）＝（25%）^{2}＝0.0625

期权的期限（T）＝25年

无风险利率（r）＝7%

标的资产价值漏损 q＝1÷25×100%＝4%

矿山的开采年限与政府出租矿山的时间相等，都为25年。每延迟1年开采意味着减少1年的产量。

第二步，估计矿山的价值。

将已知参数代入公式，计算 N（d_1）和 N（d_2）：

$$d_1 = \frac{\ln(S_t/K) + (r - q + \sigma^2/2)T}{\sigma\sqrt{T}}$$

$$= \frac{\ln(268.2545 \div 200) + (0.07 - 0.04 + 0.0625 \div 2) \times 25}{0.25 \times \sqrt{25}}$$

$$= 1.4599$$

$$d_2 = d_1 - \sigma\sqrt{T} = 1.4599 - 0.25 \times \sqrt{25} = 0.2099$$

N（d_1）＝N（1.4599）＝0.9278

N（d_2）＝N（0.2099）＝0.5831

将上述数据代入公式，计算矿山的价值：

$$C_t = S_t e^{-qT} N(d_1) - K e^{-rT} N(d_2)$$

$$= 268.2545 \times e^{-0.04 \times 25} \times 0.9278 - 200 \times e^{-0.07 \times 25} \times 0.5831$$

$$= 71.2947（万元）$$

与用现金流量折现法得出的净现值68.2545万元有所不同，将矿山作为一种实物期权进行评估，其价值为71.2947万元，其高出的价值3.0402万元是矿山开发投资的灵活性（实物期权）价值。

实物期权法与现金流量折现法的区别主要表现在以下几个方面：

第一，考虑问题的角度。现金流量折现法是从静态的角度来考虑问题，只对是否立即采纳投资做出决策。现金流量折现法假设未来的变化总是按决策之初的既定环境发生，均未考虑管理者对未来变化的适时调整。实际上，在长期投资中，面对不确定性较大的市场环境，管理者会在信息比较充分或不确定性较少的情况下才制定最终的决策，所以对投资项目的运营会根据市场条件的变化而调整。这种经营灵活性的存在，虽然为预期现金流量的精确预测带来很大困难，但它可以改变项目运营的风险，并为风险的规避提供可能。实物期权恰恰满足了投资者对投资灵活性的需求，从动态的角度考虑问题。管理者不但需要对是否进行投资做出决策，而且需要在项目投资后做出理性的决策，趋利避害，因此，实际产生的现金流量往往不等于现金流量的期望值。实物期权法得到的是扩展的净现值，即期望净现值与实物期权价值（灵活性价值）之和，能较好地反映投资的真正价值，与实际情况较好地吻合。

第二，假设前提。现金流量折现法假设投资是可逆的，如果市场条件没有预期的好，可以很容易收回初始投资，因此，计算净现值时无须考虑撤资时的损失。而现实中大多数投资不符合这种假设，即具有不可逆性，一旦投入就不容易撤出。实物投资具有不可逆性，原因如下：首先，资产具有专用性。资产专用性意味着资产需求方对于该项资产的评价具有很高的一致性，资产拥有者如果降低该项资产的评价，其他需求方可能同样也降低了对该项资产的评价。其次，信息存在不对称。买卖双方会因为信息不对称导致"柠檬问题"①，致使优胜劣汰机制发生扭曲，市场上充斥着低质的产品，使质量较高的产品总是难以获得满意的价格。最后，政府管制。政府管制可能会使投资者难以将资产变现。再者企业已经启动的项目也不是一成不变的，决策者能够而且可能做出某种改变来影响后续的现金流量或项目寿命期。比如制药企业的研发投资，如果投资之后发现研发产品的市场并不景气，那么这项研发技术也可以应用于其他产品或等待出现好的时机时再推向市场，这时现金流有可能会因为决策的改变而改变。

第三，投资是否具有延缓性。现金流量折现法认为，投资是不可延缓的，现在如果不投资，将来就没有机会了，它只对现在是否投资进行决策。实物期权法则认为，在大多数情况下，虽然投资是不可逆的，但是可以推迟，而且不确定性会随时间的推延而最终得以消除，所以要考虑项目投资的可推迟性以及由此形成的项目价值的变化。当然，推迟投资也要付出代价，推迟投资项目的成本是其他企业趁机抢占市场的风险以及潜在的现金流入量的减少。在进行投资决策时，有必要在二者之间进行权衡。

第四，不确定性对投资价值的影响。现金流量折现法认为，不确定性越高，其折现率也就越高，从而降低了投资项目的价值。而实物期权法则认为，不确定性是

实物期权价值之所在。不确定性越高，投资机会的价值（实物期权价值）也就越高。其原因在于：如果项目发展顺利，就执行期权，进行投资，则获利的可能性为"无限大"；如果项目发展不利，净现值为负数，就不执行期权，从而限制了亏损，使亏损不会随着风险的增加而加大。通常，在不确定条件下，积极的管理行为会增加投资机会的价值。

【案例8-3】　　　　实物期权法在企业价值评估中的具体应用[①]

坤元资产评估有限公司接受浙江海正药业股份有限公司的委托，对浙江海正药业股份有限公司拟为浙江海正博锐生物制药有限公司引进投资涉及的该公司股东全部权益在2019年4月30日的市场价值进行了评估。

本次评估目的是为该经济行为提供海正博锐公司股东全部权益价值的参考依据。

评估对象为涉及上述经济行为的海正博锐公司的股东全部权益。评估范围为海正博锐公司申报的并经过天健会计师事务所（特殊普通合伙）审计的截至2019年4月30日海正博锐公司全部资产及相关负债。

评估基准日为2019年4月30日。

在运用资产基础法评估海正博锐公司股东全部权益价值时，涉及对处于临床一期或三期的9项单抗类生物类似药项目技术进行评估。根据本次评估目的、评估对象的具体情况，坤元资产评估有限公司采用实物期权法对委估的处于临床一期或三期的9项单抗类生物类似药项目技术进行评估，具体选用B/S期权定价模型进行测算。其基本公式为：

$$C = SN(d_1) - Ke^{-rT}N(d_2)$$

其中：

$$d_1 = \frac{\ln(S/K) + (r + \sigma^2/2)T}{\sigma\sqrt{T}}$$

$$d_2 = d_1 - \sigma\sqrt{T}$$

式中：S表示原含义是标的资产价格。本次评估采用委估药物生产技术研制成功后，其在基准日所表现的市场价值。S根据相关资料采用收入分成率法估算。

K表示原含义为期权执行价。本次评估为委估药物生产技术从目前阶段到研制成功尚需要的后续投入，需要分别按投资年限计算投资的终值。

r表示原含义为连续复利计算的无风险收益率。本次评估采用国债到期收益率。

T表示原含义为期权限制时间。本次评估采用从基准日到委估药物投产所需要的时间。

σ表示原含义是股票波动率。本次评估指投资者投资委估药物所能获得回报率的波动率。

下面以"重组抗PD-L1全人源单克隆抗体"为例对实物期权模型中相关评估

①　坤元资产评估有限公司.浙江海正药业股份有限公司拟为浙江海正博锐生物制药有限公司引进投资涉及的该公司股东全部权益价值评估项目资产评估说明〔EB/OL〕.〔2019-06-22〕. https://data.eastmoney. com/notices/detail/600267/AN201906211335999118.html.经整理.

参数的确定进行具体说明：

（1）收益年限的确定

对于重组抗 PD-L1 全人源单克隆抗体项目，综合考虑其技术先进性、保密程度、技术更新换代、应用领域实际盈利能力和发展速度等，综合确定其收益年限为自成功上市起 15 年，即自 2022 年到 2036 年。

（2）收入预测分析

目前抗 PD-L1 已经获得临床试验批文，相关技术已比较成熟，预计能够在2021 年底上市，未来销售收入等具备可预测性，故本次主要对抗 PD-L1 未来销售收入进行预测。

对于未来销售收入的预测，通过分析，随着患者群体不断扩大以及联合疗法兴起等驱动因素，抗 PD-L1 市场需求发展趋势良好，未来市场需求巨大。

综上分析，对抗 PD-L1 未来销售收入的预测见表 8-12：

表8-12　　　　　　　　　　　　**抗 PD-L1 未来销售收入预测**　　　　　　　　　单位：万元

项目/年度	第一年	第二年	第三年	第四年	第五年
销售收入	9 600.00	18 240.00	27 360.00	36 388.80	47 305.44
项目/年度	第六年	第七年	第八年	第九年	第十年
销售收入	53 927.17	59 318.35	60 858.28	64 508.90	64 347.62
项目/年度	第十一年	第十二年	第十三年	第十四年	第十五年
销售收入	66 278.98	67 606.79	68 957.81	70 336.69	70 336.69

经分析计算，得出抗 PD-L1 项目技术对应的收入分成率为 25.5%。

（3）折现率的分析和确定

根据本次评估特点和收集资料的情况，本次评估采用风险累加法确定折现率。计算公式为：

折现率=无风险报酬率+风险报酬率

①无风险报酬率的确定

无风险利率一般采用评估基准日的长期国债的票面利率或者评估基准日交易的长期国债品种实际收益率。对于抗 PD-L1 项目技术对应的无风险利率，本次采用2019 年 4 月 30 日国债市场上到期日距评估基准日 10 年以上的交易品种的平均到期收益率 3.98% 作为无风险利率。

②风险报酬率的确定

风险报酬率的确定运用综合评价法，即按照技术风险、市场风险、资金风险、管理风险和政策五个风险因素量化求和确定（计算过程略），得出的风险报酬率为12.16%。

折现率=无风险报酬率+风险报酬率

      =3.98%+12.16%

      =16.10%（取整）

（4）标的资产价格 S

经过上述计算，标的资产价格 S 见表8-13：

表8-13　　　　　　　　　　　**标的资产价格 S 的计算**　　　　　　　　单位：万元

项目/年份	第一年	第二年	第三年	第四年	第五年
销售收入	9 600.00	18 240.00	27 360.00	36 388.80	47 305.44
分成率	25.5%	25.50%	25.5%	25.5%	25.50%
技术贡献	2 448.00	4 651.20	6 976.80	9 279.14	12 062.89
折现年限	3.17	4.17	5.17	6.17	7.17
折现系数	0.6233	0.5369	0.4624	0.3983	0.3431
技术贡献现值	1 525.84	2 497.23	3 226.07	3 695.88	4 138.78

项目/年份	第六年	第七年	第八年	第九年	第十年
销售收入	539 27317	59 318.35	60 858.28	64 508.90	64 347.62
分成率	25.50%	25.50%	25.50%	25.50%	25.50%
技术贡献	1 3751.43	15 126.18	15 518.86	16 499.77	16 408.64
折现年限	8.17	9.17	10.17	11.17	12.17
折现系数	0.2955	0.2545	0.2192	0.1888	0.1626
技术贡献现值	4 063.55	3 849.61	3 401.73	3 105.72	2 668.05

项目/年份	第十一年	第十二年	第十三年	第十四年	第十五年
销售收入	66 278.98	67 606.79	68 957.81	70 336.69	70 336.69
分成率	25.50%	25.50%	25.50%	25.50%	25.50%
技术贡献	16 901.14	17 239.73	17 584.24	17 935.86	17 935.86
折现年限	13.17	14.17	15.17	16.17	17.17
折现系数	0.14	0.12	0.10	0.09	0.08
技术贡献现值	2 367.85	2 080.84	1 827.00	1 605.26	1 382.85
标的资产价格 S			41 436.26		

（5）期权执行价格 K

评估中采用委估药物生产技术从目前阶段到研制成功尚需要的全部投入，需要分别按投资年限计算投资的终值。

海正博锐公司将根据委估药物的相应要求和审批流程，进行进一步的研发临床试验等工作。

目前抗 PD-L1 已经获得临床试验批文，相关技术已比较成熟，按照海正博锐公司的估算，从评估基准日起，进行后续研发工作以及临床试验，最终获得国家食品药品监督管理局颁发的药品注册批件（即生产批件），达到可以生产并上市销售的状态，预计将于 2021 年年底完成，尚需 2.67 年。

对于未来尚需的研发投入，本次评估主要根据现有的研发投入合同（主要包括与医院的合作协议、原研药的采购协议和生物样本分析合同）以及后续尚需投入的研发支出，综合估算抗 PD-L1 研发成功上市尚需投入的支出。

期权执行价格的计算，具体见表8-14：

表8-14　　　　　　　　　　　期权执行价格的计算　　　　　　　　　单位：万元

项目/年份	2019年5—12月	2020年	2021年
尚需要的投入	3 000.00	5 000.00	2 000.00
复利年限	2.33	1.50	0.50
复利系数（r=3.98%）	1.0953	1.0603	1.0197
执行价 K 的终值	3 285.90	5 301.50	2 039.40
执行价 K 的终值之和	10 626.80		

（6）期权限制时间 T

本次评估采用从基准日到制药投产所需要的时间，为 2.67 年。

（7）股票波动率 σ

本次评估指投资者投资委估药物所能获得回报率的波动率。

波动率一般可以采用国内委估药物业内的全部上市公司的股票波动率的标准差估算，但考虑到本次评估的是或有资产，投资者实际是一种风险投资，因此考虑按股票投资者的投资回报率估算这种投资回报率有所不妥，因此本次评估没有按该方式估算波动率。

本次评估通过判断委估药物在基准日的研制成功概率（可能性），然后通过隐含方式估算波动率 σ。

考虑到委估的抗 PD-L1 项目技术截至评估基准日，目前已经获得临床试验批文，相关技术成熟，其研发成功率应有所提高，预计在70%左右。

根据 B/S 模型的特性，体现抗 PD-L1 项目技术完成的概率实际就是期权执行的概率，即 N(d2)，即：

$N(d_2) = 70.00\%$

上式实际隐含的 σ=77.58%，因此以 77.58% 作为波动率 σ 估算看涨期权的价值。

（8）评估结果

将以上分析确定的各参数代入期权计算公式，得到抗 PD-L1 项目技术的评估值为 33 228.97 万元。

3）实物期权法应用中的局限

虽然实物期权法在企业定价上比 DCF 方法更接近企业的真实价值，但该方法目前在企业定价领域内的应用还是受到了较大的限制。

第一，期权定价法并非适合所有的企业类型和情况。只有当企业存在不确定性，并且这种不确定性对企业影响较大时，期权定价法的使用才具有合理性。另外，只要企业不上市，其真实价值就难以知晓，虽然具有账面价值，但账面价值难以反映企业状况，特别是对无形资产占有很大比重的科技型创业企业而言。

第二，计算方法较为复杂。一是计算采用的期权类型的选择较为复杂，需根据应用领域进行选择；二是方法涉及的参数较多，如公司价值、公司价值变动的方差、期权期限等，相关参数的确定及其计算过程也增加了该方法的复杂程度。

第三，假设条件较多。从实物期权本身来说，期权定价模型有着较多假设条件，这些假设条件很难完全满足现实情况，使用期权定价法会引起一定的偏差。实物期权定价模型中涉及较多参数，这些参数能否顺利获得，关系到定价的精确性。另外，现实中的经济活动较为复杂，实物期权之间存在交互影响，找到一个适合的实物期权定价模型也较为困难。

第四，预测收益率存在局限性。实物期权模型假设所有资产的预测收益率都等于无风险利率，且在期权有效期内该利率保持不变。但无风险利率不可能是固定不变的，所以使用恒定的无风险利率会导致误差。此外，对于风险的补偿，不同的决策者会有不同的预期，这直接影响实物期权定价模型的估值结果。

总之，实物期权给投资者或管理者一种决策弹性，使其可以灵活利用市场的各种变化，在最大限度控制风险的同时，又不丧失把握可能出现的有利机会。但是，实物期权这种思维方式并非万能，当项目并不存在实物期权或者与产出有关的不确定性很小时，采用传统的企业价值评估方法可能更可取。

【政策思考 8-1】

为规范注册资产评估师执行与实物期权相关的评估业务行为，维护社会公共利益和资产评估各方当事人的合法权益，中国资产评估协会制定了《实物期权评估指导意见（试行）》（以下简称《指导意见》），并于 2012 年 7 月 1 日起施行。《指导意见》指出，执行涉及实物期权评估的业务，应当根据实物期权的类型，选择适当的期权定价模型，常用的期权定价模型包括布莱克-舒尔斯模型、二项树模型等，并强调对测算出的实物期权价值，应当进行必要的合理性检验。

请阅读相关材料并思考：如何选择适当的期权定价模型？为什么对测算出的实

物期权价值应进行必要的合理性检验?

本章小节

随着环境的不确定性日益增加,众多企业管理者的决策思维也正在发生着重要的变化,他们不仅认为不确定性需要付出一定的代价,而且更重要的是,他们发现最有价值的投资机会常常伴随着大量的不确定性。而如何处理企业经营决策中面临的大量不确定性,则是摆在他们面前更为急迫的任务。因此,无论在理论中还是在实践中,探讨和研究企业价值评估的方法都具有重要意义。

金融期权理论的诞生,使人们对以前无法准确估算的各种机会、灵活性能够定价,从而定量地对其进行评价决策,这是人类对复杂的不确定性世界认识的一大飞跃。实物期权理论和方法突破了传统企业价值评估方法(以现金流量折现法为代表)的束缚,它不是对传统方法的简单否定,而是在保留现金流量折现法合理内核的基础之上,对不确定性因素及其相应环境变化作出积极响应的一种思维方式的概括和总结。

期权理论和定价模型考虑到外部不确定的经济条件影响,将企业的经济活动置于动态环境中,在一定程度上满足了企业在发展中不断面临机遇的特点,并且可以量化各种机会价值,具备传统评估方法不可比拟的优越性。但任何理论或模型的应用都有一定的局限性,期权理论和定价模型是建立在一定的假设基础上的。如果现实情况与假设相去甚远,生硬地套用理论或模型可能会得出错误的结论。在评估企业价值时,要根据具体问题建立期权模型,再将其评估结果与其他方法的评估结果进行比较,以确保评估结果的准确性。因此,对于实物期权法评估企业价值的理论研究与实践应用仍需进一步探索与完善。

主要概念

期权　执行价格　权利金　标的资产　金融期权　实物期权

基本训练

1.简答题

(1)期权价值、内含价值、时间价值有何种关系?

(2)影响期权价值的因素有哪些?它们是如何影响期权价值的?

(3)二项式模型的基本原理是什么?

(4)实物期权与金融期权有何联系与区别?

2.思考题

(1)为什么说期权合约中的权利与义务是不对等的?

(2)采用 B/S 模型时,如何估计无风险利率和标的资产价格波动率?

(3)现金流量折现法与实物期权法有何区别?

3.计算分析题

（1）假设您在到期日时持有下列欧式期权：

① 3 000 股 Lock 公司股票的卖方期权，执行价格为每股 545 便士。该公司股票的当前市场价格为 510 便士。

② 10 000 股 Sam 公司的买方期权，执行价格为每股 378 便士。该公司股票的当前市场价格为 330 便士。

③ 按 1 欧元=0.9 美元的交割汇率将 50 万欧元兑换成美元的买方期权，当前的市场汇率是 1 欧元=0.95 美元。

④ 按 1 英镑=1.45 美元的交割汇率将 25 万英镑兑换成美元的卖方期权，当前的市场汇率是 1 英镑=1.41 美元。

⑤ 按 5% 的交割利率（LIBOR）借入一定数目的 6 个月名义贷款的买方期权，当前，6 个月的 LIBOR 是 5.6%。

请问：在上述情况下，您是否应当行使自己的期权？

（2）一个投资者持有 ABC 公司 2 000 股股票的期权，执行价格是 460 美分。期权价值是每股 25 美分。如果到期日的股价如下：①445 美分；②476 美分；③500 美分。请分别计算每种情况下期权买方和期权卖方的损益。

（3）某不支付红利的股票的现行价格为 45 元，每三个月价格会上升或下降 15%，且按连续复利计算的无风险年利率为 6%。请计算以该股票为标的资产，半年后到期，行权价格为 50 元的欧式期权的价格。

（4）某不支付红利的股票的现行价格为 150 元，预计未来两个月内其价格将会发生较大变动，但变动方向未知。已知以该股票为标的资产的 2 个月期看涨期权的价格为 20 元，且无风险年利率为 6%。请计算执行价格为 150 元的 2 个月期该股票的看跌期权价格。

（5）A 公司是一家颇具实力的机械制造商。经过调研，公司管理层认为某种新产品可能有巨大发展前景，于是计划引进该新产品生产技术。

考虑到新产品市场的开拓需要一定时间，该项目分两期进行。第一期要购置 10 套专用设备，预计每套价款 90 万元，并追加流动资金 140 万元，于 2023 年年末投入。2024 年投产，生产能力为 50 万件。该新产品预计销售单价 20 元/件，单位变动成本 12 元/件，每年固定付现成本 40 万元。

第二期要购置 20 套专用设备，预计每套价款为 70 万元，于 2026 年年末投入，需追加流动资金 240 万元，2027 年投产，生产能力为 120 万件。新产品预计销售单件 20 元/件，单位变动成本 12 元/件，每年固定付现成本 80 万元。

公司的会计政策与税法规定相同，设备按 5 年折旧，采用直线法计提，净残值率为零。经估测，公司同类项目的风险报酬率为 20%。无风险利率为 5%，该公司的所得税税率为 25%。

要求：

①计算不考虑期权情况下项目的净现值。

②假设第二期项目的决策必须在2026年年底决定，该行业风险较大，未来现金流量不确定，可比公司的股票价格标准差为28%，可以作为项目现金流量的标准差。采用B/S期权定价模型计算期权的价值，并判断是否应投资第一期项目。

（6）2023年4月10日，A公司股票市场价格为每股50元，以该股票为标的资产的看涨期权的执行价格为49元，3个月到期，3个月以内公司不派发股利，资本市场的无风险利率为8%。A公司股票收益的波动率预计为每年30%，使用B/S模型计算期权价值。如果3个月以后股价有两种变动可能，上升到每股56元或下降到每股42元。

要求：利用风险中性原理，计算A公司股票上、下行概率以及看涨期权价值。

（7）假设制造企业A公司预计2023年投资1 000万元建一条生产线，生产X_1型产品，预计2023—2028年各年现金流量见表8-15。

表8-15　　　　　　　　　X_1项目投资的现金流量　　　　　　　　单位：万元

时间（年末）	2023	2024	2025	2026	2027	2028
税后经营现金流量		300	400	340	320	190

A公司预计2026年替代X_1产品的X_2产品技术将达到成熟，届时公司可以投资2 400万元上马X_2型产品生产线。2023年公司对2026年及之后年度的X_2型产品的现金流量做了最保守的预测，见表8-16。

表8-16　　　　　　　　　X_2项目投资的现金流量　　　　　　　　单位：万元

时间（年末）	2026	2027	2028	2029	2030	2031
税后经营现金流量		500	1 000	1 200	600	400

假设同类项目的风险调整折现率为18%，无风险利率为5%。

要求：

①计算在不考虑期权的情况下方案的净现值。

②假设第二期项目的决策必须在2026年年底决定。该行业风险较大，未来现金流量不确定，可比公司的股票价格标准差为35%，可以作为项目现金流量的标准差。采用B/S期权定价模型计算期权的价值，并判断是否应投资X_1项目。

第 3 篇
企业价值评估应用

第9章 国有企业改制中的企业价值评估

学习目标

1.明确企业价值评估在国有企业改制中的意义；理解国有企业改制中企业价值评估的特点。

2.掌握收益法、市场法和成本法在国有企业改制中的运用；理解国有企业改制中债权资产、产成品和长期投资的评估问题及解决思路。

3.领会国有资产评估中应遵守"客观公正、认真负责和谨慎勤勉"的基本原则，保护国有资产安全，防止国有资产流失。

9.1 企业价值评估在国有企业改制中的意义

国有企业改制，是通过采取重组、联合、兼并、租赁、承包经营、合资、转让国有产权和股份制等多种形式，将国有企业改制成为国有资本控股、相对控股、参股和不设置国有资本的公司制企业、股份合作制企业或中外合资企业的过程。国有企业改制是适应经济一体化与竞争市场化的现实需要，也是推进国有经济战略性调整的重大举措。2015年8月，国务院印发了《关于深化国有企业改革的指导意见》（中发〔2015〕22号），从改革的总体要求到分类推进国有企业改革、完善现代企业制度和国有资产管理体制、发展混合所有制经济、强化监督防止国有资产流失、加强和改进党对国有企业的领导、为国有企业改革创造良好环境条件等方面，全面提出了新时期国有企业改革的目标任务和重大举措。2015年11月，国务院印发《关于改革和完善国有资产管理体制的若干意见》（国发〔2015〕63号），要求以管资本为主加强国有资产监管，改革国有资本授权经营体制，真正确立国有企业的市场主体地位，推进国有资产监管机构职能转变，适应市场化、现代化、国际化新形势和经济发展新常态，不断增强国有经济活力、控制力、影响力和抗风险能力。2016年7月通过的《中华人民共和国资产评估法》中，也对涉及国有资产或者公共利益等事项进行了规定。2018年7月，《国务院关于推进国有资本投资、运营公司改革试点的实施意见》（国发〔2018〕23号）指出通过改组组建国有资本投资、运营公司，构建国有资本投资、运营主体，改革国有资本授权经营体制，完善国有资产管理体制，实现国有资本所有权与企业经营权分离，实行国有资本市场化运作。2020年6月，中央深改委第十四次会议审议通过了《国企改革三年行动方案（2020—2022）》。该方案的颁布为落实国有企业改革"1+N"政策体系和顶层设计提供了具体施工图。此外，我国国有资本经营预算制度规定，国有产权（含国有股份）转让收入应全部上缴国家财政，由国家统一支出分配。概略而言，国有企业改制对于实现投资主体多元化、增强企业动力和活力、提高其经济效益，以及推动国民经济改革和社会发展都有着重要作用。

国有企业改制必须以清产核资和资产评估为基础。因而，企业价值评估是国有企业改制的一个必不可少的关键环节。国有企业改制过程中之所以要进行企业价值评估，大体有如下几个方面的考虑：

1）企业价值评估可以科学核定公司制改造企业原有资产的价值总量

一方面，由于我国固定资产折旧率偏低，部分资产的折旧额低于实际消耗额，从而造成资产账面价值高于其实际价值；另一方面，物价的变动也造成从前购置资产的公允价值与账面价值之间产生较大差异，此外，无形资产作为有些企业的一笔无形财富，但在以前企业账面上的无形资产却无法被准确反映，以上种种因素造成企业账面价值与真实的市场价值不符，所以有必要通过企业价值评估对企业的价值进行确定，为公司制改造提供条件。

2）企业价值评估是维护公司制企业各方投资者利益的依据

公司制企业以股权平等、利益共享、风险共担为重要特征，股东以各自出资的份额作为股权、利益和风险分担的依据。在原有企业改组为公司时，仅以账面价值折股就会损害原企业投资者或新投资入股投资者的利益，而企业价值评估可以维护各方投资者的平等权益。

另外，国有企业改革作为国有资本保值增值、提高国有经济竞争力、放大国有资本功能的重大战略举措，已成为整个经济体制改革的中心环节，对于社会主义市场经济体制的建立和完善具有重大意义。作为保障国有资产安全、防止国有资产流失、促进国有资产保值增值的专业行业，资产评估在国资国企深化改革、国有经济布局优化和结构调整、国企改革三年行动、国有资产证券化、混合所有制改革、破产重整以及并购重组等促进国企高质量发展的过程中扮演着重要角色。国有企业以非货币资产出资新设公司、扩张阶段并购增资引战、资产股权处置、股改上市和重大重组等均需要评估。特别是在为国有资产保驾护航，如国企深化混合所有制改革、员工持股，"三去一降一补"，"两非""两资"剥离以及国企"双百行动"等一系重要举措中，资产评估是其重要基础工作之一。资产评估助力国有资源向价值最大化方向流动的同时，可以促进国有经济布局优化和结构调整，推动国有资产有序流转。在深化国企改革中，可以进一步发挥公允价值尺度功能，将市场在资源配置中的决定性作用这一"看不见的手"与资产评估公允定价这一"看得见的手"结合，促进国有企业产权交易规范顺畅。当前，"国企改革三年行动"渐入尾声，国有企业发展进入崭新阶段，资产评估将继续在"十四五"以及未来新发展格局下，为维护国有资产出资人合法权益、促进企业国有产权有序流转、国有资产公平定价和人民财富保值增值等目标的实现提供服务支撑。①

【知识链接9-1】 《国务院办公厅关于加强和改进企业国有资产监督

防止国有资产流失的意见》（国办发〔2015〕79号）（摘录）

各省、自治区、直辖市人民政府，国务院各部委、各直属机构：

我国企业国有资产是全体人民的共同财富，保障国有资产安全、防止国有资产流失，是全面建成小康社会、实现全体人民共同富裕的必然要求。改革开放以来，我国国有经济不断发展壮大，国有企业市场活力普遍增强、效率显著提高，企业国有资产监管工作取得积极进展和明显成效。但与此同时，一些国有企业逐渐暴露出管理不规范、内部人控制严重、企业领导人员权力缺乏制约、腐败案件多有发生等问题，企业国有资产监督工作中多头监督、重复监督和监督不到位的现象也日益突出。为贯彻落实中央关于深化国有企业改革的有关部署，切实加强和改进企业国有资产监督、防止国有资产流失，经国务院同意，现提出以下意见。

一、总体要求

（一）指导思想

认真贯彻落实党的十八大和十八届二中、三中、四中、五中全会精神，按照党中央、国务院有关决策部署，以国有资产保值增值、防止流失为目标，坚持问题导向，立足体制机制制度创新，加强和改进党对国有企业的领导，切实强化国有企业内部监督、出资人监督和审计、纪检监察、巡视监督以及社会监督，严格责任追究，加快形成全面覆盖、分工明确、协同配合、制约有力的国有资产监督体系，充分体现监督的严肃性、权威性、时效性，促进国有企业持续健康发展。

（二）基本原则

坚持全面覆盖，突出重点。实现企业国有资产监督全覆盖，加强对国有企业权力集中、资金密集、资源富集、资产聚集等重点部门、重点岗位和重点决策环节的监督，切实维护国有资产安全。

坚持权责分明，协同联合。清晰界定各类监督主体的监督职责，有效整合监督资源，增强监督工作合力，形成内外衔接、上下贯通的国有资产监督格局。

---

① 杨松堂，唐伟，陈蕾，等.资产评估国资业务板块专题统计分析与成效评价［J］.中国资产评估，2023，275（2）：34-40；吴进.资产评估助力国有资本和国有企业做强做优做大［N］.中国会计报，2023-01-13（8）.

　　坚持放管结合，提高效率。正确处理好依法加强监督和增强企业活力的关系，改进监督方式，创新监督方法，尊重和维护企业经营自主权，增强监督的针对性和有效性。

　　坚持完善制度，严肃问责。建立健全企业国有资产监督法律法规体系，依法依规开展监督工作，完善责任追究制度，对违法违规造成国有资产损失以及监督工作中失职渎职的责任主体，严格追究责任。

【课堂拓展9-1】　　　　　　客观公正评估，守护国有资产①

　　资产评估工作应遵循客观公正的原则。客观公正性原则要求评估结果应以充分的事实为依据。这就要求评估者在评估过程中以公正、客观的态度收集有关数据与资料，并要求评估过程中的预测、推算等主观判断建立在市场与现实的基础之上。此外，为了保证评估的公正、客观性，按照国际惯例，资产评估机构收取的劳务费用应该只与工作量相关，不与被评估资产的价值挂钩。它是资产评估工作的基本要求，同时也是资产评估师必备的职业道德。在恪守职业道德的前提下，做到客观公正、公平正义。

　　保持客观公正首先要求依法办事。在资产评估过程中，必须遵循国家政策法令、法律、法规的规定。这就要求资产评估机构及其评估专业人员开展业务应当遵守法律、行政法规和资产评估准则，并对所出具的资产评估报告依法承担责任。

　　其次，要求资产评估师保持实事求是的原则。执业质量是资产评估行业的生命，提高执业质量，恪守独立、客观、公正的原则，树立良好的行业形象，就必须坚持实事求是。也就是说，资产评估师应遵循如实反映的基本要求，资产评估人员在进行价值评估时应保持不夸大、不缩小、不隐瞒的要求，如实反映资产的真实价值。

　　最后，资产评估工作应保持独立性。资产评估独立性是要求资产评估过程中摆脱资产业务当事人利益的影响，评估工作应始终坚持独立的第三者立场。独立性原则主要表现为：①评估机构不能为资产业务各方的任何一方所拥有；②评估工作不应受外界干扰和委托者意图的影响；③评估机构和评估人员不应与资产业务有任何利益上的联系。

　　国有资产是全体人民的共同财富，是国家所有权的客体。保护国有资产安全，防止国有资产流失是全面建成小康社会，实现共同富裕的必然要求，因此，在对国有资产进行价值评估的过程中更需要遵循客观公正的基本原则。

---

　　①　孙永强.继承优良传统 投身评估事业 服务市场经济——学习"薪火相传"丛书有感［J］.中国资产估，2012，150（9）：39-41；国务院办公厅.国务院办公厅关于加强和改进企业国有资产监督 防止国有资产流失的意见［EB/OL］.［2015-11-10］.https：//www.gov.cn/zhengce/content/2015-11/10/content_10282.htm；李红勋.资产评估与管理［M］.北京：中国林业出版社，2000.

9.2 国有企业改制中企业价值评估的特点

　　2005年8月，为规范企业国有资产评估行为，维护国有资产出资人合法权益，促进企业国有产权有序流转，防止国有资产流失，国资委印发《企业国有资产评估管理暂行办法》（国资委令第12号），并规定自2005年9月1日起施行。2013年5月，国资委印发《企业国有资产评估项目备案工作指引》（国资产权发〔2013〕64号），进一步规范企业国有资产评估项目备案工作，提高了评估备案工作效率。对于国有企业改制中企业价值评估的特点，主要从评估对象、评估范围和评估程序三大层面进行分析。

　　1）评估对象层面

　　国有独资企业实施改制，自企业价值评估基准日到企业改制后进行工商变更登记期间，因企业盈利而增加的净资产，应上交国有产权持有单位，或经国有产权持有单位同意，作为改制企业国有权益；因企业亏损而减少的净资产，应由国有产权持有单位补足，或者由改制企业用以后年度国有股份应得的股利补足。国有控股企业实施改制，自企业价值评估基准日到改制后工商变更登记期间的净资产变化，应由改制前企业的各产权持有单位协商处理。

　　改制为非国有的企业，必须在改制前由国有产权持有单位组织进行法定代表人离任审计。离任审计审查资金运行的效果和效率情况，财务审计审查资产、负债和损益情况，因此，不得以财务审计代替离任审计。离任审计应依照国家有关法律法规及相关配套规定执行。财务审计和离任审计工作应由两家会计师事务所分别承担，分别出具审计报告。

　　企业改制涉及土地使用权的，必须经土地使用权登记并明确土地使用权的处置方式。进入企业改制资产范围的土地使用权必须经具备土地估价资格的中介机构评估，并按国家有关规定备案。涉及国有划拨土地使用权的，必须按照国家土地管理有关规定办理土地使用权处置审批手续。

　　企业改制涉及探矿权、采矿权有关事项的，依照国家有关法律以及《探矿权、采矿权转让管理办法》（国务院令第242号），国土资源部《关于印发〈探矿权采矿权招标拍卖挂牌管理办法（试行）〉的通知》（国土资发〔2003〕197号），财政部、国土资源部《关于深化探矿权采矿权有偿取得制度改革有关问题的通知》（财建〔2006〕694号）等有关规定执行。企业改制必须由国土资源主管部门明确探矿权、采矿权的处置方式，但不得单独转让探矿权、采矿权，涉及由国家出资形成的探矿权、采矿权的，应当按照国家有关规定办理处置审批手续。进入企业改制资产范围的探矿权、采矿权，必须经具有矿业权评估资格的中介机构进行评估作价（采矿权评估结果报国土资源主管部门确认）并纳入企业整体资产中，由审批改制方案的单位经国土资源主管部门审批后处置。

没有进入企业改制资产范围的实物资产和专利权、非专利技术、商标权、土地使用权、探矿权、采矿权、特许经营权等资产，改制后的企业不得无偿使用。若需使用的，有偿使用费或租赁费计算标准应参考企业价值评估价或同类资产的市场价确定。

非国有投资者以实物资产和专利权、非专利技术、商标权、土地使用权、探矿权、采矿权、特许经营权等无形资产评估作价参与企业改制，由国有产权持有单位和非国有投资者共同认可的中介机构，对双方进入改制企业的资产按同一基准日进行评估。若一方资产已经评估，可由另一方对评估结果进行复核。

2）评估范围层面

企业价值评估的范围，是指需要进行评估的单位及资产。按照《国有资产评估管理办法施行细则》（国资办发〔1992〕36号）的规定，国有资产占有单位包括：国家机关、军队、社会团体及其他占有国有资产的社会组织；国营企业、事业单位；各种形式的国内联营和股份经营单位等。这些国有资产占用单位凡是有下列情形之一的，都应当进行企业价值评估，详见图9-1。

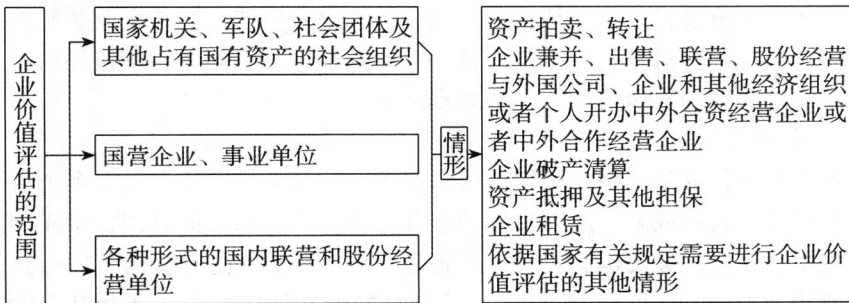

图9-1　国企改制中企业价值评估的范围

国有企业在产权转让、企业重组、资产流动时，必须依照《国有资产管理办法》（国务院令第91号）聘请具备资格的评估师事务所对该国有企业的固定资产、流动资产、无形资产和其他资产进行价值评估，其中企业的无形资产包括企业的专利权、非专利技术、商标权、商誉等。无形资产评估结果应纳入整体资产，并在评估报告中单独说明，确定资产交易或折股价格时考虑这一因素。因此，在国企改制中，所有资产都是企业价值评估的对象，不仅包括有形资产也包括无形资产，特别是对于不确定因素较多的无形资产，其价值评估显得尤为重要。这是因为与其他类别的资产相比，无形资产具有以下特点：一是没有实物形态；二是在国有企业的正常经营中，有些无形资产并未入账；三是许多企业对无形资产价值重视不够，无形资产的账面价值偏低。这些因素就决定了国有企业无形资产在企业价值评估中的重要性，若不能将其作为企业价值评估的重点加以监督，则必然会造成国有资产的流失。因此，在国企改制中，重视其他类别资产价值评估的同时，也应重点加强对无形资产的评估。

在界定企业价值评估的具体范围时，应注意以下几点：

　　一是对于在评估时点产权不清的资产，应划为"待定产权资产"，可以列入企业价值评估的一般范围，但在具体操作时，应做特殊处理和说明，并需要在评估报告中披露。

　　二是在产权清晰的基础上，对企业的有效资产和溢余资产进行区分。第一，对企业有效资产的判断，应以该资产对企业盈利能力形成的贡献为基础，不能背离这一原则；第二，在有效资产的贡献下形成的企业的盈利能力，应是企业的正常盈利能力，由于偶然因素而获取的短期盈利及相关资产，不能作为判断企业盈利能力和划分有效资产的依据；第三，评估人员应对企业价值进行客观揭示，如企业的出售方拟进行企业资产重组，则应以不影响企业盈利能力为前提。

　　三是在企业价值评估中，对溢余资产有两种处理方式。其一，进行"资产剥离"，即将企业的溢余资产在进行企业价值评估前剥离出去，不列入企业价值评估的范围，作为独立的部分进行单独处理，并在评估报告中予以披露；其二，企业出售方拟通过"填平补齐"的方法对由工艺瓶颈和资金瓶颈等因素所导致企业盈利能力方面的薄弱环节进行改进。评估人员应着重在溢余资产不影响企业盈利能力的前提下，用适当的方法对其进行单独评估，并将评估值加总到企业价值评估的最终结果之中，或将其可变现净值进行单独列示披露。

　　3）评估程序层面

　　国企改制的目的是要促进国民经济的健康可持续发展，让人民更多地享受到改革开放和经济增长的成果。然而目标的合理并不意味着结果的合理，手段和操作程序同样重要。根据国务院国有资产监督管理委员会《关于进一步规范国有企业改制工作的实施意见》（国办发〔2005〕60号），国有企业改制必须遵循以下程序：一是成立企业改制工作小组，其中改制小组成员可由企业主管部门、本企业负责人及职工代表共同组成；二是提出改制申请，经有关部门审核同意后方可实施企业改制；三是进行财务审计、经济责任审计及清产核资；四是企业价值评估；五是编制改制方案，该方案中一般包括企业的基本财务与经营情况、改制的具体形式、改制基准日、资产评估核销及剥离情况、职工安置方案等内容；六是进行改制方案上报和论证；七是改制方案审批；八是实施改制方案，该阶段由企业主管部门会同相关部门组织实施。

　　国有企业改制中的企业价值评估工作分为三个阶段。

　　第一阶段，准备阶段。在此阶段应做到以下几点：①正确确定改制评估基准日。企业从决定改制评估、确定基准日到事务所评估工作完成，往往需要6个月甚至更长时间，因此，应注意企业价值评估的有效期为1年，以避免因基准日确定不准确造成改制任务尚未完成但评估有效期已过等问题。基准日的选择应有利于改制方案的实施和账务调整等问题，确定最接近于改制的实施和尽可能少的账务调整的某月末、季末或年末为基准日。②在确定改制评估基准日前应认真进行资产清查和盘点工作，摸清家底。同时，在开始改制企业价值评估工作半年前，就应着手财产清查和账务处理工作。凡属于正常业务工作范畴的资产溢余、短少、变质、报废、损失等，应及时解决，不能拖到改制企业价值评估工作开展后再进行，造成不必要的历史遗留问题。③通过调查研究，制定切实可行的改制方案，正确测算改制成本，特别是人员的安置、分流涉及的成本费用问题。④委托有资质和专业能力强的企业价值评估机构、会计师事务所进行评估和验资，界定原有企业的净资产产权。同时，企业应成立由财会、资产管理部门组成的企业价值评估工作小组，配合企业价值评估机构开展评估工作，如实提供相关资料，以保证企业价值评估工作顺利进行。

第二阶段，评估阶段。此阶段的重点是：①查清资产的权属、证照，做到有凭有据。②账外财产必须彻底清理、全额反映，纳入改制评估范围。③银行存款、银行未达账项必须清查盘点，如实反映存在的问题。银行对账单必须齐全，未达账项必须勾对，确保货币资金的安全。④企业的资产，必须如实全面登记造册，不准私自隐瞒，并要安排专人负责此项工作。对已损坏、不能使用的资产，应聘请有关部门、专家进行审验，取得相关证明手续，保证国有资产不流失。⑤往来账项的清查不能简单用划分账龄来解决，对往来账项中长期不能收回的债权除进行必要的账龄分析外，必须查清责任，查找证据，对无法收回的款项，应争取从市场监督管理部门取得相关证明，以保证评估事务所、财政、国资部门在评估和审核中，有依有据。

第三阶段，落实阶段。评估工作完成后，企业在企业价值评估中对有关损失的处理以及待摊费用、递延资产的处理，应报主管财政机关批准，评估确认的企业价值与企业资产原账面价值有差额的应调整原资产账面价值。同时，企业应同有关部门保持密切的联系和沟通，争取政策支持，抓住机遇，在改制评估有效期内，努力落实改制方案。企业必须切实做好企业价值评估中的各项工作，企业价值评估工作的好坏，直接影响到企业改制工作的顺利进行。

图9-2为企业价值评估过程。

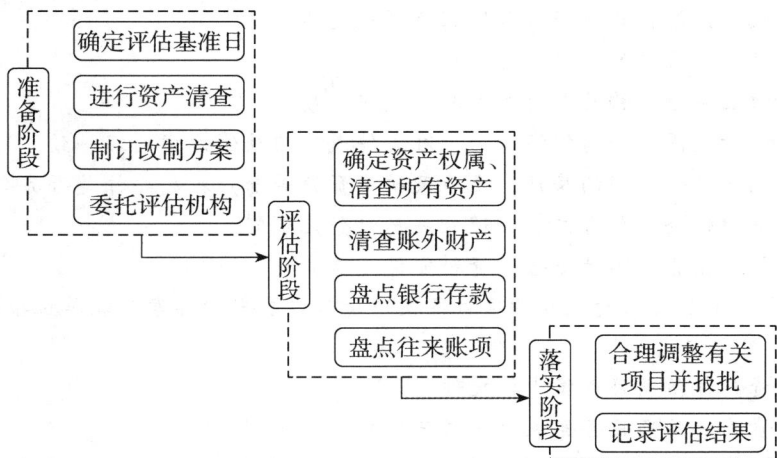

图9-2 企业价值评估过程

你若要喜爱你自己的价值，你就得给世界创造价值。

——歌德

【知识链接9-2】　　　《企业国有资产评估项目备案工作指引》
（国资发产权〔2013〕64号）（摘录）

第一章　总则

第一条　为进一步规范中央企业及其各级子企业（以下简称企业）国有资产评估项目备案管理工作，确保企业改制重组、产权流转等工作顺利进行，依据《中华人民共和国企业国有资产法》《企业国有资产评估管理暂行办法》（国资委令第12号，以下简称《评估管理办法》）等规定，制定本指引。

第二条　国务院国有资产监督管理委员会和中央企业（以下简称"备案管理单位"），按照《评估管理办法》规定对应当备案的资产评估项目进行备案管理工作，适用本指引。

第二章　备案工作程序

第三条　企业发生需要进行资产评估的经济行为时，应当按照《关于规范中央企业选聘评估机构工作的指导意见》（国资发产权〔2011〕68号）等文件规定聘请具有相应资质的评估机构。

第四条　在资产评估项目开展过程中，企业应当就工作情况及时通过中央企业资产评估管理信息系统向备案管理单位报告，包括评估基准日选定、资产评估、土地估价、矿业权评估和相关审计等情况。必要时，备案管理单位可对资产评估项目进行跟踪指导和现场检查。

第五条　企业收到评估机构出具的评估报告后，应当在评估基准日起9个月内将备案申请材料逐级报送备案管理单位。在报送备案管理单位之前，企业应当进行以下初步审核：

（一）相关经济行为是否符合国家有关规定要求。

（二）评估基准日的选择是否合理。

（三）执业评估机构及人员是否具备相应资质。

（四）评估范围是否与经济行为批准文件或重组改制方案内容一致。

（五）纳入评估范围的房产、土地及矿产资源等资产权属要件是否齐全。

（六）被评估企业是否依法办理相关产权登记事宜。

（七）评估报告、审计报告等资料要件是否齐全。

第六条　企业提出资产评估项目备案申请时，应当向备案管理单位报送下列文件材料：

（一）资产评估项目备案申请文件。

（二）资产评估项目备案表（一式三份）。

（三）与评估目的相对应的经济行为批准文件或其他有效文件，包括相关单位批复文件以及企业董事会决议或总经理办公会议纪要等。

（四）评估所涉及的资产改制重组、产权流转方案或发起人协议等材料。

（五）评估机构提交的评估报告（包括评估报告书、评估说明、评估明细表及其电子文档等）及其主要引用报告（包括审计报告、土地估价报告、矿业权评估报告等）。

（六）被评估资产权属证明文件。

（七）与经济行为相对应的无保留意见标准审计报告。如为非标准无保留意见的审计报告时，对其附加说明段、强调事项段或修正性用语，企业需提供对有关事项的书面说明及承诺。

（八）拟上市项目或已上市公司的重大资产重组项目，评估基准日在 6 月 30 日（含）之前的，需提供最近三个完整会计年度和本年度截至评估基准日的审计报告；评估基准日在 6 月 30 日之后的，需提供最近两个完整会计年度和本年度截至评估基准日的审计报告。其他经济行为需提供最近一个完整会计年度和本年度截至评估基准日的审计报告。

（九）资产评估各当事方的相关承诺函。评估委托方、评估机构、被评估企业（产权持有单位）均应当按照评估准则的相关规定出具承诺函。

（十）需要提供的其他材料。

第七条　企业应当按照《关于启用中央企业资产评估管理信息系统有关事项的通知》（国资厅产权〔2012〕201 号），及时将项目基本情况、评估报告等录入中央企业资产评估管理信息系统，并组织开展审核工作。必要时可组织有关专家参与评估项目评审工作。

第八条　备案管理单位收到备案申请材料后，应当在 10 个工作日内向企业出具审核意见。企业应当及时组织相关中介机构逐条答复审核意见，并根据审核要求对资产评估报告、土地估价报告、矿业权评估报告和相关审计报告等进行补充修改，并将调整完善后的备案申请材料和审核意见答复在 10 个工作日内报送备案管理单位，备案管理单位应当及时组织复审。经审核符合备案要求的，应当在 10 个工作日内办理完成备案手续。

二维码 9-1：《国有资产评估管理办法》（2020 年修订版）

第三章　资产评估报告审核要点

第九条　备案管理单位应当严格按照《评估管理办法》《企业国有资产评估报告指南》等企业国有资产评估管理法规和相关评估准则，对备案事项相关行为的合规性、评估结果的合理性等进行审核。

9.3　企业价值评估方法在国有企业改制中的运用情况

本节主要描述企业价值评估的收益法、成本法和市场法在国有企业改制中的具体运用。

1）收益法在国有企业改制中的运用情况

收益法，是估算预测企业或其他资产综合体在未来特定时间内的预期收益，并选择合适的折现率，将其还原为当前的资本额或投资额的方法，即未来收益折现法。该方法适用于对能够正确估测资产未来收益、资产未来获利期限、资产获得该收益所承担风险的企业进行评估。

从理论上来说，收益法应该是企业价值评估相对科学的首选方法。原因如下：一方面，现代资本结构理论、企业竞争战略理论、企业竞争优势理论从不同研究角度都认为，创造企业价值和实现企业价值最大化是企业经营的主要目的；企业价值由各种不同的创造价值的因素组成，而且这些创造价值的因素要经过整合才能产生效果；企业价值不是单项资产的简单组合，而是各项资产的有机整合，如果整合成功，则会产生1+1＞2的效果，即企业价值一般大于单项资产的价值总和。另一方面，可持续发展理论认为，企业存在或并购的目的，不是为了过去实现的收益和现在拥有的资产价值，而是未来获得盈利的能力，只要未来能够盈利，企业就可持续经营下去，就有存在的价值，并且可以产生某种效用，形成企业价值。

收益法是一种科学的企业价值评估方法，在发达国家应用广泛，但在我国却未能得到有效应用，其原因是多方面的。一方面，收益法中的主要参数收益额、折现率的预测难度较大，受较强的主观判断和未来收益不可预见因素的影响。相关数据主要来源于但不限于客户企业提供的资料。客户企业较为熟悉自身乃至行业的情况，有自己的发展目标和市场定位，如果能够站在客观的立场进行预测，是能够得出具有较高信息含量的未来收益预测的。何况提供预测性财务信息是客户企业的责任，评估机构作为中介机构，在不可能完全介入企业进行调研，只能进行抽样检查与判断分析的情况下，有可能也有必要将其作为确定未来预期收益额的依据。另一方面，预测本身也有自身的弱点。对企业未来收益额的预测，要从企业的经营现状出发，分析以往和现在的业绩，进而去推导未来。这离不开企业现有的生产条件、技术条件、市场条件。同时，未来经济情况的确定很大程度依赖于现时法律、法规、信贷、税率等制度，这是决定企业收益额大小的客观条件。企业未来收益额的确定，必须是在考虑资产的最佳与合理使用的基础上，通过对未来市场的发展前景及各种因素对企业未来收益额影响的分析，模拟出企业在未来若干时期的经营状况和经营业绩。但是，未来预测的复杂性、预测方法的局限性、预测本身所固有的不确定性等增加了收益法的评估难度。此外，收益法的应用要求评估人员具有多方面的知识，如产业政策与产业组织分析、宏观经济运行与调控学、企业管理学、统计分析、市场营销学等知识，具备多种数理统计分析技术和能力，只有这样才能科学判断企业未来的发展趋势，合理预测企业未来的获利能力。否则，就会缺乏科学依据，产生较大的盲目性和评估风险。

正是基于上述原因，人们普遍认为使用收益法计算的评估值随意性较高，弹性较大，客观性和可度量性较差，故现阶段收益法在我国尚未得到广泛有效的应用。

但是成本法从投入的角度来度量企业价值，无法客观反映企业未来的获利能力，存在明显的不足。因此，应借鉴国外收益法的理论与实践经验，加强对收益法预测技术的研究，提高评估人员的专业技能等，进而加快收益法在我国的应用进程。

采用收益法评估资产价值的程序可以用表9-1来说明。

表9-1　　　　　　　　　　　　　　　**收益法评估程序**

I阶段	II阶段	III阶段
分析过去若干年的收益作为预测依据	预测未来若干年的收益并折现	根据未来某年的收益予以资本化
—	计算公式：$$F_1 = \sum_{i=1}^{n} [P(1+i)^{-n}]$$	计算公式：$$F_2 = \frac{P_n(1+i)^{-n}}{i_t}$$

式中：F_1表示评估资产价值的第一部分，即资产增值部分；F_2表示评估资产价值的第二部分，即资产保值部分；i表示折现率；i_t表示资本化率；P表示未来收益额；P_n表示据以作资本还原的某年的收益额。

【例9-1】2020年某集团由国有企业改制为有限责任公司。改制3年后，即2023年，该集团商标即被认定为中国驰名商标。资产评估师对此分析，在改制时，该集团已初具一定的品牌价值，因而不能忽视企业品牌这一无形资产，于是决定使用收益法对该商标的价值进行评估。经预测分析，评估对象未来3年内各年预期收益的数据见表9-2。

表9-2　　　　　　　　　　**商标未来3年的预期收益**　　　　　　　　　单位：万元

会计年度	收益额	折现率	折现系数	收益折现额
2024年	120	10%	0.9091	109.09
2025年	150	10%	0.8264	123.96
2026年	130	10%	0.7513	97.67

由此可以确定，

该商标2023年的评估价值=109.09+123.96+97.67=330.72（万元）

2）成本法在国有企业改制中的运用情况

成本法，即资产基础法，是实现企业重建思路的具体技术手段，是将构成企业的各种要素资产的评估值加总求得企业整体价值的方法。该方法适用于对资产能够继续使用或假定能够继续使用、具备可供利用的历史资料、各项损耗能被正确地估测的企业进行价值评估。成本法的计算思路为资产的重置成本扣减其实体性贬值、功能性贬值和经济性贬值。

成本法的局限性在于：一方面，成本法模糊了单项资产与整体资产的区别。凡整体性资产都具有综合获利能力，它由单项资产构成，却不是单项资产的简单加总，而是经过企业有效配置后作为一项独立的获利能力而存在的。用成本法来评估，只能根据单项资产加总的价格而定，并没有评估它的获利能力。实际上，企业的各单项资产，需投入大量的人力资产以及规范的组织结构来进行正常的生产经营，成本法显然无法反映将这些单项资产组织起来的无形资产，最终产生遗漏。可以说，采用成本法确定的企业评估值，只包含了有形资产的价值，却无法体现和反映出无形资产的价值。另一方面，成本法难以真实反映资产的经营效果，不能很好地体现企业价值评估的评价功能。企业价值评估可以通过对资产未来的经营情况、收益能力的预测来评价企业的价值。而成本法是从投入的角度，即从资产购建的角度评价，没有考虑资产的实际效能和企业运行效率。在这种情况下，同类企业无论效益好坏，只要原始投资额相同，则其评估值趋向一致。而且，效益较差企业的资产可能没有满负荷运转甚至处于停用状态，其损耗低、成新率高，甚至会导致效益较差企业评估值高于效益较好企业，违背客观事实。

成本法从资产存量出发，通过资产单项评估后汇总得到企业价值，这存在资产整体效应被忽略的弊端，也造成了企业资产质的规定性和量的规定性之间的脱节。因此，这种方法在国外极少采用。但是在我国国企改制初期，国有企业效益低下、资产存量大、非经营性资产占有相当大比重，而且在市场经济不完善的条件下，为防止国有资产流失，成本法却不失为一种比较恰当的选择。

【例9-2】2023年某集团由国有企业改制为股份有限责任公司。在改制当年，资产评估师对其2020年购进的一条生产线进行评估。该生产线购进时账面原值为150万元。经调查分析确定，按现在市场材料价格和工资费用水平，新建造相同构造的生产线的全部费用支出为200万元。专业人员勘察估算认为，该资产还能使用6年。又知目前市场上已出现功能更先进的生产线，并被普遍运用，新生产线与评估对象相比，每年少支出营运成本3万元。此外，由于改制过程中生产线开工不足，由此造成的收益损失每年为11万元（该企业适用的所得税税率为25%，假定折现率为10%）。根据上述资料，采用成本途径对该资产进行评估。

采用成本法进行评估，该资产2023年的价值为102.85万元，具体评估过程如下：

资产的重置成本=200万元

资产的实体有形损耗率=3÷（3+6）×100%=33.33%

资产的功能性贬值=3×（1-25%）×（P/A，10%，6）

　　　　　　　　=3×（1-25%）×4.3553=9.80（万元）

资产的经济性贬值=11×（1-25%）×（P/A，10%，6）

　　　　　　　　=11×（1-25%）×4.3553=35.93（万元）

资产评估价值=重置成本-功能性贬值-经济性贬值-实体有形损耗

　　　　　　=（200-9.80-35.93）×（1-33.33%）

　　　　　　=102.85（万元）

3）市场法在国有企业改制中的运用情况

市场法，是指利用市场上同样或类似资产的近期交易价格，经过直接比较或类比分析以估测资产价值的各种评估技术方法的总称。

市场法是根据替代原则，采用比较和类比的思路及方法判断资产价值的评估技术规程。因为任何一个理性的投资者在购置某项资产时，所愿意支付的价格不会高于市场上具有相同用途的替代品的现行市价。运用市场法要求充分利用类似资产成交价格信息，并以此为基础判断和估测被评估资产的价值。运用已被市场检验了的结论来评估被评估对象，显然是容易被资产业务各当事人所接受的。因此，市场法是资产评估中最为直接、最具说服力的评估方法之一。当然，通过市场法进行资产评估，尚需满足一些最基本的条件，市场法适用于对资产存在着公平市场或被假定处于公平市场中、有可比的资产及其交易活动的企业进行价值评估。

市场法的典型代表是市盈率乘数法。市盈率乘数法的基本思路是：首先，从证券交易所中搜集与被评估企业相同或相似的上市公司，把上市公司的股票价格按公司不同口径的收益额计算出不同口径的市盈率（不同的收益额口径，有税前无负债净现金流量、无负债净现金流量、净利润等）。其次，分别按各口径市盈率相对应的口径计算被评估企业的各口径收益额，最后以市盈率作为乘数，乘以被评估企业相对应口径的预期收益，从而推算出企业的市场价值。上述思路可用公式表示如下：

$$V_1/X_1=V_2/X_2$$

即：

$$V_1=X_1 \cdot V_2/X_2$$

式中：V_1表示被评估企业价值；V_2表示参照可比企业价值；X_1表示被评估企业与企业价值相关的可比指标；X_2表示参照可比企业与企业价值相关的可比指标。

【例9-3】某国有企业进入改制阶段，计划于明年完成改制，并将进入资本市场。当前的年净收益是3 720万元，该企业同行业的上市公司的平均市盈率为25.20。使用这一平均市盈率对该公司的股权资本进行估价：

公司股权资本价值=3 720×25.20=93 744（万元）

运用市场法评估企业，需要较为完善发达的证券交易市场，还要有行业部门齐全且足够数量的上市公司。我国的证券市场从无到有，发展迅速，上市公司的种类和数量越来越多。但是我国的资本市场发育尚需完善，上市公司在股权设置、股权结构等方面还有许多特殊因素。因此在短期内国内企业整体评估还不宜采用市场法，但可以作为辅助方法，或作为粗略估算方法。此外，站在实务的角度上，市场法往往更为常用，或通常作为运用其他评估方法所获得评估结果的验证或参考。但运用市场法评估企业价值也存在一定的局限性：首先，评估对象和参考企业所面临的风险和不确定性往往不尽相同，因此要找到与评估对象相同或者类似的可比企业难度较大；其次，对价值比率的调整是运用市场法极为关键的一步，需要评估师有丰富的实践经验和较强的技术能力。

在我国国企改制初期很长一段时间的实践过程中，国有企业资产评估以重置成本法为主。但是，随着经济的迅速发展，这种状况需要发生根本转变。采用成本法作为单一评估方法的负面影响很大，造成了普遍的认知混乱。我国推行市场经济的历史不长，出现这一现象在所难免。但是这并不意味着可以简单地把成本法"一刀切"。在特定的环境和评估目的下，成本法同样有着其他两种方法难以比拟的优势，我们应该分析不同的评估目的，根据不同的环境和评估目的选择比较实用的方法。不要采用"一法定天下"的简单思维模式。

值得再次强调的是，市场法和收益法的使用，对于评估师的独立性、专业能力和职业道德都有着很高的要求。特别是收益法，人为操控空间很大。现在我们推动这两种方法的应用，一方面不能因为具体操作中可能出现的某些偏差而退回老路；另一方面也应更加审慎，转变观念，加强监管，倡导诚信，提高素质，兴利除弊。

【案例9-1】 　　　　安徽宇测线缆质检技术公司拟进行混改涉及其股东
全部权益价值资产评估[①]

安徽宇测线缆质检技术有限公司拟进行混合所有制改革，具体资料见表9-3和表9-4。

表9-3　　　　　　　　　　　资产基础法评估结果汇总表　　　　　　金额单位：万元

项目	账面价值	评估价值	增减值	增值率%
	A	B	C=B-A	D=C/A×100
流动资产	4 597.67	4 610.17	12.50	0.27
非流动资产	5 718.64	5 479.14	−239.50	−4.19
其中：固定资产	5 644.67	5 375.10	−269.57	−4.78
无形资产	—	30.07	30.07	—
其他非流动资产	73.97	73.97	—	—
资产总计	10 316.31	10 089.31	−227.00	−2.20
流动负债	1 622.03	1 622.03	0.00	0.00
非流动负债	189.55	28.43	−161.12	−85.00
负债合计	1 811.59	1 650.46	−161.12	−8.89
净资产（所有者权益）	8 504.73	8 438.85	−65.88	−0.77

① 北京北方亚事资产评估事务所（特殊普通合伙）.安徽宇测线缆质检技术有限公司拟进行混合所有制改革涉及其股东全部权益价值资产评估报告［EB/OL］.［2022-12-12］.http://www.cninfo.com.cn/new/disclosure/detail? orgId=9900048167&announcementId=1215332370&announcementTime=2022-12-12%2018：18.

表9-4　　　　　　　　资产基础法（成本法）与收益法估值比较　　　　金额单位：万元

	账面净资产	评估值	评估增值	增值率
成本法	8 504.73	8 438.85	-65.88	-0.77%
收益法		9 181.00	676.27	7.95%

通过评估，在持续经营假设、公开市场假设等前提条件下，于评估基准日2022年3月31日，安徽宇测线缆质检技术公司评估前资产总额为10 316.31万元，负债总额为1 811.59万元，净资产为8 504.73万元。

经综合分析，资产基础法评估结果如下：评估后资产总额为10 089.31万元，负债总额为1 650.46万元，股东全部权益价值为8 438.85万元，减值额为65.88万元，减值率为0.77%。收益法评估结果如下：股东全部权益价值为9 181.00万元，增值额为676.27万元，增值率7.95%。

造成这一巨大差异的原因，在于两家公司采取的评估方法不同。收益法评估结果与资产基础法两种评估方法考虑的角度不同。资产基础法是从资产再取得途径考虑的，反映的是企业现有资产的重置价值。收益法是从企业的未来获利能力角度考虑，从企业资产未来经营活动所产生的净现金流角度反映企业价值，包含了企业全部资产及相关业务的价值。收益法还考虑了企业盈利能力、资产质量、管理人员经营能力、经营风险以及宏观经济政策等多种因素的影响。不同的影响因素导致了不同的评估结果。

根据宇测质检章程以及对高层的访谈，其具有可持续盈利能力，且企业的品牌、技术、管理团队、检测资质、研发、创新能力等为企业未来获利能力的核心优势，资产基础法中无法体现或量化的而在收益法中能较合理全面反映的上述优势对企业股东权益价值有影响。根据上述分析，评估师认为被评估企业收益和风险可以合理预测，收益法对企业未来的预期发展因素产生的影响考虑比较充分，评估结果更能较客观、合理地反映被评估单位的股东权益价值，故本次评估选取收益法结果作为最终评估结论。

综上所述，根据国家有关资产评估的法律、法规，本着独立、客观、公正的原则，并经履行必要的评估程序，本机构对宇测质检于评估基准日的股东全部权益价值进行了评估，评估分别采用资产基础法和收益法的评估方法，经对两种评估方法的评估结论进行分析，本次评估最终采用收益法的评估结果，即宇测质检的股东全部权益价值为人民币9 181.00万元。

【课堂拓展9-2】　　　　责任在肩，勤勉在心，谨慎在行①

建立爱岗敬业、作风优良的评估人员队伍，培养和提高评估人员的综合素质，是新世纪、新形势下资产评估行业面对的重要内容，这就要求评估人员用一

---

① 周潭榕，代正英．浅议注册资产评估师的综合素质［J］．中国资产评估，2009（2）：39-41；李保婵．资产评估学课程思政的探索与实践［J］．中国资产评估，2020（11）：71-74；佚名.诚信建设 贵在行动［EB/OL］．［2009-12-16］. http://www.cas.org.cn/zgpglt1/gnpglt/2003n/27281.htm；佚名.以工匠精神雕琢评估品质［EB/OL］．［2018-06-07］. http://www.cas.org.cn/pub/cas/xwbd/zhxx/58351.htm.

种热爱恭敬的态度对待自己的本职工作，体现在评估工作中就是要做到恪尽职守、勤勉谨慎。

评估人员应该本着对从事职业的投入与奉献，以及对社会负责、对企业负责的态度，尽心履行评估职责，保证评估工作质量。在企业价值评估过程中，评估人员要以诚实守信为本，以职业信誉为重，应该时刻谨记严格遵守职业道德和职业纪律，自觉地、忠实地履行评估人员的职责，杜绝玩忽职守、失职、渎职等不良行为。评估人员要有强烈的事业心和责任感，能力范围内的业务一旦承接，就要按照行业准则操作，对存在错误的，一定要纠正；对存在不足的，要补充。不可对评估过程中涉及的资料、程序和方法等随意进行人为操控，杜绝出具虚假的企业价值评估报告。

企业价值评估工作具有专业性强、技术要求高的特征，评估人员需要勤勉务实，励精笃行，做到"勤学"、"勤练"和"勤思"。"勤学"就是评估人员应该具有"活到老、学到老"的精神，及时全面地了解和学习与资产评估有关的法律、法规及评估准则，并熟练掌握各种企业价值评估的方法，提高自身的业务水平、理论水平和操作技能，以适应不断发展变化的新形势和新情况。"勤练"就是多注重实践，熟能生巧，使自己对评估理论知识在"学通、弄懂、会用"的基础上能够触类旁通、融会贯通。"勤思"就是在学中思，在思中学，不断学习、思考、实践、探索、总结经验，提高综合素质和业务能力水平。

评估人员在进行企业价值评估时，要合理选取关键评估参数，履行适当的现场调查程序，对从企业或其他渠道收集的信息与资料进行充分的分析、综合和归纳。另外，企业价值的评估方法有多种，每种评估方法都有其自身的优势和局限，评估人员应该具有足够的职业判断能力，根据不同的环境和评估目的谨慎选择比较恰当的方法，并灵活运用，避免采用单一不变的思维模式。

9.4 国有企业改制中企业价值评估相关问题探讨

国有企业改制企业价值评估还要关注相关问题，如债权资产的评估、产成品的评估、长期投资的评估以及无形资产的评估。

1）债权资产评估

在评估改制企业的流动资产时，最大的难题是如何正确评估企业的债权资产。企业的债权主要是应收账款和应收票据，它们在流动资产中占有较大的比重。应收票据的评估一般采用折现的方法，其价值的确认比较准确。其次是应收账款，目前对应收账款的评估有两种方法可以选用：折现值法和贴现法。

（1）折现值法

折现值法的公式为：

$$P=(FA-BA-BD)/(1+I\cdot n)$$

式中：P为应收账款评估价值；FA为应收账款账面价值；BA为已确定的坏账损失；BD为预计的坏账损失；I为月折现率（一般用社会折现率）；n为平均回收月数。

（2）贴现法

贴现法的公式为：

$$P=（FA-BA-BD）×（1-I·n）$$

式中：I为月贴现率，其余符号含义同折现值法公式。

采用这两种方法评估后的应收账款价值比较准确，但问题是：确定应收账款的账面价值（FA）并不难，难确定的是已确定的坏账损失（BA）和预计的坏账损失（BD）的账面价值。按照我国的会计制度，确认坏账损失应符合下列条件之一：因债务人死亡或者破产，以其遗产或破产财产清偿后，仍然不能偿还的应收账款；偿还期超过3年，债务人仍不能偿还的应收账款。这就要求核查企业账面反映的应收账款的状况，要做到这一点必须由评估机构协同委托人向债务人逐笔发出询证函，要求债务人对函中所列欠款的真实性鉴证回答，然后在核查的基础上按照上述条件确定坏账损失。

首先，确定已确认的坏账损失（BA）。按会计制度规定，若企业经过函证，确认债务人已经死亡或破产，债务无法清偿，则可以直接将债务计入已确认的坏账损失（BA）。这种情况比较好确认，在执行过程中也没有太大的问题。最大的难题是：偿还期超过3年的应收账款如何确认？是不是要把所有偿还期超过3年的应收账款都转作坏账损失呢？如果将偿还期超过3年的应收账款都作为坏账损失核销，既不合理，也不现实。因为，在这些账龄超过3年的应收账款中，有许多是可以收回的，有些是"三角债"相互拖欠的结果。另外，将如此巨额的应收账款列作坏账，不论是企业，还是国家财政，都难以承受。但是，在这些账龄超过3年的应收账款中，确有不能收回的，如果全部不核销，就会虚增企业的资产。在折股时，就会高估国家股的价值，损害其他股东的利益。同时，还会将风险转嫁给改制后的企业，使其背上沉重的包袱。

处理这部分应收账款，不能将其一次性全部转作已确认的坏账损失（BA），而应该遵循以下几个原则：客观性原则，保证国有资产不流失原则，保护投资者权益原则。因此，可以采用下述方法分解超过3年的应收账款，分别处理，详见表9-5。

表9-5　　　　　　　　　　**超过3年的应收账款的处理方法**

债务人	处理方法
国有企业	若有明确的债务人，且对方经营状况和财务状况良好，则其所欠债务不应转作坏账损失，只需提取正常的坏账准备，但同时必须催收款项，使资金及时回笼，增强新改制企业的经营能力

续表

债务人	处理方法
国有企业	若有明确的债务人，但对方经济状况甚差，财务状况恶化，且债务人自身的债权资产较多，国家可以采取扶持政策，将这部分直接核销，评估时一并转作已确认的坏账损失（BA）
	若无明确的债务人，或由于时间关系债务人改变组织形式，且应收款项数额不大，可以转作已确认的坏账损失
非国有企业	本着保证国有资产不流失的原则，这部分应收账款不能轻易地转作坏账损失。为了保护投资者的利益，超过3年的应收账款在计提坏账准备即预计坏账损失（BD）时可以适当提高比例
	若债务人经济状况甚差且应收款项数额不大，时间拖得过长，收回的可能性不大，可以转作已确认的坏账损失

其次，针对账龄超过3年但未确定为坏账损失的部分和3年以内的应收款项，最好采用账龄分析法即按应收账款拖欠时间的长短来分析判断。一般来说，拖欠时间越长，估计的坏账率越高，反之，估计的坏账率越低。这就要求必须掌握所有关于应收账款期限的资料，再按期限的长短分别估计坏账率。期限的长短与坏账率之间数量关系的确定，以1年为限，每超过1年估计坏账率可以递增10%。至于究竟选用什么标准还要根据实际情况而定。

完成上述工作后，就可以采用折现值法或贴现法评估应收账款的价值。

2）产成品评估

产成品是指生产过程已经全部完成并已验收入库，可以按照合同规定的条件送交订货单位，或者作为商品对外出售的产品。在企业价值评估的过程中，产成品应按市场法还是成本法进行评估，也是一个有争议的问题。

对产成品资产的评估，可以根据不同目的、具体情况选用相应的评估方法。一般而言，可分为以下两种情况，见表9-6。

表9-6 产成品资产的评估

产权变动情况	评估目的	行为方式	评估方法
产权不变	为了正确地反映企业价值及其变动	承包、租赁、联营	成本法
产权变动	为了产权转让活动	兼并、拍卖、出售	市场法

国有企业股份制改组中的企业价值评估处于产权变动的情况下，因此，产成品评估宜采用市场法进行。采用市场法评估产成品，应扣除相应的税金、销售费用和应承担的管理费用（包括损耗）。

若能够在市场上取得产成品的现行市场销售价格，可以采用下述公式计算：

产成品评估价格=产成品数量×（产成品现行市场售价-流转税金）-预计销售管理费用

若无法直接获得同种产品的现行市场价格，则可以先找出同类产成品或其他替代产品的市价作为参照，然后确定调整系数，再计算其评估价格。计算公式为：

产成品评估价格=产成品数量×（同类产成品现价-流转税金）×（1+调整系数）-预计销售管理费用

市场法评估产成品价值，采用现行市价，势必包括正常的利润，而这部分利润在产品没有销售出去时并没有实现。但评估中人为地把利润提前实现作为净资产，有悖于会计准则。因此，可考虑对这部分未实现的利润也进行调整，以防给改制后的企业造成潜在亏损。调整的方法是在评估价值中扣除一部分利润，扣除50%比较合适。这既保证了原企业的利益，也不致使新投资者潜在损失过大。

3）长期投资评估

投资行为是现代企业经营活动的重要组成部分。从企业价值评估的角度考虑，长期投资按其性质分为两大类。一类是股权投资，或称权益投资，即对其他企业或所属企业产权的投资。股权投资又有两种形式，一是直接投资，二是间接投资。另一类是债权投资，即通过证券市场购买各种长期债券的投资，债权投资是有期限的长期投资，在一段时间后，收回投资本金。

长期投资作为企业的一项资产，也要进行评估，但是长期投资与其他资产不同，它是一种特殊的资产，其特殊性主要表现在以下方面：

（1）长期投资的实际数量难以确认。长期投资投出时，虽然也是由现金、存货、固定资产、无形资产等资产构成的，但是投入到被投资企业以后，就会同被投资企业的其他资产融为一体，作为该企业资产的一部分。投入经营后这些资产会改变其原有形式，不断变换其存在形态。在投资企业账面上，只能以价值形式来反映，无法反映其实际存量。而企业价值评估一般首先确定资产的实存数量，在此基础上再确定资产的评估值。但长期投资这类资产却无法确定其实存量，只能直接确定其价值量。

（2）长期投资价值的增减变动不取决于投资企业本身，而主要取决于被投资企业的经营状况。投资企业本身经营的好坏，以及其自身资产的增值、减值不影响长期投资的账面价值，而被投资企业的经营状况，以及其资产的增值、减值却直接影响长期投资的账面价值。

基于长期投资资产的这两个特点，在对其进行评估时，要采取特殊的方法。目前，对于长期债权投资的评估的普遍做法见表9-7。

表9-7　　　　　　　　　　　　　对长期债权投资的评估方法

债券类型	评估方法
可上市交易的债券	一般采用按现行市价，即按照评估基准日的收盘价确定评估值的方法
非上市交易且1年内到期的债券	根据本金加上持有期利息确定评估值
非上市交易且超过1年到期的债券	根据本利和的现值确定评估值

但长期股权投资的评估涉及的问题却比较复杂，存在的问题也比较多。比如，企业长期股权投资在采用成本法进行核算的情况下，评估时是否应考虑被投资企业的所有者权益情况，以及被投资企业现存资产的增值、减值情况；又如，企业长期股权投资采用权益法进行核算时，是否对被投资企业的资产进行评估。

长期投资投出后，其价值的变动主要取决于被投资企业的经营状况，如果企业采用成本法进行核算，则长期投资的价值就是其投出时的价值，即长期投资的原始价值，并没有考虑被投资企业的经营状况，如被投资企业收益状况，资产的增值、减值情况，都不影响长期投资的价值。即使企业长期投资采用权益法进行核算，也只能反映被投资企业的收益状况，而无法反映被投资企业资产的增值、减值状况。当被投资企业清算时，可收回的长期投资价值，主要取决于清算企业的净资产，而企业的净资产除了原始投资之外，还有企业资本的增值，这种增值不仅包括资本公积、盈余公积和未分配利润，而且还包括清算过程中的资产增值和减值等清算损益。这样，企业收回的长期投资价值可能会低于原始投资，也可能会高于原始投资。因此，长期投资的评估值既要考虑投资企业长期投资的账面价值，同时也应考虑被投资企业的经营状况。采用权益法核算的企业，被投资企业的经营状况在投资企业长期投资的账面上已经得到了体现。但采用成本法核算的企业，则没有体现。为了正确评估长期投资的价值，在评估时就应对被投资企业的资产进行评估。一般在评估时应按照被投资企业的所有者权益总额和评估企业在被投资企业的投资比例来计算长期投资评估值。其计算方法为：

长期投资的评估值＝被投资企业所有者权益总额×投资比例

这种方法是按账面的所有者权益来进行计算的，它假定被投资企业的资产既没有增值，也没有减值。但实际上并非如此，被投资企业资产的账面价值和实际价值会有很大偏离。如果偏离很大，长期投资的评估值就要考虑被投资企业资产的增减值情况。被投资企业资产的增值、减值的数据，只能通过对被投资企业重新评估获得。对被投资企业重新进行评估之后，评估后的企业价值与评估前的企业价值之间的差额乘以投资比例即为长期投资的调整额。其计算公式为：

长期投资调整额＝被投资企业资产增减额×投资比例

从理论上讲，这样做是合理的，评估的结果也比较准确。但在实际操作时却有很大的困难，主要的问题是工作量太大。另外，在没有硬性规定的情况下，投资企业也无法决定被投资企业是否进行评估。如果被投资企业不同意评估，这种方法就无法实施。

在存在其他股权投资的情况下，是否对受资方进行评估，需要考虑以下几点：一是重要性原则，即投资方股权投资额对受资方的影响和投资方股权投资在本企业资产中所占的比重是否重要。如果股权投资对受资方影响较大且在投资方资产中所占比重较大，就有必要对受资方进行评估。二是效益性原则。对受资方评估肯定会花很多时间和精力，所以，需要比较这种评估对双方来说是否值得，亦即其效益如何。如果长期投资在评估企业的资产总额中占的比重很大，且该投资在被投资企业中也占很大比重，长期投资评估值的正确与否直接影响评估企业资产的评估值时，就应该对被投资企业进行评估。考虑到我国的国情，应该由国有资产管理部门规定两个比例，即长期投资在投资企业资产中的比例和投资企业的投资在被投资企业资产中的比例。凡是超过这两个比例的，在进行企业价值评估时，就必须对被投资企业进行评估。

4）无形资产评估

在国企改制中，无形资产未评估造成国有资产大量流失，因此无形资产合理准确的评估对防止国有资产流失起到了很重要的作用。

根据我国《企业会计准则第6号——无形资产》的规定，无形资产是指企业拥有或者控制的没有实物形态的可辨认非货币性资产。无形资产不具有实体性，但却可能为企业带来超额的经济利益，这也决定了无形资产评估的复杂性与困难性。因此，正确确定被评估无形资产的成本及获利能力，是科学评估无形资产价值的关键所在。目前无形资产的评估有三种较为成熟的方法，即成本法、收益法、市场法。

二维码 9-2：《企业会计准则第6号——无形资产》（2006 年）

（1）成本法

在国企改制中，运用成本法评估企业无形资产，是指获取在现行市价条件下重新购建与被评估资产相同或类似的全新资产所需的费用，并在此基础上扣除被评估资产因为使用、存放和技术进步及社会经济环境变化而对资产价值的影响，从而得出被评估的无形资产按现行市价及其新旧程度计算的重估价值。

这种评估方法的难点是各因素损耗价值不易度量。缺点是未考虑无形资产的经济效益和存续年限，忽视了企业组织资产、顾客资产、员工及客户资产、供应商资产以及在研究开发过程中因失败而支出的成本。失败所积累的资料或经验是有价值的，因此，此方法存在一定程度的局限性，只能参考使用。

（2）收益法

目前在无形资产的评估实务中，收益法应用最为广泛。其理论基础为：无形资产价值反映在其相关产品与服务所带来的经济效益上，若相关产品或服务不能创造超额经济效益，则无形资产没有价值。因此，收益法下，无形资产的价值等于其所能创造未来预期收益的现值。简单地说，若一项无形资产1年给我们带来200万元的收益，现在我国国家银行债券的利率是6%，作为投资者，希望把投资风险利率定在3%左右，折现率即为9%（安全利率6%+风险利率3%），用200万元乘以9%便是它的价值。我们平时炒股时的市盈率就是它的一个反概念，也是根据收益来考核的。

使用收益法的首要步骤是预测无形资产可能带来的经济效益，所要进行预测的内容包括三个主要指标：预期收益、折现率和计算期（或使用年限）。预期收益是用以反映资产获利能力的综合性指标，在无形资产评估中指的是与没有此无形资产的同类型企业（或其他参照物）比较而得出的超额收益，而不是有形资产评估中的全部收益。超额收益是由其垄断性优势带来的，形成的条件是企业拥有其他企业所欠缺的特权和优势。评估者在确定超额收益时，必须对技术本身有公正客观的评价并据此对相应产品的未来市场情况进行合理的预测，确信分配到包括无形资产在内的单项资产的收益之和不超过企业资产总和带来的收益。第二个指标是折现率，又称贴现率，在收益现值法中就是在一定时期内的投资收益与相关投资的比率。它是由资金的时间价值决定的，本质上是投资报酬率，通常由两部分组成：一是正常报酬率或称无风险报酬率，二是风险报酬率。正常报酬率取决于资金成本，即取得的投资收益率不应低于获得资金的成本，通常以政府发行的国库券利率作为参考。风险报酬率要根据投资风险的大小确定，投资风险越大，投资者就要求越高的风险报酬率予以补偿。此外，折现率有时还要考虑通货膨胀因素，由通货膨胀造成的贬值也应在其中有所体现。第三个指标是计算期（或使用年限）。影响技术资产寿命的因素是多种多样的，主要有法规（合同）年限或保密状况、产品更新周期、技术更新周期、可替代性、市场竞争状况等等。

无形资产的剩余经济寿命本身就具有较大的不确定性，尤其是技术资产的剩余经济寿命更具有随机性，目前，对技术资产寿命周期的确认需要一个拥有大量信息资源、技术水平较高的专家系统来加以完成。具体应用时应在大量信息资料的基础上进行全面分析。

（3）市场法

市场法是最直接易懂的方法，其基本要点是采用市场上与将要评估的无形资产同样或类似资产的近期交易价值，通过直接比较或类比分析来推测该无形资产价值的方法。如以相似公司并购价或成熟市场公开交易价，扣除有形资产价值并经过必要的调整后，即为无形资产评估价值。市场法的另一种类型为倍数法，倍数由当时市场决定。如常用的市盈率倍数法，以公司盈利乘以行业平均市盈率，即为公司价值；对未盈利的企业，以交易量等指标乘以当时公认倍数，结合公司的商业模式、在同行业中的地位、市场占有率、核心人物影响力等因素，加以调整后即为公司整体价值。公司整体价值扣除有形资产价值即为无形资产评估价值。但是，应用市场法有严格的条件限制，能满足条件的交易十分少见，因此，用这种方法确定的价格只能在交易中作为一种参照价格。

总体上讲，以上方法是根据经济的发展和各种无形资产的特征设计的。一个明显的特点是由偏重以资产的历史投入价值为基础向资产的未来产出价为基础转移。在实际工作中应该综合分析使用，尽量全面、合理地反映被评估无形资产的价值。

【政策思考9-1】

2020年12月，国务院颁布了《资产评估专家指引第12号——收益法评估企业价值中折现率的测算》，专门指出："为指导资产评估机构及其资产评估专业人员在使用收益法评估企业价值时合理测算预期收益的折现率，中国资产评估协会制定了

《资产评估专家指引第12号——收益法评估企业价值中折现率的测算》，供资产评估机构及其资产评估专业人员执行资产评估业务时参考"。该指引针对运用资本资产定价模型（CAPM）和加权平均资本成本（WACC）测算折现率涉及的参数确定，具体包括无风险利率、市场风险溢价、贝塔系数、资本结构、特定风险报酬率、债权期望报酬率等。

请阅读相关材料并思考：应用收益法评估企业价值在测算折现率时应注意哪些问题？《资产评估专家指引第12号——收益法评估企业价值中折现率的测算》的出台对改制企业无形资产价值评估可能存在何种影响？

本章小结

企业价值评估可以科学核定公司制改造企业原有资产的价值总量，也是维护公司制企业各方投资者利益的依据，在国有企业改制中的意义重大。

在界定国有企业改制中企业价值评估的具体范围时，应注意以下几点：一是对于在评估时点产权不清的资产，应划为"待定产权资产"，可以列入企业价值评估的一般范围，但在具体操作时，应做特殊处理和说明，并需要在评估报告中披露；二是在产权清晰的基础上，对企业的有效资产和无效资产进行区分；三是在企业价值评估中，对无效资产的两种处理方式（"资产剥离"和"填平补齐"）。

国有企业改制中企业价值评估工作分为三个阶段：准备阶段、评估阶段、落实阶段。

国有企业改制中企业价值评估方法包括收益法、成本法和市场法。

国有企业改制中企业价值评估还要关注相关问题，如债权资产的评估、产成品的评估、长期投资的评估以及无形资产的评估。

主要概念

国有企业改制 资产剥离 填平补齐

基本训练

1.简答题

（1）企业价值评估在国有企业改制中的意义是什么？

（2）国有企业改制中企业价值评估工作分为哪几个阶段？

（3）在界定企业价值评估的具体范围时，应注意哪些问题？

（4）国有企业改制中三种企业价值评估方法的适用条件各是什么？

2.思考题

（1）国有企业改制中企业价值评估的特点表现在哪些方面？

（2）企业价值评估方法在国有企业改制中的运用情况如何？

（3）国有企业改制中企业价值评估相关问题是什么？

3.计算分析题

（1）某国有企业在评估企业的流动资产时，确定应收账款的账面价值为200万元，已确定的坏账损失为10万元，预计的坏账损失为20万元，并假定月折现率为5%，试用折现值法评估该企业应收账款的现值。

（2）某国有企业在进行股份制改组，需对其企业价值进行评估，企业的产成品在市场上的现行销售价格为每件100元，现有库存产成品2 000件，该企业为增值税一般纳税人，适用的增值税税率为13%，预计的销售管理费用为每销售一件5元，平均回收月数为1。试确定该企业产成品的评估价格。

4.案例分析题

某国有公司于2022年9月首次公开发行A股上市，并于10月完成了股份制改革。

在IPO定价过程中，资产评估师搜集了该公司的数据。该公司拟发行股本总数为96亿股，其有形资产的市场价值为200亿元，企业在正常情况下每年的净收益可达35.5亿元，对公司数据进行分析，预计企业未来每年将保持这一盈利水平，再根据市场资料以及行业资料分析，这类企业的有形资产的公允回报率大约为15%，而根据企业类型和风险估算无形资产的公允回报率则为20%。

（1）运用成本法，对该公司整体价值进行评估。

（2）假设企业持续经营，已知企业加权平均资本成本为15%，试用收益法评估该公司整体价值。

（3）如评估师认为公司合理的2022年市盈率为8倍，请试用市盈率法评估该公司整体价值。

第10章 特殊情形下的企业价值评估

> 1.理解多元化经营的概念和多元化经营价值评估的特点，了解多元化经营价值评估的现状；理解周期性经营的概念，了解周期性经营价值评估的现状。
>
> 2.掌握并运用多元化经营企业价值评估的方法掌握并运用周期性经营企业价值评估的方法；掌握并运用陷入财务困境的企业价值评估方法。
>
> 3.通过多元化经营、陷入财务困境相关案例的学习，领悟"工匠精神"，强化风险意识，贯彻党的二十大报告提出的"着力推动高质量发展"的要求。

学习目标

10.1 多元化经营的企业价值评估

【案例10-1】　　　　　　　华润集团的多元化经营

华润（集团）有限公司（以下简称"华润"或"华润集团"）是一家在中国香港注册和运营的多元化控股企业集团，其前身是1938年于香港成立的"联和行"。1983年，华润将所管理的下属机构经重组转为以股权为纽带的公司，在此基础上成立了华润（集团）有限公司。

华润集团下设7大战略业务单元、19家一级利润中心，是一家典型的多元化经营企业。华润在香港拥有5家上市公司，在内地拥有6家上市公司。旗下"蓝筹三杰"，华润创业、华润电力、华润置地位列香港恒生指数成分股。华润燃气、华润水泥位列香港恒生综合指数成分股和香港恒生中资企业指数成分股。华润集团是全球500强企业之一，华润零售、华润雪花啤酒、华润燃气经营规模均居全国第一。华润电力是中国业绩增长最快、运营成本最低、经营效率最好的独立发电企业；华润置地是内地最具实力的综合地产开发商之一；雪花啤酒、怡宝水、万家超市、万象城是享誉全国的著名品牌。

华润集团核心业务包括消费品（含零售、啤酒、食品、饮料）、电力、地产、医药、水泥、燃气、金融等。其多元化业务具有良好的产业基础和市场竞争优势，其中零售、啤酒、电力、地产、燃气、医药已建立行业领先地位。华润集团自2010年开始申报《财富》世界500强，当年即进入世界500强，排名第395位，之后排名连年大幅攀升，2021年与2022年分别位列第69位和第66位，12年中排名上升了329位。

1）多元化经营企业价值评估的特点

（1）多元化经营的定义

多元化经营，也称为多样化经营或多角化经营，指的是企业在多个相关或不相关的产业领域同时经营多项不同业务的战略。近年来，企业多元化经营一直是理论界和企业界的研究课题。多元化是柄"双刃剑"，既可以为企业带来巨额利润，也可能成为企业的"坟墓"。企业运用多元化经营战略，成败的关键在于企业所处外部环境及所具备的内部条件是否符合多元化经营的要求，以及实施的时机是否适当。因此，企业在实施多元化经营之前，应充分了解多元化经营的风险及优缺点，选择适当的实施时机，采取应对措施，趋利避害，促进多元化战略的成功。

企业发展的关键不在于是否要进行多元化，而是在于到底有没有能力进行多元化。

——海尔集团前总裁张瑞敏

（2）多元化经营企业价值评估的特点

对多元化经营企业进行价值评估不同于对一般的单一业务企业的价值评估，其涉及多元化经营企业的多种业务活动，企业价值取决于是否能够对其控制的多种业务活动进行成功的管理。一般而言，多业务分部企业价值评估的特点体现在以下方面：

第一，每个业务分部都有自己的现金流量、资本结构和资本成本。多元化经营企业价值评估并不是简单采用折现现金流量法把各个业务分部的现金流量进行折现。各个业务分部的现金流量的加总计算之和不等同于总部现金流量。

第二，总部收益难以全部量化，部分总部收益来源不易量化（如潜在协同作用和信息优势）。单个投资项目的评估可以使用的方法很多，包括折现现金流量法、经济利润法和相对价值法，但对单个投资项目价值评估的方法通常不能直接用于对多元化经营企业的评估。

第三，公司多元化经营对风险的分散化效用的考虑。多元化经营通常要考虑期权价值，因为多元化经营本来就是期权理论的运用。

第四，多元化溢、折价的特殊考虑。多业务分部企业的多元化经营与企业价值间存在着溢价与折价的考量。多元化经营的企业价值评估需要考虑企业多元化经营所面临的各方面经营风险，多元化经营企业的价值不是各个投资项目或者各个子、分公司的简单相加。有时候多元化经营会分散风险，在这种情况下，多元化经营评估价值大于各个项目价值之和，也就是多元化经营价值评估时，会出现溢价；不适当的多元化经营会加大风险，在这种情况下，多元化经营评估价值小于各个项目价值之和，也就是多元化经营价值评估时，会出现折价。

随着我国经济的发展和市场的变化，许多多元化经营企业有了价值评估的需求。这主要是因为现在的建设项目主体或投入资金已经多元化、投资形式也已呈多样化，从而使得多元化经营企业价值评估分析也趋于多样化。

2）多元化经营企业价值评估的现状

多年来，实务界与理论界一直在讨论是否存在"企业集团化"或"业务多样化"折扣。对多元化公司进行估值时，与类似单独业务组合相比，是否要进行折扣，目前还没有一致的意见。一些人甚至认为，多元化公司应该在估值时有所溢价。在主张折扣的研究中，关于折扣的原因，到底是由于多元化公司相对于业务单一公司的绩效较差，还是由于市场对多元化公司的估值低于业务单一的公司，仍存在分歧。实际经济活动中，大多数多元化经营的企业评估价值并不会出现溢价。经验而论，当被估的多元化经营公司的价值低于单一业务的同类公司时，原因主要在于公司的业务分部相对于单一业务的同类公司而言，其增长率和（或）资本回报率较低，即存在一个绩效折扣，而不是业务多样化或企业集团化折扣。目前，多元化经营与企业价值间存在的多元化溢价或者多元化折价的探讨仍是众多学者在多元化经营企业价值评估方面的研究热点。

【课堂拓展10-1】　　　　锻造工匠精神，铸就品牌建设[①]

多元化经营是企业扩张升级的必由之路，多元化经营企业的品牌建设，应该研究企业价值的特点以及企业本身所具备的历史站位和意义，突出重点，兼顾多元化产业的需求，与时俱进以"工匠精神"铸就中国品牌。

成"匠"无他，唯守心尔。"工匠精神"是对精致工艺的坚守，是对精细流程的把控，是对精美品质的执着，是对精益管理的追求。从20世纪90年代联想等国产品牌的兴起，到近年来华为、小米、大疆等品牌占据大份额市场，阿里、腾讯等互联网企业引领互联网浪潮，品牌建设之路已取得一定成效。在海尔，张瑞敏从产品质量优，到创出品牌，到多元化发展，到"走出去"打入国际市场，再到推动中国制造业数字化、智能化转型，创世界级物联网模式。进入物联网时代，海尔的"工匠精神"以精益求精的产品质量为基础，实现了与时俱进的动态发展：立足于当下用户需求个性化的发展趋势，制定动态的质量标准；通过推进小微、再到升级链群，让用户体验迭代，创造用户终身价值，实现海尔物联网模式的生态转型。

---

① 王振海.以工匠精神培育基层党建品牌［J］.人民论坛，2019（8）：44-45；陈昊武.在新时代大力弘扬工匠精神［EB/OL］.［2020-04-20］.https：//baijiahao.baidu.com/s？id=1664462950547977118&wfr=spider&for=pc.

从对产品质量的精益求精,到以"人单合一"模式为引领创世界级物联网模式、助力我国制造业转型升级,张瑞敏一直在变革与挑战中践行"工匠精神",以兴邦利民为己任,带领海尔在改革开放的时代洪流中勇往直前。

3)多元化经营企业价值评估的方法[①]

大多数大型公司都经营多种业务,如消费品公司,通常会在多个细分市场开展竞争(例如宝洁的美容产品、洗涤清洁剂、宠物食品和药物)。如果每个业务分部的财务特征(增长率和资本回报率)明显不同,最好对每个业务分部单独进行估值,然后加总各部分估值而得出整个公司的价值。在根据各部分业务对多元化公司进行估价时,主要按以下步骤进行:首先,创建业务分部的财务报表;其次,估计每个业务分部的资本成本;最后,单独评估每项业务,对各业务分部加总,并解释结果,如图10-1所示。

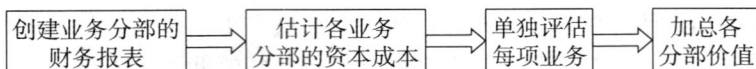

创建业务分部的财务报表 → 估计各业务分部的资本成本 → 单独评估每项业务 → 加总各分部价值

图10-1 多元化经营企业价值评估流程

(1)编制业务分部财务报表时应重点考虑的问题

对公司的各个业务分部进行估值时,利润表、资产负债表和现金流量表都很重要。在理想的情况下,这些财务报表应该能够大致得到估算,因为业务分部的财务报表应该与该业务分部是独立公司情况下的财务报表相似。为业务分部创建财务报表时,需要考虑五个问题,分别是:分配公司的日常管理费用,处理公司间的交易,处理公司间的应收账款/应付账款,对财务子公司进行估值,对信息披露有限的上市公司估值时处理不完全的信息。

①公司成本

大多数多元化公司都共享服务和公司管理费用,因此,需要确定哪些成本应该分摊给业务分部,哪些成本应该留在公司层面。公司总部提供的服务,如薪资、人力资源和会计,应根据成本驱动因素进行分摊。例如,母公司提供的人力资源服务总成本可根据各业务分部员工数量进行分配。但如果该成本的产生是由于该业务分部属于公司的一部分(如首席执行官的薪酬或公司艺术收藏),一般不需要分摊这些成本,而应将其作为公司成本进行保留,并单独进行估值。其原因在于:第一,如果这些费用不属于业务分部,将公司成本分摊给业务分部会降低该业务分部和单一业务的同类公司的可比性(大多数业务分部有自己的高级管理人员、首席财务官和审计官,和单一业务的竞争对手已经具有可比性)。第二,将公司总部作为一个独立的业务分部,可以反映其消耗多少公司价值。

一般来说,多元化公司的公司成本占收入的1%~2%,占经营利润的10%~20%。因此,这些成本也带来了相同比例的负价值,即为公司总价值的10%~20%。

① 科勒,戈德哈特,威赛尔斯. 价值评估——公司价值的衡量与管理[M]. 高建,魏平,朱晓龙,等译. 北京:电子工业出版社,2007.

②内部关联销售

分部收入通常包括可归属于分部的对外交易收入和对其他分部交易收入，主要由可归属于分部的对外交易收入构成。但业务分部相互之间有时也会提供产品和服务。这时为了得到合并后的公司财务结果，会计部门将互相抵销内部收入和成本以避免重复记账。只有外部发生的收入和成本才会保留在合并利润表上。表10-1说明了如何处理业务分部之间的交易。业务分部A为业务分部B提供了价值100万元的装饰品，并确认收到了收入和相应的息税前利润（EBITA）。接着，业务分部B给装饰品安装了额外的配件，并将其出售给外部客户。假设只有80%的装饰品在第二阶段被处理和出售，剩下的20%（20万元）以预处理成本入账并成为业务分部B的存货。由于存货部分并没有被卖出，它们仍将留在业务分部B的资产负债表上。为了合并利润表，需抵销业务分部A内部获得的100万元销售收入，以及业务分部B产生的80万元的产品销售成本。对于合并后的财务报表，净回报是毛利润减去20万元。在大多数情况下，这种抵销对存货影响很小，因为EBITA的变化由存货变化驱动，而并非由期末存货的变化驱动。在任何情况下，EBITA的变化并不影响自由现金流，因为EBITA的变化被存货变化抵销了。

表10-1 　　　　　　　　　　　不同业务分部间的抵销　　　　　　　　　　单位：万元

	业务分部A	业务分部B	抵　销	合并结果	注　释
外部收入	500	414		914	
内部收入	100		（100）	—	抵销公司间收入
总收入	600	414	（100）	914	抵销公司间销售的利润
产品销售成本	（540）	（290）	80	（750）	
毛利润	60	124	（20）	164	

当编制并预测业务分部的财务报表时，应将其视为类似公司总部的独立业务分部，以进行抵销。这意味着，在预测每个单独业务分部的增长率时，需要估计公司间销售是否也会一起增长。公司间销售增长率可以通过分析其产生的详细方式和原因进行估计。最简单的方法是假设消除项与业务整体以相同的比例进行增长。需要记住的是，抵销仅用于将业务分部的预测合并到综合的公司预测时，并不影响公司或各个业务分部的价值。

此外，为了精确地为每项业务分部估值，在记录公司内部交易价格时应该以与独立第三方交易的相同价格计量。否则，业务分部之间的相对价值会被扭曲。

③公司间应收账款和应付账款

通常情况下，多元化公司会集中管理所有业务分部的现金和债务。现金流为正的业务分部通常会将所有产生的现金转账给公司总部，设立一个与母公司之间的公司内部应收账款账户。现金流为负的业务分部从母公司获得现金以支付账单，设立一个与母公司之间的公司内部应付账款账户。这些公司间应收账款和应付账款与第三方的应收账款和应付账款不同，因此，不应该视为经营流动资本的一部分。在计算投入资本时，应该将其视为公司间权益。

表10-2说明了如何对公司间应收账款和应付账款进行处理。合并的公司包括两个公司：母公司（P）和子公司（S）。母公司在子公司的权益中投入25万元，记为权益投资（这项会计处理只用于内部报告；由于母公司完全拥有子公司，在制作对外报表时，必须合并报表）。母公司也借款20万元给子公司，对母公司而言，视为一项公司间应收账款；对子公司而言，视为公司间应付账款。

对于母公司来说，25万元代表并不能产生经营利润的非经营资产，因此，不应该包含在母公司经营流动资本中。对于子公司来说，则代表一项类似于权益的注入资金，因此，是子公司资本结构的一部分，而不是其经营资本。母公司资产负债表上的内部应收账款应被视为一项对子公司的权益投资；子公司资产负债表上的内部应付账款应被视为来自母公司的一项权益。

公司间的应收账款和应付账款处理不当可能会导致严重的后果。在上面的例子中，如果公司间的账目被视为经营资本而不是权益，那么子公司的投入资本将被低估30%左右（25÷80×100%），并导致高估相同比例的投入资本回报率（ROIC）。

表10-2　　　　　　　　　　　公司间应收账款和应付账款　　　　　　　　单位：万元

资产负债表	母公司P	子公司S	抵　销	合　并
应收账款账户（外部）	100	30	—	130
应收账款账户（内部）	20	—	（20）	—
其他资产	150	50	—	200
对子公司的权益投资	25	—	（25）	—
总资产	295	80	（45）	330
应付账款账户（外部）	80	15		95
应付账款账户（内部）	—	20	（20）	—
负债	100	20		120
权益	115	25	（25）	115
总负债和权益	295	80	（45）	330

续表

资产负债表	母公司 P	子公司 S	抵 销	合 并
投入资本				
应收账款账户（外部）	100	30	—	130
应付账款账户（外部）	(80)	(15)	—	(95)
经营资本	20	15		35
其他资产	150	50		200
投入资本	170	65	—	235
负债	100	20		120
权益	115	25	(25)	115
权益等价物——对母公司的公司间应付账款	—	20	(20)	—
应收账款（内部）	(20)		20	—
对子公司的权益投资	(25)		25	—
投入资本	170	65		235

④财务子公司

一些公司拥有财务子公司，通常是为客户提供融资的财务公司（如一汽财务有限公司）或独立经营的财务公司。财务公司的资产负债表结构不同于实业或服务类公司，其资产一般属于金融性资产（一般是应收账款或贷款）而不是实物性资产，且通常财务杠杆较高。因此，财务公司应使用权益成本对权益现金流折现值进行评估。大多数拥有重要财务子公司的公司都会为这些子公司单独提供资产负债表和利润表，这些报表可用来单独分析并评估这些财务子公司。

需要注意的是，在对公司整体价值进行估值时，不要重复计算财务子公司的负债。财务子公司的权益价值已经减去了子公司的负债，从企业价值中减去负债得出合并公司价值时，只需减去与非财务经营相关的负债。为了明确账目，通常需要将财务子公司视为非合并子公司，重新建立合并资产负债表和利润表。所得到的财务报表中，在资产负债表中单列一条代表财务子公司净权益的账目，在利润表中单列一条代表财务子公司净收入的账目。

一汽财务有限公司于 1987 年 12 月经中国人民银行批准成立，是中国第一汽车集团公司内部唯一一家非银行金融机构。一汽财务有限公司秉持"依托集团、服务集团"的经营宗旨，通过与一汽集团各大品牌贸易公司签署框架性的汽车金融合作协议，建立了网络信息共享、网络互动营销、协同控制风险的营销服务与汽车金融整合推进的汽车金融网络运行模式。三十多年来，一汽财务有限公司按照相关机构规定的功能定位，有力地支持了一汽集团的发展，为一汽集团成员单位的生产经营、技术改造和产品销售提供金融支持。

⑤利用公开数据进行估值

如果从外部对多元化公司进行估价，不可能掌握按照业务分部分类的完整的财务报表。只能按照披露的报表项目和内容对公司进行估价。表10-3为美国上市公司典型的披露项目（IFRS规定的披露项目与其相似）。在美国通用会计准则下，公司需要披露收入、经营利润（或类似项目，如EBITA）、总资产、折旧和资本支出，并需要将这些项目转换为调整税后经营利润增长率（NOPLAT）和投入资本，见表10-4。

表10-3　　　　　　　　　　年度报告中提供的业务分部信息　　　　　　　　单位：万元

	汤类业务	个人护理业务	食品服务业务	抵销	总部	合并
外部收入	2 400	2 200	1 200	—		5 800
内部收入	400			（400）		—
总收入	2 800	2 200	1 200	（400）	—	5 800
经营成本	（2 184）	（1 826）	（1 056）	400	（70）	（4 736）
EBITA	616	374	144	—	（70）	1 064
折旧（包含在上面的经营成本中）	17	22	12	—	8	59
资本支出	84	77	38			199
总资产	1 200	1 100	540		150	2 990

表10-4　　　　　　　　估算业务分部NOPLAT、投入资本和ROIC　　　　　金额单位：万元

	汤类业务	个人护理	食品服务	抵销	总部	合并	注　释
收入	2 800	2 200	1 200	（400）	—	5 800	来自表10-3
经营成本	（2 184）	（1 826）	（1 056）	400	（70）	（4 736）	插入以与EBITA匹配
EBITA	616	374	144	—	（70）	1 064	来自表10-3
增值税	（240）	（146）	（56）	—	27	（415）	使用整个公司的税率
NOPLAT	376	228	88	—	（43）	649	

续表

	汤类业务	个人护理	食品服务	抵销	总部	合并	注　释
净收入调节							
净收入						564	
利息支出（税后）						86	
利息收入（税后）						（1）	
NOPLAT						649	
经济资产负债表和投入资本							
总资产	1 200	1 100	540	—	150	2 990	在表 10-3 中给出
商誉	（150）	（100）	—	—	—	（250）	来自表 10-3 或近期交易
应付账款账户	（157）	（143）	（78）	—	—	（378）	按收入分配
应付工资	（62）	（57）	（31）	—	—	（150）	按收入分配
其他当期负债	（41）	（38）	（21）	—	—	（100）	按收入分配
投入资本	790	762	410	—	150	2 112	
负债						2 000	
权益						362	
商誉						（250）	
投入资本（不含商誉）						2 112	
ROIC（%）	48	30	21			31	NOPLAT/投入资本

假设某家个人产品公司，拥有三项消费品业务分部：一个拥有独立品牌的汤类业务分部，一个个人护理业务分部和一个食品服务业务分部。汤类业务分部贡献公司收入的 41.38%（2 400÷5 800×100%）和一半以上（616÷1 064×100%）的利润。在其他汤类品牌和私有品牌的激烈竞争下，该项业务正在逐渐萎缩。个人护理业务分部也贡献了公司收入的 40%（2 200÷5 800×100%），但仅占利润的 1/3（374÷1 064×100%）。该部门的产品组合包括强大且成熟的品牌，其增长率与 GDP 增长率相当。食品服务业务占收入的 20% 左右（1 200÷5 800×100%）和余下不足 1/6 的利润（144÷1 064×100%），与其他业务分部相比，具有更好的增长前景，但是却处于一个竞争激烈和对手分散的行业里。

第一，调整税后经营利润（NOPLAT）增长率。

为了估计 NOPLAT，可从各业务分部报告的息税摊销前利润（EBITA）开始。然后，给每个业务分部分配所得税、养老金调整和经营性租赁调整。要分配合并公司的租赁调整，需要估计每个业务分部的租赁资产（通常，必须假设各业务分部租赁的资产与其占购买的资产成相同的比例），然后以这个比例分配所有公司的租赁调整。通常可按照业务分部的员工人数分配养老金调整。最后，对所有业务分部使用有效的整体公司税率，除非有信息支持能估计出每个业务分部的税率。在估计出 NOPLAT 之后，将所有业务分部的 NOPLAT 重新进行整合、加总，并核对是否与总净收入相吻合，从而保证所有调整都是恰当的。

第二，投入资本。

为了估算投入资本，先计算各个业务分部的总资产，然后减去非经营资产的估计值和无利息经营负债。同时为了衡量不含商誉的投入资本，还必须从每个业务分部中减去所分配的商誉。投入资本的具体公式如下：

投入资本 $=\sum$ 各业务分部(总资产 – 非经营资产 – 无利息经营负债 – 分配的商誉)

非经营资产包括富余现金、对非合并子公司的投资、养老金资产和递延税收资产。通常，这些非经营资产为公司总部层面持有，并不属于业务分部，因此并不需要进行调整。如果非经营资产包含在业务分部资产之中，可能需要进行一些调查，从业务分部中找到这些非经营资产加以评估。

无利息经营负债包括应付账款、应付税收和应计费用，可以按照收入或者总资产将其分配到各个业务分部。一旦估算出各个业务分部和公司总部的投入资本，便根据合并公司报表中得到的总投入资本对它们进行整合，见表10-4。各个业务分部和公司总部的投入资本总和应该等于从合并公司财务报表中计算出来的投入资本。

我们把核心价值和实务分得清清楚楚，核心价值不能变，但是实务可以改变。利润虽然重要，却不是惠普存在的原因。

——惠普前CEO约翰·杨

（2）估计每个业务分部的资本成本

每个业务分部应该根据自身的资本成本进行估值，因为每个业务分部经营现金流的不可避免风险（β）和支持债的能力随业务分部的不同而不同。为了确定业务分部的资本成本，需要明晰各业务分部的目标资本结构、权益成本（由β决定）和借款成本。

①每个业务分部的目标资本结构

首先，需要估计每个业务分部的目标资本结构，对于该目标资本结构可使用同类上市公司的资本结构平均数，尤其是当大多数同类公司都有相似的资本结构时。然后，使用行业负债水平的平均数，将各个业务分部的负债（按行业负债水平计算）进行加总，与公司的目标负债水平（并不一定是其现在的水平）相比。如果各业务分部的总负债与合并后公司的目标负债不同，一般会将差异作为一个公司项目记录下来，单独对其税盾（或当公司使用较为保守的融资时，对其税务成本）进行估值。这样做的目的是，将资本成本与同类公司资本成本的差异，以及各业务分部与同一行业单一业务公司的估值差异降到最低，如图10-2所示。

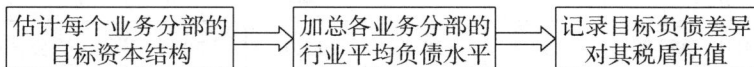

```
┌─────────────┐   ┌─────────────┐   ┌─────────────┐
│估计每个业务分部的│──▶│加总各业务分部的│──▶│记录目标负债差异│
│目标资本结构   │   │行业平均负债水平│   │对其税盾估值   │
└─────────────┘   └─────────────┘   └─────────────┘
```

图10-2　拥有相似资本结构的同类公司的估值流程

如果业务分部没有可比的同类公司，或同类公司的资本结构差异很大，就需要将合并债务分配到各业务分部之间，使它们拥有相同的利息保障倍数（EBIT/利息费用）。利息保障倍数是衡量信用等级和财务风险最好的单项指标。将相同的利息保障倍数分配到各个业务分部，可以确保它们承担大致相同的财务风险，并对公司的整体信用风险承担相同的责任。

如果一个或多个业务分部可能有高财务杠杆的有形资产（如不动产、酒店和飞机），这种情况下，可以根据有形资产的比例将负债分配给这些业务分部。

一般来说，为了法律目的或公司内部目的，在各个业务分部之间分配负债与业务分部的经济分析之间没有联系。这些分配很少在经济上有意义，应该忽略。

②业务分部的资本成本

确定每个业务分部的无杠杆β值和权益成本。为了确定业务分部的β值，需先估计无杠杆的部门β平均数。用前面得到的业务分部的资本结构重新计算杠杆β值。对于公司总部的现金流，应使用业务分部资本成本的加权平均值（WACC）作为资本成本。表10-5总结了某公司的资本成本估算。虽然该公司业务分部的无杠杆β值在一个狭窄的范围之内（0.7~0.9），资本结构上的较大差异导致加权平均资本成本的变化范围较大，从汤类业务分部的7.9%至食品服务业务分部的9.3%。

通过加总各个业务分部的价值而对公司进行估值时，并不需要估算公司范围的资本成本，或者调整各个业务分部的β值以配合公司的β值。各个业务分部的β值类比公司的β值更有实际意义，特别当公司是高度多元化的公司时，β估算值会有很大的误差。

（3）加总各分部并解释结果

公司估值的最后一步是计算每个业务分部的折现现金流价值并进行加总，这需要对每个业务分部预测的自由现金流进行折现，包括估计其连续价值。

对公司总部的现金流也同样单独进行估价，在估价时一般预期公司成本的增长率和公司总收入的增长率相同。为了确定持续价值，不要用关键价值驱动因素，因为调整税后经营利润（NOPLAT）是负的（公司总部仅有成本），且资本回报率（ROIC）没有意义，应该使用永续年金公式。

表10-5   估计各业务分部的资本成本

	汤类业务	个人护理业务	食品服务业务	公　司	注　释
估算的无杠杆β值	0.7	0.8	0.9	0.8	同类公司的平均数
目标债务资本比（%）	25.0	20.0	15.0	20.0	同类公司的平均数
杠杆β值	0.9	1.0	1.1	1.0	目标资本结构
债务成本（%）	6.0	6.0	6.0	6.0	
权益成本（%）	9.3	9.8	10.3	9.8	
WACC（%）	7.9	8.6	9.3	8.6	
无风险利率（%）	5.0				
通货膨胀率（%）	2.8				
市场风险溢价（%）	4.8				

　　首先，计算连续价值期第1年的付税后自由现金流，并且假设它的增长率永远和整个公司的增长率相同。

　　然后，将非经营资产价值加上各业务分部的经营折现现金流价值之和，减去公司总部的价值，即得到总的企业价值。用这个数字减去负债和其他非权益要求项目，就得到了权益价值。

　　将这一过程应用到前文所述的公司的例子上，表10-6显示了该公司各个业务分部的折现现金流估值。从各折现现金流价值加总得出的权益价值是合理的，接近观察到的权益价值。计算得到的企业价值——EBITA的倍数，反映了各业务分部不同的增长率和ROIC特征。汤类业务正以1%的速度增长（通货膨胀调整后造成萎缩），但ROIC却最高（48%）。虽然有高的ROIC，但其企业价值——EBITA倍数却最低（8.6）。食品服务业务增长最快（增长率为4%），但ROIC却最低（21%）。有趣的是，个人护理业务的增长率（3%）低于食品服务行业，但它的ROIC较高（30%）。较高的ROIC克服了增长率较低的效应，因此计算得出的倍数（9.6）高于食品服务业务（9.0）。这个简单的分析证明了ROIC和增长率都是估值的关键输入指标。仅有杰出的增长率并不能保证较高的估值，除非同时还有较高的投资回报。相对来说，汤类业务分部每增加1元收入的增值效应最高，因为其ROIC最高（假设新项目的ROIC和历史ROIC相同）。而食品服务业务分部因利润提升或资本效率提升而为企业整体带来的价值累加，与其他两个业务分部相比，对企业估值的影响更大。

　　对多业务分部公司估值通常会得到有趣的发现。例如，在一个消费包装品公司，核心消费品业务占收入和投入资本的3/4，次要业务占了剩下的部分。但是，次要业务的利润率和资本回报率却接近核心业务的两倍。因此，次要业务（总价值减去投入资本）的价值创造与核心业务差不多。单纯自上而下对公司进行观察，并不会强调这种价值创造的偏差。

表10-6 加总各业务分部的价值

假　设	汤类业务	个人护理业务	食品服务业务	公　司
增长率（2020年和以后，%）	1	3	4	3
经营利润率（2020年和以后，%）	22	17	12	
ROIC（2020年和以后，%）	48	30	21	
投入资本与收入比（%）	28	35	34	
企业价值和倍数				
估计的折现现金流企业价值（万元）	5 327	3 684	1 351	(873)
估计的预测EBITA（万元）	622	385	150	
企业价值——EBITA倍数	8.6	9.6	9.0	
合并后的权益价值（万元）				
汤类	5 327			
个人护理	3 684			
食品服务	1 351			
公司成本	(873)			
经营企业价值	9 489			
非经营资产	—			
负债	(2 000)			
估计的权益价值	7 489			
观察到的权益价值	6 900			

这些发现对于两项业务增长率和利润率提升所创造的相对价值，以及对于管理层应该注重哪些领域来说，都有重要的意义。因此，业务分部分析可以让我们深入了解公司创造价值或破坏价值的领域，以此提供一张通过业务重组而为股东创造价值的路线图。

【案例 10-2】 多元化经营的企业价值评估案例①

选择多元化经营企业的典型代表——互联网行业上市企业 A 公司作为被评估公司。

1.公司概况

A 公司于 2010 年 4 月成立，2018 年 7 月在港交所挂牌上市。A 公司以高性价比的智能手机起家，通过精准的市场定位成功打出名声，随后在智能家居和软件开发领域继续深耕。经过 12 年的发展，A 公司已跻身头部互联网行列，截至 2021 年，营业收入达到 3 283 亿人民币，同比增长 33 个百年点，调整后利润为 220 亿元，同比去年增长近 70 个百分点。A 公司的经营业务根据功能、形态、模式的差异大致可分为三类，分别是手机、IoT 和消费产品以及互联网服务产品。（后文中 A 公司代表整体企业，A1 公司代表制造业务分部，A2 公司则代表互联网业务分部）

评估基准日定为 2021 年 12 月 31 日。首先，选取两阶段估值模型对 A1 公司进行价值评估，第一阶段为 2021—2025 年五年的快速增长期，基于 A1 公司的经营情况、行业发展情况、公司业绩分析等预测未来五年的增长率，进而预测出公司未来五年的税后净经营利润；第二阶段是企业进入的稳定增长阶段，假定 2026 年之后，A1 公司进入稳定增长阶段。其次，根据梅特卡夫法则对 A2 公司进行价值评估。在此基础上，对各业务分部价值进行汇总得到 A 公司的整体价值。

2.A1 公司的价值评估

（1）A1 公司折现率确定

关于股权资本成本，采用资本资产定价模型对 A1 公司 2018—2020 年月收益率及市场收益率进行了测算，得到了 A1 公司的股权资本成本=3.25%+1.56×4.52%=10.3%；关于债务资本成本，选取中央银行一至五年的贷款利率 5.5% 作为长期负债资本成本率。关于资本结构，采用百分数法对 A1 公司 2018—2020 年股权资本与负债资本的比例均值进行了测算，由此，计算出折现率 WACC=10.3%×50%+5.5%×50%×（1-15%）=7.49%

（2）A1 公司的自由现金流和税后净利润预测

从 2016 开始，智能手机、IoT 和生活消费品业务的销量一直在稳步增长。2018年，A1 公司在研发投入上增加比例，并且在未来五年战略上，仍聚焦于生态链、5G 人工智能、硬件产品及芯片四个方向深耕，持续加大研发经费投入。2019 年，智能手机业务进入调整期，由于受到全球经济不景气以及国内消费疲软的影响，智能手机行业整体发展速度下滑，故 A1 业务分部在 2019 年增速有所放缓。在 2020年，A1 公司发力进军高端机市场，业务增长迎来触底反弹，IoT 与生活消费业务也在这一年得到迅速增长，A1 公司年度报告信息见表 10-7。

① 资料来源于上市公司年报，案例经过改编。

表10-7　　　　　　　　　　　　年度报告中提供的业务分部信息　　　　　　　　　单位：百万元

	2020 年	2019 年	2018 年	2017 年	2016 年
手机业务	13 204	8 759.40	7 043.30	7 101.34	1 681.76
IoT 业务	8 605.00	6 953.70	4 510.80	1 950.87	1 012.87
研发费用	9 256.10	7 492.60	5 776.80	3 151.40	2 104.23
利息	520.24	402.43	216.37	26.78	86.25
所得税	1 575.7	2 059.70	449.38	2 059.76	1 54.52
减值或摊销	2.43	1.70	4.74	2.38	2.51
NOPAT	20 321.63	15 450.65	10 391.62	9 470.32	2 800.96

　　根据 2016—2020 年的智能手机和 IoT 的营收数据，智能手机业务营收占 A1 公司总营收比例的平均值为 73%，IoT 业务营收占 A1 公司总营收比例的平均值为 27%，将此作为计算 A1 公司综合增长率权重。自 2026 年起，A1 公司进入稳定增长期，假定其按照 6% 永续增长，A1 公司价值评估见表10-8。

表10-8　　　　　　　　　　　　A1公司未来自由现金流预测　　　　　　　　　　单位：亿元

	2020 年	2021 年	2022 年	2023 年	2024 年	2025 年	2026 年及以后
手机业务	24.50	20.50	16.50	12.50	16.50	20.50	24.50
IoT 业务	8.57	7.57	6.57	5.57	6.57	7.57	8.57
综合增长率	20.20	17.01	13.82	10.63	13.82	17.01	20.20

估算业务分部NOPAT、投入资本和价值

NOPAT	203.22	234.97	263.93	287.75	378.47	357.71	407.70
期初投入资本	1 419.11	1 640.84	1 843.06	2 009.39	2 223.88	2 497.97	2 847.04
投入资本	97.49	112.73	126.62	138.05	152.78	171.61	195.59
EBIT	105.73	122.25	137.31	149.70	165.68	186.10	3 366.85
折现系数	1	0.9259	0.8573	0.7938	0.735	0.6806
现值		122.25	127.14	128.34	131.52	136.79	2 291.48

　　A1公司价值=预测期自由现金流现值+稳定期自由现金流现值=3 043.25（亿元）

　　3. A2 公司的价值评估

　　（1）溢价率系数

　　A2公司采用投入产出的方法来衡量变现因子K=每用户获客成本/每用户平均付

费收入，其中，每用户平均收入（ARPU）=互联网服务收入/MAU；每用户平均获客成本，体现了企业的投入产出能力。对于用户数量 N，2020 年 MAU 为 3.69 亿人，同比 2019 年增长 28.16%，但基于互联网企业的用户从 2019 年开始从流量市场转化为存量市场的现状，获客难度提升，为此，选取截至 2021 年年末 MIUI 的 MAU 用户数作为用户数量 N 的参数。根据 A 公司集团年度报告数据，预估其 2021 年全年销售及推广开支为 196.34 亿元，研发开支为 124.19 亿元，用户获取总成本为 237.9 亿元，因此：

单位用户获取成本 R=用户获取总成本/成本发生期间新增活跃用户数=297

（2）A2 公司价值

本文以 2021 年 12 月 31 日为评估基准日评估 A2 公司价值，根据估值模型，并结合上文相关参数的确定，可知 A2 公司价值为：

$$V = K \times P \times \frac{N^2}{R^2} = 0.5481 \times 11.4\% \times \frac{4.76^2}{297.4^2} = 1\,600.65（亿元）$$

4. A 公司整体价值

A 公司的整体企业价值=3 043.25+1 600.65=4 643.9（亿元）

10.2 周期性经营的企业价值评估[①]

周期性经营企业是指经营业绩与外部宏观经济环境高度正相关，并呈现周期性循环特点的企业。汽车、钢铁、房地产、有色金属、石油化工等属于典型的周期性行业，其他周期性行业还包括电力、煤炭、机械、造船、水泥、原料药等。

固定资本周转的周期是一个持续多年的过程，周转一次的时间包括流动资本周转很多次，这种由若干互相联系的周转组成的包括若干年的周期（资本被它的固定组成部分束缚在这种周期之内），成为了周期性的危机的物质基础。

——马克思

1）周期性经营企业价值评估的特点

周期性经营企业价值评估的特点主要体现在进行价值评估时应当考虑周期性波动产生的原因，以及周期性波动对周期性经营企业管理的影响。

（1）周期性波动的原因

周期性经营企业的周期性波动来源于两个方面：一是经济周期导致市场需求的周期性波动；二是企业投资反复波动导致供给的周期性波动，如图 10-3 所示。

企业周期性波动的原因 { 经济周期导致市场需求的周期性变动
企业投资反复波动导致供给的周期性波动

图 10-3　企业周期性波动的原因类型

---

① 科勒，戈德哈特，威赛尔斯. 价值评估——公司价值的衡量与管理［M］. 高建，魏平，朱晓龙，等译. 北京：电子工业出版社，2007.

当然，这两种原因有时会同时存在。例如，在航空业，回报的周期性是与宏观经济走势相联系的，而在造纸业，周期性在很大程度上是由行业因素造成的，而且这些因素通常都与产能相关。涨跌不定的回报增加了对这些周期性波动企业进行估值的复杂性。例如，历史绩效必须置于周期背景下进行评估。近期绩效下降并不一定预示着在未来将出现长期下滑趋势，而可能只是转入了周期的不同阶段而已。

（2）周期性波动影响企业的管理

在许多周期性经营行业，企业本身就是周期性的参与者。例如，日用化工公司在价格和回报率高时都会进行大量投资。由于产能大量增加，实际利用率下降，这就给价格和回报率带来了向下的压力。对产能的周期性投资成了企业盈利出现周期性的动因。消费者需求的波动并不会导致盈利出现周期性，导致盈利出现周期性的根源是生产者的供应。

管理者应该更好地把握资本支出的时机以充分利用他们对周期的认识。企业也可以实施相关财务战略，如在周期的峰顶发行股票，或在周期的谷底回购股票。最有作为的管理者会进一步采取交易的方法，在周期的谷底进行收购，在周期的峰顶出售资产。图 10-4 显示了在最优周期时机进行资本投资模拟的结果。抓住时机进行投资可以使普通企业的投资回报得到显著提高。

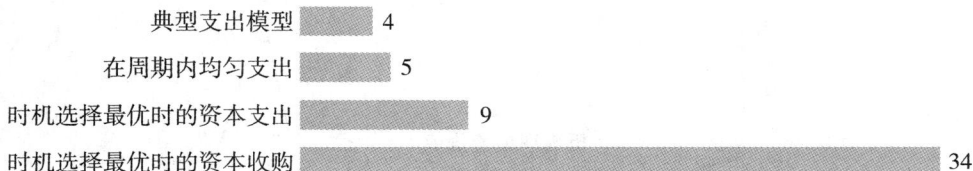

典型支出模型　　　　　　　4
在周期内均匀支出　　　　　　5
时机选择最优时的资本支出　　　　9
时机选择最优时的资本收购　　　　　　　　　　　34

图 10-4　在不同资本支出时机下的相对回报

乍看起来，周期性经营企业的股价波动太大，以至于与折现现金流估值法得到的结果并不一致。在本节，我们已了解到，股价波动可以用行业周期的不确定性来加以解释。凭借情景和概率，管理者和投资者可采用系统的折现现金流法来评估和分析周期性经营企业。

2）周期性经营企业价值评估现状

周期性经营企业的价值评估存在价值评估理论与现实的冲突、收益预测的股票分析师与其雇主的利益冲突，因此，周期性经营企业的价值评估要考虑市场的超前反映。

（1）周期性经营企业价值评估存在理论与现实的冲突

用折现现金流法评估周期性经营企业，企业折现现金流价值的波动性会大大低于回报和现金流的波动性，这是因为折现现金流法将未来的预期现金流折算为一个单值，计算期内任何 1 年的现金流高低都不再重要，高现金流抵偿了低现金流，只有长期趋势才是重要的。

现举例说明：公司 A 的商业周期为 10 年。图 10-5 第一部分（表格中的自由现金流）显示了假设的公司现金流分布特点，现金流有正有负，波动性很大。用10%的折现率对未来的自由现金流进行折现，便得出图10-5第二部分（表格中的折现现金流）中所示的一系列折现现金流价值。

公司A的自由现金流模式（万元）											
期间（年）	0	1	2	3	4	5	6	7	8	9	10
税后经营利润	10	9	6	3	0	(2)	3	18	7	6	10
净投资	3	3	2	2	1	3	5	3	3	3	3
自由现金流	7	6	4	1	(1)	(5)	(2)	15	4	3	7
从任何一年往后评估的现金流量											
折现现金流价值	34	33	27	28	30	35	40	33	33	34	31

自由现金流和折现现金流价值的模式

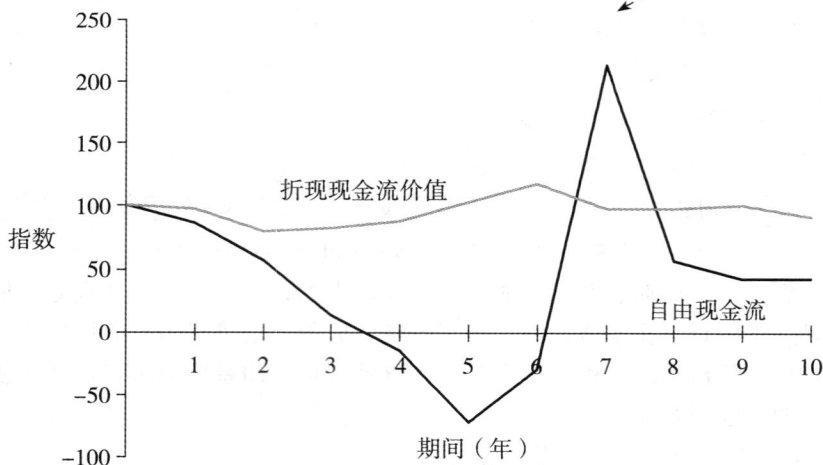

图10-5　自由现金流和折现现金流的波动性

图10-5第三部分（坐标图）比较了现金流和折现现金流价值（为了便于比较，价值换算成了同比例的指数）。从图中可以看出，折现现金流价值的波动远低于自由现金流的波动。实际上，折现现金流价值几乎没有波动，因为单一年的绩效不会对公司价值有显著的影响。

在现实中，周期性波动公司的股价并没有那么稳定。图10-6显示了15家周期为4年的公司的每股收益和指数化的股价。图10-6中，实际股价的波动大于用折现现金流法预测的结果——这表明理论与现实是有冲突的。

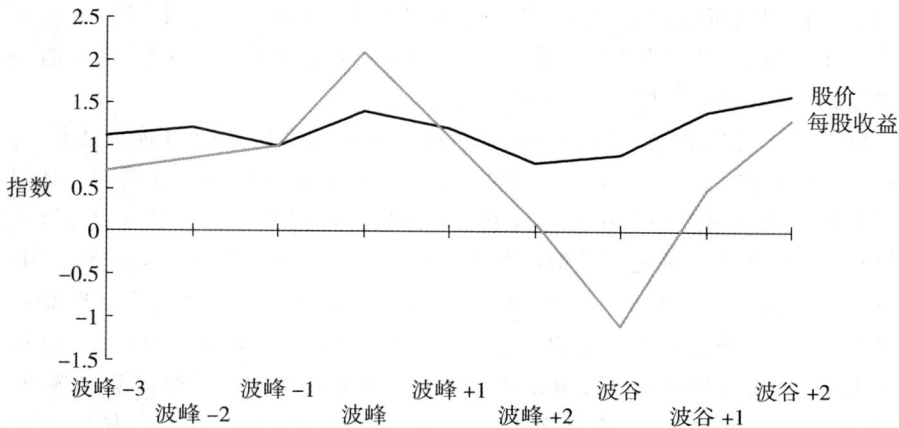

图10-6　周期性波动公司指数化股价和每股收益

（2）周期性经营价值评估存在收益预测上的冲突

如何调和上述周期性经营企业价值评估存在的理论与现实的冲突？通过考查股票分析师对周期性经营公司的共识回报预测发现：不管公司是处于周期的波峰还是波谷，预测总是呈现斜升的趋势，股票分析师对周期性波动公司的共识回报预测完全忽略了这些公司的周期性。可见，周期性经营价值评估的理论与现实冲突的原因并不是折现现金流模型与现实不符，而是市场对回报和现金流的预测（假设市场遵循分析师的共识）有问题。

图 10-7 列出了 15 家原生金属和运输设备制造公司的实际回报和共识回报预测。共识回报预测根本没有考虑回报的周期性。实际上，除了在波谷之后几年的"次年预测"外，其他时候的每股收益预测都是呈斜升趋势，没有未来波动，甚至可以说这种预测不承认周期的存在。

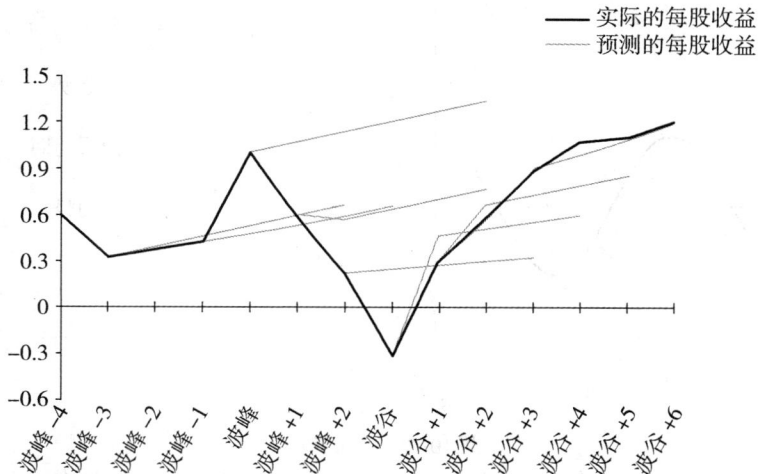

图10-7　15家周期性波动公司的实际每股收益和共识每股收益预测

股票分析师之所以回避对回报周期（尤其是下降部分）进行预测，是有一定动机的。学术研究显示，回报预测普遍存在正偏差（预测高于实际），这有时是投资银行中股票分析师所面对的激励机制造成的。

受到负面评论的公司可能会切断分析师与公司管理层进行沟通的渠道。由此，可以得出结论：作为一个群体，分析师不能或不愿预测这些公司的周期。如果市场听从了分析师的预测，那么这种行为就会导致周期性经营公司的股价大幅波动。

【例10-1】星海公司是一家钢铁制造企业，该公司的业务具有周期性。2017年，星海公司每股收益为0.68元，与2012年的2.4元相比有大幅度的下滑。且2017年每股折旧为2.8元，每股资本性支出为3.6元，每股营运资本增加为0.2元，每股营运资本为3.5元，星海公司资本支出净增加、营运资本增加中的负债融资比例为45%，收益的长期增长率为6%。假设2017年无风险利率为6%，市场股权风险溢价为5%，β系数为1.1。那么若以2017年的盈利水平为基础预测该企业的价值，除非根据经济周期的变换调整预期增长率，否则会明显低估星海公司的企业总体价值。相关评估过程如下：

权益资本成本=6%+1.1×5%=11.5%

2017年FCFE=每股收益-（1-45%）×（资本性支出-折旧）-（1-45%）×营运资本增加

$\qquad$ =0.68-（1-45%）×（3.6-2.8）-（1-45%）×0.2

$\qquad$ =0.13（元）

星海公司股票价值=［0.13×（1+6%）］÷（11.5%-6%）=2.51（元）

（3）周期性经营价值评估需要考虑市场的超前反映

周期是很难预测的，尤其是周期的拐点。如图10-8所示，在周期的任何一点上，企业或行业都可能打破原来的周期，移动至更高点或更低点。因此，市场不能完全把握公司的周期就不足为奇了。

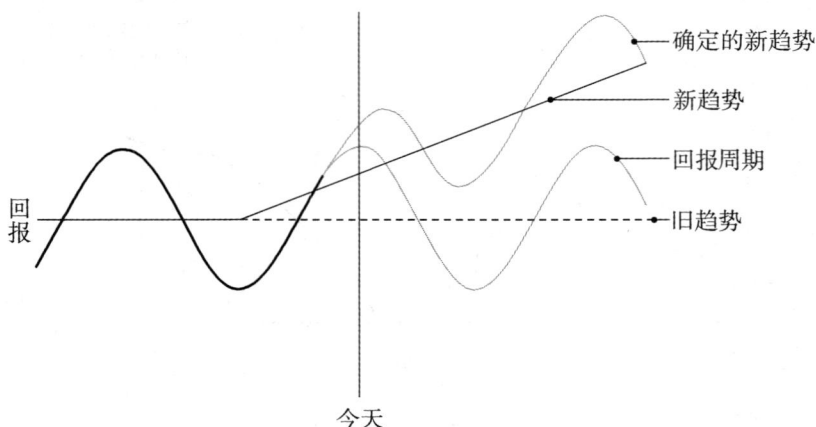

图10-8　周期变化

假设现在对一家公司进行评估，该公司看上去正处于回报周期的波峰。根据过去的周期，预计该行业会很快下滑。但又有迹象显示，该行业将跳出原有的周期。面对这种情况，一个合理的估值方法是采用多情景概率法，如建立两个情景，并为这两个情景下的价值赋予相应的权重。然后，用3种方法对跨度为4年的周期性经营公司进行估值：第一，对未来的周期有完全预见；第二，对未来的周期毫无预见，假设目前的绩效代表新的长期趋势上的一点（这实际上是共识回报预测方式）；第三，对未来的周期有50%的完全预见和50%的毫无预见。

如图10-9所示，市场并没有按完全预见的结果运行，也没有按毫无预见的结果变化，而是沿着一条接近50/50的混合轨迹发展，可见市场对未来周期既不是完全预见的，也不是毫无预见的。因此，可以认为这种50/50的估值才是市场应该反映的周期性经营企业的价值范围。

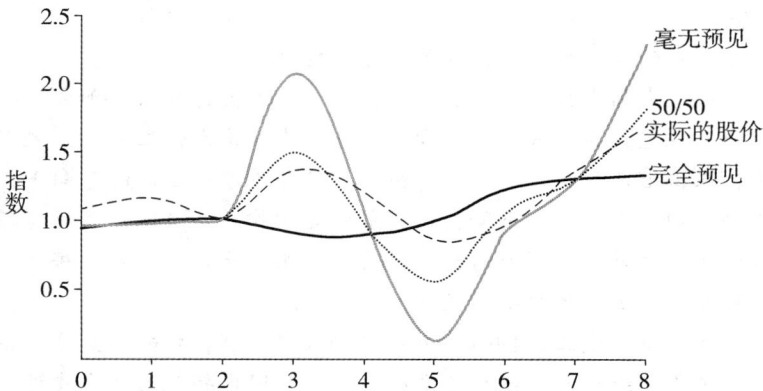

图10-9　周期性波动公司的市场价值的波动

3）周期性经营企业价值评估方法

管理者和投资者可以明确地使用上文描述的多情景概率法对周期性经营公司进行估值。多情景概率法避免了单一预测的陷阱，可以探讨更为广泛的结果。

图10-10是对周期性经营企业进行评估的一种双情景方法。

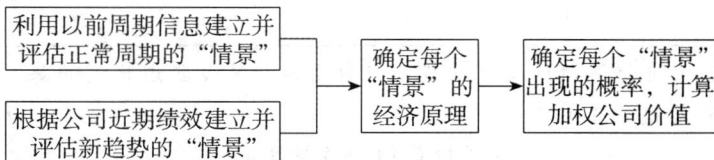

图10-10　周期性经营企业价值评估的双情景方法

第一步，利用以前周期信息建立并评估正常周期的"情景"。要特别注意经营利润、现金流和投入资本回报率（ROIC）的长期趋势线，因为它们对估值的影响最大。公司价值的确定必须以利润的正常化水平为基准（例如，是在公司长期现金流趋势线上的一点），而不能以利润的波峰或波谷水平为基准。

第二步，根据公司近期绩效建立并评估新趋势的"情景"。此外，还要特别关注长期趋势线，因为它对价值的影响最大。

第三步，确定每个"情景"的经济原理，要考虑诸如需求增长、进入或退出该行业的公司和影响供需平衡的技术变革等因素。

第四步，确定每个"情景"出现的概率，并计算相应的公司加权价值。每个"情景"权重的确定尤为重要，要根据经济原理及各种"情景"出现的可能性来估计。

这种方法既估算了价值，又提供了限定估值的"情景"。管理者可以利用这些限定因素改进战略，并对显示哪种"情景"可能出现的信号做出反应。

【案例10-3】 **周期性企业的价值评估案例**[①]

选择周期性行业企业的典型代表——房地产行业上市企业WK公司作为被评估公司

1.公司概况

房地产是典型的周期性行业，在其实际运行过程中，会由于资源供给或消费需求的往复调整而形成周期性波动。多年前，由于政策支持和需求加大，房地产行业持续升温，商品住宅销售规模不断攀升，部分城市房价大幅上涨，出现市场过热现象。近年来，在供给侧结构性改革的实施和"房住不炒"理念的导向下，各地因城施策分类指导，购房需求出现下降，行业融资趋于收紧，房地产市场前期过热的局面得到有效遏制。随着行业调控的持续推进，行业竞争日趋激烈，房地产市场整体面临的宏观环境呈现出高度的不确定性。

WK公司于1984年成立，1991年在深交所上市。WK公司的主营业务包括房地产开发和物业服务，经过三十余年的发展，已成为国内领先的城乡建设与生活服务商。WK公司2017—2021年的营业收入见表10-9，体现出一定周期性。

表10-9　　　　　**2017—2021年WK公司营业收入表**　　　金额单位：亿元

	2017年	2018年	2019年	2020年	2021年
营业收入	2 428.97	2 976.79	3 678.94	4 191.12	4 527.98
营业收入增长率	1.01%	22.55%	23.59%	13.92%	8.04%

为了使企业价值评估结果更准确，在自由现金流量折现模型的基础上引入了情景分析法，见表10-10。

表10-10　　　　　　**企业价值评估的情景分析法**

	概率	企业价值	企业最终价值
情景一：受宏观环境影响很大，很难取得突破	P1	V1	V=V1·P1+V2·P2
情景二：受宏观环境影响较大，尚能有所突破	P2	V2	

---

①　案例相关内容主要来源于深圳证券交易所官方网站，案例经过改编。

2.预测企业自由现金流量

评估基准日定为2021年12月31日，采用二阶段模型对企业自由现金流量进行预测。第一阶段的预测期假定为5年，2026年后为第二阶段。因为预测2026年后人们对住房的需求基本饱和，房地产市场不会再有较大波动，企业现金流量趋于平稳，可以依照永续增长模型评估其价值。

（1）预测营业收入

根据宏观经济环境和行业发展现状，假设以下两种情形：

情景一：宏观形势错综复杂，国家调控继续深化，房地产市场进入管理红利时代，营业收入增长率上下波动，在平稳阶段低速增长，概率70%。

情景二：企业作为行业龙头，能够及时认清顺应大势，通过战略布局优化调整促使营业收入增长率实现提高，在平稳阶段快速增长，概率为30%。

根据以上分析，营业收入预测值见表10-11。

表10-11　　　　　　　　2022—2026年WK公司营业收入预测表　　　　　　单位：亿元

	2022年	2023年	2024年	2025年	2026年
情景一	4 935.50	5 478.40	6 026.24	6 508.34	7 159.18
情景二	4 980.78	5 628.28	6 528.80	7 703.99	9 244.79

（2）预测税后营业净利润

营业成本及各项期间费用采用销售百分比法，按其在2017—2021年的占比均值进行预测。2017—2021年WK公司营业成本及期间费用表见表10-12。

表10-12　　　　　　　2017—2021年WK公司营业成本及期间费用表　　　　金额单位：亿元

	2017年	2018年	2019年	2020年	2021年	均值
营业成本	1 600.80	1 861.04	2 345.50	2 965.41	3 539.77	——
占营业收入比	65.90%	62.52%	63.75%	70.75%	78.18%	68.22%
销售费用	62.62	78.68	90.44	106.37	128.09	——
占营业收入比	2.58%	2.64%	2.46%	2.54%	2.83%	2.61%
管理费用	88.66	103.41	110.18	102.88	102.42	——
占营业收入比	3.65%	3.47%	2.99%	2.45%	2.26%	2.97%
财务费用	20.75	59.99	57.36	51.45	43.84	——
占营业收入比	0.85%	2.02%	1.56%	1.23%	0.97%	1.32%
税金及附加	197.22	231.76	329.05	272.37	210.56	——
占营业收入比	8.12%	7.79%	8.94%	6.50%	4.65%	7.20%

2022—2026年WK公司税后营业净利润预测表见表10-13。

表10-13　　　　2022—2026年WK公司税后营业净利润预测表　　　　单位：亿元

		2022年	2023年	2024年	2025年	2026年
减：营业成本	情景一	3 367.00	3 737.36	4 111.10	4 439.99	4 883.99
	情景二	3 397.89	3 839.61	4 453.95	5 255.66	6 306.80
减：销售费用	情景一	128.82	142.99	157.28	169.87	186.85
	情景二	130.00	146.90	170.40	201.07	241.29
减：管理费用	情景一	146.58	162.71	178.98	193.30	212.63
	情景二	147.93	167.16	193.91	228.81	274.57
减：财务费用	情景一	65.15	72.31	79.55	85.91	94.50
	情景二	65.75	74.29	86.18	101.69	122.03
减：税金及附加	情景一	355.36	394.44	433.89	468.60	515.46
	情景二	358.62	405.24	470.07	554.69	665.62
减：所得税	情景一	218.15	242.15	266.36	287.67	316.44
	情景二	220.15	248.77	288.57	340.52	408.62
税后营业净利润	情景一	654.44	726.44	799.08	863.00	949.31
	情景二	660.44	746.31	865.72	1 021.55	1 225.86

（3）预测企业自由现金流量

折旧与摊销、资本性支出、营运资本增加额根据其在2017—2021年占营业收入比重的变化趋势及情况进行预测，见表10-14。

表10-14　　　　2022—2026年WK公司自由现金流量预测表　　　　单位：亿元

		2022年	2023年	2024年	2025年	2026年
加：折旧与摊销	情景一	57.25	63.55	69.90	75.50	83.05
	情景二	57.78	65.29	75.73	89.37	107.24
减：资本性支出	情景一	92.79	102.99	113.29	122.36	134.59
	情景二	93.64	105.81	122.74	144.84	173.80
减：营运资本增加额	情景一	−80	−50	−10	10	40
	情景二	−60	−20	20	50	80
自由现金流量FCFF	情景一	698.90	737.00	765.69	806.14	857.77
	情景二	684.58	725.79	798.71	916.08	1 079.30

3.折现率的确定

（1）股权资本成本的确定

用2021年发行五年期国债的票面利率作为无风险利率，用2017—2021年深证A股市场平均回报率和WK公司平均β系数作为市场回报率和β系数。根据CAPM模型：

股权资本成本=无风险利率+β系数×（市场回报率–无风险利率）=3.57%+1.01×（8.88%–3.57%）=8.93%

（2）债务成本的确定

用中国人民银行公布的1年内和1~5年贷款利率分别作为短期和长期贷款利率：

$$\frac{税后债务}{成本}=\left(\frac{短期}{借款利率}×\frac{短期}{借款}+\frac{长期}{借款利率}×\frac{长期}{借款}\right)/\left(\frac{短期}{借款}+\frac{长期}{借款}\right)×\left(1-\frac{所得税}{税率}\right)$$

$$=（4.35\%×11.69\%+4.75\%×88.31\%）×（1-25\%）=3.53\%$$

（3）加权平均资本成本的确定

股权资本和债务资本比重以WK公司2017—2021年的均值进行预测：

$$平均资本成本WACC=\frac{股权资本}{成本}×\frac{股权资本}{比重}+\frac{税后债务}{成本}×\frac{债务资本}{比重}$$

$$=8.93\%×17.21\%+3.53\%×82.79\%=4.46\%$$

4.测算企业评估价值　在情景一和情景二两种不同情境下，企业价值的计算结果见表10-15。

表10-15　　　　　　　　　　　WK企业价值估算结果表　　　　　　　　　　单位：亿元

		2022年	2023年	2024年	2025年	2026年	以后年度
FCFF	情景一	698.90	737.00	765.69	806.14	857.77	19 232.51
	情景二	684.58	725.79	798.71	916.08	1 079.30	24 199.55
现值系数		0.96	0.92	0.88	0.84	0.80	0.80
FCFF现值	情景一	670.94	678.04	673.81	677.16	686.22	15 386.01
	情景二	657.20	667.73	702.86	769.51	863.44	19 359.64

企业价值=各年FCFF现值之和，即情景一中企业价值=18 772.18亿元，情景二中企业价值=23 020.38亿元。WK企业价值的最终值等于两种情景的加权平均值，即：

$$\frac{企业}{价值}=\frac{情景一中}{企业价值}×70\%+\frac{情景二中}{企业价值}×30\%=18\ 772.18×70\%+23\ 020.38×30\%=20\ 046.64（亿元）$$

10.3 陷入财务困境的企业价值评估

本节是关于如何对陷入财务困境的企业进行价值评估的综述。评估陷入财务困境的企业的价值是公司价值评估中较复杂的部分，尤其是企业财务困境情况不确定的时候。由于外部分析人员总是缺乏关于公司经济状况的某些关键信息，所以在评价管理层的会计决策是否正确时，他们只能依靠粗略的估计和判断。

本节将重点探讨陷入财务困境的企业估值流程的不同之处：说明为何分两种情况对陷入财务困境的企业进行估值；详细阐述各种情况之下的实践应用；讨论与陷入财务困境的企业价值评估相关的具体问题，包括各种估值方法在陷入财务困境企业价值评估中的具体应用。

1）陷入财务困境的企业价值评估的特点

（1）财务困境的概念

财务困境在国内更多地被称为"财务危机"和"财务困难"，但什么是财务困境，在概念的内涵方面，还缺乏一个明确的定义和判断的标准。

从国外的研究结果来看，虽然学者之间亦有一定的分歧，但在以下几个方面已基本形成共识：财务困境都是从现金流量而不是盈利的角度来下定义的，现金流量角度和盈利角度之间的差别只在于是否将违约视为陷入财务困境的标志。当企业对债权人的承诺无法实现或难以遵守时，就意味着财务困境的产生。陷入财务困境不一定会破产，破产清算仅仅是处理财务困境的方法之一，财务困境的影响主要发生在违约之前，因此公司价值的损失大部分是在违约或破产之前而非之后。

【案例10-4】 "贵人鸟"为何飞不动了？①

"贵人鸟"于2014年在上交所上市（股票代码：603555），是第一家在A股上市的体育品牌公司，早期主要从事运动鞋服的研发、生产和销售。上市之初，贵人鸟凭借"A股运动品牌第一股"的光环，市值突破400亿元。然而在最近几年，却因种种原因陷入了资金紧张困局。

据贵人鸟财报显示，2018年，归属于上市公司股东的净利润首次出现了高达6.86亿元的亏损，而公司账上短期借款金额高达6.99亿元，一年内到期的非流动负债则有13.41亿元，两项负债合计金额高达20.40亿元，相比之下，账上货币资金仅有1.48亿元。如此情况，令人担忧公司该如何偿还其即将到期的债务。"屋漏偏逢连夜雨"，2019年、2020年归属于上市公司股东的净利润又分别再亏10.96亿元和3.82亿元。

作为一家曾经著名的运动品牌，贵人鸟在资本市场上曾驰骋纵横。财报显示，贵人鸟2015年时虽然也有不低的短期负债，但鉴于其品牌影响力不错，经营状况

① 王宗耀. 天翔环境、贵人鸟、天夏智慧尝苦果 盲目扩展转型致企业"盛"转"衰"［EB/OL］.［2020-04-08］. https：//baijiahao.baidu.com/s？id=1663409625962785769&wfr=spider&for=pc. 案例经过改编。

良好，再加上其又是刚刚成功上市融到不少资金，让当时的贵人鸟钱包鼓鼓，当年年末，账户上的货币资金余额高达 16.78 亿元。或许正是手中有钱的原因，公司从2015 年开始连续跨行业、多元化积极扩展，大肆展开了遍地撒网、砸下重金"买！买！买！"的投资策略（见表 10-16）。

表 10-16　　　　　　　　　2015—2017年贵人鸟主要投资一览

年　份	2015 年	2016 年	2017 年
投资说明	（1）与主要从事足球经纪业务的 BOY 公司及 BOY 原股东签署投资协议，投资 2 000 万欧元获得BOY30.77% 股权； （2）出资 2.4 亿元受让虎扑体育 16.11% 股权	（1）出资 3.83 亿元收购体育运动产品专业零售商杰之行 50.01% 股权； （2）出资 3.83 亿元收购电商平台名鞋库 51% 股权； （3）出资 1 亿元对深圳市星友科技有限公司进行增资，增资完成后，持有星友科技 45% 股权； （4）与虎扑共同设立了体育产业基金，对该基金累计出资达 6.3亿元； （5）与厦门融一网络科技有限公司、广州悦跑信息科技有限公司、泉州市奇皇星五金制品有限公司共同出资 6 066.28 万元，收购北京邦恒保险经纪有限公司100% 股权，其持有该公司24.90% 股权； （6）与 AND1 公司签署协议，支付了最低保证授权金 2 603.72 万美元，获得 AND1 公司品牌的商标及标识独家授权	（1）出资 3.68 亿元，收购控股子公司名鞋库少数权益股东 49%股权，完成对名鞋库100% 的持股； （2）控股子公司杰之行出资 1.5 亿元，购买胜道体育 45.45% 股权

　　一系列的"买！买！买！"，让二级市场上贵人鸟股价在此前几年也是一路高歌猛进，可问题在于潜在的危机也正在临近。2018 年，随着国家金融政策趋紧、社会融资成本明显攀升，入不敷出的贵人鸟风险提前爆发：2018 年 6 月 14 日开始，贵人鸟股价突然连续 8 个跌停，这让贵人鸟集团此前质押的股份出现平仓风险，虽然大股东通过补充质押解决了平仓危机，但股价却未能出现好转，仍在持续下行中，截至当年 10 月 12 日 5.26 元的最低价，跌幅超过 80%。

　　据公司年报披露内容，2018 年度，贵人鸟通过自有资金及处置资产筹措的资金，全年累计净偿还近 18 亿元的债务。而其前期花费巨资收购的资产，要么亏损，要么未达预期，最终导致贵人鸟 2018 年营业收入下滑了 13.52%，合并报表净利润亏损6.94亿元，同比减少469.40%；同期，账上货币资金仅剩下了1.48亿元。2019年，因"14贵人鸟"债券出现违约，公司诸多银行账户被冻结，诉讼案件也接踵而至，经营危机再度笼罩在贵人鸟身上。2020年4月30日，贵人鸟发布《关于股票实施退市风险警示暨临时停牌的公告》，公司股票于2020年4月30日停牌1天，5月6日起实施退市风险警示，实施退市风险警示后的股票简称变更为*ST贵人，股票价格日涨跌幅限制为5%。

公司董事会在《关于股票实施退市风险警示暨临时停牌的公告》"关于争取撤销风险警示的意见及主要措施"中表示，2020年度，公司将继续聚焦主业的发展，以落实年度生产经营计划为目标，提升公司在传统运动鞋服行业方面的运营能力，增收降本，妥善解决债务问题，争取扭亏为盈，早日撤销退市风险警示。

二维码10-2：
《关于加强地方国有企业债务风险管控工作的指导意见》

（2）财务困境的特征①

陷入财务困境的公司通常具备的特征，如图10-11所示。

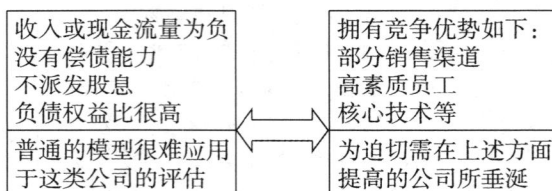

收入或现金流量为负 没有偿债能力 不派发股息 负债权益比很高	⟷	拥有竞争优势如下： 部分销售渠道 高素质员工 核心技术等
普通的模型很难应用于这类公司的评估	⟷	为迫切需在上述方面提高的公司所垂涎

图10-11　陷入财务困境公司的财务特征

要正确评估这类公司，首先要界定公司的具体财务状况：如果财务困难是暂时的，公司不需要变卖资产来清偿负债，仍有许多其他解决方案；相反，如果财务困难是致命的，会导致公司的终结，寻找一个合适的解决方案将会比较困难。

2）暂时困难的企业价值评估

如果困难是暂时的，公司在一定时期内能够恢复到正常的经营状况。

（1）评估公司的价值

具体讲，采用公司自由现金流量折现的方法，以现金流量为基础的价值评估基本思路是任何资产的价值等于其预期未来全部现金流量的现值总和。

之所以采用现金流量而不是会计收益是因为：采用会计收益时，会计方法和会计准则要求会计核算采用权责发生制，并且允许企业采用不同会计政策，导致会计收益容易受人为因素的影响，甚至被操纵，使得利用会计收益评估得到的目标企业的价值带有很大的欺骗性，可能与目标企业的实际价值相去甚远。

会计收益方法没有考虑产生利润所需要的投资或投资时机，而现金流量法考虑了价值的差异，将其作为因数计入了产生现金所需要的资本支出和其他现金流量，能比较客观地反映企业最真实的未来收益和资金的时间价值，显然，以现金流量为

---

①　铉珺玮，刘刚，李玲珠. 陷入财务困境企业的价值评估［J］. 价值工程，2000（9）.

基础的评估方法更科学，它考虑了资本支出时间对资本收益的影响。因此，会计收益方法一般只能用于粗略的价值估测，而现金流量可以比会计收益方法更精确、更可靠地描述企业的价值。

本书采用的是公司自由现金流量（FCFF）而不是股权自由现金流量（FCFE），公司自由现金流量与股权自由现金流量的区别，主要来自于债务相关的现金流量、利息支付、本金偿还和新债发行以及其他非股权性利益要求权，例如优先股股息，公式为：

FCFF = FCFE +利息费用（1-税率）+本金偿还-新债发行+优先股股息

评价陷入财务困境的公司一般都会使用FCFF，而不是FCFE，这是因为目标公司有较高的财务杠杆，负债通常很大，公司权益自由现金流量很多时候会出现负值，评估其价值较为困难，而按债务偿还之前得到的FCFF分析，却可抵减这方面的影响，因为它是负值的可能性较小。

公司自由现金流量法是用加权平均资本成本（WACC）对流向公司各种利益要求人的所有现金流量进行折现加总的方法得出公司整体价值，公司的价值可以用预期FCFF的现值来表示：

$$公司价值 = \sum_{t=1}^{\infty} \frac{FCFF_t}{(1 + WACC)^t}$$

FCFF=EBIT（1-税率）+折旧-资本支出-运营资本变动

$$WACC = K_e \times \frac{E}{E + D + PS} + K_d \times \frac{D}{E + D + PS} + K_{ps} \times \frac{PS}{E + D + PS}$$

式中：K_e 表示普通股成本；K_d 表示债务的税后成本；K_{ps} 表示优先股成本；$\frac{E}{E + D + PS}$ 表示资本组合中普通股股票部分的市场价值权重；$\frac{D}{E + D + PS}$ 表示资本组合中债务部分的市场价值权重；$\frac{PS}{E + D + PS}$ 表示资本组合中优先股股票部分的市场价值权重。

（2）运用标准化收益

如果公司亏损是由于一些短暂的无规律的影响因素所致，那么假设公司在不久的将来会恢复到健康状态，可以采用盈利正常化的办法，将公司经营状况比较健康的年份的平均每股收益（EPS）作为基准年收益。具体来说，如果公司历史较长，可以用EPS来计算正常的盈利水平；如果历史数据十分有限，同行业的盈利水平也在不断变化，则可用行业的平均EPS来计算正常化的盈利水平。但是如果公司基本面发生重大变化，则盈利正常化的方法就是不切实际的，并会导致价值评估的失误。

（3）采用市场价格对收入乘数法

市场价格对收入乘数=价格÷销售收入

价格=销售收入×市场价格对收入乘数

乘数法不要求有正的利润或现金流量，因此，当公司的利润或现金流量为负值时，这种方法就很有吸引力，而这又恰恰是处于财务困境的公司所经常发生的现象。乘数法还有其他的优点，如销售收入不易受公司的折旧、存货、非经常性支出等的会计处理方法的影响，另外该比率波动性较小，所以是对陷入财务困境企业进行价值评估较为可靠的方法。

采用该方法，首先要找出一系列具有可比性的公司，计算出调整后的行业平均乘数，然后将该乘数乘以评估人员对未来稳定收入的估计值，就可以得到目标公司的企业价值。这种评估方法的准确程度取决于两个因素：一是对未来收入的预测值，二是对具有可比性的公司进行分析时产生的可比性问题。

3）非暂时困难的企业价值评估

如果困难并不是暂时的，公司无法恢复到正常的经营状况。

折现现金流量评估是建立在持续经营假设之上的，也就是说现金流量在未来还会延续下去，因此，要评估那些在可预见未来无法持续经营的公司，还得借助于其他方法，清偿价值法和期权定价法就是其中的两种方法。

（1）清算价值法

清算价值是公司全部资产包括工厂、财产和设备，各种自然资源或储备等，按照市场价格出售，扣除交易和法律成本后所能获得的价值。股权价值的计算公式如下：

股权价值=资产清算价值−未偿还负债价值

如果公司资产难以分离，不能单独计算，清算价值的估算就很麻烦。清算要求越紧急，资产清算价值的公允性则会越低。也就是说，如果公司急于清算变现，与公平的市场价值相比，最终接受的价格就会大打折扣。所以说，清算财产的价值主要取决于财产的变现速度。清算价值反映了一个公司的最低价值，从买方的角度而言，由于目标公司的财务状况较差且缺乏更好的增长机会，购买者可能将资产用于不同于原始用途的其他用途，因其更偏向于进行资产交易而不是股权交易。

（2）期权定价法

清算价值法假设，当前资产的市场价值大于未偿还负债的账面价值。当公司的情况与这一假设不相符时，要评估该公司的价值，就只能运用期权定价的方法。

期权总价值由"内在价值"和"时间价值"两部分组成，前者是指执行价格和资产的市价之差，后者是指期权应具有的超出内在价值的价值，表明期权在有效期可能产生的收益，有效期越长，时间价值越大，到期日的时间价值则为零。

$$P = SN(d_1) - Ke^{-rT}N(d_2)$$

其中：

$$d_1 = \frac{\ln(S/K) + (r + \frac{\sigma^2}{2})T}{\sigma\sqrt{T}}, \quad d_2 = d_1 - \sigma\sqrt{T}$$

式中：P表示期权价值；S表示目标企业的现行价格；K表示期权的执行价格；r表示年无风险的复合利率；σ表示目标企业价值变动年标准差；T表示距到期日的剩余时间（年）；$N(d_1)$、$N(d_2)$分别为d_1和d_2的累计正态分布函数值。

当某项投资的价值与某项标的资产价值水平紧密联系，并且随着价格水平的变化，投资价值具有很大的跳跃性时，就可利用期权原理分析。这类似于一个买方期权，最初的投资相当于支付期权费，而这种潜在的随时可能变为现实的获利机会就成为企业价值的一部分，即期权的"时间价值"，在企业迅速发展、经营风险日益加大、即时选择越来越重要的新经济背景下，运用期权定价法对企业进行价值评估的实践要求已日益迫切，而期权估价技术也显示出其独到之处。由于股权的价值可视为相应公司价值的一个买方期权，财务杠杆很高的公司，即资产价值低于负债的账面价值的公司，其股权的价值是一个处于虚值状态的买方期权，所以可以用期权定价的方法来评估价值。

利用期权定价法进行企业价值评估的基本思路是：将企业股东权益模拟为一种期权，股东是期权的持有人，期权价值等于股东权益价值；将企业总资产视作期权的相关资产，其市场价值就是相关资产的市场价值；企业的偿还债务账面值（含应付利息）相当于期权的执行价格，期权的卖方是企业债权人。一旦期权相关资产市场价格（企业总资产价值）大于执行价格（企业债务账面值），股东行使买入相关资产的权利，即还清债务，从债务人手中买回企业。如果情况相反，企业总价值小于其债务账面值，股东则放弃拥有企业的权利，将企业留给债权人，企业的资产被清理，用于偿还债务。

无论企业处于何种经济状况，评估人员运用何种方法进行评估，都需要对很多指标进行预测。由于预测带有一定的主观性，再加上一些不可预测的因素会加大评估结果的风险，评估人员可以设计几种可能的未来财务计划方案，分别代表在理想情况、普通情况及恶劣情况下企业未来的经营状况，并据此计算出企业的价值。然后以各种方案的可能性百分比为权数分别乘以该方案的企业价值，将其结果相加即得出一个比较合理的企业价值。但运用概率权重分析法需要扎实的财务预测与业绩判断技巧。

【案例10-5】　　陷入财务困境的企业价值评估案例①

选择陷入财务困境的企业——T股份有限公司作为被评估公司。

2021年，由于原材料价格的上涨以及宏观经济周期的影响，T股份有限公司陷入财务困境，但从长远的经济周期看，随着我国光伏电站装机量的不断增加，光伏产业将仍然会维持快速发展的状态，可以预见，T股份有限公司未来财务状况会逐渐好转。

随着我国经济的快速发展，国家对于电力的需求日益增加。然而，随着石油等

---

① 案例相关数据主要来源于上海证券交易所官方网站，案例经过改编。

非再生资源的日益枯竭，各国都在寻找其他可利用的能源来维持生态平衡。生产单晶硅片对生产设备和所需的人力都有很高的要求，新公司在短时间内很难打破产业壁垒。所以在单晶硅价格和产量都有上升的趋势的背景下，给T股份有限公司带来了获取较大收益的可能。另外，2022年T股份有限公司通过增加组件业务，扭转了单一的硅片驱动营收的传统经营模式，预计可使得公司的利润显著提高。可以预料，公司的收入在未来几年将稳步提升。

评估基准日定为2021年12月31日，同时将公司的收益预测期定位为5年，2026年及以后年份产能达到稳定点，此时公司发展步入稳定发展阶段，即无限的后续期，在此之后每一年的现金流量都是常数，自由现金流量的预测永续增长率为2%，可以按照传统自由现金模型计算企业价值。

1.公司未来自由现金流量的预测

T股份有限公司2022—2026年自由现金流量预测见表10-17。

表10-17　　　　　　　　　　　　自由现金流量预测表　　　　　　　　　　　　单位：亿元

年　份	2021	2022	2023	2024	2025	2026
营业收入	445.00	623.00	809.90	1 036.67	1 295.84	1 606.84
−营业成本	382.00	508.06	660.48	845.41	1 056.76	1 310.39
−税金及附加	1.37	1.82	2.37	3.03	3.79	4.70
−销售费用	14.08	18.73	24.34	31.16	38.95	48.30
−管理费用	14.83	19.72	25.64	32.82	41.03	50.87
−研发费用	9.25	12.30	15.99	20.47	25.59	31.73
息税前利润	23.47	62.37	81.08	103.78	129.72	160.85
−所得税费用	4.24	5.64	7.33	9.38	11.72	14.54
息税后利润	19.23	56.73	73.75	94.4	117.99	146.31
+折旧与摊销	22.43	29.83	38.78	49.64	62.04	76.94
−资本性支出增加值	17.36	24.3	29.97	35.25	41.47	48.21
−营运资本增加值	41.39	61.68	75.32	91.23	104.96	122.12
自由现金流量	−17.09	0.58	7.24	17.56	33.60	52.92

2.公司加权平均资本成本的计算

T股份有限公司具有良好的信用，贷款违约的可能性极低，因此，在此采用中国人民银行1年期的贷款利率3.65%作为其债务筹资成本，公司的所得税按25%计算，而权益资本按光伏产业平均收益率6.68%来确定。公司的资产负债率为0.83。

因此，

WACC=0.83×75%×3.65%+（1-0.83）×6.68%=3.40%

3.估算 T 公司的价值

自由现金流量恒定增长公式，即：

$$V_n = \frac{FCFF_{n+1}}{WACC - g} = \frac{FCFF_n \times (1 + g)}{WACC - g}$$

因此，

V_n=52.92×（1+2%）÷（3.40%-2%）=3 855.6（亿元）

T 股份有限公司价值折现见表 10-18。

表 10-18　　　　　　　　　　　N公司价值折现　　　　　　　　　　　　单位：亿元

年　份	2023	2024	2025	2026	2027	永续增长价值
自由现金流量	0.58	7.24	17.56	33.60	52.92	3 855.60
折现系数	0.9539	0.9100	0.8680	0.8281	0.7899	0.7899
现值	0.55	6.59	15.24	27.82	41.80	3 045.54

公司价值=2020—2024年自由现金流量现值+永续增长现值=3 137.54（万元）

【政策思考10-1】

2022年01月24日，国务院发布了《国务院关于印发"十四五"节能减排综合工作方案的通知》（国发〔2021〕33号，以下简称《方案》），专门指出："根据国家产业规划、产业政策、节能审查、环境影响评价审批等政策规定，对在建、拟建、建成的高耗能高排放项目（以下简称'两高'项目）开展评估检查，建立工作清单，明确处置意见，严禁违规'两高'项目建设、运行，坚决拿下不符合要求的'两高'项目。加强对'两高'项目节能审查、环境影响评价审批程序和结果执行的监督评估"；"以钢铁、有色金属、建材、石化化工等行业为重点，推进节能改造和污染物深度治理。推广高效精馏系统、高温高压干熄焦、富氧强化熔炼等节能技术，鼓励将高炉—转炉长流程炼钢转型为电炉短流程炼钢"；"健全绿色金融体系，大力发展绿色信贷，支持重点行业领域节能减排，用好碳减排支持工具和支持煤炭清洁高效利用专项再贷款，加强环境和社会风险管理"。

请阅读相关材料并思考：《方案》的出台能否推动重污染企业开展多元化经营？在《方案》的指引下，如果进行多元化经营，重污染企业能够探索哪些多元化发展方向？

本章小结

多元化经营，也称为多样化经营或多角化经营，指的是企业在多个相关或不相关的产业领域同时经营多项不同业务的战略。

多元化经营企业价值评估的方法：其一，为业务分部创建财务报表时，需要考虑五个问题，分别是分配公司的日常管理费用，处理公司间的交易，处理公司间的应收账款/应付账款，对财务子公司进行估值，对信息披露有限的上市公司估值时处理不完全的信息。其二，估计每个业务分部的资本成本。每个业务分部应该根据自身的资本成本进行估值，因为每个业务分部经营现金流的不可避免风险（β）和支持债务的能力随业务分部的不同而不同。为了确定业务分部的资本成本，需要明晰各业务分部的目标资本结构、权益成本（由β决定）和借款成本。

周期性经营企业是指企业的经营业绩与外部宏观经济环境高度正相关，并呈现周期性循环特点。汽车、钢铁、房地产、有色金属、石油化工等属于典型的周期性行业，其他周期性行业还包括电力、煤炭、机械、造船、水泥、原料药等。

对周期性经营企业进行评估的双情景方法如下：第一步，利用有关过去周期的信息建立并评估正常周期的情景。连续价值的确定必须是以利润的正常化水平为基准，而不是利润的波峰或波谷水平。第二步，根据公司近期绩效建立并评估新趋势的情景。第三步，确定每个情景的经济原理，考虑诸如需求增长、进入或退出该行业的公司和影响供需平衡的技术变革等因素。第四步，确定每个情景出现的概率，并计算相应的公司加权价值。

财务困境大都从现金流量而不是盈利的角度定义，差别只在于是否将违约视为陷入财务困境的标志；当企业对债权人的承诺无法实现或难以遵守时，就意味着财务困境的发生；财务困境不等于破产，破产清算仅仅是处理财务困境的方法之一，有学者将违约视为流量破产，将资不抵债称为存量破产；财务困境的影响主要是在违约之前发生的，因此公司价值的损失大部分是在违约或破产之前而非之后。

暂时困难（公司在一定时期内能够恢复到正常的经营状况）的企业价值评估可采用自由现金流量法、标准化或平均收益法和市场价格对收入乘数法。非暂时困难（公司无法恢复到正常的经营状况）的企业价值评估可采用清算价值法和期权定价法。

主要概念

多元化经营　周期性经营企业　双情景评估法　财务困境　期权定价模型

基本训练

1.简答题

（1）多元化经营企业价值评估的方法有哪些？

（2）简要介绍对周期性经营企业进行评估的双情景方法。

（3）如何理解财务困境的概念？

2.思考题

（1）多元化经营企业价值评估在各种情况下应如何应用？

（2）周期性经营企业价值评估在各种情况下应如何进行？

（3）陷入财务困境的企业价值评估有几种情况？每种情况下应如何进行评估？

3.计算分析题

（1）业务分部甲为业务分部乙提供了售价为1 000元的产品，该商品成本为800元，并确认收到了销售收入和息税前利润，业务分部乙将该批产品包装后对外销售，售价为1 200元，当年销售了该批商品的80%，剩下的20%作为业务分部乙的存货入账，试确定在编制合并报表时业务分部之间是如何抵销内部关联交易的。

（2）某公司由于经营不善正面临破产清算，公司全部资产包括工厂、财产和设备以及部分存货，按照市场价值该公司厂房市价5 000万元，机器设备市价3 000万元，存货市价200万元，所有办公用品估计售价10万元，公司借银行款项2 000万元未还，欠供应商货款1 000万元，清算所需交易和法律费用预计50万元，试用清算价值法计算股权价值。

4.案例分析题

某制造企业由于部分产品落后于市场需求导致相关库存商品大量积压，该分部的经营面临严重的经营困难，评估人员通过对该分部的了解认定其不属于暂时性经营困难。

（1）根据其年度财务报告的披露，分部的部分财务数据如下：每股负债为1.70元，每股加权平均市场价值为2.43元，计算出的流通价值历史数据标准差为10%。已知，无风险收益率为2.85%，期权到期时间规定为1年。

要求：试用布莱克-斯科尔斯模型计算该分部的期权估值。

（2）企业研究决定关闭其相关分部的生产经营。同时，企业发行了500万元的零息债券，3年后到期（3年期国债利率为5%）。剥离该分部后的企业息税前利润（EBIT）约为400万元。预计企业价值波动的年标准差为0.125，公司的股权资本成本为12%，加权资本成本为10%。

要求：使用期权定价法计算该企业的股权资本的价值。

第11章

企业价值管理

学习目标

1. 理解企业价值管理的内涵和意义；了解投资者沟通与价值实现的关系；理解企业价值创造的基本原理，理解关键价值驱动因素的内涵。

2. 掌握关键价值驱动因素树模型；掌握企业价值管理的基本框架，理解战略计划、内部报告、业绩评价、激励机制的基本内涵。

3. 领会党的二十大报告关于加快建设世界一流企业的重大战略部署，理解国有企业开展对标世界一流企业价值创造行动的重要意义。

11.1 企业价值管理的内涵与意义

从20世纪80年代美国的敌意收购、90年代日本泡沫经济的崩溃、1998年大范围的东南亚金融危机，到20世纪初的金融危机，尽管这些事件的起因很多，但其主要原因是管理者没有把管理重心放在价值创造上。

如今，金融市场的参与者越来越多地通过杠杆收购、敌意收购、代理竞争等方式参与到企业经营中来。同时，CEO也通过并购、重组、杠杆收购、股份回购等方式，领导企业积极参与到金融市场中去。因此，资本市场向企业管理者提出了要求：他们需要管理价值，需要关注企业和经营战略所创造的价值。

然而，在实际中，一些企业虽然声称致力于"实现股东价值"，然而，却并没有将这一目标付诸实践；还有一些企业虽然制订了创造价值的战略，但却不能实现。如何创造、计量、评价和实现股东价值是21世纪企业所面临的问题。

也就是说，企业价值管理（value-based management，也被译作"基于价值的管理"）和企业价值创造两者关系密切。企业价值管理是企业价值评估的进一步拓展应用，对企业管理者而言进行价值评估的目的是了解企业价值关键驱动因素，并对价值创造过程加以管理，从而实现价值创造目标。企业价值评估是企业价值管理的前提，企业在进行价值管理的过程中，需要应用价值评估方法，企业价值评估是对价值创造预期结果的度量，可以用于分析和衡量企业的公平市场价值并提供有关信息，以帮助企业管理者改善管理。

【案例11-1】中化集团：深化三项制度改革落地 激发员工价值创造能力[①]

中国中化控股有限责任公司由中国中化集团有限公司（以下简称"中化集团"）与中国化工集团有限公司联合重组而成，于2021年5月8日正式揭牌成立。中化集团聚焦自身战略转型与深化改革目标，树立"在坚持国有属性前提下，无限接近市场化"的指导思想，围绕"干部能上能下、员工能进能出、收入能增能减"的要求，在理念、机制、举措等多个维度不断创新，持续释放企业活力，为改革转型提供有力支撑，推动经营业绩和资产规模不断创历史新高，尤其是净利润不断刷新历史最佳业绩，"十三五"期间净利润年均增长率达38%，年均增幅远高于资产和收入增幅，2020年克服新冠肺炎疫情影响逆势增长14%，净利润达157亿元。

坚持以价值管理为导向 推进"干部能上能下"

建立"TOP核心业务经理人评价模型"，科学动态管理集团关键岗位。中化集团打破传统层级制管理局限性，建立层级管理与价值管理并重的关键岗位管理机制，针对三种类型的各级子企业（经营型、科研型和战略创新型），以服务集团战略目标和价值创造能力作为核心评价维度，排序形成各自领域的TOP企业名单。以价值贡献作为评估领导人员岗位职级的主要依据，按照岗位适配性考察评估结果，将TOP企业领导班子全部或部分纳入关键岗位名单。

实施立体化考核评价，完善人员退出调整机制。中化集团扎实推进关键岗位人员年度综合测评，构建以"品德素质""领导力素质"和"业绩"综合考核评价体系，加强考核结果应用，切实强化干部能上能下。研究发布《中化经理人基于评价的退出调整管理办法（试行）》，健全对履职不力、绩效平庸干部的退出调整机制，为"能下"提供制度保障。2020年基于考核结果应用，有14名集团关键岗位人员被免职或降职使用，占其总数的4.86%；有93名中层管理人员被免职或降职使用，占其总数的5.90%。

坚持以新动力工程为平台，推动干部队伍年龄结构优化。中化集团面向全集团年轻正职后备干部、年轻关键岗位干部和年轻后备干部三个层面设置分梯次、针对性地选拔培养项目，重点选拔40岁左右的优秀年轻干部进入关键岗位队伍。设置高级专业管理岗位，让年龄相对较大、具有专业专长的干部转任审计顾问、巡视专员、财务顾问和高级内训师岗位，为能力突出的年轻优秀干部脱颖而出创造更多条

① 中国中化控股有限责任公司.中化集团：深化三项制度改革落地 激发员工价值创造能力［EB/OL］.［2021-08-11］.http://www.sasac.gov.cn/n2588025/n2588124/c20154014/content.html.

件。截至 2020 年底，关键岗位干部共 288 人，其中 40 岁以下人员占比 12.8%、45 岁以下人员占比 31.6%。"新动力"工程实施以来已选拔 82 名 40 岁左右年轻干部进入关键岗位队伍。

坚持以能力和业绩为核心 实现"员工能进能出"

加强招聘统筹管理，提升工作效率与质量。中化集团按照"统一平台、统一宣传、统一考核、统一流程"的原则，坚持"专业领先、能力出众、素养过硬、岗位匹配"的要求，全面落实招聘全流程线上管理，实行"逢进必考"，做到信息、过程、结果公开。建立线上多维度评价体系，实现对人才选用育留的全流程考察及数据留存，便于跟踪人才发展全过程，为员工发展提供有效数据支撑。2020 年全年，集团公开招聘人员共 10 016 人，其中高校毕业生占比 16%，社会招聘占比 83.9%。

鼓励"高业绩"，持续开展全员绩效管理。中化集团始终秉承业绩导向，对绩效结果强制排序，员工绩效考核中 A 类员工比例不超过 20%，C 类和 D 类员工比例不低于 10%，考核结果作为员工选拔任用的重要依据。进一步完善员工调整退出机制，对绩效考核结果处于连续 2 年 C 类或 1 年 D 类，以及违背公司价值观的员工，按照法定程序进行岗位调整、协商离岗待退或协商解除劳动合同，以保障员工队伍的战斗力。2020 年，严格执行绩效考核标准，累计退出员工 1 869 人。

坚持以市场和价值为导向 实现"收入能增能减"

完善中长期激励机制，实现激励约束相结合。中化集团 2020 年制定了《中化集团中长期激励指引》，结合成熟业务与创新业务的不同需求，围绕业绩提升、科技创新两类应用场景设计了 15 种中长期激励工具，完善了集团中长期激励顶层设计。在具体应用中，一方面抓好激励工具推广，以项目收益分红为例，以农研公司为代表的科技企业通过实施分红激励，带动一系列明星产品的自主创新，其中"宝卓"杀螨剂填补了我国创制杀螨剂的空白，市场份额、行业影响力及用户美誉度均遥遥领先其他竞品；以超额利润分享为例，近 3 年共 5 家经营单位实施超额利润分享，兑现奖励 9 247 万元，为集团公司增加归母净利润 16.87 亿元。另一方面，强化激励管理保障，针对激励方案设置高水平门槛条件及兑现条件，以超额利润分享机制为例，综合考虑归母净利润上年度完成值、上三年平均值、当年预算值设置目标值，并根据利润体量按比例上浮确定目标，充分体现激励目标挑战性。同时，在激励方案审批、项目收益核算、激励兑现审批及递延发放等方面进行严格把关、细化管理，实现公平性与科学性相结合。

注重内部工资总额配置牵引，持续优化收入分配秩序。中化集团不断完善内部工资总额配置模型，结合高业绩导向及成熟、创新业务"二元"考核要求，将二级单位工资总额增减幅与当期业绩完成情况、市场对标表现以及创新业务目标达成情况充分挂钩，实现平衡性发展。贯彻落实国资委对于人工成本投入产出管控要求，对人效表现出色的二级单位，工资总额增幅可以适当加大，对人效表现差的严格控制增幅。以"业绩升、薪酬升，业绩降、薪酬降"为导向，业绩表现较差的二级单位最高触及20%的最大工资总额降幅，当年业绩较差的子企业领导班子不予发放奖金。在内部收入分配中，根据岗位价值贡献、市场对标等因素综合确定薪酬水平，适当拉开收入分配差距，二级单位领导班子副职年收入差距平均接近2.9倍。

1）企业价值管理的内涵

综合已有的各种观点，本书认为，企业价值管理是以股东价值最大化为目标，以企业价值评估为基础，以提升价值创造为导向，以决策、计划、控制、评价、激励为手段的一整套管理模式。

2）企业价值管理的意义

对企业实施价值管理，其意义在于：

第一，企业价值管理使组织内每个人的行动与价值创造和股东目标保持一致，这是企业价值管理的真正意义所在。

第二，企业价值管理是一种理念。价值管理促使我们能够在企业所有层面上对价值进行科学的管理，从企业的产品和服务到企业间的并购重组，从企业所依赖的投资资本到优良的人力资源，以全面获得竞争优势。

第三，企业价值管理是一套规划和实施程序。它按照股东价值最大化的原则来制订并执行战略计划。

第四，企业价值管理是一系列工具。企业价值管理是一系列实用的管理工具，它能使我们了解什么能够创造企业价值，什么会毁损企业价值。

我们都在试图使股东、员工和社会之间达到适当的平衡。但这可不容易，因为如果最终不能使股东满意，我们就无法机动灵活地去照顾员工或社会。在我们这个社会，不管你愿不愿意，都必须让股东满意。

——通用电气企业的前CEO 杰克·韦尔奇

二维码11-1：聚焦关键路径的工程公司价值管理模式——以某海洋工程公司为例

因此，企业管理层要成为价值管理者，追求企业价值最大化目标。

11.2 企业价值创造及其驱动因素

企业价值评估就是要对企业未来长期、持续产生现金流量的能力进行评测。这种评估的原理来自于对价值创造基本规律的正确认识。多数上市公司都需要制定为股东创造价值的明确目标，多数管理者的问题不是"我们为什么应该创造价值"而是"我们应该怎样创造价值"。

1）企业价值创造的基本原理

以价值管理为核心的做法，并不意味着价值创造能通过财务手段实现。相反，价值创造要通过企业制订正确合理的战略和实施科学精细的经营计划才能实现，而这些都依赖于企业资源的投入。如图11-1所示。

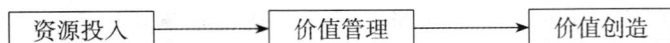

| 资源投入 | → | 价值管理 | → | 价值创造 |

图11-1　价值创造的实现过程

我们可以采用收益法的基本公式来表示价值：

$$价值 = \sum \frac{收益}{(1+折现率)^n}$$

从这个公式，我们可以看出，企业创造价值主要与三个因素有关：收益，增长，风险。收益，是企业价值的根源，企业价值取决于它在当期以及未来创造收益的能力。增长则要求企业价值创造应着眼于未来长期的可持续性，而不能局限于短期收益的增加或减少，企业保持持续收益的时间越长，企业的价值就越大，企业价值与收益的持续时间正相关。简而言之，收益和增长主要取决于内部资源的正确使用。企业的内部资源包括：有形资产，如厂房、设备等；无形资产，如专利技术，土地使用权等。折现率反映了企业所面临的风险，它会对企业价值的创造产生各种有利和不利的影响，风险主要取决于外部环境的影响，包括国家政策、市场环境、汇率变动等等。

为简便起见，我们以一简例来说明企业价值创造的一般原理。

【案例11-2】　　　王强的软件连锁店是如何创造价值的？[①]

王强拥有一家小型的软件连锁店。如何衡量公司的财务结果呢？先计算他的投入资本收益率，然后把它与投资其他领域可能取得的收益率相比较，看所取得的收益是否划算。王强的投入资本收益率是18%，而股票市场的投入资本收益率是10%。由于他的投资收益比投资于其他领域的可能收益要高，公司经营得不错。

那么，软件连锁店的投入资本收益率是否已经最大化了呢？他的其中一个商店的投入资本收益率只有14%，如果他把这个商店关闭的话，其平均的投入资本收益率就会提高。但是，从价值创造的角度来看，他关心的不应该是投入资本收益率本身，而应该是投资收益（相对于投资成本而言）和资本额的综合指标，该指标就是EVA。EVA等于投资资本收益率与资本成本之差乘以投入资本。

就王强这个案例来看（见表11-1），EVA是800万元。他如果把低收益的商店关闭，平均的投入资本收益率会上升，但EVA会下降。这个低收益的商店的投入资本收益率虽然比他所拥有的其他商店低，但却高于资本成本。经营的目标是要使EVA最大化，而不是使投入资本收益率最高。因此，不应该关闭这个低收益的商店。

---

　　① 科勒，戈德哈特，威赛尔斯. 价值评估——公司价值的衡量与管理 [M]. 高建，魏平，朱晓龙，等译. 北京：电子工业出版社，2007.

表11-1　　　　　　　　王强软件公司与其低收益商店的财务分析　　　　　　金额单位：万元

	投入资本收益率	资本成本	差　异	投入资本	EVA
整个公司	18%	10%	8%	10 000	800
除低收益商店以外	19%	10%	9%	8 000	720

随着公司的发展，王强想开发一项名为"超级软件"的新业务，因为对投入资本有新要求，EVA在未来几年将会发生下滑。4年后，EVA将比目前高，那么如何权衡短期的EVA下滑和长期的EVA改善呢？

采用折现现金流量（discounted cash flow.DCF）来分析王强的新业务，用10%对预测的现金流量折现，公司目前的折现现金流量为530万元，新业务的折现现金流量为620万元，因此，新业务是有利可图的。

这里就产生一个问题，什么时候用EVA，什么时候用折现现金流量呢？其实，它们本质是一样的。用同样的资本成本对未来的EVA折现并加上投入资本，得到的结果与DCF相同。

随着公司业务量的增大和对资金的需求量的增加，王强对公司的第三步举措是让公司上市。这便需要应用价值评估的决策原则来同时管理实物市场和金融市场。股票的价格是通过投资者对股票价值的看法确定的。投资者的交易是基于他认为目前的股票价格是高于还是低于股票的内在价值来进行的。内在价值是基于公司未来的现金流量和收益能力来确定的。从实质上来看，投资者所购买的，是他们认为公司在未来可能取得的绩效，而不是过去的成果。如果公司实际的绩效与预测相同，股东的收益就会等于机会成本。如果该公司的经营业绩实际结果比预测的要好，股东的投资收益率就会超过10%。如果该公司的经营业绩实际结果比预测的差，股东的投资收益率就会低于10%。投资者取得收益的驱动因素，不仅包括公司的经营业绩，还包括对经营业绩的期望。因此，需要同时在公司内部经营和外部资本市场中对公司的经营业绩进行管理。如果在内部经营中（收益超过了资本成本，公司得以快速发展）创造了很大的价值，但没有达到投资者的期望值，投资者还是会失望。王强的任务就是要使公司的内在价值最大化，并适当地关注资本市场中投资者的期望。

通过分析和咨询专家的意见，王强启动了首次公开上市（IPO），并筹集到了公司发展所需要的资本。

王强公司的案例说明了价值创造的要点：

第一，在实物市场，企业创造的价值是通过获取高于资本成本的投资收益实现的；高于资本成本的投资收益越多，企业所创造的价值就越大。

第二，企业管理者应当选择能使预期现金流量现值或EVA现值最大化的战略，而且无论选择这两个中的哪一个，结果相同。

第三，在资本市场中，企业股票的价值等于其内在价值，内在价值以市场对企业未来经营业绩的期望为基础，但市场对企业未来经营业绩的期望可能不是一种公平的估计，而且如果市场投资者对公司真实前景的相关信息掌握得不够，可能会导致市场预期偏离内在价值。

第四，有时，期望的变化对股票收益的决定作用甚至超过了企业的实际经营业绩所起到的作用，因此适当关注资本市场投资者的期望是必要的。

2）关键价值驱动因素

在价值评估过程中，对价值驱动因素的分析，不仅有助于管理者认识价值创造过程、识别关键价值驱动因素、合理安排各种资源，而且可以促使管理者将管理重心转移到企业价值创造上，推动企业价值最大化目标的实现。所谓企业价值驱动因素，就是指能够影响和推动企业价值创造的因素。企业中通常存在着数以百计的价值驱动因素，每一个驱动因素都为企业的总体价值增加一部分价值。当进行价值评估时，决定、分析、理解所有的价值驱动因素通常不是必要的，我们也并不提倡这样做。我们的目标是将精力集中于能最大限度增加整个企业价值的价值驱动因素上面，这些因素被称为关键价值驱动因素。关键价值驱动因素因行业和企业的不同而不同，按照内容首先可以划分为外部环境价值驱动因素和内部管理价值驱动因素两大类型，而内部管理价值驱动因素又可以进一步区分为财务价值驱动因素和非财务价值驱动因素两种具体类型。

（1）外部环境价值驱动因素

作为一个市场竞争主体，企业无时无刻不受到各种外部环境因素的影响，它们共同构成了对企业价值的作用合力。按照杨雄胜教授等（2009）的总结，外部环境因素包括政治环境因素、社会环境因素、科技环境因素、行业竞争环境因素等。

（2）财务价值驱动因素

财务活动是实现企业价值创造的基本途径之一。价值驱动因素存在于企业的每个层次：在最高管理层，一个关键的价值驱动因素通常会影响整个企业的整体表现。因此，它们更多地以财务价值驱动因素的形式存在，而且它们通常可以在各个业务部门、各个企业以及各个行业通用。典型的财务价值驱动因素包含哪些呢？

收益法是目前在理论上被认为最具有科学性同时也在实践中得以广泛应用的一种价值评估方法。根据收益法，一个企业价值是由其最终所能创造的收益决定的，也就是说，一个企业的价值就可以通过将其预测的未来经营各年度的收益折现成现值得到。其基本模型可以利用以下计算公式表示：

$$V = \sum_{t=1}^{n} \frac{R_t}{(1 + i)^t}$$

式中：V表示企业的现在价值；n表示企业经营的时间；R_t表示企业在t时刻预

期产生的收益；i 表示折现率。

由上述模型可以看出，公司价值是由收益、增长、风险三个维度驱动的，如图11-2所示，关于这一模型在第2章也详细论述了。

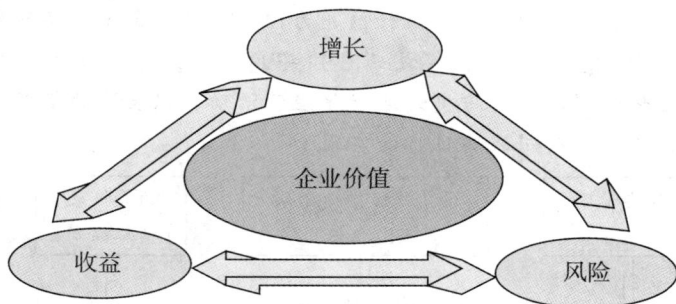

图11-2　企业价值三维平衡分析框架图

企业价值三维平衡分析框架告诉我们，一个企业要追求企业价值最大化目标，就需要在管理增长、追求盈利和控制风险三个维度之间进行平衡。[①]三个维度的具体内容如下：

第一，追求盈利。企业存续发展的根本目的在于盈利，健康、持续的盈利是企业各个利益相关者都关注的事情。在公司价值三维平衡分析框架下，对盈利的追求应基于：①强调立足于全体投资者，尤其是公司股东；②高于全部资本成本的超额收益率，即经济增加值大于零；③可接受风险的盈利，盈利的质量和含金量在很大程度上体现对流动性风险的控制能力，支撑盈利的产权基础是否薄弱，以及财务杠杆是否过高等；④在盈利结构上关注反映核心竞争力的主营业务收入和盈利质量；⑤在盈利的计量上，立足于持续经营，解决好短期和长期的矛盾。

第二，管理增长。没有增长是企业最大的风险。企业应将"有质量的适度增长"作为评价标准，树立科学的可持续增长观：①不是所有的增长都是有益的，优秀的增长是高质量的，即以丰厚利润、资金的快速运转、资本结构保持在合理水平为前提；②由于短期内企业以较低成本获取资源和配置资源的能力是有限的，超常增长必然带来一系列不良后果，使得企业陷入"增长困境"，表现为资金链断裂、支付能力不足等，严重时会走向"增长性破产"；③即使能带来盈利的增长也必须有所为、有所不为，可持续增长应着眼于符合战略方向、促进价值提升的持续增长、能够提高公司核心竞争力的业务拓展和规模扩张。

第三，控制风险。风险在企业经营过程中普遍存在，同时风险与收益相伴相生，高风险意味着高收益，低风险往往也意味着低收益。因此，企业不可能完全避免风险，关键在于将风险控制在可承受的范围内。控制风险的过程包括对风险的识别、对风险大小的评估以及对风险的应对措施。

① 汤谷良，杜菲. 试论企业增长、盈利、风险三维平衡战略管理［J］. 会计研究，2004（11）.

【案例 11-3】 宝钢股份战略导向型预算模式①

2002 年以后，宝钢股份进行了预算体系改革，以 6 年经营规划为指导，进行季度滚动预算，强调资本预算管理，完善预算信息化平台，逐步形成了以战略目标为导向，年度预算为控制目标，滚动执行预算为控制手段，覆盖产品研发、生产、销售、投资的战略导向型预算管理模式如图 11-3 所示。这种预算管理模式有助于宝钢股份在不断变化的经济环境中更好地指导经营活动，以长远的管理视角，引导管理行为长期化，以确保公司战略目标的实现。

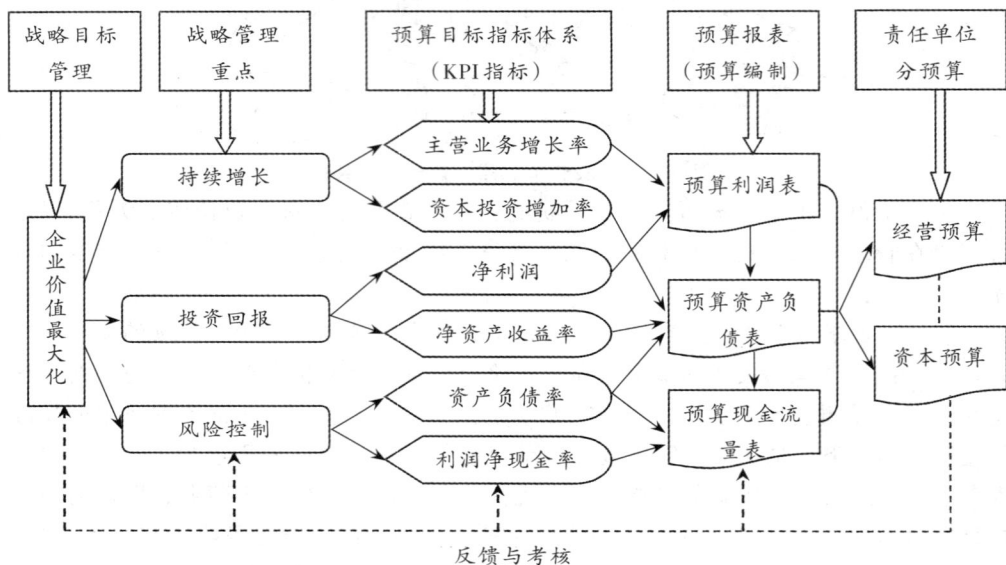

图11-3　反馈与考核

（3）非财务价值驱动因素

从企业非财务活动的视角来看，创造公司价值的驱动因素主要包括：公司战略、公司治理、管理控制与作业控制，它们对企业价值具有综合性的作用。公司战略是企业价值创造的决定性因素，决定了企业价值创造的方向与目标。公司治理是企业价值创造的制度保障因素，实现股东、债权人、管理者等利益相关者之间的和谐。管理控制与作业控制是从实施战略、实现战略目标的角度来实现企业价值的创造。如果说环境因素从外部影响企业价值的创造，那么非财务活动与财务活动是从内部管理的角度影响企业价值的创造的。

非财务价值驱动因素与财务价值驱动因素的区别是，后者衡量企业过去一段时期的业绩，前者则起到对企业未来业绩以及未来现金流量的预测作用。比如，顾客

二维码 11-2：中国宝武绩效驱动型战略执行体系管理实践

① 佚名.战略目标实现的风险评估［EB/OL］.［2012-02-14］. http://wenku.baidu.com/view/f62ab73e5727a5e9856a616d.html.

数量波动的增大预示着销售额的随之降低，而研究与开发的投入增加可能预示着企业的产品将来会有更强的盈利能力。

3）关键价值驱动因素树

前面介绍了企业一般的关键价值驱动因素类型，但在实践中，企业由于外部环境和内部条件的不同，导致不同的企业的关键价值驱动因素不尽相同。在这里，我们介绍一个关于关键价值驱动因素的一般模型——关键价值驱动因素树，如图11-4所示。

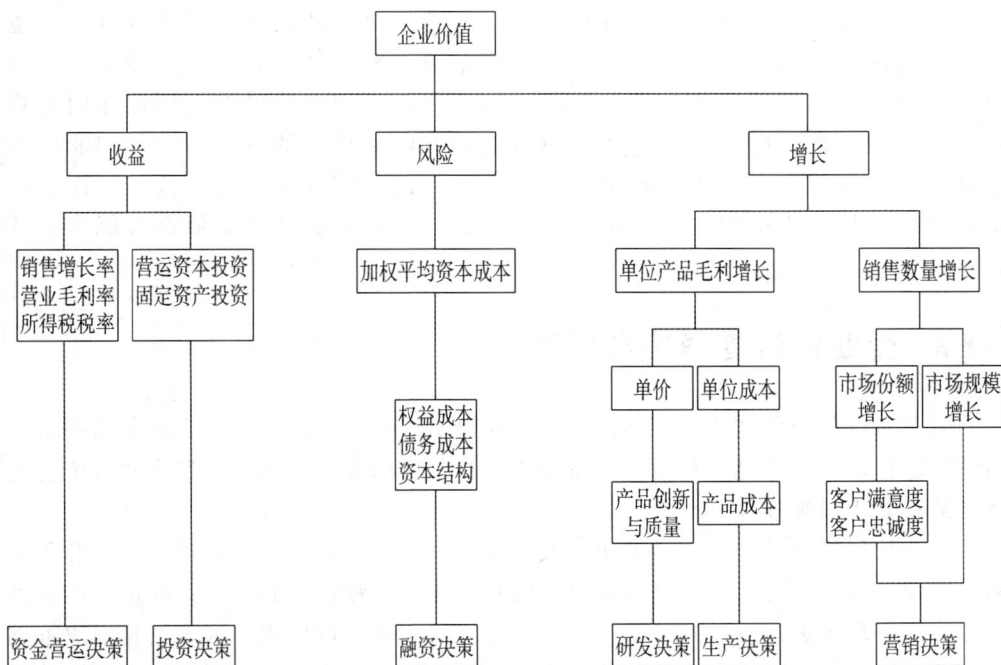

图11-4　关键价值驱动因素树

从图11-4的模型可以看出，所谓企业价值，就是企业未来经营所取得的全部收益按照折现率（这里用的是加权平均资本成本）进行折现后的现值，是企业获取持续收益综合能力的体现。企业通过获取高于资本机会成本的投资收益来实现企业价值创造。当投资收益大于资本成本时，企业创造了价值，而当投资收益小于资本成本时，即使企业的会计利润即账面利润为正数，也是处于价值耗损状态的。

在关键价值驱动因素树模型中，企业资金营运管理活动涉及销售增长率、营业毛利率、所得税税率，而销售增长率、营业毛利率可体现企业收入情况，所得税税率则体现了企业支出情况。另外，投资管理活动所涉及的营运资本投资和固定资产投资对于形成企业价值也发挥着关键的作用。融资管理活动所涉及的权益融资、债务融资以及两者的资本结构，共同决定了企业加权平均资本成本的大小，进而影响企业价值。①

企业收益的增长主要取决于两方面：单位毛利增长和销售数量增长。前者（单位毛利增长）又可以用单价减去单位成本来表示。单价取决于产品的创新与质量，这受研发决策的影响，产品单位成本受生产决策的影响。后者（销售数量增长）可以分解为市场规模增长和市场份额增长。市场规模增长则主要取决于企业所处的行业，市场份额增长因素又包括客户满意度和客户忠诚度，这两方面都受企业营销决策影响。

可以看出，在企业关键价值驱动因素树模型中，越往下，指标越具体，越呈现出局部性；越往上，指标越综合，越呈现出整体性。此外，从最上端的企业价值这一目标开始向下分解，越往下的价值驱动因素越可能需要用非财务指标来表征，这样，财务指标总体上更可能是非财务指标的后置指标；用非财务指标表征的价值驱动因素在计量的可靠性与公认性等方面程度更低，然而这些用非财务指标来表征的价值驱动因素可能正代表着企业核心价值创造能力和核心竞争力。

11.3 企业价值管理基本框架

随着对价值评估认识的不断深化，企业价值评估已不仅仅是对企业价值创造预期结果进行度量，更是分析企业在价值创造过程中的有关信息、管理企业价值创造活动的重要手段和途径。②

企业价值管理框架是在增加企业股东价值这一根本目标下发展建立的，和所有的组织设计框架一样，是对实践中复杂的具有相互依赖性、共同选择和反馈的各种管理方法在理论上的一种抽象概括，是通过针对企业的价值驱动因素的管理决策进行价值创造的体系。虽然企业价值管理框架在各个企业都不尽相同，但它们大致包括4个基本步骤：①战略计划；②内部报告；③业绩评价；④激励机制。

【案例11-4】 **华润集团的6S管理体系**

华润（集团）有限公司（以下简称"华润"或"华润集团"）是一家在中国香港注册和运营的多元化控股企业集团，其前身是1938年于香港成立的"联和行"。1983年，华润将所管理的下属机构经重组转为以股权为纽带的公司，在此基础上成立了华润（集团）有限公司。此后华润的业务由总代理贸易转向自营，并通过一系列实业化投资，推动企业逐步发展成为在香港和内地颇具影响力的、以实业化为核心的企业集团。华润集团下设7大战略业务单元、16家一级利润中心，实体企业1948家，在职员工45万多人。华润集团是全球500强企业之一，2016年排名第91位。集团核心业务包括消费品（含零售、啤酒、食品、饮

① 杨雄胜. 高级财务管理：理论与案例 [M]. 4版. 大连：东北财经大学出版社，2022.
② 杨雄胜. 高级财务管理：理论与案例 [M]. 4版. 大连：东北财经大学出版社，2022.

料）、电力、地产、水泥、燃气、医药、金融等。华润的多元化业务具有良好的产业基础和市场竞争优势，其中零售、啤酒、电力、地产、燃气、医药已处于行业领先地位。

面对这样一个跨国、跨地区、跨行业经营且组织结构如此复杂、管理跨度如此之大的企业集团，华润集团总部又是如何实施管理的呢？华润集团之所以取得成功，得益于建立并应用了一整套管理方法，这就是已为人们所熟知的6S管理体系。正是6S的实施和不断完善，管理人员特别是财务人员的专业构成和专业水平明显改进，经理人员的管理意识和管理技能相应提高，企业管理随之规范，业务经营趋于透明。更为重要的是集团能够获得相对明晰和准确的管理信息，管理决策从而更具针对性和有效性，由此才有了后来"集团多元化、利润中心专业化"的整体战略。而利润中心专业化就要求整个利润中心的专注和投入，也就是需要更加明确和细化的竞争战略，以确定业务长远发展目标以及实现战略目标的途径。

6S管理体系是华润的管理控制系统，以战略为起点，涵盖战略制定、战略实施和战略检讨等整个战略管理过程（如图11-5所示）。其中，业务战略体系（operation strategy system）负责构建和确定战略目标，全面预算体系（comprehensive budget system）负责落实和分解战略目标，管理报告体系（management account system）和内部审计体系（internal audit system）负责分析和监控战略实施，业绩评价体系（performance measurement system）和经理人员考核体系（manager evaluation system）则负责引导和推进战略实施。另一方面，战略还要细化到关键成功因素（KSFs），再进一步追溯到关键业绩评价指标（KPIs）。因而，驱动关键业绩的评价指标紧扣战略导向，评价结果则检讨战略执行，同时决定整个战略业务单元的奖惩，通过有效奖惩推动战略实施，促进战略目标的实现，从而使6S成为真正的管理控制系统。

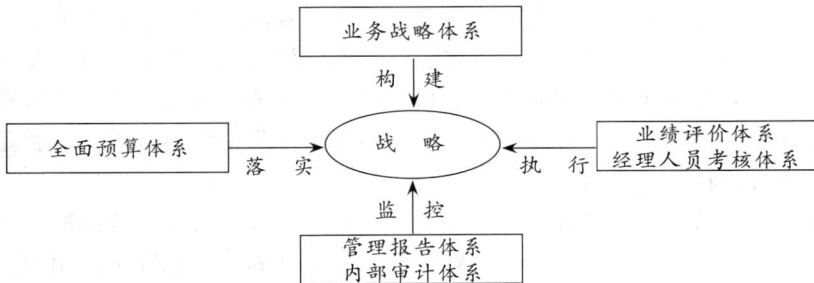

图11-5 华润集团6S管理体系

1) 战略计划

要想成就人生，不可或缺的第一步就是：树立你的理想。

——本·斯特恩

在企业价值管理框架下，战略的制定是不可缺少的一个环节。那么，企业如何形成有效的、能够创造价值的战略？

前已述及，企业价值模型是由收益、增长、风险三个维度构成的。因此，有效战略的形成前提是对企业收益、增长、风险三维的动态平衡度的必要关注。利润通常不应是制定战略所关注的唯一核心，价值管理只有完成对收益、增长、风险的三重管理任务，企业才能走得更稳、更远，价值目标才能得以保证。[①]

二维码11-3：以价值引领数智赋能 构建世界一流财务管理体系

基于价值管理的情况，公司的目标一定是股东价值最大化，公司战略选择将以创造股东价值为导向。在战略制定的过程中，组织目标通常被看作是已知的，因此战略制定就是选择达到这些目标的方向和途径的过程。

因为战略往往决定公司在未来相当长一段时期的基本方向和途径，因此其实现需要通过战略规划进一步细化。对于一个公司而言，战略规划是一个长期的战略计划，它决定组织将采取的方案和这一方案在接下来的一些年度内所需分配的资源数量。[②]如果说战略制定反映了公司董事会对其组织的发展定向，那么战略规划则是在组织方向一定的情况下所进行的资源配置与使用的长远计划。通过战略规划，进一步明确了公司的战略目标，同时也进一步指明了企业价值管理的方向。

战略规划的实施需要转变为年度的经营活动，因此为了保障战略规划的最终实现，由战略规划形成的战略目标需要进一步进行分解和落实，从而转变为单一经营年度的战略计划。可见，战略计划是战略规划的分解，是战略规划得以实施的保证。[③]

战略计划从内容上看应该是对影响战略实现的关键价值驱动因素的进一步的细化和落实，因此是与整个企业的价值创造战略目标和战略规划紧密结合在一起的。关键价值驱动因素既包括财务方面的，又包括非财务方面的：一方面财务结果往往属于一种综合性的事后反映，具有滞后效应和短期效应；另一方面非财务活动往往是财务结果获得改善的关键动因，许多企业的实践活动已经证明非财务要素的变动最终影响了公司财务业绩。这样通过分析战略目标和战略规划对于经营活动各方面的基本要求，就可以进一步形成战略计划，明确关键价值驱动因素，使企业的战略规划和战略目标转化为更为详细的控制目标。

关键价值驱动因素需要进一步细化为业绩评价指标和业绩评价标准，这是因为关键价值驱动因素往往属于对公司战略目标和战略规划实现起决定作用的因素，通常只表现在有限的若干方面，公司的高层管理者需要将具有总括性的目标尽可能地细化和进一步地分解，使之成为具有可操作性和责任清晰性的业绩评价指标和业绩

① 汤谷良. VBM框架下财务管理理论体系重构 [M]. 北京：中国财政经济出版社，2007：72.
② 张先治. 内部管理控制论 [M]. 北京：中国财政经济出版社，2004：85.
③ 张先治. 内部管理控制论 [M]. 北京：中国财政经济出版社，2004：85.

评价标准。这样，一方面需要设计业绩评价指标从定性的角度来对关键价值驱动因素进行反映，解决的是"评价什么"的问题，另一方面需要设置业绩评价标准来衡量关键价值驱动因素的实现程度，解决的是"评价多少"的问题。由于关键价值驱动因素包括财务和非财务两个方面，因此相应的业绩评价指标也划分为财务指标和非财务指标两种类型。

可见，战略计划为管理者对公司经营活动的控制和战略目标的实现提供了依据和标杆。这一思路正符合管理学家希曼和林格尔提出的"明确定义公司战略、量化战略目标，最终建立一种量化管理文化"的理念。

在这里需要对战略计划与预算之间的关系进行进一步的解释。预算是一种沿用已久的控制系统和管理工具，但是由于企业竞争环境的变化，预算在运用中也逐渐暴露出许多内在的局限性，并受到人们诸多的质疑。可以说，预算最大的弊端应该是其仅仅站在财务的角度而忽略了非财务活动，忽略了创造股东价值的非财务关键驱动因素，因而，不能充分反映企业的战略目标。基于此，我们认为传统的预算不足以反映战略目标和战略规划，只能以一种新的模式代替它，那就是战略计划。

需要强调的是提出以战略计划代替传统预算，并不是完全否定或者抛弃传统预算，而是在传统预算的基础上制订战略计划，也就是战略计划应该包括财务目标和非财务目标两个部分。财务目标进一步的分解和落实仍然依赖预算这一传统的管理工具来完成，也就是说年度预算是对战略计划（财务方面）的具体化和准确化。因此，战略计划和我们通常所说的预算不是同一个概念，战略计划应该既包括预算，反映的是对未来财务结果的预测，又包括经营计划，反映的是对未来财务结果实现途径的安排，即非财务活动。财务预算作为企业预算体系中的最后环节，可以从价值方面总括地反映所有价值创造环节价值创造活动的结果，从而综合反映公司的整体价值目标。

在这里，我们以竞争性的国有企业为例，说明预算目标的确定过程及其内容，从一个侧面说明战略计划的形成。对于大多数的竞争性企业而言，应该以追求股东价值最大化、实现企业可持续发展为发展战略。那么要实现这一战略，有哪些关键价值驱动因素呢？一般而言，一个竞争性的国有企业要创造股东价值，实现国有资本保值增值，关键在于实现利润最大化和规避风险。而要实现利润最大化，一方面要不断增加收入，另一方面要尽量降低成本费用，同时还需要追加投资和优化投资。要规避风险，显然需要关注营运资本的质量、管理水平的改善和财务风险的控制。

在驱动因素和经营策略都已明确的前提下，可以选择并确定主要的关键业绩指标（KPI），这些关键业绩指标包含财务方面和非财务方面的指标，财务方面的 KPI 就成为预算指标。同时还需要根据战略目标和市场预测，参考历史标准和行业标准，确定这些预算指标的预测水平，即制定预算标准。有了预算指标和预算标准，企业以及各级预算执行单位就可以开始编制与其职责对应的各种类型的预算了，如图 11-6 所示。

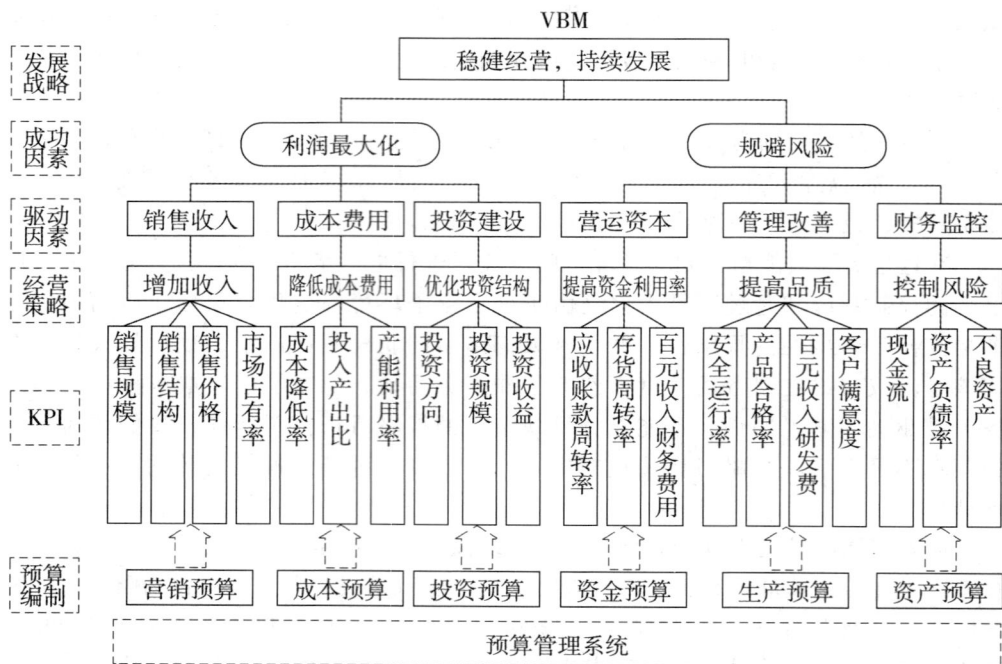

预算管理系统是推动企业实现"稳健经营、持续发展"的重要工具之一

图11-6　基于价值创造的预算目标分解图

这样就可以将一个公司的战略目标进行层层分解和落实，并且与预算的编制建立起相应的联系。预算与反映非财务活动的经营计划共同构成了战略计划，从而成为企业实现价值创造战略目标及其规划的依据。

2）内部报告

内部报告也可以称为信息与沟通，它是完成价值管理的另一个必要环节。内部报告是指由企业内部编制，并在企业内部传递，为董事会、管理者和其他员工所使用，主要目的在于满足他们控制战略实施、实现战略目标的信息报告，内部报告包括凭证、账簿、报表、表格、图形和文字说明等多种形式。内部报告并不局限于传统意义的管理会计报告，同时也区别于遵循企业会计准则编制并对外提供的财务会计报告。

为什么在价值管理中，需要有内部报告？因为对于管理者而言，没有信息就不可能做出决策，就不知道战略实施的效果效率与业绩评价目标的差异程度，也就无法进行差异分析和采取纠正偏差的措施，战略实施也就难以控制。信息只有通过反馈和沟通才能取得。沟通包含着信息的有效传递和正确理解。在实践当中，很多企业既有战略目标和战略规划，也有战略计划，但是战略实施却缺乏效果效率，原因之一就是战略计划的执行流于形式，没有根据战略计划建立相应的信息反馈和沟通机制。信息反馈和沟通机制的设计包括对会计信息系统和业务统计信息系统的设计，它们分别可以提供财务评价信息和非财务评价信息，最终形成一套完整的内部报告系统。当然信息的可靠性对于业绩评价结果的真实性很重要，因此，信息反馈和沟通机制的设计还应该包括确保信息真实可靠的信息审核系统，否则很有可能出现"输进去的是垃圾，输出来的也是垃圾"的情形，从而误导决策。内部报告可以区分为正式的业绩评价报告和非正式的业绩评价例外报告。无论是正式的业绩评价报告，还是非正式的业绩评价例外报告，都可以反映企业各级管理者的管理业绩，一方面起到反馈管理信息的作用，另一方面达到监督管理者的效果。

3）业绩评价

如果说企业目标和战略规划决定了整个业绩评价系统的评价目标（系统运行的基本方向），那么企业战略计划则进一步决定了业绩评价指标的内容（战略实施的期望结果）和业绩评价标准的水平（战略实施的期望效率）。如果没有企业战略，业绩评价指标的选择和业绩评价标准的制定就会失去基础。从另一个角度来看，业绩评价是组织战略的实施工具，如果没有业绩评价，就无法在组织所要实现的战略规划和所要采取的行动方式之间建立起一种清晰的方式——结果关系，就无法引导管理者和员工采取正确的行动。

业绩评价可以被视为一个连贯的、整体的计划和控制系统中的重要一环，用来支持和推动企业"对于价值的追求"。业绩评价体系是价值管理框架体系中，对最终价值实现成果的评价和考核。

企业可以根据企业的具体环境选择适合企业自身的业绩评价体系。但价值管理框架体系中业绩评价体系的设计，更加强调的是综合业绩评价的设计而非传统的单一财务指标体系。另外，财务和非财务指标的选择要平衡，要恰当。最后，业绩评价体系所得到的评价结果一定要和组织的具体目标和战略相对接，用以最终衡量是否实现具体的价值目标以及战略是否有效。

由于业绩评价指标可区分为财务指标和非财务指标两大类型。因此，业绩评价的内容也包括财务评价和非财务评价两方面。在基于价值管理的现代公司理财环境下，公司财务活动及其效率和效果，由于其活动的综合性以及与公司目标的统一性，必然使财务评价成为公司业绩评价的重点。通过财务评价，可以衡量公司在某个时期为股东实现的财务业绩以及创造的股东价值。财务评价在实践中得到广泛应用，除了其重要性以外，还因为财务指标计算数据的生成严格遵循会计准则和会计程序，具有较高程度的可比性和可靠性。

尽管如此，财务评价并不是公司业绩评价的全部。仅仅进行财务评价，无法反映公司股东价值创造活动的全部，也无法全面地反映公司价值驱动因素。特别是在基于价值管理的现代公司理财环境中，经济全球化、信息革命和市场的瞬息万变导致公司竞争加剧，从现实来看，公司竞争的核心已经转变为技术竞争和人才竞争，物质资本在公司股东价值创造活动中的作用逐渐下降，公司的无形资产比重逐步上升，知识资本对公司股东价值创造产生了越来越重要的影响，包括研究开发、员工培训和品牌建设等活动在内的非财务活动对公司未来财务业绩和股东价值创造具有长期的效应。许多研究者认为，非财务指标能够有效地解释企业实际运行结果与计划之间的偏差，比如，市场占有率和产品质量等非财务指标可以有效地解释企业利润和销售收入的变动。此外，非财务指标能够更为清晰地解释企业的战略规划以便对战略实施进行过程控制。在这种情况下，对公司的业绩评价，已经逐步从仅仅依赖财务评价过渡到强调财务评价和非财务评价相结合。

业绩评价系统根据不同的划分标准可以划分为不同的模式。以评价指标的计算基础为主要划分依据，综合考虑评价目标、评价方法等其他因素的不同，可以将业绩评价产生以来出现的业绩评价系统划分为成本控制、会计基础、经济基础、战略管理和利益相关者等五种模式。这五种模式都与财务评价相关。其中，成本控制模式、会计基础模式和经济基础模式强调财务指标的应用，属于财务评价类型；而战略管理模式和利益相关者模式虽然强调非财务评价指标的应用，但同时也肯定了财务评价指标的作用，因此也包含了财务评价。其中，会计基础、经济基础和战略管理是目前为止已被人们广泛接受并在实践中得到普遍应用的业绩评价模式，所以这三种业绩评价模式成为构建反映价值创造的业绩评价系统的主要选择。

会计基础业绩评价模式的主要特点就是采用会计基础指标作为业绩评价指标，会计基础指标的计算主要是利用财务报表的数据。会计基础业绩评价模式的内容和方法根据评价对象与评价目的的不同而有所不同：它可以是对筹资活动、投资活动、经营活动的综合评价，也可以是对盈利能力、营运能力、偿债能力和增长能力的综合评价。2002年财政部、经贸委、中央企业工委、劳动保障部和国家计委对国有资本金效绩评价体系进行了修订，并更名为企业效绩评价体系，该体系包括财务与非财务两部分，其中财务部分就是对盈利能力、营运能力、偿债能力和增长能力的综合评价。会计基础业绩评价的方法有许多，包括综合指数法、综合评分法、功效系数法等。

经济基础业绩评价模式的主要特点就是采用经济基础指标作为业绩评价指标，经济基础指标的计算主要是采用经济利润的理念。与传统的会计基础业绩评价模式相比，经济基础业绩评价模式更注重于股东价值的创造和股东财富的增加。

EVA方法是经济基础业绩评价模式的典型代表。在第5章中，我们指出，EVA本质上属于经济利润，与会计利润不同，能够真实地反映企业的经营业绩，但是它的计算是以会计利润为起点的，因此也属于财务指标。EVA的关键之处在于能使管理者认识到在经营中所使用的股东投入资本同样是有成本的，而关注股东投入资本成本就是维系股东利益的关键所在。只有当使用企业的资产获得的实际收益超过其使用成本时，才能真正为股东创造价值。因此EVA能够准确地评价企业的业绩，恰当地反映企业的管理层是否在为创造企业价值而努力。此外，应用 EVA 能够建立有效的激励报酬系统，这种系统通过将管理者的报酬与从增加股东财富的角度衡量企业业绩的 EVA 指标相挂钩，正确引导管理者的努力方向，促使管理者充分关注企业的资本增值和长期经济效益。企业的价值管理就是将股东价值创造这一理念作为整个企业管理核心的一种企业经济价值的管理方式。将 EVA 应用于企业的管理实践中，作为企业业绩评价的核心指标，就可以驱动企业管理阶层站在股东的角度考虑问题，做出增加股东价值的决策和进行管理，从而最终达到股东价值最大化的目标。

但由于 EVA 评价系统所选择的评价指标是唯一的，即 EVA 指标，从而造成评价主体只关心管理者决策的结果，而无法了解驱动决策结果的过程因素，EVA 评价系统只能为战略制定提供支持性信息，而不易达到为战略实施提供控制性信息这一目标。EVA 评价系统的另一局限性在于 EVA 指标的计算。EVA 的计算本身就是一个复杂的问题，其难点反映在两个方面：其一，EVA 的会计调整；其二，资本成本的计算。由于这两个问题的存在增加了 EVA 计算的复杂程度，从而对 EVA 的应用造成了一定的负面影响。

【知识链接 11-1】　　　　央企业绩考核 A 级稳中略增①

近日，国务院国资委公布了 2021 年度和 2019—2021 年任期中央企业负责人经营业绩考核结果。48 家企业 2021 年度考核结果为 A 级，46 家企业 2019—2021 年任期考核结果为 A 级。

2021 年度考核结果为 A 级的企业包括：航天科技、招商局集团、中国远洋海运、中国电科、国投、中国海油、国药集团、中国石化、中国三峡集团、中国一汽、国家能源集团、中国建筑、中国移动、航空工业集团、中国宝武等。其中，国资委对中央企业实施经营业绩考核以来，有 8 家企业连续 18 个年度和 6 个任期均获得 A 级，分别是航天科技、兵器工业集团、中国电科、中国海油、国家电网、中国移动、国投、招商局集团。

根据《中央企业负责人经营业绩考核办法》，国资委对中国一汽、招商局集团等 46 家任期业绩优秀企业和航天科技、航空工业集团等 28 家科技创新突出贡献企业进行了通报表扬。

中央企业负责人业绩考核是国资委依法履行出资人职责的重要手段。《中央企业负责人经营业绩考核办法》规定：年度经营业绩考核指标包括年度净利润和经济增加值等基本指标，同时根据国有资本的战略定位和发展目标，结合企业实际，对不同功能和类别的企业，突出不同考核重点，合理设置经营业绩考核指标及权重，确定差异化考核标准，实施分类考核；任期经营业绩考核以 3 年为考核期，考核依

① 王莉.国资委发布 2021 年度和 2019—2021 年任期中央企业负责人经营业绩考核结果［EB/OL］.［2022-07-17］.http://www.sasac.gov.cn/n2588030/n2588954/c25540875/content.html；温存.经济日报：央企业绩考核 A 级稳中略增［EB/OL］.［2022-07-21］.http://www.sasac.gov.cn/n2588030/n2588954/c25540875/content.html.

据包括经审计并经审核的企业财务决算报告和经审查的统计数据；年度经营业绩考核和任期经营业绩考核等级分为A、B、C、D四个级别，实行"业绩升、薪酬升，业绩降、薪酬降"，被视为企业经营活动的"指挥棒"。

较2020年度央企业绩考核有47家企业获评A级，2021年度A级企业数量稳中略增，展现了中央企业不惧风浪考验、加快高质量发展的良好态势。国资委发布的信息显示，中央企业较好实现年度和任期经营业绩目标，经济效益和发展质量稳步提升，服务保障功能和科技创新能力显著增强，国民经济"顶梁柱""压舱石"作用进一步彰显。

据了解，2021年度和2019—2021年任期，考核工作和中央企业经营业绩呈现5个特点：更加突出高质量发展鲜明导向，质量效益持续提升；更加突出服务"国之大者"，国有经济战略支撑作用有效发挥；更加突出创新激励保障，国家战略科技力量主力军作用进一步彰显；更加突出深化改革，发展活力潜力显著增强；更加突出统筹发展和安全，稳健发展根基不断筑牢。

稳增长提质量争作表率。国资委重构"两利四率"高质量发展考核指标体系，继续目标分档管理，实行"赛跑机制"，强化营业收入利润率、全员劳动生产率和国有资本保值增值率等指标考核，切实落实国有资产保值增值责任，实现高质量的稳增长。2021年，中央企业实现利润总额2.4万亿元、净利润1.8万亿元，较2018年分别增长42.4%、49.3%，3年平均增速分别为12.5%、14.3%；全员劳动生产率69.4万元/人，较2018年增长近30%；实际上缴税费2.4万亿元，较2018年增长10%以上。中央企业以积极的效益增长和社会贡献，有力支撑了我国经济总量和人均国内生产总值进一步提升。

战略管理业绩评价模式源于20世纪90年代，此时人类社会开始由工业经济向知识经济转轨。引入非财务指标并将评价指标与战略相联系是战略管理业绩评价模式的显著特点。如果说工业经济时代强调的是财务资本，那么，在知识经济时代影响企业发展的关键因素是知识或者说是智力资本。无形资产在企业生产经营中起到越来越重要的作用，是影响企业价值的关键驱动因素。因此，企业界的管理者面对传统财务业绩指标的固有局限，感觉到有必要对股东价值创造的流程进行监控，有必要评价企业在其他非财务领域上的业绩。基于这种背景，实务界和理论界逐渐致力于将财务指标、非财务指标和战略联系起来，对战略业绩评价的研究迅速升温。

二维码 11-4：平衡计分卡在新纪元公司战略管理与业绩评价中的应用

战略管理业绩评价模式最具有代表性也最具有广泛影响力的是平衡计分卡（balanced score card，BSC）。BSC强调财务指标与非财务指标之间的平衡，它的基本思路就是将影响企业运营的包括企业内部条件和外部环境、表面现象和深层实质、短期成果和长远发展的各种因素划分为几个主要的方面，即财务、客户、内部流程和学习与成长等四个方面，并针对这四个主要的方面，设计出相应的评价指

标，以便系统、全面、迅速地反映企业的整体运营状况，为实现企业的平衡管理和战略提供有效服务。因此，BSC 是以企业的战略为导向，以管理为核心，以各个方面相互影响、相互渗透为原则，建立起来的一个网络式的业绩评价系统。

4）激励机制

要使价值管理在企业实践中真正获得实施，需要明确一个问题，那就是在实施价值管理之后，管理者实现业绩评价目标将获得什么报酬，反之，如果没有达到业绩评价目标应该受到什么处罚。解决问题的措施就是构建激励机制。通过设计报酬计划，并与业绩评价结果相挂钩，一方面通过奖励等手段激发管理者采取正确行动的内在积极性，诱导期望行为的发生，另一方面不允许某种行为发生，一旦发生则对管理者进行处罚。因此，建立一个以股东价值最大化为基础的激励机制是价值管理的必要部分。

对于一个组织而言，如果不将业绩评价结果与管理者的激励相挂钩，那么业绩评价就会失去其应有的功能，就很可能导致战略控制失败，价值管理也就容易流于形式。在实践中，很多企业战略计划的执行缺乏严肃性，原因就在于没有将业绩评价与激励机制相互结合，业绩评价依据的是一套业绩评价指标体系，而管理者的薪酬却又取决于其他因素。激励机制的设计应该和业绩评价系统设计相配合，也就是需要与评价指标和评价标准相吻合。值得指出的是，本阶段业绩评价结果及其处理还会为下一阶段战略计划的形成提供支持性的信息，甚至影响到战略目标和战略规划的调整。①

二维码 11-5：美的集团股权激励分析②

"只有加以测评和奖励，人们才有动力把事情做好。"企业面临的一个问题是：为了使员工留在企业并为企业所有者创造价值，如何最好地激励和奖赏他们。③如果所有者不经常检查和监督企业的业绩和决议，就需要薪酬计划使员工动机和所有者动机一致。这就是价值管理激励计划的实质。一般来说，员工薪酬可以分为两个部分：基本报酬和基于业绩的报酬，价值管理激励计划调控基于业绩的部分。

在制订基于价值的激励计划时，采用个人、团队或部门有能力实现的目标，并且这些目标和其责任相对应是重要的。同时，激励应该和财务目标和非财务目标联系起来。一般来说，激励计划可以按照下面的方式来设计：④

（1）最高管理层的激励仅仅与财务目标相联系。建议采用 EVA 指标作为短期价值评估指标，股价可作为长期激励计划的目标。和股票相关的激励应该是长期

① 根据罗伯特·A.安东尼和维杰伊·戈文达拉扬（2004）的解释，在受激烈变化环境影响的行业，管理控制信息能够提供思考新战略的基础。
② 新浪财经.伊利股份 2019 股权激励方案落槌［EB/OL］.［2019-08-13］.http://finance.sina.com.cn/stock/relnews/cn/2019-08-13/doc-ihytcitm8835994.shtml.（2）IPO 观察.伊利股权激励方案出炉：激活核心团队积极性，挑战世界乳业格局［EB/OL］.［2019-08-08］.http://baijiahao.baidu.com/s?id=1641306544961111487&wfr=spider&for=pc.
③ 弗里克曼，托勒瑞德.公司价值评估［M］.孙茂竹，范歆，译.北京：中国人民大学出版社，2006：139.
④ 弗里克曼，托勒瑞德.公司价值评估［M］.孙茂竹，范歆，译.北京：中国人民大学出版社，2006：139-140.

的，这样做是为了避免股价受到人为操纵。

（2）业务部门经理的激励以整个企业财务目标、具体业务部门财务目标、具体业务部门非财务目标相结合为基础。业务部门的非财务目标当然应该基于非财务关键价值驱动因素。不同业务部门的经营特点通常是不同的，不能使用相同的目标，目标必须适合于各个业务部门。

（3）职能经理的报酬可以主要依据他所负责领域的非财务测量指标来确定。比如，对于销售经理，非财务指标可能是顾客满意度，而对于产品开发经理，可能是产品开发时间和新开发产品的销售额。一小部分财务目标可以作为补充激励措施。

（4）其他员工的报酬通常主要依据和职能经理一样的测量指标，而不是依据个人或团队水平，也不是依据业务部门水平。

重要的是，请注意该思想是为整个组织建立一个基于业绩的激励计划，而不仅仅是针对首席执行官或高层经理。

【案例11-5】　　　　　　格力电器又在股权激励上加大力度①

除了盖楼满足员工住房，格力电器又在股权激励上加大力度。

2022年5月20日晚，格力电器披露拟推出第二期员工持股计划。方案显示，本次员工持股计划股票来源为公司此前回购的股份，股票规模不超过9 472.8万股，占公司当前总股本的1.60%，整体资金规模不超过15.5亿元。本次持股计划覆盖超过12 000名员工，其中，中基层干部、核心员工、技术专家等优先认购比例达97.47%，其他高管可认购份额不高于2.53%。以上如有剩余，董事长再进行认购。本次持股计划认购价格等同于董事会决议前一交易日收盘价32.72元/股的50%。

（1）建立健全长效激励机制

格力电器此番推出的员工持股计划，也是在响应监管机构的号召。

今年4月，证监会等三部门联合发布关于进一步支持上市公司健康发展的通知，鼓励上市公司回购股份用于股权激励及员工持股计划，引导上市公司通过现金分红、股份回购等方式回报投资者，强化市场长期投资理念。

格力电器作为白电龙头，自2012年以来，净利润从70多亿元增长至连续多年超过220亿元，最高达264亿元，上市以来累计现金分红超过1 000亿元（含2021年10股派20元的分红计划），过去三年实施的每股现金分红合计达到9.70元。

相较于给予市场丰厚的业绩回报和分红回报，公司在长达13年的时间内未实施对于员工的股权激励措施。2021年公司推出第一期员工持股计划，覆盖人数4 000余人，相较行业内其他企业的激励政策以及公司产业多元化背景下日益增长的人才需求仍显不足，长期激励缺失是公司治理中的一个短板。

① 于蒙蒙.力度加大！格力电器时隔一年再推员工持股计划，这次覆盖超1.2万人［EB/OL］.［2022-05-20］.https://mp.weixin.qq.com/s/gnTXrBQz_6bS6K_Ev2R30g.

业内人士指出，格力电器仅隔一年再度推出员工持股计划，以此完善公司内部管理机制，激发员工核心动能，推动公司高质量长远发展，驱动内在价值进一步提升。

（2）员工拥有认购优先权

值得一提的是，本次员工优先认购的额度比例达到97.47%。相比第一期持股计划，本次认购价格更低，且归属后的锁定时间由退休缩短至1年，大幅提升了员工认购的积极性。同时公告显示，公司亦对一期考核指标进行了调整。

格力电器表示，仍会将第一期员工持股计划原定业绩目标作为年度经营指引来执行，保持净资产收益率稳定在行业内较高水平。

（3）考核指标兼顾盈利能力和成长性

公告显示，第二期员工持股计划在净利润明确增长和稳定分红基础上，新增重点考核指标"净资产收益率"，更加符合上市公司员工激励考核的主流标准以及家电行业长周期的特点，且目标设置相较同业可比上市公司更高，凸显格力电器更专注内生增长性。

根据公告，公司对2022年和2023年各年度设立的目标分别是：净利润不低于20亿元、30亿元的增长；2022年和2023年净资产收益率不低于22%、21%；每年每股现金分红不低于2元或现金分红总额不低于当年净利润的50%。

2021年以来，大宗原材料价格高企，新冠肺炎疫情在国内多地散发，2022年初紧张的地缘政治局势更进一步推动大宗商品价格高位波动，整个家电市场面临着需求收窄、产业调整所带来的风险。格力电器的生产经营面临着严峻的挑战和考验。通过员工持股计划兼顾盈利能力和成长性的考核指标，在激励员工的同时，保障了公司的稳健发展，助推资本市场稳定健康发展。

市场分析人士认为，格力电器推出第二期持股计划、调整第一期持股计划以及持续高比例分红，旨在进一步提高员工的凝聚力和公司竞争力，调动员工的积极性和创造性，促进公司长期、持续、健康发展，同时提升公司股东价值获得感，以此实现公司、员工与股东"三方共赢"。

值得注意的是，2021年公司推出第一期员工持股计划，覆盖人数4 000余人。业内人士指出，此番在员工持股计划上的加码动作，将完善公司内部管理机制，激发员工核心动能。

5）小结

通过以上对企业价值管理基本框架的介绍，可以将本节所讲述的内容用图11-7表述。

```
┌──────────┐           ┌──────────┐
│  价值创造  │──────────▶│  价值来源  │
└──────────┘           └──────────┘
        │
        └──────────────▶┌──────────┐
                        │  驱动因素  │
                        └──────────┘
```

```
┌─────────────────────────┐        ┌─────────────────────────┐
│        战略计划           │        │        内部报告           │
│ ●战略三角描述及目标选取    │        │ ●服务于价值目标           │
│ ●明确关键价值驱动因素      │───────▶│ ●如实反映战略计划执行情     │
│ ●设计关键业绩评价指标和    │        │   况，并进行差异分析       │
│   设置关键业绩评价标准     │        │ ●外部和内部沟通           │
│ ●编制执行经营计划和预算    │        │ ●信息审核                │
└─────────────────────────┘        └─────────────────────────┘
              ▲              ⬭价值管理⬭              │
              │                                      ▼
┌─────────────────────────┐        ┌─────────────────────────┐
│        激励机制           │        │        业绩评价           │
│ ●价值管理激励计划调控基    │◀───────│ ●业绩评价系统的设计       │
│   于业绩的部分            │        │ ●业绩评价指标             │
│ ●激励计划设计方式         │        │ ●财务指标                │
│ ●不仅仅针对首席执行官或    │        │ ●非财务指标               │
│   高层经理               │        │                          │
└─────────────────────────┘        └─────────────────────────┘
```

```
┌──────────┐              ┌──────────┐
│  价值实现  │──投资者沟通─▶│  股价上涨  │
└──────────┘              └──────────┘
```

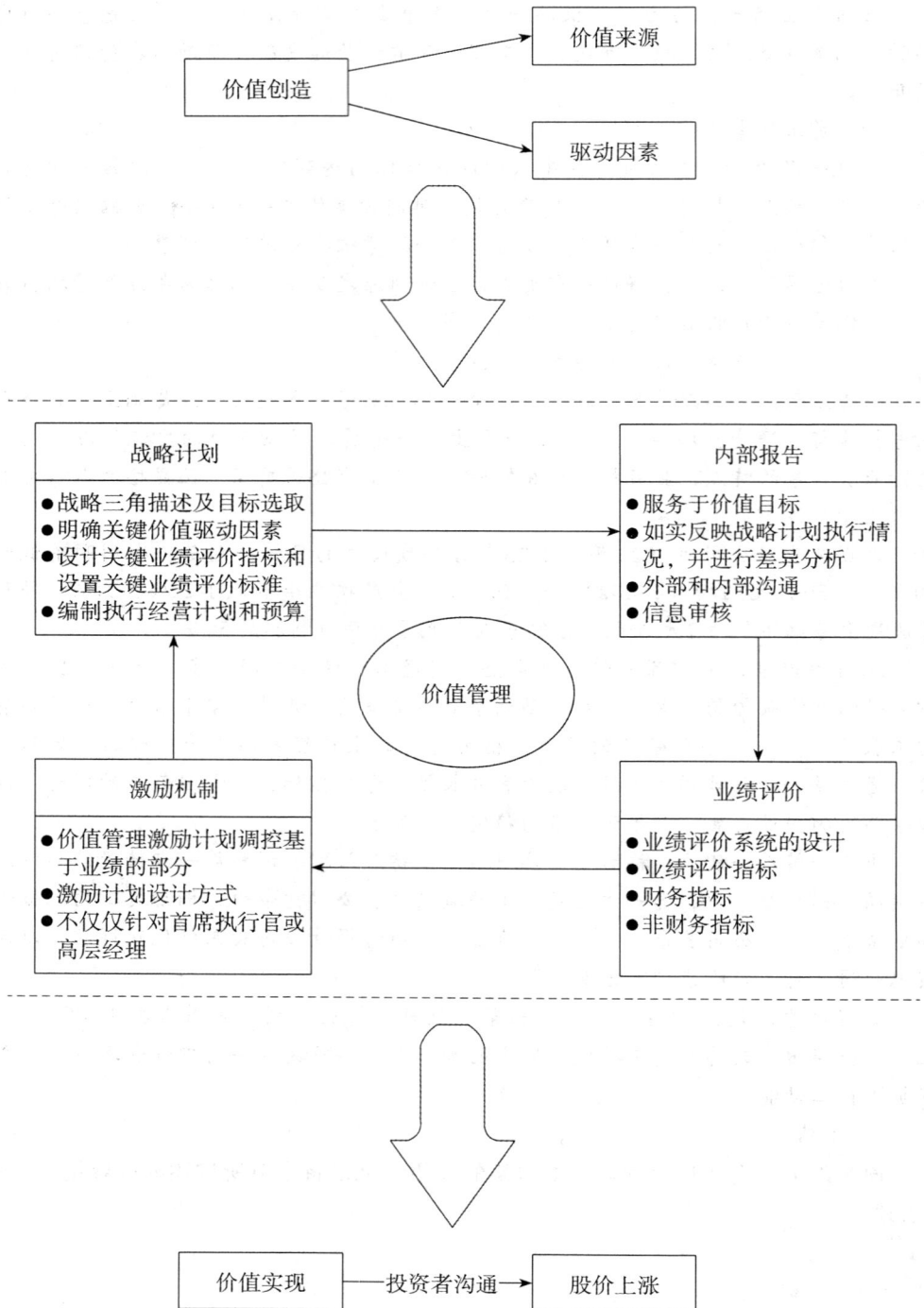

图 11-7   企业价值管理基本框架

【课堂拓展11-1】对标世界一流企业，提升国有企业价值创造能力

为深入贯彻习近平总书记关于加快建设世界一流企业的重要指示，落实党的二十大精神和中央经济工作会议部署要求，国务院国资委决定在国有企业开展对标世界一流企业价值创造行动，并下发了《关于开展对标世界一流企业价值创造行动的通知》（国资发改革〔2022〕79号，以下简称《通知》）。

《通知》强调以习近平新时代中国特色社会主义思想为指导，立足新发展阶段，完整、准确、全面贯彻新发展理念，以提升发展质量效益效率为主线，以对标世界一流企业为抓手，推动国有企业完善价值创造体系，提升价值创造能力，加快实现从数量型规模型向质量型效益效率型转变，从注重短期绩效向注重长期价值转变，从单一价值视角向整体价值理念转变，更好履行经济责任、政治责任和社会责任，为加快建设世界一流企业提供坚强支撑。

《通知》明确了价值创造行动的主要目标：到2025年，国有企业价值创造体系基本完善，实现诊断科学、执行有力、评价有效、保障到位；全员、全过程、全方位、全要素的价值创造活力动力不断增强，目标方向更加精准，能力水平显著提升，理念文化深入人心，部分国有重点企业价值创造能力达到世界一流水平。通过价值创造，推动国有企业高质量发展的根基更加强固、转型升级的动能更加充沛、国有经济的战略支撑作用更加凸显、长期价值的实现能力更加强劲、国有企业为经济社会发展做出的贡献更大。

为落实《通知》精神，2023年3月3日，国务院国资委召开会议，对国有企业对标开展世界一流企业价值创造行动进行动员部署。国资委党委书记、主任张玉卓强调，要牢牢把握做强做优做大国有资本和国有企业这一根本目标，用好提升核心竞争力和增强核心功能这两个途径，以价值创造为关键抓手，扎实推动企业高质量发展，加快建成世界一流企业，为服务构建新发展格局、全面推进中国式现代化提供坚实基础和战略支撑。

11.4 投资者沟通与价值实现[①]

如果你正致力于创造股东价值，那么，这将体现在比你的同业竞争者更好的股票价格表现上。

——迈克尔·班豪斯

将企业价值管理框架运用到企业实践中，究其本质就是企业管理者如何针对企业价值驱动因素通过战略计划、内部报告、业绩评价以及激励机制这些程序实施管理，以达到股东价值最大化目标。不可忽略的是，企业价值创造的另一个要素就是确保企业的股票市场价格正确地反映其创造价值的潜力，这点对公开上市的企业尤

---

① 佚名.上汽集团：创新赋能投资者关系管理 沟通实现价值创造〔EB/OL〕.〔2021-09-07〕. https://rain/a/20210907A09ZAO00

其重要。为了使投资者支持股票价格，上市公司需要与投资者保持有效的联系和进行良好的沟通。

【案例11-6】隆基股份与投资者高效沟通助推业绩与市值百倍"双增"①

2021年，A股全市场召开业绩说明会的上市公司总计3 756家，接近A股公司总数的九成，尊重投资者的氛围正在加速形成。

作为2020年年报业绩说明会"最佳实践案例"代表，隆基股份董事长钟宝申分享了投资者关系管理和公司高质量发展的相关经验。

（一）多元化高质量进行沟通

"企业的经营管理层是投资人的受托人，有义务有责任及时将企业的运营情况向投资者说明。公平地对待投资者是投资者关系管理的核心。"钟宝申强调，公司在投资者关系管理活动中应该平等地对待所有投资者，包括投资机构和中小投资者，尤其是为中小投资者参与投资者关系活动提供便利，公司不做选择性披露，也不会对个别人进行披露。

业绩说明会已经成为隆基股份和投资者固定的沟通交流方式，钟宝申表示："每年四次业绩发布之后，公司随后就会举行业绩说明会。两次季报主要由董办和财务部门和投资者交流，半年报则保证董事长或者总裁有一人参加，年报公司董事长一定参加。"

为了业绩说明会能够有高质量的沟通效果，隆基股份会提前进行问题征集。"在会议之前就对大家共同关注的一些问题进行了征集。管理层可以先对这些问题进行解释，由此可以节约会议时间，提升会议效率。同时，由于管理层提前进行了深度思考，会使探讨更深入，更接地气。"钟宝申表示。

钟宝申介绍，为了更好地和投资者进行沟通和交流，除了业绩说明会，隆基股份还采用股东大会、中小投资者教育活动、电话会议、网上路演、"上证e互动"等多种沟通交流方式，使更多的投资者，尤其是中小投资者能够广泛参与公司交流活动。"2020年疫情期间，为保障交流活动正常开展，隆基股份及时加大了电话会议的召开频次，尽可能覆盖到更多的投资者。"钟宝申表示，2020年，隆基股份开过约500次电话会议。考虑到不同投资者交流的便捷性，特别是中小投资者的参会需求，隆基股份2020年年度业绩说明会采用电话会议+网络直播+网络文字互动的方式，有效提升了投资者参会的便捷性。2021年8月30日举行的2021年上半年业绩说明会，在线参与人数超过3 000人。

（二）推动公司高质量发展

在钟宝申看来，开展投资者关系管理的目的就是上市公司为了进一步完善公司治理结构，加强与投资者或者潜在投资者之间的沟通，通过信息披露、实地调研、路演活动等方式，增进投资者对公司的了解和认同，促进公司发展，提升公司治理

① 赵学毅，殷高峰.隆基股份董事长钟宝申：与投资者高效沟通助推业绩与市值百倍"双增"［EB/OL］.［2021-09-07］.https://baijiahao.baidu.com/s? id=1710172998441760564&wfr=spider&for=pc.

水平和企业整体价值。

2021年上半年，公司实现营业收入350.98亿元，同比增长74.26%，实现归属于上市公司股东的净利润49.93亿元，同比增长21.3%。目前员工总数超过6万人，《2021胡润世界500强》排名跃居第195位。

"公司积极与广大投资者保持长期互动交流，实现了投资者投资回报的稳定增长。"钟宝申说，公司始终立足长远发展，了解资本市场关切、充分倾听投资者意愿，尊重投资者利益。自2014年以来，先后进行了定增、公司债、可转债等融资项目，为公司的产能扩张和战略落地奠定了坚实基础，实现了公司发展与投资者投资回报稳定增长的双赢目标。

隆基股份自2012年上市以来，业绩与市值实现了数十倍的增长。过去7年，公司的销售收入增长了24倍，利润增长了120倍；总市值从上市初期的40亿元至60亿元，增长至目前的5 000亿元左右，同样增长了百倍左右。

钟宝申认为，这种双增长离不开公司与投资者的良性互动。在他看来，隆基股份始终坚持科技引领、稳健发展的经营发展理念，实现了营业收入净利润的快速增长。与此同时，保持与广大投资者的长期互动，实现了投资回报的稳定增长。作为光伏龙头，隆基股份致力于通过技术进步推动清洁能源发展，促进我国能源转型和碳中和目标的早日达成。

"善用太阳光芒，创造绿能世界"这是隆基股份的企业使命。钟宝申强调，隆基股份将积极做好投资者关系管理，助力公司高质量发展。

二维码11-6：《中信金属股份有限公司投资者关系管理制度》（2023年6月修订）

【政策思考11-1】

国家十分重视国有企业的中长期激励，出台政策鼓励国有企业实施中长期激励，如2020年5月国务院国资委印发《中央企业控股上市公司实施股权激励工作指引》，2021年1月26日国务院国有企业改革领导小组办公室印发《"双百企业"和"科改示范企业"超额利润分享机制操作指引》，国家和省的国企改革三年行动以及"十四五"规划中，都提出要实施灵活多样的中长期激励。因此，国有企业不断深化收入分配制度改革，积极探索资本、管理、技术等要素参与分配的方式和途径，加快实施股权激励和员工持股等中长期激励方式，鼓励和引导企业负责人，科研、管理和技术骨干等通过参与股权激励计划，将个人利益与企业长期业绩提升紧密结合，牵引企业持续做强做大。

请阅读相关材料并思考：国家鼓励国有企业实施中长期激励有何意义？激励机制在企业价值管理中发挥着什么样的作用？

本章小结

企业价值管理（value-based management，也有译作"基于价值的管理"）和企业价值创造两者关系密切。企业价值管理是企业价值评估的进一步拓展应用，对企业管理者而言进行价值评估的目的是了解企业价值关键驱动因素，并对价值创造过程加以管理，从而实现价值创造目标。企业价值评估是企业价值管理的前提，企业在进行价值管理的过程中，需要应用价值评估方法，企业价值评估是对价值创造预期结果的度量，可以用于分析和衡量企业的公平市场价值并提供有关信息，以帮助企业管理者改善管理。

企业价值管理是以股东价值最大化为目标，以企业价值评估为基础，以提升价值创造为导向，以决策、计划、控制、评价、激励为手段的一整套管理模式。

对企业实施价值管理，真正意义在于，它将组织内每个人的行动与价值创造和股东目标保持一致。它是一系列实用的管理工具，它使我们了解什么能够创造企业价值，什么会毁损企业价值。

以价值管理为核心的做法，并不意味着价值创造能通过财务手段实现。相反，价值创造要通过企业制订正确合理的战略和实施科学精细的经营计划才能实现，而这些都依赖于企业资源的投入。

价值创造的要点包括：第一，在实物市场，企业创造的价值是通过获取高于资本成本的投资收益实现的，高于资本成本的投资收益越多，企业所创造的价值就越大；第二，企业管理者应当选择能使预期现金流量现值或 EVA 现值最大化的战略，而且无论选择这两个中的哪一个，结果都相同；第三，在资本市场中，企业股票的价值等于其内在价值，内在价值以市场对企业未来经营业绩的期望为基础，但市场对企业未来经营业绩的期望可能不是一种公平的估计，而且如果市场投资者对公司真实前景相关信息掌握得不够，可能会导致市场预期偏离内在价值；第四，有时，期望的变化对股票收益的决定作用甚至超过了企业的实际经营业绩所起到的作用，因此适当关注资本市场投资者的期望是必要的。

在价值评估过程中，对价值驱动因素的分析，不仅有助于管理者认识价值创造过程、识别关键价值驱动因素、合理安排各种资源，而且可促使管理者将管理重心转移到企业价值创造上，推动企业价值最大化目标的实现。所谓企业价值驱动因素，就是指能够影响和推动企业价值创造的因素。企业中通常存在着数以百计的价值驱动因素，每一个都为企业的总体价值增加一部分价值。当进行价值评估时，决定、分析、理解所有的价值驱动因素通常不是必要的，也并不提倡这样做。我们的目标是将精力集中于能最大限度增加整个企业价值的价值驱动因素上面，这些因素被称为关键价值驱动因素。关键价值驱动因素因行业和企业不同而不同。关键价值驱动因素按照内容首先可以划分为外部环境价值驱动因素和内部管理价值驱动因素两大类型，而内部管理价值驱动因素又可以进一步地区分为财务价值驱动因素和非财务价值驱动因素两种具体类型。

企业价值管理框架在各个企业都不尽相同，但它们大致包括4个基本步骤：①战略计划；②内部报告；③业绩评价；④激励机制。

不可忽略的是，企业价值创造的另一个要素就是确保企业的股票市场价格正确地反映其创造价值的潜力，这点对公开上市的企业尤其重要。为了使投资者支持股票价格，上市公司需要与投资者保持有效的联系和进行良好的沟通。

主要概念

　　企业价值管理　价值创造　价值驱动因素　关键价值驱动因素　外部环境价值驱动因素　内部管理价值驱动因素　财务价值驱动因素　非财务价值驱动因素　关键价值驱动因素树　战略计划　内部报告　业绩评价　激励机制　投资者沟通

基本训练

　　1.简答题

　　（1）试说明企业价值创造的基本原理。

　　（2）企业存在哪些关键价值驱动因素？

　　（3）分析企业价值管理框架及其构成因素。

　　2.思考题

　　（1）如何正确理解企业价值管理的内涵？为什么需要对企业实施价值管理？

　　（2）企业如何与投资者进行沟通以实现价值？

　　（3）通过学习本章案例，体会企业价值管理对于国内企业的重要性，并提出你对于国内企业价值管理未来发展方向的思考。

主要参考文献

［1］曹中．企业价值评估［M］．北京：中国财政经济出版社，2010．

［2］陈力农．公司价值评估［M］．上海：上海财经大学出版社，2012．

［3］池国华．中国式经济增加值（EVA）考核实践探索［M］．大连：东北财经大学出版社，2016．

［4］郭永清．财务报表分析与股票估值［M］．2版．北京：机械工业出版社，2021．

［5］胡玉明．高级管理会计［M］．4版．厦门：厦门大学出版社，2019．

［6］黄世忠．财务报表分析［M］．北京：中国财政经济出版社，2007．

［7］姜楠，王景升．资产评估［M］．6版．大连：东北财经大学出版社，2023．

［8］李贤．企业价值与资产评估［M］．北京：中国经济出版社，2023．

［9］马喆．估值的标尺［M］．北京：机械工业出版社，2021．

［10］马蔚华，宋志平．可持续发展蓝皮书：A股上市公司可持续发展价值评估报告（2022）［M］．北京：社会科学文献出版社，2022．

［11］上海国家会计学院．价值管理［M］．北京：经济科学出版社，2011．

［12］汤谷良．VBM框架下财务管理理论体系重构［M］．北京：中国财政经济出版社，2007．

［13］汪海粟．企业价值评估［M］．上海：复旦大学出版社，2005．

［14］王少豪．企业价值评估［M］．北京：中国水利水电出版社，2005．

［15］王生龙．矿业企业价值评估［M］．北京：中国市场出版社，2022．

［16］谢新洲，施侃．网站商业价值评估报告（2016）［M］．北京：华夏出版社，2016．

［17］谢家荣．价值创造：如何迎接积极股东时代［M］．北京：东方出版中心，2020．

［18］徐爱农．企业价值评估［M］．3版．北京：中国金融出版社，2023．

［19］杨雄胜．高级财务管理：理论与案例［M］．4版．大连：东北财经大学出版社，2022．

［20］俞明轩．企业价值评估［M］．北京：中国财政经济出版社，2015．

［21］余炳文，杨飞虎，胡梅根．企业价值评估案例［M］．北京：经济管理出版社，2016．

［22］张先治，等．高级财务管理［M］．5版．大连：东北财经大学出版社，2021．

［23］张先治，陈友邦，秦志敏．财务分析［M］．10版．大连：东北财经大学出版社，2022．

［24］中国资产评估协会．中国资产评估准则（2017）［M］．北京：经济科学出版社，2017．

［25］周守华，汤谷良，陆正飞，等．财务管理理论前沿专题［M］．北京：中国人民大学出版社，2013．

［26］阿什瓦斯，詹姆斯．基于价值的管理［M］．张先治，等译．大连：东北财经大学出版社，2006．

［27］达莫达兰．估值：难点、解决方案及相关案例［M］．刘寅龙，译．原书第3版．北京：机械工业出版社，2021．

［28］弗里克曼，托勒瑞德．公司估值［M］．注册估值分析师协会，译．原书第2版．北京：机械工业出版社，2021．

［29］达蒙德理．价值评估：证券分析、投资评估与公司理财［M］．张志强，王春香，等译．北京：北京大学出版社，2003．

［30］康纳尔．公司价值评估——有效评估与决策的工具［M］．张志强，王春香，译．北京：华夏出版社，2001．

［31］弗里克曼，托勒瑞德．公司价值评估［M］．孙茂竹，范歆，译．北京：中国人民大学出版社，2006．

［32］赫斯特．价值评估［M］．宋云玲，纪新伟，译．2版．北京：经济管理出版社，2011．

［33］科勒，戈德哈特，威赛尔斯．价值评估——公司价值的衡量与管理［M］．高建，魏平，朱晓龙，等译．北京：电子工业出版社，2007．

［34］科勒，多布斯，修耶特．价值：公司金融的四个基石［M］．金永红，倪晶晶，单丽翡，译．北京：电子工业出版社，2012．

［35］蒙克斯，拉杰科斯．企业价值评估［M］．秦丹萍，译．北京：中国人民大学出版社，2015．

［36］托马斯，格普．价值评估指南：来自顶级咨询公司及从业者的价值评估技术（修订本）［M］．中央财经大学资产评估研究所，中和资产评估有限公司，译．北京：电子工业出版社，2012．